DECLÍNIO E QUEDA DO IMPÉRIO OTOMANO

Coleção Globo Livros
História

A Revolução de 1989, Queda do Império Soviético, Victor Sebestyen
A História Perdida de Eva Braun, Angela Lambert
O Expresso Berlim-Bagdá, Sean McMeekin
Napoleão, André Maurois
Diário de Berlim Ocupada 1945-1948, Ruth Andreas-Friedrich
O Conde Ciano, Sombra de Mussolini, Ray Moseley
Napoleão, a Fuga de Elba, Norman Mackenzie
Churchill e Três Americanos em Londres, Lynne Olson
Declínio e Queda do Império Otomano, Alan Palmer

Alan Palmer

DECLÍNIO E QUEDA DO IMPÉRIO OTOMANO

Tradução
Gleuber Vieira

GLOBO LIVROS

Texto fixado conforme as regras do novo Acordo Ortográfico
da Língua Portuguesa (Decreto Legislativo nº 54, de 1995)

Título original: *The Decline and Fall of the Ottoman Empire*

Editor responsável: Carla Fortino
Assistente editorial: Sarah Czapski Simoni
Tradução: Gleuber Vieira
Revisão: Ana Maria Barbosa / Araci dos Reis Galvão de França
Capa: Rafael Nobre / Babilonia Cultura Editorial
Foto da capa: © Latinsotck / Corbis
4ª capa: © Hulton Archive / Getty Image

1ª edição, 2013
1ª reimpressão, 2014

Dados Internacionais de Catalogação na Publicação (CIP)
(Câmara Brasileira do Livro, SP, Brasil)

Palmer, Alan
Declínio e queda do Império Otomano / Alan Palmer;
tradução Gleuber Vieira -- São Paulo : Globo, 2013

Título original: The Decline and Fall of the Ottoman Empire
ISBN 978-85-250-5361-9

1. Turquia - História - Império Otomano
1288-1918 I. Título.

13-01206 CDD: 956.1015

Índices para catálogo sistemático:
1. Declínio e queda do Império Otomano :
Turquia : História 956. 1015

Direitos de edição em língua portuguesa
adquiridos por Editora Globo S.A
Av. Jaguaré, 1485 – 05346-902 – São Paulo, SP
www.globolivros.com.br

Sumário

Prefácio

O MAIOR HISTORIADOR DO DECLÍNIO E QUEDA DE UM IMPÉRIO resolveu qual seria o tema da obra magna de sua vida "sentado a meditar diante do Capitólio, enquanto os frades descalços cantavam suas litanias no templo de Júpiter." Trabalho muito mais modesto teve sua origem quando eu refletia em local não menos evocativo do que o escolhido por Gibbon, embora em cenário de súplicas menos contemplativas. Eu estava sentado bem a cavaleiro do Bósforo, enquanto turistas de sandálias pediam o almoço no terraço do "velho Seraglio."

Postado naquele palácio histórico e observando a ampla fachada clássica do Dolmabahche e, mais adiante, o gramado verde do Yildiz, pensei em escrever exclusivamente sobre os próprios sultões. Porém, quando deixei Istambul, percebi que isso seria um erro. Examinando o passado, o aspecto mais fascinante da história otomana não é a sucessão de uns poucos soberanos notáveis, e sim a extensão geográfica do Império e a forma como uma classe dirigente espantosamente pequena conseguiu impor seu governo em terras que se estendiam das planícies do Danúbio às montanhas do Caúcaso, às águas quentes do Golfo, aos desertos do sul da Arábia e do norte da África. É preciso reconhecer que, embora o Império Otomano dominasse os Bálcãs e o Oriente Próximo por mais de seis séculos, quando desmoronou, no rasto da Primeira Guerra Mundial, ninguém se surpreendeu ao vê-lo desaparecer: muito antes da queixa casual do czar Nicolau I de que tínhamos "um homem doente" em nossas mãos, observadores estrangeiros já previam a queda iminente de instituição tão incômoda. Mas como sobreviveu por tanto tempo? O declínio certamente não foi rápido, e tampouco se acentuou no ritmo contínuo de um gráfico declinante a partir do outono de 1683, quando pela segunda vez um exército otomano fracassou na tentativa de tomar Viena. As reformas que seguraram o declínio têm, por si mesmas, particular interesse histórico; como, do mesmo modo, os reformadores que tentaram implantá-las.

A historiografia moderna é a favor da análise por tópicos, em prejuízo da narrativa. Ao longo dos dois séculos e meio cobertos pela parte principal deste livro, há problemas sempre recorrentes: autoridade secular e religiosa; inadequações de uma forma muito própria de feudalismo militar; deslocamentos de populações; ganância de vizinhos poderosos; e, acima de tudo, a dúvida entre copiar do Ocidente ou buscar inspiração em raízes otomanas no noroeste da Anatólia. Mas é fácil identificar ao longo desses séculos o funcionamento do famoso modelo despadronizado de H.A.L. Fisher de "uma emergência atrás da outra, como uma onda vem depois de outra." Portanto, planejei este livro principalmente como um trabalho de narrativa histórica que refletisse a forma altamente pessoal da autocracia estabelecida no Império Otomano.

Devo admitir que, quando comecei a pesquisar o material para escrever o livro, o Império Otomano parecia tão irrelevante para o que acontecia em torno de nós quanto as Guerras das Rosas. Apenas no Líbano estava em curso uma longa e dolorosa continuidade de conflito. Porém agora o passado otomano está menos remoto. A dinastia pode ter sumido, mas muitos problemas que afligiram os últimos sultões estão mais uma vez nos noticiários. Por dois anos, o ciclo da história gira a toda velocidade. Nomes de lugares semiesquecidos estão de volta às manchetes: cidades como Basra, Mosul, Damasco e Diyarbakir; postos avançados distantes na Bósnia-Herzegovina ou na Albânia, a oeste e, a leste, ao longo da costa do Golfo ou das montanhas do Cáucaso.

Mais uma vez ouvimos falar na luta dos curdos pela sobrevivência e das aspirações de independência dos armênios. Somos lembrados da subjacente característica muçulmana de Sarajevo, nome que, por três quartos de século, esteve mais ligado aos Habsburgos do que aos otomanos. Lemos sobre nacionalidades rivais que ressurgem na Macedônia e sobre o choque entre minorias linguísticas na Bulgária. E, pouco a pouco, vamos tomando consciência das dezenove línguas turcas que, sobrevivendo à União Soviética, ameaçam permitir que um fantasma otomano – ou, pelo menos, a sombra de Enver Pasha – perturbe os primeiros anos de vida das novas repúblicas da Ásia central. Com uma queda tão rápida do Império Soviético que nem deu tempo a um declínio, o destino do ex-rival otomano da Rússia no Mar Negro tornou-se estranhamente atual.

Escrever sobre um império extinto que se estendeu por três continentes inevitavelmente envolve problemas de nomenclatura. Utilizei os nomes tal como foram consagrados pelo uso, como Salônica, Damasco, Jaffa. Quando não é o caso, em geral conservei o nome do lugar como era conhecido na época. Portanto, na maior parte do livro Istambul aparece como Constantinopla, Izmir como Smyrna, Trabzon como Trebizonda. Em caso de dúvida, usei o nome que considero mais familiar ao leitor, por exemplo, Edirne em vez de Adrianople.

Para ajudar na identificação de lugares, incluí, no fim do texto, uma lista de nomes alternativos. O leitor também encontrará os períodos em que os sultões reinaram em Constantinopla e um glossário explicando alguns termos otomanos utilizados no texto, embora eu espere ter explicado seu significado na primeira vez em que aparecem na narrativa. No caso de nomes próprios, alguns dos quais de origem eslava, grega, árabe ou persa, uso as formas que me parecem melhor em inglês, em vez da grafia turca usual (que, obviamente, atualiza a forma otomana). Para palavras normalmente adaptadas, foi utilizada a forma mais aceita, por exemplo, Pasha, Vizir. Peço desculpas aos puristas por eventuais contradições.

Meu débito com historiadores que já abordaram o tema no passado fica bem claro ao leitor pela bibliografia que cito. Gostaria de agradecer às equipes da Bodleian Library de Oxford, da London Library, dos arquivos do Public Record Office e da British Library pela pronta colaboração. Na John Murray Ltd. usufruí os bons conselhos e a orientação editorial de Grant McIntyre e Gail Pirkis, e também sou grato à perspicácia de Elizabeth Robinson ao comentar o texto e as provas. Minha esposa Verônica me ajudou sobremodo. Acompanhou-me em todas as visitas a regiões outrora ocupadas pelos otomanos, compilou o índice remissivo e foi uma crítica entusiasmada do livro, capítulo por capítulo. Mais uma vez, a ela meu mais profundo agradecimento. Dedico o livro à minha tia Elsie Perriam, cuja hospitalidade desfrutei em sua casa em Devonshire, onde escrevi a minuta inicial de alguns capítulos.

Alan Palmer

Para *E.R.P.*, com amor e gratidão.

Prólogo

Otomanos Triunfantes

"Nunca houve ou haverá acontecimento mais terrível," escreveu um escriba monástico em Creta, quando, em junho de 1453, chegou à ilha a notícia da queda de Constantinopla diante dos turcos. Esse clima de horror ecoou no Papado em Roma, na Veneza republicana, em Gênova, em Bolonha, em Florença e em Nápoles, como também nas cidades comerciais de Aragão e Castela, à medida que a onda de choque se espalhou pelo continente. Apenas na Inglaterra, onde a perda iminente de Bordeaux para os franceses pareceu mais importante, a notícia não causou maior preocupação. Em toda parte, houve consternação. Constantinopla já vinha ficando com sua população reduzida e empobrecida sob o cerco dos turcos. Já fora devastada e saqueada em 1204 pelos cavaleiros da Quarta Cruzada. Todavia, em uma sociedade medieval cada vez mais consciente de sua herança clássica, ainda imperava uma concepção idealista de Bizâncio como um legado da civilização greco-romana. A tristeza foi agravada por um sentimento de culpa. O Imperador Constantino XI pedira apoio militar para enfrentar o inimigo muçulmano, mas recebeu um auxílio desprezível, além da possibilidade de próxima unificação das igrejas latina e grega.

Entretanto, Constantinopla estava condenada a cair. Somente uma poderosa expedição para socorrê-la, aliada a ataques diversionários ao longo das fronteiras otomanas, poderia salvá-la. Logo depois do amanhecer da terça-feira, 29 de maio de 1453, as tropas do Sultão conseguiram penetrar por um pequeno portão nas inexpugnáveis muralhas em Kerkoporta. Ao cair do sol, o que restava da cidade saqueada estava em suas mãos. Constantino XI Dragases, octogésimo sexto imperador dos gregos, morreu combatendo nas ruas estreitas sob as muralhas de oeste. Depois de mais de mil e cem anos, não restava um só imperador cristão no Oriente.

Quando o sultão Mehmed II entrou em Constantinopla em seu tordilho naquela tarde de terça-feira, foi primeiro a Santa Sofia, a igreja da Santa Sabedoria, e pôs a basílica sob sua proteção antes de ordenar que fosse transformada em mesquita. Cerca de sessenta e cinco horas mais tarde, retornou à basílica para as preces rituais do meio-dia da sexta-feira. A transformação era simbólica para os planos do Conquistador. O mesmo aconteceu quando insistiu em investir com toda a solenidade um erudito monge ortodoxo no trono patriarcal, então vago. Mehmed visava à continuidade. Para ele, o "terrível acontecimento" não era o fim definitivo de um império de expressão mundial e tampouco um novo começo para o sultanato.[1] Queria ir além de simplesmente se apropriar de altares cristãos para colocá-los a serviço do Islã. As leis dos imperadores bizantinos serviram de modelo para a codificação que então iniciou. Sintomaticamente, acrescentou a seus títulos o de Rum Kaysewri (César Romano), se autoproclamando herdeiro da tradição imperial que outrora abarcara as costas do Mediterrâneo e mais além. Já houvera impérios árabes no Oriente Médio, mas se revelaram efêmeros. Visando resgatar a antiga grandeza de Constantinopla, Mehmed, o Conquistador, declarou sua crença na permanência do Império Otomano ao dar aos turcos, como capital, a europeia "Rumelia," que dominava o estreito braço de mar no rumo do planalto da Anatólia, de onde procediam.

Originalmente, os turcos eram cavaleiros nômades da Ásia central que abraçaram o Islã no século IX. Sob o comando de Tugrul, chefe seljuk, se apossaram de Bagdá, sede do primeiro califado, onze anos antes da invasão da Inglaterra por William de Normandia. A primeira grande vitória dos turcos seljuks sobre os cristãos aconteceu em 1071, quando um exército bizantino foi derrotado perto do Lago Van. Em seguida, os seljuks criaram um sultanato com capital em Konya, no lugar da cidade grega de Iconium. Esse sultanato seljuk sobreviveu até os primeiros anos do século XIV, quando foi vencido pelas hordas mongóis pagãs. Governantes locais criaram seus próprios principados. Entre eles estava Osman de Sogut, um principado perto da moderna Eskisehir, na Anatólia ocidental. Sua dinastia ficou conhecida como "Osmanli" em turco e "Othman" em árabe, termo que se transformou em "Otomano" nos idiomas da Europa ocidental. Osman morreu em 1326, quando seu exército cercava a cidade bizantina de Brusa (hoje Bursa), que foi tomada por seu filho e sucessor Ohran. Assim, Brusa se tornou a primeira capital efetiva de um sultanato otomano, que sobreviveu até 1922, embora a cidade fosse sucedida como capital por Adrianople (hoje Edirne) por volta de 1364, e, uns noventa anos mais tarde, pela atual Istambul.

Os turcos otomanos cruzaram o estreito dos Dardanelos rumo à Europa em 1345, a convite do Imperador João V Paleologus, que buscava o apoio militar turco para enfrentar um usurpador. Os cavaleiros turcos eram tão temíveis que rapidamente fizeram dos búlgaros e sérvios seus vassalos e consolidaram suas conquistas nos Bálcãs com uma vitória decisiva sobre os eslavos do sul em junho de 1389, em Kosovo. Já em 1366 o acelerado crescimento do poder islâmico no sudeste da Europa levou o Papa Urbano V a proclamar uma cruzada, mas os otomanos se mostraram irresistíveis. Os "turcos" – como súditos de diversas raças do Sultão eram chamados coletivamente na Europa central e ocidental – logo passaram a ser temidos como "bestas selvagens" e "bárbaros desumanos," assim como os nórdicos tinham sido vistos na época dos vikings. Mesmo antes da queda de Constantinopla os otomanos já tinham penetrado profundamente na Europa, lançando ataques devastadores pelo interior da Hungria meridional. Foram detidos por Janos Hunyadi na Transilvânia em 1442 e nas cercanias de Belgrado em 1456, mas setenta anos depois todo o peso dos exércitos otomanos se concentrou na Europa central. Em Mohács, em 29 de agosto de 1526, o sultão Suleiman I infligiu tremenda derrota aos magiares: 24 mil mortos foram enterrados no campo de batalha; 2 mil prisioneiros foram massacrados; outros milhares foram levados para Constantinopla como escravos.

Suleiman, o Magnífico, décimo sultão otomano e o quarto a fixar residência em cidade conquistada, é historicamente o mais conhecido de todos os governantes turcos. Seu reinado – entre 1520 e 1566, o mais longo de todos os sultões – assinala o apogeu do Império Otomano. Ele foi um esplêndido príncipe que alardeava sua imponência, tal como seus contemporâncos mais próximos do Ocidente, Henrique VIII da Inglaterra e François I da França (que formou uma aliança anti-Habsburgos com o Sultão). Os turcos lembram de Suleiman particularmente como um legislador que também era poeta, estudioso e entusiasta das artes. Assim, seu monumento permanente é o complexo de mesquitas Suleimaniye, que Mirman Sinan, o mais notável arquiteto otomano, construiu na encosta que domina o Chifre Dourado. Suleiman foi, sobretudo, um guerreiro *ghazi*, soldado vitorioso tanto no Tigris quanto no Danúbio, conquistador de Belgrado, Buda e Rhodes. Exerceu seu governo diretamente sobre boa parte do sul da Rússia, sobre Transilvânia, Hungria, Bálcãs, Anatólia, Síria, Palestina, Jordânia, a maior parte do atual Iraque, Kuwait e costa ocidental do Golfo. Foi o guardião de Jerusalém e dos lugares santos do Islã na atual Arábia Saudita, além de ser o senhor supremo em Aden, Iêmen e toda a costa norte da África, desde o delta do Nilo até o sopé dos Montes Atlas.

Suleiman foi mais do que um potentado secular. Como califa *de facto*, possuía primazia espiritual sobre os príncipes muçulmanos. Talvez também tenha sido califa *de jure*, pois o califado, inicialmente privativo dos governantes de Bagdá e recriado no Egito, havia muito estava ofuscado. Quando o pai de Suleiman, o sultão Selim I, se apoderou do Cairo em

1517, o último califado da dinastia Abbasid transformou-se em dependência otomana e diz-se que transferiu o correspondente título de nobreza ao novo soberano.[2] Pode ser que isso não passe de lenda. Nenhum Sultão reivindicou o califado *de jure* até que o Império Otomano entrasse em declínio. Entretanto, Suleiman e seus herdeiros certamente exerciam autoridade em todo o mundo muçulmano. O Sherif de Meca enviara a Selim as chaves de Medina e Meca, pondo as cidades santas – e as rotas de peregrinos que a elas conduziam – sob sua proteção. Por outro lado, a autoridade religiosa dos sultões nunca foi reconhecida pelos zelotes xiitas na Pérsia e na Mesopotâmia. Seus líderes por concessão divina alegavam descender de Ali ibn Ab'Talib, primo e cunhado do profeta (cujo túmulo fica na atual cidade iraquiana de Najaf).

O Império Otomano teve sua origem em uma instituição militar dedicada ao cumprimento do dever sagrado de estender o "Domínio do Islã" por meio da conquista das terras dos infiéis. Mesmo antes da queda de Constantinopla, os sultões-soldados já começaram a consolidar seu despotismo desenvolvendo um sistema que selecionava cristãos de origem, escravizados e convertidos ao Islã, para formar a guarda imperial. A maioria dos ministros (*vizires*) e comandantes militares (*agas*) teve origem nessa casta privilegiada. Suleiman I completou o trabalho de Mehmed II ao aperfeiçoar esse mecanismo, utilizado para uma guerra de fronteiras interminável, e transformá-lo numa administração imperial dirigida por escravos pessoais que constituíam, na prática, exércitos de ocupação.

"Quem quiser atacar os turcos deve estar preparado para enfrentar suas forças unidas (...) porque é muito difícil corromper aqueles próximos ao governante, seus escravos e dependentes." Essa invejosa admiração pelo regime otomano presente em *O Príncipe*, de Maquiavel, escrito logo após a acessão de Suleiman, destaca com perspicácia a fonte principal do poder na autocracia imperial.[3] Não daria certo sem total confiança "nas pessoas próximas ao governante." Para administrar o império com eficiência, um sultão forte precisava confiar no *divan-i hümayun* (conselho de ministros e tribunal de justiça) e, especialmente, em seu primeiro-ministro, o Grão-Vizir, que em geral era o escravo imperial que usufruía maior privilégio. Entretanto, na estrutura desse estado centralizado, o Sultão também dependia da lealdade de cada governador (*beylerbey*, ou, mais tarde, *vali*), que designava para cada província (*beylerbik* ou *vilayet*). Subordinados ao governador ficavam vários *beys*, chefes de cada distrito (*sanjak*) da província. A hierarquia era materializada pelo título de Pasha concedido aos governadores e simbolizada pela concessão de rabos de cavalo honoríficos exibidos como se fossem um estandarte: um para um *bey*; dois para um governador; três para o Grão-Vizir; quatro para o próprio Sultão.

Sultão era mais do que um soberano todo-poderoso. Era o principal proprietário de terras. Todo território recentemente conquistado passava a ser propriedade sua. Nas cidades, particularmente na capital, a maioria das terras compunha a *vakif*, uma fundação de caridade (plural *evkaf*) sob controle de uma instituição religiosa, mas, quando da acessão de Suleiman ao trono, quase noventa por cento das terras fora das cidades passaram a ser, tecnicamente, propriedade da coroa e, portanto, pertencentes ao estado. Fazendo das terras da coroa fonte principal de renda para seu governo, Suleiman construiu um equivalente islâmico do feudalismo ocidental, explorando a base escrava do império, mesmo no mais baixo nível da escala social. Nos Bálcãs e na Anatólia, um campo (*timar*) de terra era distribuído a um soldado de cavalaria (*sipahi*) que, não possuindo o direito de propriedade, atuava como representante do Sultão na "propriedade" sob sua responsabilidade. O *sipahi* tinha por obrigação manter a ordem, estimular a agricultura a fim de aumentar a produção dos campos e, acima de tudo, se responsabilizar pela coleta de impostos ajustados com os camponeses. Depois de deduzir uma soma destinada a subsistência própria, de sua família e de seu cavalo, enviava o saldo para o governo central. Era um sistema complexo, que exigia a preservação de uma disciplina bem coordenada em todo o império, a fim de coagir os vassalos a colaborar. Sob o comando de Suleiman esse sistema *timar* funcionou, e ele morreu de posse de imenso tesouro.[4] Sultões menos habilidosos não tiveram o mesmo sucesso.

O califado proporcionou a Suleiman a possibilidade de cercar as opressivas exigências do governo com a aura de respeitabilidade do Corão. Se precisava de uma interpretação da Lei Sagrada Islâmica (*seriat*) [a *sharia* dos árabes], podia recorrer à sabedoria coletiva dos clérigos muçulmanos, tal como anunciado pela hierarquia religiosa (*ulema*). Mais especificamente, podia pedir e receber aconselhamento oficial dos líderes hierárquicos, um círculo fechado conhecido como o *ilmiye*, cujo principal porta-voz era o *seyhülisläm* (Mufti-Mor). A *ulema* era a camada privilegiada da comunidade isenta de impostos. Decidia a respeito não somente de assuntos estritamente religiosos, mas também questões pertinentes à forma como era exercida a justiça, assim como à natureza e prática da educação. Determinações importantes eram expedidas sob a forma de parecer bem fundamentado (*fetva*), geralmente em nome do Mufti-Mor. Para Suleiman, o *seriat* era um sólido apoio para o governo, uma fonte de referência para cujas decisões não cabia apelação.[5]

Quase imperceptivelmente, essas instituições religiosas começaram a impor ao governo otomano um controle constitucional, limitando a autocracia do sultanato. Os líderes religiosos eram tão respeitados que podiam mesmo deliberar sobre o mérito do Sultão para permanecer no trono. Jamais questionaram os direitos de Suleiman como titular do trono e tampouco, o que é mais surpreendente, os de seu sucessor, apropriadamente conhecido como "Selim, o Beberrão." Em 1610, era considerável a influência da *ulema* e do *ilmiye* para fazer ou depor sultões e assim continuou durante todo o Império. Dos vinte e um sultões cujos reinados terminaram entre 1612 e 1922, treze foram depostos sob a autoridade de um *fetva* partido do Mufti-Mor, em resposta a questionamentos apresentados por inimigos políticos invocando a observância da Lei Santa.[6]

Após a morte de Suleiman, as virtudes da realeza reveladas pelos sultões se deterioraram rapidamente. Embora Selim fosse até certo ponto um estudioso, e seu neto Mehmed III liderasse vitoriosa campanha na Hungria, nenhum dos dois foi um guerreiro notável ou governante sábio como os da velha tradição. Nenhum Sultão que ascendeu ao trono depois de 1595 tivera alguma experiência militar de combate antes de chegar ao poder. Murad IV, soberano de vontade férrea que ocupou o trono entre 1623 e 1640, revelou competência como comandante militar no Cáucaso e na Mesopotâmia, mas viu-se obrigado a passar boa parte do reinado tentando impor sua autoridade às tropas rebeladas nas províncias. Embora fosse um sultão competente, Murad morreu por excesso de bebida, com apenas trinta e um anos. Muitos governantes se satisfaziam deixando a formulação da política a cargo de outros membros da corte, como um grão-vizir ou um *aga*. Durante vários reinados no fim do século XVI e no começo do XVII, as intrigas de uma *Valide Sultana* (princesa-mãe) tiveram particular influência. As manobras palacianas ganharam tal intensidade naqueles anos que o período ficou conhecido como "a Era das Mulheres Favorecidas."

Acadêmicos modernos encaram com desagrado esse rótulo tão romântico e evocativo. Porém, mesmo minimizando o significado da política dos haréns, os historiadores reconhecem que em meados do século XVII eram evidentes os indícios de que o Império caminhava para a decadência.[7] É possível identificar pelo menos seis indicações de debilidades crônicas: inflação exacerbada pelo preço baixo da prata do Peru que era negociada por comerciantes de Gênova e Ragusa (Dubrovnik), triplicando o custo dos alimentos básicos; falhas na estrutura piramidal da coleta de impostos do *timar*; aumento do banditismo, depois de uma explosão populacional na Anatólia; incêndios arrasadores em diversas cidades com superpopulação; apego inflexível a antigas formas de guerrear e de governar territórios ocupados; e (a partir de 1536) a assinatura das "Capitulações," tratados que, concedendo direitos especiais e facilidades tarifárias a europeus que residiam no interior do Império Otomano, permitiram que os negócios lucrativos passassem rapidamente para mãos estrangeiras. Embora os historiadores de hoje consigam perceber que, nesse período, o Império Otomano já ultrapassara seu apogeu, alguns sinais do processo de desintegração do poder não foram notados pelos contemporâneos, fossem súditos do Sultão ou observadores estrangeiros. Mesmo em fase declinante, os otomanos se apegavam à sagrada missão de empurrar profundamente as fronteiras do Islã nas terras profanas da cristandade. Somente quando o século XVII entrou em seu último quarto, a verdade começou a ser percebida pelos monarcas ocidentais. Foi quando, em 1683, recebendo notícia sobre a batalha nas colinas que dominam Viena, reconheceram que os exércitos do Sultão também podiam fracassar, tanto quanto os seus. Não havia mais razão para temer o "Grão-Turco."

Também demoraram a perceber que ele tinha uma espantosa capacidade de recuperação.

1
A Maré Alta do Islã

Era o dia 7 de julho de 1683, e o povo de Viena transpirava inquieto sob o calor sufocante de uma tarde no meio do verão. Desde a manhã daquela quarta-feira, quando o Imperador Leopoldo I retornou apressadamente de uma caçada de cervos na floresta Wienerwald, rumores assustadores circulavam pela cidade. Falava-se que um poderoso exército turco avançava para oeste, proveniente de Alföld, a planície húngara com terras cultivadas em torno do Lago Balaton. Por vários dias, milhares de refugiados surgiram na capital Habsburg, contando histórias de cidades incendiadas e atrocidades selvagens praticadas contra homens, mulheres e crianças. Agora, observadores postados nas alturas a leste da cidade podiam ver uma grande tempestade de areia levantada, segundo se dizia, pela aproximação dos guerreiros da cavalaria seguindo estandartes verdes do Islã e atacando impiedosamente a cristandade católica.

Havia muitas gerações, os turcos otomanos combatiam os cristãos, ortodoxos ou católicos, mas não há dúvida de que naquele momento as forças do Sultão já não eram tão formidáveis quanto as dos janízaros que assaltaram as muralhas de Constantinopla. Mesmo que a população de Viena tivesse consciência da fraqueza do inimigo que se aproximava, esse conhecimento pouco serviria para tranquilizá-la. Em 1683, como nos tempos de Shakespeare, "os turcos" ainda eram vistos como "o terror do mundo." Por século e meio, o coração da Hungria estivera submetido ao domínio do Sultão. Bem mais a oeste, em Esztergom, onde nascera Estevão, o rei santo da Hungria, e muito antes de os Habsburgos e os otomanos entrarem na história, um punhado de minaretes assinalava a elevação fortificada que dominava o Danúbio. Para os vienenses, trazia a lembrança desagradável de que Esztergom estava a menos de 160km da Wienerwald.

Ademais, o medo não era uma sensação estranha para o povo, que já o experimentara no passado. Três anos depois da desastrosa derrota da Hungria em Mohács, temia-se que a capital Habsburg logo fosse submetida ao domínio turco. Em setembro e outubro de 1529, o sultão Suleiman cercara Viena com duzentos e cinquenta mil homens e trezentos canhões, mas acabou se retirando para a Hungria quando a chuva ininterrupta ameaçou atolar seu exército na lama. O perigo foi neutralizado, mas o pesadelo de uma invasão turca permaneceu atemorizando durante os anos da contrarreforma. Depois de 1529, os prelados austríacos, alarmados diante da profunda incursão de Suleiman nos domínios da cristandade católica, insistiram junto ao clero paroquial da Europa central para que fosse estabelecido um sistema de alerta, o Türkenglocken, repicando sinos que avisariam as tropas da aproximação dos turcos e convocaria para orações os fiéis católicos, implorando que ficassem a salvo do Islã.

Passou-se um século sem que fosse preciso o Türkenglocken recorrer aos sinos na Áustria. Uma vez encerrado o longo reinado de Suleiman em 1566, o sultanato, debilitado pelas rivalidades e intrigas palacianas, ficou militarmente menos poderoso. Todavia, a ameaça latente de uma invasão otomana estava sempre presente, e as igrejas repicaram seus sinos em julho de 1664, quando um poderoso exército foi rechaçado em Szentgotthard, na histórica fronteira ocidental da Hungria. Agora, no sufocante verão de 1683, mais uma vez Viena se via ameaçada de uma ocupação turca. Depois de negociações no inverno e na primavera entre diplomatas austríacos e otomanos, a vanguarda de um poderoso exército cruzara o limite ocidental da planície húngara no fim de junho. Combatendo ao lado dos invasores havia húngaros revoltosos, liderados por um ambicioso nobre magiar, Imre Tököly. Porém, o que mais assustava os austríacos eram os *akinji*, batedores irregulares e indisciplinados que atuavam bem à frente do grosso das disciplinadas tropas otomanas. Na primeira quarta-feira de julho, quando o Imperador recebeu a notícia de que a bandeira do crescente tremulava sobre a cidadela de Györ, concluiu que a ameaça era iminente. Györ ficava a apenas 50km de distância. A família imperial sairia imediatamente de Viena, antes que os *akinji* se aproximassem da capital e a cercassem.

Às oito horas daquela noite, um comboio de pesadas carruagens saiu do Hofburg, arrastando-se pela ponte sobre o fosso que cercava Schweizerhof Court, a residência real, e tomou a estrada para oeste, no rumo de Melk e Linz. A partida da família imperial serviu para o povo confirmar seus piores temores. Centenas de refugiados tentaram seguir o imperador e sua escolta e atrapalharam de tal forma a progressão do séquito que a jornada de nove milhas até Korneuburg demorou quatro horas. Quando Leopoldo desceu de sua carruagem logo depois da meia-noite, pôde voltar os olhos para Viena e ver a silhueta do topo da cúpula da catedral de Santo Estevão projetada contra a linha de montanhas de leste, iluminadas pelo fogo.[1]

Contudo, ao se aproximarem de Viena, os invasores diminuíram o ritmo de progressão. As melhores tropas já tinham atravessado metade da Europa, cobrindo quase mil milhas desde que partiram de seus quartéis no Bósforo, no fim de março. Agora, com as encostas cobertas de bosques da Wienerwald à vista, seu comandante previu forte resistência. Não tinha como saber que havia graves brechas nas defesas do Antemurale Christianitatis, a "Primeira Linha do Cristianismo" (como um contemporâneo holandês chamava Viena). Não acreditou muito nas informações de desertores que afirmavam que havia não mais de 12 mil soldados profissionais defendendo a cidade. Somente na terça-feira, 16 de julho – seis dias depois da fuga do Imperador Leopoldo – a vanguarda turca chegou ao perímetro fortificado de Viena.

Em 1529, o Sultão Suleiman I comandara pessoalmente o cerco de Viena, quando, pela primeira vez em dezessete anos de guerra nos três continentes, as forças otomanas foram detidas às margens do Danúbio. Não se trata de uma derrota de Suleiman, pois ele apenas fracassou na tentativa de tomar uma cidade que parecia naturalmente menos defendida do que tantas outras cidadelas já vencidas no curso médio do Danúbio. Em 1683, porém, o perfil do sultanato era outro. Mehmed IV, que ocupara o trono nos trinta e cinco anos precedentes, era um hedonista esbanjador, um cavaleiro vigoroso, mas não era um soldado. Na história otomana ficou conhecido como "Mehmed Avçi" (Mehmed, o Caçador) e é lembrado em versos épicos e em prosa por mobilizar milhares de camponeses como batedores nos bosques em torno de Edirne. Oito anos após sua acessão ao trono, teve a sorte de encontrar uma família talentosa que lhe proporcionou dois grão-vizires de primeira categoria, Mehmed Köprülü e seu filho Fezil Ahmed. As reformas que conduziram e a eficiência administrativa que demonstraram permitiram a Mehmed IV amealhar uma fortuna que usou em suas jornadas de caça, mas também o levaram a organizar a poderosa expedição que realizou a segunda marcha contra Viena.

O Sultão Mehmed estava disposto a levar suas tropas até Belgrado. Mas não queria correr o risco de um malogro pessoal. Seria muito melhor confiar empreitada tão ambiciosa a seu amigo íntimo Kara Mustafa, que, com a morte de Fazil Ahmed em novembro de 1676, se tornara grão-vizir.[2]

Nenhum comandante otomano possuía mais experiência militar que Kara Mustafa. Em 1672, no rio Dniester, ele venceu o notável soldado polonês Jan Sobieski, ao comandar os turcos e seus vassalos tártaros na tomada da fortaleza de Kamenets Podolsky. Dois anos mais tarde, conquistou a cidade de Uman e escalpelou seus prisioneiros cristãos, enviando os couros cabeludos empalhados como presente para o Sultão. Sua origem permanece convenientemente obscura. Não era um Köprülü de berço, mas fora pessoalmente educado e preparado como se fosse irmão adotivo de Fazil Ahmed. Em junho de 1675, consolidou seu poder junto à corte ao se casar com a Princesa Küçük, filha daquele que recebeu os lúgubres troféus de Uman. Corriam rumores de que o Grão-Vizir trouxe com ele um amplo contingente de servidores, inclusive 1.500 concubinas e 700 eunucos negros para protegê-lo. Muitas histórias grotescas sobre sua forma de vida repousam em fatos, mas aqueles rumores são quase certamente forjados. Entretanto, ao que tudo indica, seu apetite sexual era difícil de ser satisfeito e só podia ser comparado ao vulto de suas ambições. Obter êxito onde Suleiman fracassara o tornaria o mais famoso comandante em terra, como fora Hayruddin "Barbarossa" no mar um século antes.

A princípio, atuou com grande eficiência. Apenas dois dias depois de inspecionar o perímetro avançado das defesas de Viena, completou o cerco à cidade. Em 14 de julho um grave incêndio destruiu muitos palácios da cidade pertencentes a pessoas importantes, e a fumaça se espalhou pelas linhas otomanas. Kara Mustafa temeu encontrar Viena em ruínas quando caísse em suas mãos. Por conseguinte, deu ordens para a construção de um grande acampamento a certa distância das fortificações e dos trabalhos do cerco – um quartel-general que pudesse servir como digna morada do paladino do Sultão. Em pouco mais de uma semana uma cidade de tendas surgiu entre Viena e as encostas ocidentais de Wienerwald. Seus inimigos ficaram muito impressionados com a curiosa demonstração do esplendor otomano. Um conde italiano a serviço do exército Habsburgo naquele verão deixou uma descrição escrita: "É impossível para alguém conceber o quanto é extensa a faixa de terra que ocuparam. Bem no meio do acampamento está o pavilhão do Grão-Vizir, parecendo um magnífico palácio cercado por várias aldeias, as tendas de diferentes cores, ao todo um conjunto de rica diversidade pictórica."[3] Mais de três séculos depois do cerco, Viena ainda possui o Türkenschanz Park. Porém, já não é um espaço aberto. Um grupo de belas árvores circunda o pequeno monte no centro do antigo acampamento turco. Felizmente, lá também existe um "playground de aventuras" para jovens.

Por sessenta dias, Kara Mustafa permaneceu em seu acampamento palaciano, concentrando 200 mil homens em torno dos doze baluartes e das paliçadas defensivas dos muros da cidade. As operações na Áustria confirmaram não apenas sua fama pessoal de homem cruel, mas também a difundida crença que corria pela Europa ocidental de que as tropas do Sultão constituíam uma horda de bárbaros. Na verdade, o exército regular otomano não era melhor e nem pior que outros. Com seu comandante, acontecia o contrário. Kara Mustafa, embora não fosse um religioso extremado, nutria ódio fanático pelos cristãos. Era "o flagelo da humanidade," como comentou um diplomata veneziano ao escrever para o Doge.[4] Preservou uma fileira de cabeças cortadas para comemorar a tomada de Hainburg, uma cidade fortificada vinte milhas descendo o Danúbio. Em 16 de julho suas tropas massacraram quatro mil aldeões na remota Perchtoldsdorf. Durante a primeira semana de cerco ordenou o assassinato sistemático de prisioneiros e exibiu suas cabeças para desmoralizar as tropas austríacas que guarneciam as defesas da cidade. No final de julho, cavaleiros *akinji*, saqueadores contumazes sobre os quais Kara Mustafa exercia pouco controle, subiram o Danúbio no rumo oeste, pilhando e devastando, até chegarem a Enns. Somente umas poucas abadias fortificadas, como a de Melk, no topo de um penhasco que dominava o rio, sobreviveram como ilhas cristãs cercadas pela impetuosa maré alta islâmica.

O Imperador Leopoldo I – agora em Passau – procurou urgentemente ajuda. Subsídios do Papa, uma leva de voluntários da jovem nobreza do norte da Itália e da Alemanha franconiana e o reforço de tropas dos príncipes germânicos da Baviera e da Saxônia alimentaram a esperança de salvação de Viena. Também havia a perspectiva de apoio substancial das tropas polonesas do Rei Jan Sobieski, tão logo completassem a longa marcha para o sul, vindas dos Cárpatos. Sobieski tinha antigas contas a acertar com Kara Mustafa. Todavia, podia-se considerar que a maior esperança de Viena repousava na fraqueza de caráter do Grão-Vizir e em sua ambição, que, no fundo, fazia com que não passasse de chefe de um bando de malfeitores. Um ataque frontal à cidade destruindo as muralhas e o fato de os atacantes disporem dos três dias tradicionais de saques, rua a rua, seria pessoalmente menos vantajoso para ele do que uma capitulação em termos negociados. Uma rendição formal lhe permitiria garantir para seus próprios cofres o rico butim dos palácios e igrejas remanescentes de Viena. Somente nos últimos dias de agosto, quando as colunas de Jan Sobieski chegaram à margem norte do Danúbio, finalmente Kara Mustafa desistiu de esperar que a cidade se rendesse pressionada pela fome e ordenou um ataque geral às defesas pelo lado sul.

Em 7 de setembro, Sobieski fizera contato com as forças germânicas sob o comando de Karl, duque de Lorena, e um exército de 80 mil homens foi concentrado na crista norte de Wienerwald, pronto para socorrer os austríacos. Na noite da terça-feira, vendo as fogueiras nas elevações de Kahlenberg, o conde Starhemberg, comandante da guarnição de Viena, concluiu que o auxílio estava próximo. Kara Mustafa também viu as fogueiras e, pelo interrogatório de prisioneiros, conhecia perfeitamente o poder das forças que marchavam contra seu exército. Imediatamente empregou os habilidosos *lagunçi* (sapadores) turcos para construir valetas e túneis paralelos a fim de neutralizar os postos avançados da defesa de Viena. Na manhã de 12 de setembro, finalmente uma explosão de mina conseguiu abrir uma brecha na muralha, mas já era tarde. As tropas otomanas não puderam explorar seu êxito. Desde as cinco horas da manhã do domingo estava em curso encarniçada batalha ao longo do contraforte coberto de vegetação de Kahlenberg e nos patamares de vinhedos nas encostas mais baixas. Quando começou a anoitecer, a infantaria germânica chegou aos arredores do grande acampamento turco. Com o sol se pondo às suas costas, a cavalaria polonesa se lançou sobre a cidade de tendas para consolidar a vitória e assegurar a libertação de Viena. O Grão-Vizir deixou para trás muitos de seus troféus, inclusive um exuberante cavalo de batalha ricamente adornado. Ao cair da noite foi visto cavalgando a toda velocidade para leste, em um cavalo mais ligeiro, na direção de Györ, com uma bandagem no olho direito e quase irreconhecível.[5]

Em 1529, Suleiman, o Magnífico recuara diante de Viena por sua própria vontade e ordenadamente. Em 1683, as tropas de Kara Mustafa foram forçadas a se retirar, e seu comandante fugiu derrotado. Ninguém pode escolher uma determinada data e afirmar que "nesse dia o Império Otomano entrou em declínio," mas não há dúvida de que a destruição do acampamento turco nas proximidades de Viena naquela noite de setembro assinala um dos mais significativos pontos de inflexão da história. Nenhum exército otomano fora tão fragorosamente derrotado no passado. Entretanto, de forma bastante estranha, o furioso combate nas encostas de Kahlenberg nunca aparece no rol das "batalhas decisivas da história." Não há dúvida de que os acontecimentos daquele domingo inicialmente pareceram pouco importantes, exceto para o Imperador Leopoldo. Sob o ponto de vista militar, não despertaram nenhum interesse e não levaram à conclusão imediata de um acordo de paz. Somente com a passagem do tempo ficou clara a verdadeira importância da batalha, pois, embora ainda ocorressem muitos outros choques na planície do Danúbio, nunca mais uma força militar islâmica lançou seu poder contra os muros da cristandade católica.

O duque Karl e Sobieski não tentaram perseguir o desmoralizado inimigo logo após a libertação de Viena. Ficaram protelando nos arredores da cidade até o regresso do Imperador Leopoldo, na terça-feira seguinte. Nesse momento, Kara Mustafa já deixara os rios Leitha e Raab se interpondo entre seu exército e os cristãos vitoriosos. Uma vez alcançado o Alföld, pôde reagrupar sua destroçada cavalaria e recuar para a cidadela de Buda. Ao mesmo tempo procurou bodes expiatórios a fim de convencer o Sultão de que não fora culpado pelo fracasso. Não podia se vingar atribuindo a derrota aos rebeldes húngaros porque seu astuto líder escapara para o nordeste e, com relativo sucesso, se valera de Sobieski como intermediário para salvá-lo da fúria do Imperador. Todavia, os comandantes dos regimentos otomanos continuavam sob o comando do Grão-Vizir. Foram penalizados pelo fracasso diante de Viena. Mais de cinquenta *pashas* foram estrangulados pela guarda pessoal de Kara Mustafa na semana seguinte à batalha em Kahlenberg.

Essas mortes não fizeram diferença para o desfecho da campanha. Episodicamente, no fim da primeira semana de outubro, o subcomandante do Grão-Vizir infligiu severo revés aos poloneses em Parkan, a passagem sobre um rio abaixo de Esztergom. Porém, dois dias mais tarde, um exército combinado cristão, comandado por Karl de Lorena, reverteu o desfecho de Parkan e finalmente quebrou a resistência turca ao longo do curso médio do Danúbio. Em 24 de outubro Esztergom se rendeu depois de curto bombardeio. Embora em período anterior do século tropas austríacas tivessem capturado cidades e aldeias em que os turcos tinham estabelecido mesquitas, Esztergom se tornou a primeira cidade islamizada da Europa católica a ser retomada por um exército cristão.

Mesmo antes da queda de Esztergom, Kara Mustafa deixara Buda e partira para Belgrado. Enquanto seu exército recuava pela Planície Pannoniana, ordenou mais execuções, pois estava decidido a protelar ao máximo a chegada de notícias sobre os desastres na Áustria e na Hungria à corte do Sultão. Geograficamente, o médio Danúbio deveria constituir uma remota fronteira noroeste do império. Contudo, o Grão-Vizir não alimentava ilusões sobre a reação do Sultão diante do fracasso militar. Mehmed IV não era um líder carismático. Como tantos outros membros da família otomana, nas ocasiões mais solenes fazia "um infeliz contraste com seus esplêndidos adornos," tal como um diplomata veneziano já comentara naquele ano. Porém, por mais inexpressiva que fosse sua aparência em um desfile a cavalo, Mehmed continuava sendo "o Grão-Turco."[6] Uma única derrota militar, mesmo distante da capital, como era o caso do médio Danúbio, era um mau sinal para o poder imperial. Seu Grão-Vizir fracassara perante Mehmed naquelas terras em que, por dez gerações, os sultões tinham se acostumado a esperar vitórias de seus exércitos.

Em 17 de novembro, quando Kara Mustafa chegou à cidadela de Belgrado, no penhasco de calcário acima da confluência do Danúbio e do Sava, sua expectativa de escapar com vida era baixa. Não podia executar todos que tinham testemunhado sua incompetência como comandante sem confirmar suspeitas que já circulavam na corte do Sultão. Ademais, embora tentasse subornar muitos sobreviventes da campanha, não havia certeza de que o dinheiro garantisse silêncio duradouro. Seu destino – e, poucos anos depois, também o de seu soberano – exemplifica a autodisciplina que continuou caracterizando as instituições do governo otomano quando o Império teve que conduzir uma longa ação retardadora diante da tenacidade do Ocidente.

Em Belgrado, ao menos por enquanto, Kara Mustafa continuava sendo o Grão-Vizir. Na fortaleza Kalemegdan retinha os símbolos do cargo em que fora investido por Mehmed IV sete anos antes – o selo imperial e a chave para a Kaaba – como também o Santo Estandarte (*sancaci serif*) que o Sultão lhe entregara em maio, ali mesmo em Belgrado, quando foi designado comandante em chefe. Porém, embora o cargo ainda assegurasse a Kara Mustafa tremenda autoridade sobre seu batido exército, as cidades e as aldeias da Sérvia, ele sabia que generais que portavam o *sancaci serif* e haviam sido derrotados em batalha não tinham o direito de esperar perdão. Antigos inimigos pessoais cercavam Mehmed IV em sua corte de Edirne, residência favorita onde muitas vezes Kara Mustafa cavalgara ao lado do Sultão quando caçavam juntos. Quando um grão-vizir é designado por seu soberano para comandar uma campanha, a rotina diária que mantinha como primeiro-ministro é confiada a seu subordinado imediato e, à medida que as informações sobre o Danúbio foram transmitidas para Edirne, ficou fácil para esse substituto e outros membros do Divan convencerem o Sultão de que Kara Mustafa não estava à altura de suas responsabilidades. Mehmed concluiu que, se permitisse que o Grão-Vizir escapasse com vida, o humilhante ônus de uma derrota diante de exércitos infiéis recairia sobre o próprio Sultão-Califa.

Este raciocínio selou a sorte de Kara Mustafa. No último sábado de dezembro, ele fazia suas orações do meio-dia quando dois respeitados dignitários da corte chegaram à cidadela de Kalemegdan, vindos de Edirne. Traziam uma dupla ordem do Sultão para seu genro. Devia entregar os símbolos de sua autoridade civil e militar aos emissários imperiais e, em seguida, "entregar sua alma a Alá, o sempre Misericordioso." Kara Mustafa completou suas orações, retirou o turbante e o manto de estado e permitiu que o carrasco o estrangulasse rapidamente. Existe uma estranha ironia quanto ao momento de sua morte. Enquanto a corda de arco e flecha era apertada na garganta de Kara Mustafa em Belgrado, bem distante dali, em Viena, em Esztergom, em cidades e aldeias que por tanto tempo temeram a chegada do "turco," os sinos das igrejas repicavam para celebrar o Natal. Foi no dia 25 de dezembro que seus companheiros de credo executaram o arquiperseguidor de cristãos.[7]

O corpo foi decapitado, e a cabeça, escalpelada e empalhada, remetida para Mehmed IV, como prova do cumprimento das ordens do soberano. Porém, o castigo ainda não terminara para o infeliz Kara Mustafa. Em campanhas posteriores, a cabeça caiu em mãos austríacas. Trezentos anos depois do cerco, um turista curioso podia vê-la em uma caixa de vidro no primeiro piso do Historisches Museum de Viena, uma relíquia lúgubre de um período turbulento. Hoje, porém, o crânio não está mais em exibição. Atualmente prevalece um espírito de conciliação na capital austríaca. Velhos antagonismos se dissolvem no mistério do tempo passado.

2

O Desafio do Ocidente

O Sultão Mehmed IV foi soberano de mais de trinta milhões de súditos, duas vezes mais do que o rei Luís XIV e seis vezes mais do que o Imperador Leopoldo I. Mesmo depois dos desastres no Danúbio, seu império continuou gigantesco. Dominou quase todos os Bálcãs até os acessos orientais para Zagreb, e suas tropas mantiveram postos avançados ao longo do rio Bug e dos rios Don e Dnieper, na Rússia. Somente na Europa, as terras sobre as quais exerceu sua autoridade eram mais extensas do que os territórios da França e da Espanha somados, enquanto, na Ásia Menor, seu governo foi exercido diretamente sobre uma vasta região que, para o sul, se estendia até as águas quentes do Mar Vermelho e o Golfo Pérsico, além de conservar estados tributários em terras que iam do Cáucaso para leste, até o Mar Cáspio. Rhodes, Creta e Chipre reconheceram sua soberania, assim como o Egito e o baixo vale do Nilo. Também exigiu vassalagem de Trípoli, Túnis e Argel.

Entretanto, ficaram bem visíveis no mapa os limites da expansão imperial na maior parte dessas fronteiras. A leste, o avanço otomano foi detido por uma combinação de geografia e ciência militar, à qual poderia ser acrescida a hostilidade religiosa dos obstinados xiitas: a dinastia Safavid da Pérsia tinha competência suficiente para explorar as defesas naturais proporcionadas pelo platô montanhoso central e nunca pareceu provável que os otomanos pudessem imitar os primeiros invasores árabes e chegar ao Punjab. No sul, a barreira à expansão era exclusivamente geográfica: a areia impunha uma fronteira natural e, a não ser para proteção do caminho dos peregrinos para Medina e Meca, não havia razão para os otomanos penetrarem mais profundamente nas rotas de caravanas no interior do Saara e dos desertos árabes. Os limites sudoeste já estavam assentados desde as últimas décadas do século XVII, pois novas conquistas nessa direção dependiam de poder naval, e os estaleiros turcos não construíam navios suficientemente robustos para enfrentar o desafio do Atlântico. Embora a frota de águas calmas do Sultão ainda fosse eficiente a leste dos Estreitos da Sicília, as pretensões marítimas dos otomanos nunca se recuperaram completamente da derrota em 1571, quando as armadas espanhola, genovesa e veneziana de Don Juan de Áustria conquistaram vitória decisiva em Lepanto, no Golfo de Patras. A partir de então, sucessivos grão-vizires deixaram os ataques navais aos cristãos inimigos do Sultão no Mediterrâneo ocidental a cargo de "piratas berberes," apesar de tais notórios corsários se mostrarem aliados não confiáveis.

Contudo, enquanto montanhas, areia e oceano limitavam o poder otomano em três direções, não havia obstáculo natural ao norte dos Bálcãs, aquém dos Cárpatos e dos Alpes. Uma barreira artificial, a linha de fortalezas construídas pelos Habsburgos no fim do século XVI, formava a chamada "fronteira militar" através da Croácia ocidental, mas a planície do Danúbio oferecia uma vasta arena onde os generais que pudessem dominar a tática militar sempre em evolução podiam travar batalha contra o inimigo. No século XV, os turcos tinham percebido o valor do canhão e, já em 1453, um supercanhão com oito metros de comprimento arremessou bolas de pedra contra as muralhas de Constantinopla. Todavia, não mantiveram a liderança na exploração do novo armamento. A liberação de Viena e a queda de Esztergom mostraram ao mundo aquilo que vários observadores estrangeiros já suspeitavam havia meio século: a máquina de guerra otomana começava a emperrar. Tinha realmente permitido aos sultões organizar um exército permanente antes de todos os soberanos europeus, mas a campanha do Danúbio demonstrara que a combinação de soldados especializados, vassalos, intrépidos cavaleiros e trabalhadores auxiliares sem o devido treinamento empregada por Kara Mustafa não podia fazer frente às novas tropas profissionais do Ocidente. Os mosquetões de pederneira turcos continuaram mortais, mas a artilharia pesada, tracionada por bois, búfalos e camelos, tornava a progressão na planície do Danúbio lenta e arrastada.

Rapidamente a cristandade católica procurou uma forma de explorar a vantagem conquistada por Sobieski e Karl de Lorena, elaborando, pela primeira vez, um grande plano estratégico contra "o Turco."[1] Em março de 1684, representantes de Veneza, Polônia e Áustria se reuniram com o apoio do Papa Inocêncio XI a fim de criar a nova "Santa Liga," uma coalizão ofensiva para ameaçar outras fronteiras e atuar na bacia do Danúbio. Durante as discussões em Veneza, foram esboçados planos provisórios de partilha do Império Otomano na Europa e – mais vagamente – também no Oriente Médio. Luís XIV, cujos ministros mantinham relações vantajosas com sucessivos grão-vizires, não estava disposto a associar a França a nenhuma cruzada da Santa Liga, mas esperava-se que a Rússia ortodoxa, a Alemanha protestante e até a Pérsia muçulmana agissem em sintonia com as três potências católicas.

Esses planos pecaram por exageradamente ambiciosos. A Pérsia não respondeu aos missionários capuchinhos que serviram como enviados de Veneza, a participação dos luteranos alemães foi mínima, e passaram-se dois anos até que a Rússia entrasse na guerra, mas apenas para organizar uma expedição contra o governante vassalo de Mehmed, o Khan tártaro da Crimeia. Porém, embora a coalizão continuasse incompleta, a Santa Liga conseguiu lançar sucessivos ataques contra Mehmed IV em várias frentes. Essas operações assinalaram o começo de trinta e cinco anos de guerra quase ininterrupta em que os inimigos do Sultão procuraram recalcar as fronteiras do Islã e mostrar que o grande Império construído por Suleiman estava em irremediável decadência.

Os combates começaram onde tinham parado no outono anterior. O Duque Karl de Lorena prosseguiu a guerra em Alföld, capturando Pest e a maior parte do norte da Hungria em duas campanhas de verão, conquistou Buda em 2 de setembro de 1686, depois de um mês de cerco, e derrotou fragorosamente os turcos onze meses mais tarde, perto do histórico campo de batalha de Mohács. O triunfo de Karl permitiu aos exércitos habsburgos expulsar os otomanos da maior parte da Croácia e da Transilvânia. Na primeira semana de setembro de 1688, os austríacos estenderam a guerra aos Bálcãs atacando Belgrado, capital da província *pashalik* por mais de século e meio. No verão seguinte, avançaram até Nis e Skopje, fazendo uma penetração que, no outono, os deixou a menos de 650km de Constantinopla.

Enquanto isso, Veneza também abriu uma frente de combate nos Bálcãs. Os ataques a postos avançados otomanos ao longo da costa da Dalmácia e na Bósnia foram seguidos, em 1685, por uma nova campanha na Grécia. Francesco Morosini, ex-doge já com sessenta e tantos anos, desembarcou em Tolon, no Peloponeso – o Sanjak de Morea – e fomentou revoltas no Épiro e em Mani. Em agosto de 1687, essa força "veneziana," que englobava mercenários luteranos sob o comando do aventureiro sueco conde Johann Königsmarck, expulsou os turcos de todo o Peloponeso, exceto do desafiador promontório de Monemvasia. Um mês depois, os homens de Morosini limparam o istmo de Corinto e continuaram avançando por terra e mar na direção do Pireu. Em seguida, atacaram o arruinado conjunto de casas e lojas em torno da Acrópole, que era tudo que restava das grandes cidades clássicas. Após dez dias de bombardeio intermitente, as tropas otomanas se renderam, mas não antes da irreparável destruição que assolou Atenas.[2] Na noite de 26 de setembro de 1687, um mercenário alemão disparou um morteiro da colina Mouseion que fez explodir um paiol de pólvora turco no Partenon. A frisa de ornatos e quatorze colunas desabaram. Alguns dias mais tarde Morosini mandou que se retirasse do frontão oeste e enviasse para Veneza, como troféus de guerra, as esculturas de cavalos e a biga de Atena, depois de já ter feito o mesmo com o leão de mármore do Pireu, que já estava a caminho para adornar os portões do arsenal do Doge. A tarefa de retirar e baixar essas peças foi complexa demais para os inábeis trabalhadores de Morosini. Cavalos e biga caíram no chão, despedaçados. O legado clássico de Atenas padeceu mais nas mãos de Morosini do que com as depredações sofridas durante os últimos dois séculos de domínio otomano, embora, como ficou claro, tenham sido os turcos que usaram o Partenon como paiol de pólvora.

Chegaram a Constantinopla rumores alarmantes sobre a contraofensiva estratégica da Santa Liga. Simultaneamente, milhares de refugiados desesperados e famintos acorriam, mês após mês, para a capital, onde não havia como ignorar as consequências da guerra, que também se faziam sentir nas duas margens do Bósforo. O preço do pão duplicou em 1686 e novamente em 1687. O banditismo cresceu na Rumélia, e os campos não eram cultivados porque os agricultores tinham sido convocados para o exército de Kara Mustafa. O sultão "Mehmed, o Caçador" preferiu permanecer o máximo possível em Edirne, temendo pela própria vida na capital. No passado, Mehmed contara em seu reinado com dois membros da família Köprülü. Agora, um terceiro membro, Mustafa, irmão mais jovem de Ahmed, se tornara o líder natural da oposição, que pretendia resolver a questão do declínio da autoridade do Sultão nas províncias mais remotas do império.

Mehmed estava irremediavelmente desacreditado, e era muito tarde para Mustafa Köprülü tentar salvá-lo. A derrota em Mohács, logo seguida pela notícia do avanço de Morosini na Attica, custou-lhe o sultanato. Quatro antecessores já tinham sido destronados na primeira metade do século. O último fora Ibrahim, "o Louco," pai de Mehmed, deposto em 8 de agosto de 1648, depois de um reinado de oito anos marcado pelo esbanjamento de fundos impiedosamente extorquidos e por histórias de uma noite terrível em que, segundo se dizia, ordenara o afogamento de duzentas e oitenta concubinas. Ninguém ficou triste quando, dez dias após perder o trono, foi estrangulado por seu próprio *cellad* (carrasco-chefe). Agora, em 1687, com soldados desgostosos e mal pagos convergindo para a capital, tudo indicava que Mehmed teria o mesmo destino do pai. Porém, o Divan e a *ulema* não queriam enfraquecer ainda mais as instituições gêmeas, sultanato e califado, com um segundo assassínio. Mustafa Köprülü preferia uma deposição sem sangue, com Mehemed IV abrindo mão da posição de soberano em favor de seu meio-irmão, o Príncipe Suleiman, de quarenta e cinco anos.

Poucas vezes as deposições acontecem sem atritos, mesmo em dinastias de sociedade monogâmicas e, no Império Otomano, a estrutura do sistema de haréns constantemente gerava problemas sucessórios.[3] Antes do século XIX raramente havia um herdeiro legal, um príncipe bem preparado e pronto para governar logo após a deposição ou morte de um sultão. A maioria dos governantes otomanos tinha preferência por várias sultanas, além de manterem concubinas em níveis inferiores da hierarquia do harém, que também podiam lhe dar filhos. O problema era tão complexo que nos séculos XV e XVI os irmãos e meio-irmãos de um novo sultão geralmente eram estrangulados no dia da acessão ao trono a fim de eliminar possíveis rivais pretendentes que pudessem se transformar em objeto de intrigas palacianas. Cinco irmãos de Murad V morreram estrangulados em 21 de dezembro de 1574 e, em 28 de janeiro de 1595, houve o recorde de dezoito irmãos de Mehmed III serem assassinados, deixando a dinastia tão carente de homens que os líderes religiosos começaram a questionar a moralidade e sabedoria do fratricídio em massa. Em consequência, ficou decidido que parentes próximos do sexo masculino deveriam, a partir de então, ser confinados em um *kafe* (cela), um de diversos pequenos apartamentos no quarto pátio do palácio principal do Sultão, o Topkapi Sarayi. Com exceção do próprio Mehmed, que subiu ao trono com seis anos de idade, todos os quinze sultões entre 1617 e 1839 aguardaram o chamado para assumir o trono em seu pequeno mundo, com o terraço de mármore de frente para um jardim voltado para o Chifre Dourado e o Bósforo.[4]

Alguns príncipes foram submetidos a um confinamento apenas nominal, mas Suleiman, somente três meses mais moço que Mehmed, entrou no *kafe* com seis anos e chegou à meia-idade sem nada conhecer do mundo além do que via do quarto pátio. Trinta e nove anos no *kafe*, sem qualquer contato com assuntos públicos, não eram um bom preparo para um soberano. Apesar disso, em 9 de novembro de 1687 os vizires retiraram o entorpecido, confuso e meio esquecido príncipe do apartamento no interior do Topkapi. Como reparou um francês, ele estava "abatido, magro e pálido."[5] Os vizires foram a Mehmed IV com uma *fetva* exigindo sua abdicação. Ele aceitou sua deposição com fatalismo e foi logo transferido para o *kafe*, enquanto Suleiman II recebia solenemente a espada na mesquita sagrada em Eyüp, em evento correspondente a uma coroação. Pelo menos pouparam a vida de Mehmed, mas lhe reservaram uma ironia final. Afinal, deixou o Topkapi e, sob cerrada escolta, foi levado para o norte, voltando para Edirne e seu palácio preferido, do qual tantas vezes saíra para caçadas. Mas, para Mehmed, não haveria mais "jornadas de lazer." Na prática, sua vida terminou sendo uma prisão que lhe impedia o gozo de qualquer prazer. Quando morreu, em janeiro de 1693, houve quem dissesse que foi em consequência de gota, ou envenenado, mas muitos afirmam que morreu de melancolia.

Nessa época, Suleiman II também já morrera. Em junho de 1691, quase três anos e meio depois de receber a espada, sucumbiu à hidropisia quando estava se preparando para partir de Edirne para lutar contra os austríacos. Morto, foi reverenciado como jamais o fora em vida, e seu corpo embalsamado foi levado para o *turbe* (túmulo) de seu grande homônimo no complexo Suleiman, ao lado da mais refinada mesquita imperial na capital. Realizara mais do que se poderia esperar quando saiu de seu *kafe*. Nos primeiros dias de março de 1688, comandou pessoalmente as tropas que perseguiram rebeldes, os fora da lei e os bandoleiros mais incômodos nos distritos de Istambul e Gálata de Constantinopla; comprometeu-se a acabar com o ônus dos impostos de guerra extraordinários; e, finalmente, em outubro de 1689, designou Mustafa Köprülü Grão-Vizir, uma decisão corajosa, pois a família Köprülü era poderosa, com força para fazer e desfazer sultões. O Grão-Vizir se revelou um general competente. Nis e Belgrado foram retomadas no outono de 1690 e foi restabelecida uma linha de defesa ao longo do Danúbio. Suleiman II se preparava para acompanhá-lo em incursões que realizaria para o norte, na direção da Hungria, quando a morte o abateu.

Mustafa Köprülü não regressou a Istambul para o funeral de Suleiman. Os vizires foram buscar no fundo dos apartamentos do palácio outro meio-irmão, o Príncipe Ahmed, dez meses mais moço que Suleiman e com quarenta e três anos de confinamento no *kafe*. Não houve tempo para uma coroação com "entrega de espada" em Eyüp, e foi realizada apenas uma cerimônia improvisada na mesquita Eski, em Edirne. Mustafa Köprülü partiu imediatamente para a frente de batalha no Danúbio, deixando que Ahmed II recebesse as instruções do Divan para seu governo. Menos de um mês depois, o exército do Grão-Vizir foi emboscado em Szlankamen, trinta milhas a noroeste de Belgrado, junto à floresta de Fruska Kora. Mustafa Köprülü foi mortalmente ferido e seu exército dispersado.

Haveria nesse momento a possibilidade de a Santa Liga recuperar os Bálcãs? Se houve, a oportunidade passou. Em 1689, após a morte do Papa Inocêncio XI, o incentivador da nova cruzada, os objetivos políticos – e os recursos financeiros do Papa – encolheram. A falta de coesão aliada levou a operações isoladas, em vez da execução do grande plano-mestre estratégico elaborado às vésperas da guerra, em Veneza. Mesmo antes do retorno de Morosini a sua cidade natal, em 1688, a expedição veneziana à Grécia perdera *momentum*. Os turcos logo recuperaram Atenas, embora Veneza conservasse a posse do Peloponeso. Os assuntos internos de poloneses e russos enfraqueceram a pressão exercida sobre os otomanos ao norte, enquanto, ao longo do Danúbio, a contribuição germano-austríaca para a Liga fora inevitavelmente limitada pela necessidade de manter forças atuando contra Luís XIV. Um levante popular obrigou os venezianos a abandonar a estrategicamente importante ilha de Chios, e a obstinada resistência turca impediu que obtivesse sucesso a primeira tentativa do jovem Pedro, o Grande, de conquistar Azov, o forte do Mar Negro que dominava a foz do Rio Don. Porém, esses postos avançados do Império Otomano não podiam ser supridos regularmente de armas e reforços. Assim, em junho de 1696, uma esquadra russa recentemente construída permitiu que Pedro capturasse Azov e começasse a longa disputa dos czares pelo domínio do Mar Negro. Uma Rússia ocidentalizada, capaz de atacar o Império Otomano partindo do norte, logo se revelou ameaça muito mais grave do que fora a velha Muscovy.

O Czar e o Sultão enfrentavam a mesma ameaça a suas autoridades: as todo-poderosas e privilegiadas instituições militares. Para implantar a ocidentalização, primeiro o Czar teve que eliminar a guarnição de Moscou, a *streltsy*. Foi uma infelicidade nenhum dos sultões otomanos no século XVIII se dispor a destruir a instituição equivalente em seu império, o Corpo de Janízaros.[6] Historicamente, essa organização datava do final do século XIV, quando o poder otomano estava se transferindo da Ásia Menor para os Bálcãs. O sultão Murad I criou os janízaros (*Yeni Çeri*, nova classe militar) como uma guarda de escravos. Tornaram-se o núcleo do primeiro exército regular na Europa moderna. Cerca de cinquenta anos mais tarde, foi imposta uma tributação regular, o *devsirme*, que se tornou a principal fonte de recursos para organizar o Corpo de Janízaros. Os camponeses cristãos que eram pais tinham, a cada cinco anos, de se apresentar aos dirigentes locais e informar o número de filhos da família. Um em cada cinco meninos, geralmente com seis ou sete anos, era levado pelos oficiais do Sultão e obrigado a se tornar muçulmano. Teoricamente, o imposto era coletado em todas as regiões cristãs do Império, mas o peso maior da tributação recaía sobre as atuais Bósnia, Albânia e Bulgária. Alguns escravos mais espertos e inteligentes eram enviados para receber treinamento especial na escola em palácio de Constantinopla. Nada havia que os impedisse de alcançar altos postos como oficial, e vários chegaram a grão-vizir. Todavia, a maior parte dos conscritos pelo imposto *devsirme* permanecia como soldados. Sofriam uma lavagem cerebral para serem absolutamente leais ao Corpo, sua família militar.

Em 1453 os janízaros abriram o caminho para Constantinopla na hora crucial do ataque final a Bizâncio. Um século mais tarde foram a ponta de lança do exército de Suleiman, o Magnífico. Naquele tempo, o Corpo obedecia a um código de vida rigoroso e bem definido, que preconizava: absoluta obediência a seus oficiais; perfeita harmonia entre as unidades; abstinência de álcool; observância da compaixão muçulmana; conscrição apenas pelo *devsirme* ou de prisioneiros de guerra; nada de barba; nada de casamento; não pretender outra atividade ou profissão que não fosse a militar; e aceitação da antiguidade como critério para promoção, da moradia em quartéis (com salvaguardas para quando passasse para a reserva), da pena capital como instrumento reconhecidamente de misericórdia, do castigo corporal por ordem de oficiais janízaros e de exigências de treinamento ou exercícios a qualquer momento. Podiam contar com uma boa remuneração e alimentação e, a partir de 1451, recebiam uma concessão especial, o bônus da acessão, cada vez que um novo sultão recebia a espada cerimonial. Como apenas sete sultões chegaram ao trono ao longo de cento e cinquenta anos, o bônus da acessão era um pagamento até certo ponto excepcional.

Mas, por volta de 1620, os janízaros já não eram tanto um exército permanente quanto eram uma ameaça permanente.[7] Seu código já era flexível. O casamento legal foi permitido pela primeira vez em 1566, ano da morte do grande Suleiman. Logo depois foi permitido que os filhos de janízaros ingressassem no Corpo, mesmo que, como muçulmanos, não pudessem se submeter à cega obediência que assegurava a rigorosa disciplina. A última arrecadação geral do tributo no sudeste da Europa foi realizada em 1676. Nessa época já havia casos de pais muçulmanos que cediam seus filhos para famílias cristãs a fim de conseguirem ingressar naquele tão prestigiado e poderoso grupo de homens. No começo do século XVII a rotina de vida dos integrantes do Corpo já não era tão valorizada. Os janízaros adquiriam casas próprias nas cidades da guarnição. Quando não estavam em operações, podiam comerciar, e muitos agiam como membro da milícia civil da reserva, e não do núcleo principal do exército do Sultão. Além disso, enquanto ambicionavam novos direitos, continuavam ciosos da posse de antigos privilégios. O bônus da acessão deixou de ser uma recompensa para se tornar uma forma de extorsão. Em 1623, quando Murad IV se tornou o quarto sultão a subir ao trono em seis anos, o Grão-Vizir informou aos generais janízaros mais antigos que o tesouro estava vazio, e eles concordaram em renunciar ao bônus, mas, praticamente se amotinando, o Corpo insistiu em seus direitos. Ouro e prata do Topkapi Sarayi foram derretidos para permitir que fossem cunhadas moedas para seu pagamento.

Um governante forte e destemido teria acabado com os janízaros. Mas como? Ao contrário do que acontecia com os *streltsy* russos, o Corpo não estava baseado em um único centro do império. Havia muito tempo existiam quartéis janízaros em Constantinopla, nas maiores cidades provinciais e em capitais conquistadas, como Cairo e Damasco. Suleiman, ciente do perigo potencial que o Corpo significava, estimulou o crescimento da Guarda Imperial de Dragões (*silahtar*). No reinado de seus sucessores o recrutamento para esse regimento foi feito na nobreza turca mais abastada, e a guarda foi mantida junto à pessoa do Sultão em todas as campanhas empreendidas. Entretanto, enquanto a *silahtar* era uma pequena tropa de elite, o efetivo dos janízaros chegava a 90 mil homens organizados em mais de cem batalhões (*orta*), quando inteiramente mobilizados. Abrangiam o que se podia considerar o embrião de uma brigada de "comandos," os *serdengecti* ("os que estavam prontos para arriscar o pescoço"), a base para uma tropa de infantaria de assalto. Se o Império Otomano tivesse de enfrentar um desafio militar do Ocidente, os sultões precisariam dos janízaros, desde que o Corpo combatesse com a mesma lealdade e obstinação demonstradas nos tempos de Mehmed, o Conquistador, e de Suleiman, o Magnífico.

Em poucas palavras, esperava-se que assim procedessem. No reinado de Mustafa II, que subiu ao trono em fevereiro de 1695, foi empreendida vigorosa tentativa de conter o avanço austríaco.[8] Cinco semanas após sua acessão, o sultão Mustafa designou Feyzullah Effendi, seu antigo tutor, *seyhülislam*. Como principal intérprete da Santa Lei, cabia a Feyzullah Effendi conseguir apoio da *ulema* conservadora para a retomada das operações no Danúbio. A guerra contra os Habsburgos exigia mais impostos e maiores sofrimentos pessoais nas aldeias, tanto na Rumélia quanto na Anatólia, uma vez que uma nova campanha afastaria mais uma vez os camponeses do campo. Feyzullah Effendi se tornou mais do que um líder espiritual. Na ausência de um vizir forte, ele era o principal executivo do Sultão, capaz de intimidar *pashas* provinciais relutantes em recrutar soldados para o Sultão e conter tendências rebeldes dos janízaros. Teoricamente, o Corpo Janízaro estava com seus efetivos completos, embora, na prática, não mais de 10 mil homens estivessem em condições de ser empregados na Europa. Além disso, a *orta* baseada no Egito continuava descontroladamente indisciplinada. Todavia, nos primeiros meses de 1696 um formidável exército foi reunido sob o santo estandarte. Feyzullah Effendi e a *ulema*, sob a proteção de Alá, ficariam na capital controlando o Império Otomano, enquanto, mais uma vez, o Sultão comandava seu exército em campanha.

No começo, o comando de Mustafa foi bem-sucedido. Defendeu Temesvar (Timisoara) diante das tropas do Imperador Leopoldo, permitindo que os turcos se mantivessem firmes ao norte do Danúbio. Porém, no fim do verão de 1697, exagerou em sua ambição e avançou ao norte de Belgrado, na direção da rica região húngara de cultivo de grãos em Backsa (hoje Sérvia Vovjodina). Perto da pequena cidade de Zenta, os engenheiros do Sultão improvisaram uma passagem com pontões sobre o rio Tisza, largo e de forte correnteza nesse ponto, não muito distante da confluência desse rio com o Danúbio. Os austríacos atacaram na noite de

11 de setembro, justamente quando o exército atravessava o Tisza. Sob a inspirada liderança do Príncipe Eugene de Savoia, dividiram em duas as forças turcas. Possivelmente 30 mil soldados otomanos pereceram, mortos no campo de batalha de Zenta ou afogados nas águas do Tisza. Pilhas de corpos formaram "ilhas" no rio. O Príncipe Eugene imediatamente informou Viena sobre a batalha. Sua "vitória decisiva" assinalou o início da brilhante carreira do príncipe e o transformou no "mais famoso comandante na Europa," segundo comentário de Lord Acton, prevendo a vitoriosa parceria de Eugene e Malborough na Guerra da Sucessão Espanhola.[9] Em contrapartida, para os turcos Zenta foi decisiva, significando mais o fim do que o começo de uma era. Quatorze anos após o levantamento do cerco de Viena – e de certa forma até hoje – caiu por terra a tentativa turca de recuperar a região do médio Danúbio. O Sultão ficou praticamente sem qualquer força militar fora da Ásia.

Chuvas torrenciais livraram Mustafa II das consequências imediatas de sua derrota. Leopold I não estava preparado para empregar suas tropas em operações de inverno nos Bálcãs. O impacto de Zenta foi mais significativo na diplomacia europeia em geral. Na esperança de preservar a paz no leste, Inglaterra e Holanda tentaram realizar uma arbitragem, para que os Habsburgos pudessem se concentrar na luta contra a França de Luís XIV. Ainda não havia uma "Questão Oriental" capaz de sensibilizar os governantes ocidentais, mas apenas um cansativo e confuso "conflito secundário no leste."

As longas negociações terminaram na última semana de janeiro de 1699 com um acordo de paz celebrado em Karlowitz (hoje Sremski Karlovici). O Imperador Leopold ficou bastante satisfeito com o tratado. As cláusulas que asseguravam concessões comerciais aos negociantes austríacos e confirmavam o direito dos católicos romanos de professar livremente seu credo nas terras do Sultão poderiam estar redigidas com imprecisão, mas aparentemente davam ao imperador Habsburg o direito de intervir em assuntos internos dos otomanos. As cláusulas territoriais do acordo tinham uma clareza um tanto ilusória. A Hungria e toda a Transilvânia (com exceção de um triângulo de terras em volta de Temesvar) estavam de posse dos Habsburgos quando começaram as negociações de paz e assim permaneceram pelo tratado. Os venezianos tinham consolidado sua posse na Dalmácia e no Peloponeso, e as retiveram. Os turcos tinham se retirado do sul da Polônia e da Ucrânia, e não tentaram recuperar dos poloneses a posse dessas terras. As conversas com representantes russos se alongaram ainda mais, mas chegaram a um acordo em junho de 1700. O Tratado de Constantinopla confirmou a posse de Azov e de uma faixa do baixo Dniester pelo Czar, desde que fossem desmanteladas todas as fortificações russas na região.

Nenhum signatário desses tratados considerou definitivo o novo traçado das fronteiras. A disputa pelo domínio do Mar Negro estava apenas começando, e tudo indicava que os domínios mais remotos da decadente Veneza logo escapariam do controle da República. Em uma região, contudo, a Paz de Karlowitz mudou o mapa de forma duradoura. Até 1683, a "fronteira militar" através da Hungria ocidental e da Croácia constituíra uma muralha defensiva contra o Islã. Depois de 1699, a fronteira se estendeu para leste até a Transilvânia, debruçando-se tão ameaçadoramente sobre os Bálcãs que os Habsburgos austríacos pareciam propensos a empurrar os turcos de volta para a Ásia, tal como seus parentes espanhóis tinham expulsado os mouros para o norte da África um século antes. Porém, isso não passou de ilusão. A nova fronteira militar, como a velha, se revelou essencialmente defensiva, tendo em vista a preocupação dos Habsburgos com os grandes projetos da França e os problemas com a Alemanha, Polônia e a península italiana. O Príncipe Eugene empreendeu mais uma campanha bem-sucedida no leste, abrilhantando ainda mais a reputação adquirida em Temesvar, em 1716, e em Belgrado, um ano mais tarde. Porém, embora o Banato de Temesvar nunca mais voltasse ao domínio otomano, em 1739 os turcos recuperaram a Sérvia, e decorreu mais um século até que um simbólico destacamento turco finalmente arriasse pela última vez a bandeira do crescente em Belgrado. A marcha austríaca sobre Constantinopla – uma real ameaça na época de Karlowitz – nunca aconteceu. Excetuando-se duas décadas no começo do século XVIII, os rios Sava e Danúbio continuaram assinalando a fronteira da monarquia Habsburg, até os impérios serem varridos no fim da Primeira Guerra Mundial.

Karlowitz não foi, como sustentam alguns autores, um desastre para o Império Otomano.[10] A paz permitiu à Turquia neutralizar a ameaça do Ocidente e se preparar para enfrentar a grande ameaça do norte, além de novos perigos na Ásia. Por três anos após Karlowitz, o último grão-vizir da família Köprülü, Amcazade Hüseyin, empreendeu profundas reformas no sistema de arrecadação de impostos, na organização e no treinamento do exército e no desenvolvimento de uma poderosa esquadra a vela para substituir as antigas galeras movidas a remo. O empenho de Hüseyin ao realizar essas reformas o forçou a interferir em muitos hábitos tradicionais. Inevitavelmente contrariou a conservadora *ulema*, ainda chefiada por Feyzullah Effendi, que fora designado *seyhülislam* pelo Sultão. Não fosse uma doença fatal obrigá-lo a renunciar ao cargo em setembro de 1702, quase certamente Hüseyin teria sido vítima de seus inimigos políticos.

Durante os onze meses seguintes, os eventos seguiram o curso habitual. Feyzullah Effendi, sempre vigilante e alerta nos primeiros tempos do reinado, logo sucumbiu à sedutora venalidade do cargo. Na virada do século, já tinha amealhado considerável fortuna e praticava o nepotismo em grande escala. Corriam rumores de que o sultão Mustafa e Feyzullah planejavam retornar a capital para Edirne, decisão que destruiria o meio de vida de centenas de comerciantes em Istambul e ao longo das costas do Chifre Dourado. Em julho de 1703, quatro companhias de janízaros, cujos soldos estavam atrasados, lideraram um motim em Istambul, conseguindo o apoio de outros militares e de estudantes religiosos. Os rebeldes marcharam sobre Edirne, onde o Sultão e o *seyülislâm* estavam morando. Embora exilasse às pressas o Feyzullah e seus parentes, Mustafa II não conseguiu evitar ter o mesmo destino do pai. Os vizires o depuseram em 22 de agosto e, no final de dezembro, a hidropisia fez mais uma vítima no *kafe*.

Novamente um príncipe foi retirado do quarto pátio do Topkapi Sarayi e recebeu a espada em Edirne, e não em Eyüp. Dessa vez, porém, havia uma pequena singularidade em relação às circunstâncias familiares. Singularmente, Ahmed III, o mais velho com vinte e nove anos, era irmão, e não meio-irmão, de seu antecessor. Sua mãe cretense, Rabia Gulnus, tinha sessenta e poucos anos quando Ahmed subiu ao trono e exerceu certa influência como Valide Sultana, até sua morte doze anos depois. Apesar disso, durante alguns meses a dinastia otomana deu a impressão de que estava com os dias contados. Ahmed se viu obrigado a pagar um bônus de acessão maior que o concedido por seu antecessor, satisfazendo os janízaros amotinados com recursos confiscados do desacreditado Feyzullah Effendi e membros de seu círculo íntimo. Mesmo assim, não pôde distribuir a mesma quantia a todas as unidades rebeladas, gerando descontentamento generalizado na Rumélia e no sudoeste da Anatólia.

Uma força hostil se concentrou em Silivri, onde a estrada para Edirne, partindo do Mar de Mármara, inflete para o interior. Se naquele momento os comandantes entrassem em acordo sobre um nome de uma das outras famílias para o sultanato, o Império Otomano poderia perfeitamente ter desabado, dissolvendo-se em uma fragmentada confederação de khanatos. Entretanto, Ahmed e o Império sobreviveram. Ele decidiu empregar os janízaros como defensores da dinastia. Quando estes se aproximaram, os rebeldes fugiram de Silivri, e muitos se tornaram salteadores na Trácia oriental e nas Montanhas Rodopi. A ameaça de guerra civil se desfez.[11]

Na primeira metade de seu reinado de vinte e sete anos, Ahmed III revelou uma astúcia política que em certos momentos se aproximou da perspicácia digna de um estadista. Em retrospecto, os anos 1703 e 1718 limitam um período de governo fraco. Treze grão-vizires se sucederam com rapidez desconcertante. Em 1711 o controle exercido sobre as províncias era tão débil que durante setenta dias houve derramamento de sangue no Cairo, quando seis organizações militares se uniram na "grande insurreição" contra as pretensões dos janízaros. Porém, na capital imperial, o sultão Ahmed aproveitou esses anos para consolidar sua posição no trono, mantendo sob controle os grão-vizires rivais e os "senhores do Divan," enquanto escalava gente de sua preferência em postos-chave no exército e na corte. A política de modernização do exército e da marinha, iniciada por Hüseyin, foi cuidadosamente desenvolvida e alcançou relativo sucesso. Embora nenhum comandante otomano conseguisse superar o Príncipe Eugene, os russos foram detidos no rio Pruth em 1711, quando o próprio Pedro, o Grande, quase foi capturado. Porém, a mais importante realização desse período ocorreu no sul da Grécia. A notável rapidez com que foi recuperado o Peloponeso ressalta a eficiência da nova esquadra. Também constitui um expressivo comentário sobre o status dos gregos ortodoxos que eram súditos de Ahmed.

Ao longo dos séculos, os sultões otomanos transformaram muitas igrejas em mesquitas, mas nunca tentaram impor a conversão de toda a comunidade cristã.[12] Mehmed II reconheceu seus súditos ortodoxos como uma "nação" religiosa (*millet*). Tinham de pagar pesados impostos e aceitar leis discriminatórias – não fazer proselitismo com muçulmanos, sem procissões de igrejas, não andar a cavalo, não portar armas etc. – mas lhes era permitida autonomia em assuntos espirituais e seculares da igreja sob a liderança do Patriarca grego em Constantinopla, que ostentava elevado posto na hierarquia otomana: *Pasha* com três rabos de cavalo. Posteriormente, os sultões usaram amplamente os gregos em serviços do governo. Por exemplo, quase sempre o intérprete (*dragoman*) que servia a um representante estrangeiro era grego. Mas foi com o comércio que os gregos enriqueceram. Um quarteirão grego – que incluía a residência murada do patriarca – sobreviveu em Istambul, distrito de Constantinopla em torno do Phanar (Fener), o velho farol bizantino diante do Chifre Dourado. No início do século XVIII, esses gregos "fanariotas" formavam uma aristocracia mercantil ativa não apenas no coração do Império, mas em toda a Rumélia e no Levante. Seus maiores rivais no comércio havia muito tempo eram os venezianos e, em menor grau, os genoveses. Os fanariotas apresentaram a Ahmed III uma série de reivindicações dos gregos que viviam sob controle dos venezianos nas ilhas do Egeu do Peloponeso, implorando a intervenção dos otomanos para libertá-los do domínio latino. Esse influente grupo contava com o apoio da mãe cretense do sultão Ahmed, que só veio a morrer em novembro de 1715. Uma ação militar por terra e mar contra a República de Veneza seria mais popular em Constantinopla do que qualquer operação no baixo Danúbio.

Em 1710, um quarto de século de administração veneziana tinha trazido a prosperidade de volta ao Peloponeso, depois de muitos anos de declínio. A população crescera rapidamente, alimentada pela colonização do norte do Golfo de Corinto e, pela primeira vez desde a Idade Clássica, a agricultura estava prosperando em áreas menos áridas. Porém, apesar da melhoria do nível de vida, o governo de Veneza era impopular entre os próprios gregos. Quando desembarcou em Methoni no verão de 1710, o viajante francês Aubry de La Moutraye descobriu que o povo detestava profundamente as restrições comerciais, que achavam favoráveis aos comerciantes venezianos.[13] Os gregos também reclamavam da chegada de um padre italiano e dos ataques da igreja católica romana à ortodoxa. Achavam que os católicos, que professavam a mesma fé, gozavam de maior liberdade de crença nos territórios sob domínio do Império Otomano. A hostilidade dos gregos ortodoxos à intrusão de ritos latinos, aliada à esperança dos fanariotas de enfraquecer o comércio veneziano, despertou entusiástico apoio nos arredores do Chifre Dourado à guerra que propunham. Em dezembro de 1714, ocorreram trocas ocasionais de tiro entre barcos otomanos e venezianos no Egeu, oferecendo ao Sultão pretexto para declarar guerra à República de São Marcos.

As operações começaram no verão seguinte, quando o exército do Grão-Vizir atacou no Peloponeso. Os invasores encontraram pouca resistência das tropas a soldo de Veneza e descobriram que podiam contar com o apoio imediato do clero ortodoxo. Ao mesmo tempo, forças otomanas tomaram os últimos pontos fortes venezianos na ilha de Creta, em Spinalonga e Kalami. Nas Cíclades, conquistaram Tenos – sob domínio de Veneza nos últimos quinhentos anos e fortemente católica romana, mas não sendo, ainda, o centro da peregrinação ortodoxa que faria a fama da ilha no século XIX. Com o apoio de barcos providenciados pelo Papa Clemente XI e dos Cavaleiros de Malta, os venezianos tentaram montar uma contraofensiva em 1717, quando os comandantes otomanos cambaleavam diante de uma sucessão de golpes desfechados pelo Príncipe Eugene no Banato. Porém, essa derradeira manifestação de solidariedade da Santa Liga foi pouco mais que um simples gesto. No verão de 1718, quando foi celebrada a paz em Passarowitz, Veneza concordou em abandonar o Peloponeso. Ainda que a República conservasse as Ilhas Iônicas, Kithira e quatro pequenos portos na costa do Épiro por mais oitenta anos, essas posses foram mantidas apenas para fins comerciais, não como bases estratégicas para respaldar uma política no Egeu e no Levante.

Embora o acordo passasse quase despercebido na Europa Ocidental, a Paz de Passarowitz assinalou o fim de uma época na história do Mediterrâneo. Ao fim das contas, os otomanos conquistaram uma vitória estratégica, neutralizando a mais antiga ameaça marítima imposta pelo Ocidente. Nunca mais o leão de São Marcos rugiu nas águas fora de

Lepanto ou quebrou o silêncio triste da Baía de Soudha. Porém, como sinal de sólida recuperação otomana, esses acontecimentos no Peloponeso não convenceram. Só foram possíveis graças a uma identidade de interesses entre muçulmanos e ortodoxos no intuito de reprimir os esforços papais em prol do proselitismo católico no Mediterrâneo oriental.

As relações entre os trinta sultões e mais de cento e cinquenta patriarcas que se seguiram à queda de Bizâncio se fundamentavam na aversão comum às práticas religiosas latinas e na esperança de respeito mútuo pelo cargo que cada dignitário ocupava. Essa esperança nem sempre se concretizou. Dois em cada três patriarcas foram depostos por insistência otomana, em consequência de desvios de orientação de importância relativamente secundária. Outros seis, autores de transgressões mais graves, foram enforcados, afogados ou envenenados. Apesar disso, o Sultanato e o Patriarcado eram instituições naturalmente conservadoras, não totalmente contrárias a reformas, mas instintivamente desconfiadas em relação a crenças que pudessem perturbar o delicado equilíbrio de autoridade entre elas.

Nenhuma das duas estimulava conscientemente o nacionalismo: o Patriarca preservava a tradição bizantina do universalismo dentro de uma igreja ecumênica; o Sultão governava um império multinacional do qual os "turcos" eram apenas um componente, os agricultores turcomanos da Anatólia, socialmente subprivilegiado. A guerra para recuperar o Peloponeso provou que as duas instituições podiam concretizar uma parceria operacional contra a igreja latina. Restava ver como as relações entre as duas ficariam diante de qualquer manifestação sob a forma de cruzada missionária por parte de fiéis ortodoxos que estivessem além da jurisdição espiritual do Patriarca ecumênico.

Essa ameaça estava mais próxima do que o sultão Ahmed e o Patriarca imaginavam. Depois de repelirem os russos no Pruth, em 1711, Ahmed e seus vizires demonstraram negligente desprezo pelo czar Pedro, que tentara em vão fomentar uma revolta cristã nos Bálcãs. Subestimar o que estava acontecendo na Rússia foi um erro. Três anos após a Paz de Passarowitz, Pedro procurou consolidar seu status assumindo o título de "Imperador de Todas as Rússias" e, no mesmo ano, invocando uma "orientação espiritual," submeteu a igreja moscovita a um controle de estado mais rígido do que o imposto por qualquer outro soberano europeu sobre uma instituição religiosa. Logo em seguida, novos agentes russos a serviço da Santa Igreja e, ao mesmo tempo, do estado imperial, começaram a se infiltrar nos territórios balcânicos do Sultão, onde passaram a incentivar o sentimento patriótico, especialmente nos distritos que tinham demonstrado mais hostilidade ao governo de Veneza. Com a Santa Rússia assumindo o papel de guardiã ativa da Verdadeira Fé, ficou cada vez mais difícil para os fiéis ortodoxos do Império Otomano se conformarem passivamente com a condição de cidadãos de segunda classe sob o governo do Sultão. Consta que, em 1452, uma autoridade bizantina, crítica das tentativas do Imperador de reunir a igreja do Oriente sob a direção de Roma, comentou que "seria melhor ver o turbante real dos turcos no meio da cidade do que a mitra latina." Em 1710, essa opinião ainda prevalecia entre a maioria dos religiosos gregos.[14] Entretanto, por mais que suspeitassem dos latinos, o respeito pelo turbante estava enfraquecendo. Na segunda metade do século, muitos gregos já tinham a esperança de que seu mais acalentado sonho logo se concretizasse. Ouvir a Santa Liturgia novamente celebrada sob o domo da Basílica da Sabedoria Divina em Constantinopla já não era um sonho impossível.

3

A Era das Tulipas e O Que Veio Depois

O DECLÍNIO DO IMPÉRIO OTOMANO NÃO FOI RÁPIDO nem contínuo. Em 1700 terminara o tempo das conquistas islâmicas na Europa. Após campanhas indefinidas ou fracassadas, as fronteiras se contraíram. Províncias periféricas, conquistadas de forma um tanto acidental no norte da África e no Iêmen, logo caminhariam para uma independência virtual. Desde os derradeiros anos do século XVII, estrangeiros previram diversas vezes o colapso do sultanato. Mesmo assim, contrariando todas as expectativas, o Império Otomano sobreviveu à Espanha imperial, às republicanas Gênova e Veneza, à monarquia parlamentar da Polônia, à América colonial britânica, ao que restava do Império Católico Romano, à França dos Bourbons e de Napoleão e ao poder temporal do Papa. Por alguns anos, sobreviveu até aos impérios dos Habsburgos e dos Romanovs, assim como a seus aparentes legatários, e ao império Hohenzollern, que pretendera substituir a França como principal credor dos otomanos.

É mais fácil identificar sinais de decadência no Império Otomano do que descobrir como se mostrou uma instituição tão duradoura. Indiscutivelmente, uma das fontes de sua vitalidade foi a convicção que imperava na elite dirigente e na *ulema* de que o Império Otomano *era* o Islã. O prestígio do califado, mantido legitimamente ou por apropriação, fortalecia o poder secular de um Sultão depois de cingir a Espada de Othman em Eyüp, por mais fraca que fosse sua personalidade. "Saiba Vossa Majestade Imperial que os fundamentos da ordem na realeza e na comunidade, e a garantia de firmes raízes da dinastia e da fé, repousam em sólido apego à total observância da lei de Maomé," escreveu o conselheiro otomano Mustafa Koçi Bey em 1630, em famosa obra com que presenteou Murad IV. Documentos posteriores dirigidos a vários sucessores de Murad frisaram de modo similar a sabedoria dos fundamentos da vida pública e privada sob a Santa Lei do Islã (a *seriat*).[1]

Entretanto, permanecia na estrutura do estado otomano um

conservadorismo inato, mas de feição sempre reconstituinte e reformista, em vez do obscurantismo mesquinho desejado por alguns membros da *ulema*. Era uma distinção tênue, mas importante. Desde que os aspectos exteriores parecessem tradicionais, as técnicas militares e navais da Europa Ocidental podiam ser adotadas, assim como os procedimentos práticos introduzidos no dia a dia das atividades governamentais. Já no tempo de Köprülü, o Grão-Vizir dispunha de uma residência oficial em uma estrada que margeava a muralha externa do Topkapi Sarayi e, a partir de 1654, lá passou a trabalhar uma equipe administrativa. Essa residência, devido ao seu imponente portão, passou a ser conhecida como a Sublime Porta (*Bab-i Ali*). Até a queda do Império, permaneceu como sede oficial do governo. Houve diversos períodos nos séculos XVIII e XIX em que um sultão ou um grão-vizir fez cuidadosas experiências de ocidentalização, procurando introduzir um estilo europeu na desgastada estrutura da lei otomana.

O primeiro e mais original inovador foi Ibrahim Pasha Kulliyesi, que veio a ser o grão-vizir de Ahmed III em 1718, depois de dois anos como *kaimakan* (vice-grão-vizir).[2] Observadores estrangeiros descreveram Ibrahim como um empreendedor sibarita com uma visão estética das maravilhas da paisagem e grande curiosidade intelectual. Mas também era um diplomata astuto e hábil manipulador da política palaciana, capaz de permanecer como Grão-Vizir por doze anos, quando quatorze meses era a norma. Sobreviveu manobrando seus inimigos uns contra os outros, por meio de ligações com a dinastia através do casamento e mantendo o Sultão permanentemente satisfeito, de bom humor e livre de todas as preocupações de estado.

Ibrahim casou com a filha mais velha do Sultão e é geralmente conhecido como o Damat (genro) Ibrahim, para diferenciá-lo de muitos homônimos cujas ambições nunca os levaram ao mesmo patamar. Tal como seu mestre imperial, Ibrahim era ávido por fortuna e pessoalmente extravagante. Contudo, apesar de seus muitos defeitos, Damat Ibrahim era uma figura impressionante, revelando visão mais ampla do que qualquer de seus antecessores. Foi o primeiro ministro otomano a enviar representantes para as maiores capitais da Europa: para Viena em 1719; para Paris em 1720-21; e para Moscou em 1722-23. Deveriam negociar tratados de comércio, mas também atuar como observadores, informando o Grão-Vizir a respeito de aspectos da vida e da cultura que fossem "aplicáveis" às características do Império Otomano. As instruções transmitidas para Celebi Mehmed, o enviado à França, sobreviveram. Devia visitar "fortalezas, fábricas e fazer uma apreciação geral dos produtos da civilização francesa." A missão foi diligentemente cumprida. Foram enviados relatórios ao Grão-Vizir descrevendo a corte francesa, cenas das ruas parisienses, hospitais, campos de treinamento militar e escolas. Celebi derramou-se em elogios, sobretudo à quantidade de livros nas livrarias e às maravilhosas pinturas, uma habilidade à qual o filho do emissário, Mehmed Said, deu particular atenção.[3]

Os dois que visitaram a França eram missionários culturais. Ajudaram a afastar a lendária desconfiança do "turco cruel" e a incentivar um interesse moderno pela *turquerie*, a ponto de introduzir o *kebab* na Europa Ocidental. Porém, sua maior influência foi sentida na vida da corte em Constantinopla. Embora a Mesquita Azul fosse completada em 1616 e a "nova mesquita" Yeni Cami em 1663, o período clássico da arquitetura no estilo otomano nessa ocasião já estava encerrado. Durante o meio século de operações na Europa, os sultões tinham dado preferência a Edirne, uma cidade agradavelmente repousante que, além disso, ficava uma jornada mais próxima das frentes de batalha. Com a volta da paz, Ahmed III estava disposto a reavivar as glórias decadentes da capital imperial, desde que Ibrahim o suprisse com os recursos necessários.

Ibrahim fez exatamente isso e muito mais. Foi criado um imposto sobre propriedade e, pelo menos na região central do império, arrecadado com sucesso. "Impostos de apoio às operações" foram introduzidos em caráter permanente, mesmo quando a paz imperava ao longo das fronteiras. Na frente marítima na Anatólia, Ibrahim construiu uma nova mansão, influenciado pelos relatórios iniciais de Celebi sobre Paris. Para lá levou seu sogro, que ficou se deliciando com a vista sobre o Bósforo, durante o mês de maio de 1721. O senso estético de Ahmed era bastante refinado. Interessava-se por poesia, pintura, caligrafia e, particularmente, horticultura. Ficou maravilhado com a mansão e com os jardins de seu Grão-Vizir. O embaixador veneziano relata que Ibrahim imediatamente presenteou o Sultão com a residência.[4]

Porém, uma nova mansão não era suficiente para satisfazer a avidez cultural de Ahmed. As descrições de Fontainebleau e, mais ainda, do pequeno castelo do Rei Luís em Marly, feitas por Celebi, o fascinaram. Imitando o que julgava ser o estilo real francês – com forte encorajamento de Damat Ibrahim – Ahmed III construiu o Sa'adabad (Palácio da Felicidade), um esplêndido palácio de verão a cavaleiro das "Águas Doces da Europa," depois de Eyüp, subindo cerca de 7km o Chifre Dourado a partir do Topkapi Sarayi. O palácio foi erigido em 1722, com surpreendente rapidez. Os dois cursos de água que constituíam as "Águas Doces," o Alibey Suyu e o Kagithane Suyu, foram canalizados, formando fontes e cascatas nos terrenos do palácio. Outros membros do Divan procuraram seguir o exemplo de seu soberano. Um novo palácio de frente para o mar foi construído para Damat Ibrahim em Kandilli, cerca de 8km Bósforo acima, onde ele recebeu suntuosamente o Sultão em 1724 e novamente em 1728, nas duas ocasiões por uma quinzena. Arquitetos estrangeiros foram chamados a Constantinopla. Pequenas vilas na orla marítima, quase todas de madeira ou gesso moldado no lugar do mármore, bem mais caro, começaram a surgir ao longo da costa anatoliana do Bósforo, assim como na entrada do Chifre Dourado.

> O prazer de navegar em uma barcaça para Chelsea não se compara ao de fazê-lo neste braço de mar, onde, por uma extensão de vinte milhas descendo o Bósforo, se descortinam as mais belas e variadas vistas. O lado asiático é coberto de árvores frutíferas, pequenas localidades e as mais encantadoras paisagens naturais. No lado europeu está Constantinopla, situada sobre sete colinas (...) exibindo uma agradável mistura de jardins, pinheiros e ciprestes, palácios, mesquitas e prédios públicos uns após outros, com beleza e simetria como nunca se viu, nem mesmo em um gabinete adornado pelas mais hábeis mãos.

Isto foi o que Lady Mary Wortley Montagu, de vinte e nove anos, escreveu para Lady Bristol, em abril de 1718, descrevendo a cidade onde o marido servia com embaixador do rei George I.[5] Mas escreveu antes que o capricho de Sa'adabad tomasse conta da corte. Se retornasse ao Bósforo cinco ou seis anos depois, veria seu simétrico "gabinete" enfeitado com a extravagância do rococó. O embaixador francês, Louis Cauveur de Villeneuve, comentou dois aspectos da vida na corte: a evolução imperial passando de um palácio para outro e o gosto do Sultão e da classe dirigente pela iluminação festiva do céu à noite.

Logo após sua chegada a Constantinopla, Louis de Villeneuve escreveu para Paris:

> Em certas ocasiões pode-se ver a corte flutuando nas águas do Bósforo ou do Chifre Dourado em pequenos e elegantes veleiros levantinos, cobertos com tendas de seda. De vez em quando a corte faz longas cavalgadas rumo a um dos palácios de lazer. (...) Esses cortejos são particularmente atraentes pela beleza dos cavalos e pelo luxo do arreamento todo adornado. Desfilam com seus arreios de ouro ou prata, as testeiras emplumadas e as mantas resplandecentes de pedras preciosas.[6]

Certa noite, postado na colina de Pera (hoje Beyoglu) e olhando para Istambul, Villeneuve ficou fascinado pelos "domos das mesquitas se erguendo como se emergissem de coroas de fogo, enquanto um dispositivo invisível servindo como ponte entre os minaretes permitia que versos do Corão fossem escritos no céu com letras de fogo."[7]

O *bailo* (embaixador) de Veneza, menos surpreso com a procissão de barcos ou com as festivas cadeias de lâmpadas de resina que queimavam lentamente, em fevereiro de 1723, comentou a riqueza da decoração instalada pelos principais auxiliares do Sultão nos pavilhões ou quiosques construídos no arvoredo do parque de Sa'adabad.[8] Naqueles anos de tanta frivolidade social, cada visitante parecia se impressionar com alguma novidade em especial. Talvez uma festa *halvah*, com pratos de raiz de gergelim e mel à disposição dos convidados, ou com a pintura de retratos, desafiando a inibição em representar a figura humana pela arte, ou ainda com ilusionistas, lutadores e anões. Também podia ficar encantado pelos papagaios e exóticos passarinhos canoros engaiolados, pelos doces em formato de palmeiras ou, nas festas de casamento de três das filhas do Sultão, por um jardim de dezessete metros quadrados coberto de doces e balas. Para muitos embaixadores estrangeiros, parecia um mundo de brinquedo, inconsequente e frívolo, mas fascinante, em assustador contraste com realidades tão evidentes ao longo da orla do Chifre Dourado, onde os não muçulmanos eram surrados ou sufocados até a morte depois de empalados ou pendurados com um gancho de açougueiro espetado sob o queixo.

"Vamos rir, vamos nos divertir, vamos desfrutar plenamente as delícias do mundo," proclamou o poeta principal da corte, Ahmed Nedim, alegre companheiro do Sultão, anos mais tarde.[9] Era uma filosofia que preconizava a felicidade num Império supostamente em declínio. Mas não era um estilo de vida totalmente hedonista. Foram criadas novas escolas muçulmanas, e as velhas, esquecidas em consequência do mau uso de suas possibilidades, receberam apoio pessoal de vizires e do Sultão e seu primeiro-ministro. Desde os últimos anos do século XV, já eram impressos livros em outros idiomas além do turco por judeus e cristãos em Constantinopla e, na ocasião do retorno de Mehmed Said de Paris, Damat Ibrahim o incentivou a criar a primeira editora de obras em idioma turco, com apoio técnico de Ibrahim Muteferrika, um natural da Hungria convertido ao islamismo. Não obstante as reclamações da *ulema* de que a impressão do Corão e outras obras sagradas do Islã era uma blasfêmia, e a forte hostilidade de escribas e calígrafos que temiam por seus empregos, Muteferrika apresentou o primeiro livro impresso em turco em 1729: um tratado sobre geografia histórica. Ao longo dos treze anos seguintes, foram impressos mais vinte e três volumes, entre eles, em 1732, um estudo sobre magnetismo, escrito pelo próprio Muteferrika, *Fuyuzot-i minatisiye*.[10]

Ahmed foi o mais sofisticado e culto Sultão por mais de século e meio. Seu amigo Nedim foi mais do que um poeta talentoso. Encarregou-se da biblioteca fundada pelo sultão Ahmed, que ainda pode ser vista a oeste de seu *turbe* (mausoléu), ao lado da Yeni Cami, no extremo da ponte Gálata em Istambul. Por toda parte se podem encontrar obras do Sultão Ahmed, patrono das artes e da ciência, que encantam os visitantes da moderna Istambul. Não existe aposento mais adorável nos apartamentos privados do Topkapi Sarayi do que a sala de jantar de Ahmed III, com um refinado teto dourado e painéis de madeira laqueada adornados com pinturas de flores e cestas de frutas. Também não há fonte de rua mais bela do que a enorme *cesme* que ele fez construir entre a Santa Sofia e o Topkapi Sarayi. Do outro lado do Bósforo, ao lado da mesquita junto à plataforma de desembarque da velha ferrovia em Üsküdar (Scutari), existe outra linda fonte que, em 1726, foi escolhida pelo sultão Ahmed como ponto de parada anual da Caravana Sagrada em sua peregrinação de mil e quinhentas milhas a Medina e Meca. Há também dois estreitos minaretes em Eyüp, flanqueando elegantemente a histórica mesquita desde quando Ahmed por ali passava a caminho das jornadas em seu palácio dos sonhos de Sa'adabad.

Todavia, Ahmed III é mais lembrado como amante das flores. Historicamente seu reinado ficou conhecido como *Lale Devri* (Era das Tulipas). As tulipas acompanharam os turcos quando vieram da Anatólia, onde eram flores selvagens. No século XVI, um embaixador Habsburg as levou para os Países Baixos, onde, a partir de 1560, os holandeses começaram a cultivar seus bulbos, produzindo mais de mil e duzentas variedades, quando a flor já não despertava muito interesse em Constantinopla. O pai de Ahmed, o sultão Mehmed IV, resgatou o valor da flor como preferência imperial, primeiro em Edirne e mais tarde no Topkapi Sarayi. Para Ahmed, porém, a tulipa era uma obsessão. Nos jardins de seu palácio eram plantadas fileiras e mais fileiras, cada variedade em um canteiro separado. Foram comprados novos espécimes no Ocidente e na Pérsia. Em um outono, o *bailo* veneziano achou que valia a pena informar o Doge que acabara de chegar ao Chifre Dourado, vindo de Marselha, um barco com 30 mil bulbos de tulipa para os jardins do Sultão. Pouco tempo depois, ainda naquele século, um mordaz comerciante francês, Jean-Claude Flachat, comentou que os turcos "davam mais valor a um cavalo ou uma bela tulipa do que à vida humana."[11]

As tulipas serviram de tema para decoração de azulejos, painéis laqueados, coleções de livros para as novas bibliotecas e muitas outras formas de expressão artística, e também para os poetas da corte. Todo mês de abril o Sultão promovia um festival de tulipas no jardim no nível inferior, além do quarto pátio do Topkapi Sarayi, o "Gran Seraglio," como os embaixadores estrangeiros chamavam o palácio. O festival era programado para duas noites consecutivas, coincidindo com a lua cheia. Tartarugas com velas que queimavam lentamente sobre seus cascos moviam-se devagar em torno dos canteiros de tulipas para prover iluminação no nível do solo. Em prateleiras em torno dos muros do jardim eram colocados vasos de tulipas cuidadosamente selecionadas, para que suas cores se harmonizassem quando ficavam sob as luzes postas em bacias de vidro acima dos vasos. Ahmed III era reverenciado em seu trono real no lado de fora do pavilhão Sofa Köskü, com o acompanhamento de gorjeio de pássaros num viveiro improvisado pendurado nos ramos de árvores frondosas. A segunda noite era sempre reservada para uma festa que correspondia praticamente a uma comemoração primaveril, para divertir as mulheres do harém. A noitada podia incluir uma caça a um tesouro de doces ou, se o Sultão estivesse com disposição generosa, de pequenas joias escondidas no jardim.

"A influência do Grão-Vizir aumenta a cada dia," informou o *bailo* veneziano em janeiro de 1724.[12] Damat Ibrahim se aproveitara das dissensões internas na Pérsia para ocupar extensas áreas rurais sem enfrentar resistência (em termos militares), e o resultado da rica pilhagem e as compensações estavam chegando a Constantinopla, aliviando o ônus dos impostos de guerra e estimulando as extravagâncias da corte, que não media gastos. Porém, a intervenção nos assuntos persas foi imprudente. O sentimento contra os otomanos uniu os grupos persas dissidentes, às vezes se valendo dos afegãos que tinham se deslocado para a Pérsia. No inverno de 1726-27, ficou evidente para observadores estrangeiros que Damat Ibrahim tentava desesperadamente distrair a atenção de seu soberano da crescente crise no leste, bem como da permanente intranquilidade no Cairo e das dificuldades para aumentar impostos nas províncias mais afastadas, algumas delas atravessando período de grave fome. "O que se pode esperar de um sultão perdido na ociosidade do palácio, um vizir que ainda não conheceu a face da guerra, um *kapitan* Pasha (almirante) que nunca saiu dos castelos (fortes da defesa do Bósforo)?" escreveu, impaciente, o *bailo* Dolfin para o Doge em março de 1727, acrescentando "Ainda é possível reverter a situação. Ao Império falta cabeça, não braço."[13]

De modo um tanto surpreendente, Damat Ibrahim sobreviveu à crise. Acreditava que ainda estava em sintonia com a opinião pública. Os habitantes de Istambul e Gálata tinham se beneficiado com o surgimento de cafés populares em prédios havia muito tempo abandonados, mas recuperados, com a existência de mais reservatórios de água e com a criação da primeira brigada contra incêndios otomana, organizada em 1720 por Ahmed Gerçek, nome original Louis David, um francês convertido ao islamismo. Damat Ibrahim também procurou agradar o povo ao longo do Bósforo. Em março de 1729, quando voltava de mais um palácio que construía em Kandilli, ao passar por Üsküdar, camponeses famintos lhe pediram ajuda para conseguir alimentos. No dia seguinte, um grande suprimento gratuito de pão chegou das padarias de Istambul, e os famintos de Üsküdar agradeceram a Alá pela pronta resposta do caridoso Grão-Vizir.

Entretanto, no outono de 1730, depois de doze anos no cargo, Damat Ibrahim interpretou erradamente todos os indícios da insatisfação popular. Chegaram à capital rumores de que ele aceitara uma paz negociada com os persas, envolvendo a entrega de aldeias muçulmanas sunitas aos xiitas. Em 28 de setembro de 1730, Patrona Halil, um ex-janízaro nascido na Albânia que se tornara vendedor de roupas de segunda mão, começou a doutrinar crentes do lado de fora da mesquita Bayezit. Cinco amigos o ajudaram a denunciar a constante violação da Santa Lei pelo Grão-Vizir e por seus mais próximos conselheiros. Uma enfurecida multidão de manifestantes saiu da mesquita e se dirigiu ao Topkapi Sarayi, arregimentando dissidentes dos quartéis janízaros ao longo do caminho. A revolta janízara passou de manifestação a insurreição.[14]

Ao que tudo indica, Damat Ibrahim avaliou que a multidão poderia ser dispersada com facilidade. Esqueceu – ou desconhecia – que as tropas mais confiáveis estavam acampadas em Üsküdar, na costa da Anatólia, prontas para se dirigir para o leste em mais uma campanha na Pérsia. Também contou com inexplicável confiança em seu sogro imperador. Quando Ahmed III ouviu falarem que os rebeldes exigiam a cabeça do Grão-Vizir, do "Grand Admiral" e de outro ministro "ocidentalizado," ele os sacrificou. Os três foram, como de costume, rapidamente estrangulados antes de serem decapitados. Os carrascos surpreenderam o Grand Admiral em sua mansão na costa quando transplantava suas tulipas, ignorando totalmente a crise no centro de Istambul.

Se Ahmed III pensava que sacrificando seus camaradas do ministério salvaria o trono, estava enganado. Ocorreram distúrbios, incêndios e saques nas duas margens do Chifre Dourado – uma súbita explosão de xenofobia cultural contra tudo o que fosse considerado "frankish" (ocidental). Ameaçado de deposição, Ahmed abdicou em 1º de outubro, submetendo-se a seu sobrinho de trinta e quatro anos Mahmud I, que estava confinado em um *kafe* desde seu 17º aniversário. O rei das tulipas voltou ao *kafe*, passando os últimos seis anos de vida a apenas algumas centenas de metros do pavilhão onde se apresentava majestosamente em meio às flores todos os meses de abril. Sua filha, a Princesa Fatma, viúva de Damat Ibrahim, foi presa um ano depois por conspirar para repor o pai no trono, e é possível que a morte de Ahmed, então com sessenta e três anos, tenha sido precipitada por veneno, embora nenhum sultão desde Suleiman passasse da casa dos sessenta anos.

Ahmed reinara por vinte e sete anos. Contrariando todas as expectativas, seu sobrinho permaneceu no trono por vinte e quatro. Por treze anos após sua acessão ao trono, os embaixadores estrangeiros viram em Mahmud um mero títere de Patrona Halil e seus agitadores, rebeldes que atearam fogo à maioria dos lindos palácios e quiosques da Era das Tulipas. Seu líder ficou rapidamente rico como chefe de uma máfia de proteção que controlava toda a cidade. Chegou a dar a impressão de que encontrara uma fonte ainda mais propícia de onde desviar dinheiro. Porém, em 24 de novembro de 1731, o Sultão convidou Patrona e seus principais seguidores ao palácio a fim de discutirem planos para outra guerra contra os persas. Essa reunião não aconteceu. Logo após a chegada deles ao Topkapi Sarayi, Patrona Halil e seus comparsas foram presos e estrangulados imediatamente. Então, Mahmud podia governar com autonomia e confiou a administração aos grão-vizires simpáticos à reforma ocidentalizante, porém mais prudentes do que Damat Ibrahim e menos apegados aos cargos.

Muitas coisas sobreviveram ao terror de Patrona, em particular a editora de Muteferrika. Continuou havendo um festival de tulipas em cada primavera, embora limitado pelas condições econômicas. Como Ahmed III, Mahmud revelou interesse por livros e educação, pelo menos na capital. Ainda lá estão uma pequena biblioteca ao lado da Mesquita do Conquistador e uma escola primária anexa à mesquita de Ayasofya. Também completou um projeto, abandonado no reinado anterior, de suprimento de água por canalizações vindas de um reservatório afastado para Pera, Gálata e a margem norte do Chifre Dourado. Ainda existe o centro octogonal de distribuição de água (*taksim*) construído por ordem do Sultão no topo de Istiklal Caddesi (na Istambul moderna, na Rua Regent, ou Rua de Rivoli) e o denominou Taksim Meydani, que costuma ser considerado o Piccadilly Circus de Istambul.

Esses projetos remontam em sua maioria aos derradeiros anos de Mahmud I, como também o apoio que dispensou à construção da primeira mesquita barroca de Istambul, a Nurousmaniye Cami, próxima ao Bazaar. Iniciara seu governo dispensando imediata atenção às falhas nos métodos de arrecadação de impostos. Em janeiro de 1732 foi expedida uma nova lei aperfeiçoando o sistema timar. Mais tarde, no mesmo ano, Ibrahim Muteferrika apresentou ao Sultão uma edição impressa de um tratado de sua própria autoria – *Usul ul-hikem fi nizam al-uman* – com cerca de cinquenta páginas, sobre a ciência de governar nações. Descreveu os tipos de governo existentes em outros estados, instou o soberano a relacionar a política externa com a feição geográfica dos territórios vizinhos e sugeriu que os otomanos poderiam aprender com a ciência e a disciplina militares de exércitos infiéis, pelos quais Muteferrika respeitosamente manifestou diplomático desprezo.[15] Mahmud I ficou impressionado e, como muitos outros sultões posteriores, buscou assessoramento de um especialista estrangeiro. O Conde de Bonneval modernizaria o exército otomano – assim esperava – e o tornaria, mais uma vez, a vanguarda conquistadora do Islã.

Claude-Alexandre, Conde de Bonneval, general francês de Limousin, acreditava piamente que conseguiria corresponder à expectativa do Sultão. Em 1727, com cinquenta e dois anos, passou a servir aos otomanos, depois de ter combatido a favor e contra Luís XIV e combatido sob o comando do Príncipe Eugene contra os turcos, antes de desavir-se com o general que o comandava e passar um ano na prisão. A República de Veneza nada tinha a lhe oferecer e, por conseguinte, foi para Ragusa (Dubrovnik), atravessou a Bósnia, aceitou a conversão ao Islã e se dispôs a lutar sob as ordens do Sultão. Após alguns meses observando o exército otomano, elaborou um documento para o Sultão explicando como pretendia criar novas unidades de infantaria e artilharia, a serem treinadas por jovens oficiais selecionados, e como reorganizaria os janízaros como força combatente de elite, agrupando várias *orta* do corpo em regimentos e criando, desta forma, uma escala regular para promoção, no mesmo modelo dos exércitos francês e austríaco, que tão bem conhecia. Conselheiros militares estrangeiros – oficiais alemães, austríacos e escoceses, em especial – tinham desempenhado papel importante na modernização do exército russo. Um em cada quatro dos principais comandantes de Pedro, o Grande, não era russo, e os novos regimentos de guarda criados por sua sucessora, a Imperatriz Ana, foram quase inteiramente organizados e treinados por estrangeiros. Para ajudá-lo, Bonneval sabia que precisaria de três oficiais franceses relativamente jovens convertidos ao Islã, ao lado de alguns irlandeses e escoceses mercenários, e, possivelmente, de alguns suecos. Teoricamente, parecia não haver razão para que "Ahmed" – como Bonneval passou a ser conhecido – não preparasse para o Sultão uma força combatente capaz de rivalizar com o exército de seu vizinho do norte.

As vicissitudes da carreira de Bonneval ilustram bem as dificuldades enfrentadas por um reformador na corte do Sultão. Em setembro de 1731, o Grão-Vizir Topal Osman o convidou para modernizar um setor específico do exército do Sultão, o *humbaraciyan*, uma unidade de artilharia responsável por fabricação, transporte e disparo de todas as armas explosivas (projéteis de morteiros, granadas, minas) em terra e a bordo de embarcações. Foram postos à sua disposição um campo de treinamento e quartéis junto a Üsküdar. Foi consultado sobre a construção de uma fundição de canhões, uma fábrica de mosquetões, e pediram-lhe para redigir um estudo sobre política externa para a Sublime Porta. Todavia, seis meses depois, o Grão-Vizir Topal Osman foi substituído por um italiano de nascimento e convertido ao islã, Hekimoglü Ali, tão dependente dos líderes janízaros de pensamento conservador que não ousou apoiar a reforma no exército enquanto não completasse pelo menos dois anos no cargo. No outono de 1734, contudo, Bonneval estava de volta e prestigiado. Por recomendação sua foi instalada em Üsküdar uma escola de engenharia militar e, em janeiro de 1735, ele foi promovido a dignitário de primeiro escalão, com direito a dois rabos de cavalo.

Nos doze últimos anos de sua vida, Claude-Alexandre se tornou Kumbaraci Osman Ahmed Pasha. Mas não pôde continuar confiando no apoio de Mahmud. Outro Grão-Vizir assumiu o cargo em julho de 1735 e, um ano depois, Pasha deixou a capital, sendo exilado em Katamonu, no norte da Anatólia. Os recursos para os artilheiros e as novas organizações do exército foram imediatamente cortados. De algum modo ele conseguiu escapar e voltar para Üsküdar, mas a inveja e as desconfianças dos janízaros fizeram com que nunca mais exercesse grande influência. Seus grandiosos planos para modernização do exército foram ignorados, embora lhe permitissem continuar dirigindo sua escola de engenharia militar até a morte, aos setenta e dois anos. "Um homem de grande talento militar, inteligente e eloquente, afável e encantador," comentou um embaixador francês. "Muito orgulhoso, mão aberta, generoso, extremamente libertino e grande galanteador."[16]

As reformas de Bonneval contribuíram para o êxito dos exércitos otomanos nas esporádicas campanhas de 1736 a 1739 contra a Rússia e a Áustria. As forças de Mahmud recuperaram a maior parte da Sérvia, inclusive Belgrado, e reforçaram o domínio otomano na Bósnia. Durante todo o reinado de Mahmud, a Sublime Porta teve de adotar no leste, tal como ao norte e a oeste, uma postura defensiva, pois o impiedoso Khan Nadir Afshar assumiu o poder na Pérsia e, em 1737, foi reconhecido como Xá. Mahmud e Nadir trocaram presentes: um trono oval com aplicações em ouro e ornamentado com pérolas, rubis e diamantes foi o presente oferecido ao Sultão, enquanto Mahmud, em troca, presenteou Nadir com uma adaga de ouro com três grandes esmeraldas no punho, além de outra, mais abaixo, cobrindo um relógio. Entretanto, apesar de tantas e dispendiosas cortesias, o Sultão e o Xá estavam em guerra, disputando a maior parte do reino de Nadir e travando combates quase sempre sem definição na Mesopotâmia, embora os persas obtivessem algum êxito no sul do Cáucaso. O perigo diminuiu com o assassinato de Nadir em 1747, acontecimento que permitiu ao Sultão recuperar a adaga de ouro com que o presenteara. Os dois presentes estão expostos no tesouro do Topkapi Sarayi, e a adaga apareceu, em 1964, em *Topkapi*, filme baseado em livro de ação, *The Light of Day*, de Eric Ambler.

O assassinato do Xá Nadir ocorreu no início de inesperado interlúdio na história otomana. Entre 1746 e 1768, o Império esteve em paz. Nunca antes se passaram vinte e dois anos sem guerra em pelo menos uma fronteira. O país desfrutaria essa tranquilidade até a Revolução Kemalista e a proclamação de uma república. Porém, como o Império Otomano era essencialmente uma instituição militar, a "longa paz" curiosamente se revelou fator de enfraquecimento. Apenas um Grão-Vizir – Koça Mehmed Ragip, no fim da década de 1750 – tentou deter a perda de eficiência do governo. Enviou tropas para eliminar o banditismo na Rumélia, na Anatólia e na Síria. Designou supervisores para deter a corrupção no *evkaf* e assegurar que a renda das doações religiosas fosse aplicada em obras piedosas e de caridade.[17] Todavia, a despeito dos esforços de Ragip, três violações habituais logo ressurgiram na administração: a venda de cargos, o nepotismo e o suborno. Em vez de se respaldar nas reformas dos vinte e cinco anos anteriores, os janízaros procuraram atrasar o relógio. A impressão de obras em turco praticamente cessou, para alívio dos escribas e calígrafos profissionais, que temiam a competição. Após a morte de Ibrahim Muteferrika em 1745, apenas dois volumes foram publicados em onze anos e, a partir de então, a gráfica permaneceu ociosa até 1784, quando o sultão Abdulhamid I expediu um édito imperial sobre a necessidade de retomar a impressão em turco. Interrupção semelhante atingiu todos os esforços para reformar o exército e a marinha. A escola de engenharia militar de Bonneval sobreviveu a seu fundador somente três anos. Quase duas décadas se passaram antes que surgisse nova tentativa de modernização do exército otomano.

É difícil dizer se, durante a "longa paz," o Sultão e seus vizires sabiam exatamente até que ponto o Império se esfacelava. Os territórios no norte da África, da Líbia para oeste, apenas nominalmente permaneciam como estados vassalos. Em 1711, Ahmed III reconhecera o governo da família Qaramanli na Tripolitânia e o da dinastia Husaynid como *beys* (governadores) de Túnis por direito hereditário. Aceitara igualmente o direito dos janízaros locais de nomear o governador da Argélia, que compartilharia o poder com três *beys* provinciais. No Cairo, uma rápida sucessão de vice-reis otomanos se revelara ineficaz: o Egito era, na prática, "governado" – termo eufemístico neste contexto – pelos príncipes mamelucos rivais, algumas vezes em sintonia com os janízaros locais, outras vezes, não. A guerra civil crônica permitia aos beduínos invadir as terras férteis do delta do Nilo e comprometer seriamente a agricultura. Grave fome grassou no Cairo em quatro oportunidades durante o reinado do soberano nominal do Egito, o sultão Ahmed III. Fome quase tão séria quanto essa aconteceu na Mesopotâmia, onde as incursões dos beduínos transformaram em deserto uma fértil região do Tigris, ao norte de Bagdá. Em Mosul, Bagdá, Aleppo e Damasco, em meados do século, o *vali* era, na verdade, um governador-geral pela via hereditária, e sua família constituía o embrião de uma dinastia local protegida por um exército privado. A Síria remetia para Constantinopla não mais de um quarto do valor reclamado pelo governo imperial como impostos em moeda viva. Outras províncias remotas não faziam melhor que isso. Mesmo os poucos impostos devidos pelos governadores locais ao Império algumas vezes eram ruinosamente esquecidos. O incidente mais notório foi o fracasso dos nobres locais, que tinham conseguido junto ao Sultão o direito de governo hereditário em Damasco, ao não conseguirem proteger a caravana de peregrinos de um ataque de cavaleiros beduínos, quando a caminho de Meca, em 1757. Nessa ocasião, os atacantes mataram 20 mil devotos muçulmanos, entre eles a irmã do desmoralizado sultão Osman III, que morreu de apoplexia logo após a notícia sobre o ataque chegar à capital.[18]

O sucessor de Osman, seu primo Mustafa III, admirava profundamente a figura de Friedrich, o Grande, como chefe. Em 1761, um tratado de amizade com a Prússia, facilitado por concessões comerciais, abriu a perspectiva de uma nova reviravolta no sistema europeu de alianças. Infelizmente, Mustafa atribuía o sucesso de Friedrich à alegada atenção dispensada pelo rei a astrólogos. A equivocada interpretação do método de governo prussiano levou Mustafa a decidir que, se os astros se dissessem favoráveis às ambições do Sultão, a "longa paz" devia terminar. Orientando sua política por esse raciocínio, não foi surpresa o fato de, em outubro de 1768, um grupo belicoso da corte não encontrar dificuldade em persuadir Mustafa da necessidade de desafiar a Grande Rússia de Catarina.

Depois de anos de negligência em assuntos militares, como era de se prever, os otomanos fracassaram totalmente. Três flotilhas russas zarparam do Báltico rumo ao Mediterrâneo. O protesto dirigido ao Doge por permitir que barcos provenientes do Báltico entrassem no Adriático em Veneza indica a ignorância de geografia europeia. A inteligência naval também era deficiente. Uma estranha estratégia de empregar os navios da esquadra como fortalezas fixas no porto de Cesme permitiu aos russos conquistar fácil vitória naval e desembarcar tropas perto de Smyrna (Izmir). Em um mês a Rússia alcançou retumbante vitória também em terra, quando um exército avançando para o sul, na direção da Moldávia, pôs em fuga as tropas otomanas em Kogul, no rio Pruth. No começo de 1772, as forças da Imperatriz Catarina dominavam a maior parte da Crimeia e toda a região de Moldávia e Valáquia, o coração da atual Romênia.

Em termos de tática e estratégia, foi uma guerra insípida. Até os derradeiros meses, nenhum beligerante apresentou um comandante que revelasse tenacidade e iniciativa. "Os turcos estão sendo abatidos como pinos de boliche," afirmava um ditado russo da época, "mas, graças a Deus, nossos homens estão se mantendo firmes – embora sem cabeça." Por fim, no começo do verão de 1774, um ataque brilhantemente executado pelo general russo Alexander Suvorov ameaçou estender a guerra à Bulgária. Mustafa III morrera de colapso cardíaco no janeiro anterior, e o novo

Sultão – seu irmão de quarenta e oito anos, Abdulhamid I – era realista. Após seis anos de guerra, e com a Áustria ameaçando apoiar a Rússia na frente de batalha, a Sublime Porta achou conveniente encerrar a guerra, ao menos para conseguir um tempo para respirar e permitir que o novo sultão reorganizasse o exército e a esquadra. Em 21 de julho de 1774, a paz foi concluída em Kuchuk Kainardji, uma aldeia búlgara ao sul da cidade de Silistria, à margem do Danúbio, hoje conhecida como Kainardzhi.

O acordo celebrado em Kuchuk Kainardji é historicamente muito mais importante do que a guerra que o motivou. "As cláusulas do tratado demonstram a habilidade dos diplomatas russos e constituem raro exemplo da imbecilidade turca," informou o embaixador austríaco Franz Thugut.[19] Se Abdulhamid queria simplesmente uma pausa na longa confrontação, não há dúvida de que seus negociadores atuaram muito mal, pois o acordo territorial deixou patente um sentido de finalização. Tal como a paz de Karlowitz em 1699, recuou a fronteira islâmica na Europa central, de modo que, setenta e cinco anos mais tarde, Kuchuk Kainardji reconheceu o declínio do poder otomano ao longo da orla norte do Mar Negro. O Sultão abdicou da suserania sobre a Crimeia e as estepes tártaras, admitindo a independência do muçulmano "Kanato da Crimeia" (absorvido pela Rússia nove anos depois). Na foz do rio Dnieper, os turcos cederam à Rússia um setor relativamente pequeno da costa do Mar Negro, complementando a cessão do porto de Azov. Os russos também ficaram com as fortalezas de Kerch e Yenikale, que controlavam os estreitos que ligam Azov à amplitude do mar aberto. Mais ao sul, houve concordância sobre direitos especiais na Valáquia e na Moldávia (embora esses "principados do Danúbio" continuassem integrando o Império Otomano).

Essas mudanças territoriais foram um reconhecimento humilhante do novo status da Rússia em região onde por dois séculos e meio os otomanos tinham exercido domínio incontestável. Porém, os russos conseguiram concessão ainda maior: a liberdade para seus navios mercantes comerciarem nos portos do sul da Europa e do Levante. Pela primeira vez, desde quando os turcos asseguraram o controle dos Estreitos, os barcos de outra nação puderam comerciar no Mar Negro e navegar através do Bósforo e dos Dardanelos, penetrando no Mediterrâneo. Ao mesmo tempo, a Imperatriz Catarina e seus sucessores obtiveram a promessa do direito de manutenção de embaixada permanente na capital otomana, tal como os austríacos e franceses, e também de instalar consulado em cada porto importante do Império do Sultão. Essa concessão tornou mais fácil para os russos enviar agentes para as províncias descontentes do sudeste da Europa, a Grécia em particular.

Se, como acreditam muitos autores, Franz Thugut se referia às cláusulas religiosas do acordo, e não aos aspectos territoriais e comerciais, seu julgamento é questionável. A confusão sobre o exato significado das cláusulas resultou das divergências entre as versões originais do tratado, em russo, turco e italiano, agravadas pelas traduções posteriores para o francês, que era a linguagem usual da diplomacia dos séculos XVIII e XIX.[20] Por muito tempo admitiu-se que as cláusulas religiosas reduziram os direitos do Sultão, apressando, pois, o declínio do Império. Na verdade, fortaleceram sua autoridade ao lhe atribuir responsabilidades pessoais mais amplas do que qualquer tratado anterior estabelecera. Pela primeira vez a afirmação otomana da liderança islâmica universal recebeu reconhecimento internacional. O artigo 3º dispôs que "como califa supremo da fé de Maomé (...) Sua Majestade, o Sultão" conservaria a jurisdição espiritual sobre os tártaros muçulmanos, quando eles conquistassem independência política e cidadania. Essa disposição se baseava na história totalmente improcedente de que, em 1517, o califado fora formalmente transferido de Abbasids para o sultão Selim I. Embora a efetiva jurisdição sobre os tártaros sobrevivesse menos de uma década, o artigo 3º teve importância duradoura, pois confirmou o status pontifical assumido pelos sultões ao cingir a espada quando de sua acessão ao trono. Durante o século e meio seguinte, aumentou o acatamento às pretensões espirituais do Califado otomano, enquanto, paralelamente, se reduzia a extensão da soberania territorial otomana.

Ainda mais controversos foram os artigos 7 e 14, relacionados com a cristandade ortodoxa. "Doravante, a igreja ortodoxa fica sob 'nossa imperial proteção' nos locais onde existir," declarou a Imperatriz Catarina na proclamação em que ratificou o tratado, oito meses após sua assinatura. Muito mais tarde, governantes russos – e alguns historiadores czaristas e franceses – sustentariam que o tratado dera ao soberano russo o direito de proteger os ortodoxos, suas igrejas e seus fiéis em todos os territórios otomanos. Essa interpretação radical do acordo de Kuchuk Kainardji provocou a crise de 1853 no Oriente e, em consequência, indiretamente, a Guerra da Crimeia. Todavia, o artigo 7º atribuía especificamente a "firme proteção da fé cristã e de suas igrejas" não ao governante russo, mas à "Sublime Porta." Como o artigo não menciona uma denominação religiosa específica, dava a entender que o Sultão teria a obrigação de proteger *todas* as igrejas cristãs dentro de seu império, e não apenas as ortodoxas. Os reformadores otomanos posteriores – sultões e seus ministros – frequentemente apoiaram um equilíbrio de status muçulmano-cristão dentro da lei. Contudo, o tratado autorizava a construção e a manutenção de uma igreja "russo-grega" pública "na rua chamada Beyöglu, no distrito de Gálata" (artigo 14). É a esta construção que o artigo 7º se refere quando afirma que a Sublime Porta "permitirá que ministros da corte imperial russa interfiram em todos os assuntos, na defesa dos interesses da igreja construída em Constantinopla."

Nenhuma igreja "russo-grega" jamais foi construída na "rua chamada Beyöglu." Passando pela antiga "Grand Rue de Pera" é possível identificar três igrejas romano-católicas, uma anglicana do século XIX e várias antigas capelas de embaixadas. Outras instituições religiosas são mencionadas em velhos guias, mas não há nenhuma prova da existência da igreja mencionada no tratado de Kuchuk Kainardji e nem mesmo de uma pedra fundamental. Isto não chega a causar surpresa, pois, se a Rússia tivesse construído um específico templo de oração sob a proteção da Sublime Porta, fica difícil entender como o acordo asseguraria a "ministros da corte imperial russa" o direito incondicional de defender os interesses dos fiéis ortodoxos no império em geral. Em Kuchuk Kainardji, os diplomatas otomanos podem ter feito mais concessões territoriais e comerciais do que Abdulhamid tencionava, mas não eram "imbecis." Suas cabeças legalistas definiram direitos religiosos com minúcias que os levaram a nomear uma rua. Concederam muito menos do que proclamou Catarina. Fracassaram ao subestimar a atilada experiência russa.

4

Aproximação com o Ocidente

Abdulhamid I reagiu ao desafio de Kuchuk Kainardji pela via que na época foi considerada a melhor: ordenou a reorganização das forças navais e terrestres no centro de seu Império. O barão de Tott, um *emigré* húngaro que servia no exército francês, foi convidado para organizar e treinar um corpo de artilharia leve de campanha, com quartel-general no Chifre Dourado. A nova fundição de canhões e o instituto de matemática de Tott ficaram bem próximos. Também no Chifre Dourado estavam localizados novos estaleiros onde dois engenheiros navais franceses, com um pequeno grupo de operários de Marselha, asseguraram que logo o Sultão disporia de uma nova esquadra para substituir os navios perdidos em Cesme. Uma academia naval foi criada mais adiante no Bósforo, com o propósito de desenvolver habilidades fundamentais em navegação. Havia uma grande diferença em relação às reformas tentadas no passado. Os assessores anteriores em geral eram renegados, como Bonneval, levados a se "tornarem turcos" por conveniências pessoais. Todavia, como não desejava reter estrangeiros a seu serviço, Abdulhamid nunca os pressionou para se converterem ao Islã. O barão de Tott regressou à França em 1776 e escreveu suas memórias. Muitos de seus companheiros de Constantinopla também retornaram para casa cheios de histórias sensacionais sobre o Oriente.

Alguns, todavia, permaneceram na Turquia por mais doze ou treze anos. Somente o sucessor imediato de Tott, um oficial escocês de nome Campbell, se tornou muçulmano. Ninguém sabe o que o levou a se desligar do famoso grupo, mas o motivo deve ter sido convincente, pois Campbell se dispôs a aceitar, para o resto da vida, ser chamado "Ingiliz Mustafa" (Mustafa, o *inglês*).

Grande parte da ocidentalização era superficial. Exceto a criação da base naval em Sinope, as reformas se concentraram em torno da capital. Os embaixadores estrangeiros a tudo assistiam com indiferença. Em 1778, as tentativas para apoiar a resistência tártara contra os russos na

Crimeia expuseram a fraqueza turca como potência no Mar Negro. Sete meses se passaram entre a decisão da Porta de intervir e o embarque de uma força expedicionária partindo de Üsküdar e das fortalezas do Bósforo. Após seis semanas de indefinição, os almirantes otomanos concluíram que os ventos permitiriam que seus navios penetrassem no Mar Negro. Por uns dezoito dias as embarcações, com as tropas ainda a bordo, navegaram erraticamente pelas costas ao sul da Crimeia, até que, em meados de setembro, as primeiras rajadas de vento soprando de norte as fizeram retroceder e buscar abrigo em Sinope. Com a chegada do inverno, a esquadra retornou ao Bósforo. Nenhum desembarque foi tentado, e os tártaros não receberam ajuda nenhuma.[1]

O absurdo dessa demonstração de ineficácia corresponde à feição caótica do governo em outras partes do Império. Por volta de 1780, a estrutura otomana dava sinais de corrosão, tal como ocorrera com a organização feudal de Henrique VI da Inglaterra trezentos anos antes. Embora para efeito externo o aparato governamental ainda fosse eficaz, a verdadeira autoridade, mesmo nas províncias centrais, estava nas mãos de personalidades locais, muitas vezes chefes de famílias que fortaleceram suas posições ocupando terras por meio de extorsão. O reconhecimento meramente formal da autoridade do Sultão, comum havia várias décadas entre governadores de províncias no Magreb e no norte da África, no Hejaz e na baixa Mesopotâmia, se disseminou e se aproximou da capital. O sul do Líbano já era um reduto de facções hostis: dinastias sobreviventes de longa data, como as famílias Shihbab e Jumblatt, disputavam o controle com os detentores de feudos militares. Nos distritos drusos, a Igreja Maronita Cristã, cujos membros resistiam aos proprietários de terras, e os camponeses buscavam a ordem e a estabilidade que faltavam na maioria das comunidades predominantemente árabes.[2] Ahmed Djezzar, escravo natural da Bósnia, dominou a orla marítima de Beirut a Acre nos quarenta últimos anos do século, sobrevivendo pelo exercício de brutalidade tão cruel que, numa terra onde eram comuns massacres em massa, era conhecido como "O Açougueiro."

A autoridade dos otomanos na Anatólia só era efetiva entre a costa de Mármara, Burse e Eskisehir, e na província de Karaman, adiante do baixo Taurus. Em todo o restante do território ocidental da Anatólia, o controle era exercido por seis famílias feudais: a Pasaoglu no nordeste, na fronteiriça curda, onde o poder do Sultão era mínimo; a Çapanoglu no planalto central em torno de Angora (Ankara) e Kayeseri; a Jãnikli nas montanhas além de Trebizond; a Karaosmanoglu no sudoeste, com base em Aydin e controle do vale de Menderes; a Yilanlioglu ao redor de Antalya; e a Kuchukalioglu na região de Adana.

Padrão similar prevalecia ao longo dos estreitos na Rumélia, onde quatro "feudos" predominavam. Tirsinikliöglü Ismail dominava o que hoje é a margem búlgara do Danúbio, desde Ruschuk (Ruse) para oeste, até Nikopol. Dagdevirenoglu controlava a região de Edirne. Kara Mahmud de Bushat, senhor da Albânia setentrional em 1770, em seguida consolidou a posse hereditária do *pashalik* de Scutari (hoje Shkodra), reivindicado por seu pai dez anos antes. O mais famoso de todos esses chefes militares foi Ali Tepedelenlioglü, "Ali de Tepedelene," cuja tempestuosa carreira cobriu mais de meio século.[3] Ninguém associa Ali Pasha a sua terra natal, pois Tepelene é uma aldeia esquecida em uma passagem de rio no sul da Albânia. Ele é mais lembrado como o legendário "Leão de Ioánnina" (Janinà), a cidade fortificada no Épiro que ele conquistou em 1788, poucos meses depois de o sultão Abdulhamid recompensar seus serviços na guerra contra os austríacos ao nomeá-lo *Pasha* de Trikkala. Em 1770 ele já era o senhor que dominava o sul da Albânia, fazendo-se *bey* de Tepelene quando tinha cerca de vinte e oito anos. De sua pequena base de poder na Albânia, Ali construiu sua carreira, até que, no fim do século, ele e seus filhos eram os governantes efetivos de toda a região do Épiro, Tessália e a maior parte do Peloponeso.

Muitas figuras de destaque nas províncias eram singularmente cruéis, embora várias – como os próprios sultões – compensassem um despotismo natural com gestos eventuais de benevolência. A moderna Bagdá faz lembrar apropriadamente a firme e esclarecida administração de um chefe mameluco, *pasha* Suleiman, "O Grande." A fronteira leste havia muito era mantida debilmente por guarnições otomanas mal pagas, e os persas, em diversas ocasiões, representaram séria ameaça, chegando a ocupar por quatro anos o progressista porto fluvial de Basra, de 1775 a 1779. Mais tarde, contudo, entre 1780 e 1802, a Mesopotâmia e a maior parte do atual Iraque foram governados de Bagdá por Suleiman, que agiu com mão de ferro para dominar os beduínos e deter os persas. Entretanto, desprezava visivelmente seu chefe, o imperador em Constantinopla, ao remeter um tributo anual meramente simbólico para os cofres do Sultão.

A cerca de 2.500km de distância, ao longo das fronteiras do Império na Europa, cada *bey* manifestava um fanatismo islâmico mais intenso do que qualquer fervor manifestado na capital. Na Bósnia, por exemplo, uma aristocracia muçulmana e conservadora dona de terras submetia os camponeses a pesada tributação, embora mínima parte do arrecadado fosse enviada para Constantinopla. Muitas vezes as figuras locais proeminentes, que faziam de Sarajevo seu ponto forte, desafiavam sucessivos governadores em Travnik, a capital provincial, alegando que eles eram perigosamente inovadores. Porém, tanto os governadores quanto essas figuras notáveis tinham que se manter na defensiva contra uma dupla ameaça. Enfrentavam, como sempre, o risco de serem invadidos pela Hungria católica romana, mas também estavam cientes do perigo representado por Montenegro, a região montanhosa e fortificada vizinha, ferozmente ciosa de sua independência, cujo governante ortodoxo, o Príncipe-Bispo Danilo, comemorara o Natal em 1702 ordenando o massacre de todos os muçulmanos de seu principado. Oitenta anos mais tarde, o sobrinho-neto de Danilo, o inteligente e competente Vladika Peter I – Príncipe-Bispo em Cetinje de 1780 a 1830 – começou a ocidentalizar seu principado como parte de uma longa luta para manter os turcos longe dos Montes Negros, cujas cidades tinham sido saqueadas em duas ocasiões. Em 1799, finalmente Vladika conseguiu o reconhecimento formal do Sultão de que "os montenegrinos nunca tinham sido súditos da Sublime Porta."

Essa garantia concedida a um dos menores principados dos Bálcãs foi um gesto conciliador que não gerou ônus, em época de prolongada crise. Durante as duas últimas décadas do século XVIII, o sistema otomano foi abalado por uma sucessão de desafios à sua unidade. Em 1781-82, a decadência evidente da administração centralizada, a anarquia em muitas províncias afastadas e a ameaça de desagregação nas fronteiras distantes começaram a induzir os vizinhos mais poderosos do Sultão a proceder como se o Império estivesse a ponto de desabar. Catarina, a Grande, influenciada por seu favorito, o Príncipe Potemkin, trocou correspondência com o imperador Habsburgo, Joseph II, propondo uma aliança. A Áustria ficaria com extensa área na atual Romênia e Iugoslávia, enquanto a Rússia absorveria territórios turcos em torno do Mar Negro e estabeleceria estados autônomos na Rumélia, para, finalmente, criar um novo Império Bizantino, cujo soberano seria o neto de Catarina, o infante Grão-Duque Constantine Pavlovich (1779-1831). Em abril de 1783, quando Catarina proclamou a anexação do khanato tártaro na Crimeia, como primeiro passo para a concretização de seu "projeto grego," houve indignação generalizada em Constantinopla.[4] Mas não houve declaração de guerra. O Sultão e seus vizires eram pessimistas quanto às chances de sucesso sem um aliado poderoso, e não havia um só à vista.

Entrementes, ficou muito difícil para Abdulhamid ignorar a provocação russa. Sua maior preocupação era o contínuo avanço russo no Cáucaso após o estabelecimento, em 1783, de um protetorado na Geórgia. Havia, além disso, outros fatos que agravavam a situação: o estímulo dado a religiosos da Igreja Ortodoxa grega em visita à corte de São Petersburgo; o incitamento à rebelião promovido por funcionários consulares russos em Bucarest, Jassy e diversas ilhas gregas; a rápida construção de um porto fluvial em Kherson, no Dnieper, para apoiar o comércio no Mar Negro, onde foram instaladas 10 mil pessoas em 1786;

um périplo triunfal da Imperatriz pelos territórios da Crimeia recentemente conquistados. Abdulhamid era fisicamente forte e mentalmente alerta, pai de vinte e dois filhos reconhecidos, mas, em 1785, estava envelhecendo a olhos vistos e ficando morbidamente receoso de intrigas palacianas. Na primavera daquele ano, foi conivente com a queda e a execução de Halil Hamid, um ministro reformador que reduzira o efetivo dos janízaros em cerca de 60%. Em janeiro de 1786, o Sultão designou Koça Yusuf novo Grão-Vizir. Tratava-se de um georgiano convertido ao Islã que, como governador do Peloponeso, tinha tendência a ver agentes russos à espreita em cada canto da província. Em agosto de 1787, mesmo sem contar com um aliado, Koça persuadiu o já adoentado Abdulhamid a declarar guerra à Rússia.

A retomada do conflito com a Rússia Imperial deu início a meio século em que o Império Otomano esteve em guerra intermitente com potências estrangeiras por vinte e quatro anos. Durante esse mesmo período, os sultões viram-se obrigados a efetuar quinze campanhas repressivas contra insurreições nas províncias remotas, das quais as mais sérias se transformaram em guerras de libertação. Tais exigências feitas às forças terrestres e navais comprometeram o crescimento econômico no núcleo do Império Turco, limitando o alcance das reformas feitas pelos dois determinados sucessores de Abdulhamid, Selim III e Mahmud II. Ao mesmo tempo, o conflito introduziu a Sublime Porta no sistema diplomático europeu ao dar origem à "Questão Oriental," para a qual a única solução mostrou ser, em última instância, a dissolução do multinacional Império Otomano.

Inicialmente, no começo do outono de 1787, a guerra de Koça Yusuf ficou em banho-maria. Mesmo quando Joseph II se aliou a Catarina, seis meses mais tarde, pouco aconteceu. Por terra, os austríacos se arrastaram pelo interior da Bósnia e atravessaram da Bukovina até o norte da Moldávia, enquanto os russos finalmente tomaram a fortaleza de Ochakov, abrindo o caminho para o Bug e o Dniester. Em junho de 1788, houve dois combates navais travados nos baixios do estuário do Dnieper, onde uma flotilha russa, comandada pelo herói americano John Paul Jones, expôs a fraqueza da marinha otomana recentemente renovada. Havia pouca coordenação entre Rússia e Áustria, ambos os impérios voltados para outras ameaças na Europa. As vitórias dos Habsburgos na Sérvia não foram exploradas pelos russos, até Suvorov vencer a batalha das dez horas de combate em Focsani, em agosto de 1789. Porém, no verão seguinte, enquanto Suvorov e Kutuzov atacavam as defesas turcas em torno de Ismail, a Áustria já negociava uma paz em separado. Os representantes otomanos conseguiram termos convenientes nas negociações com os Habsburgos em Sistova, em agosto de 1791. A mediação conjunta de ingleses, prussianos e holandeses permitiu que a guerra com a Rússia terminasse antes de os exércitos de Catarina se apossarem da região ao sul do delta do Danúbio. Mesmo assim, o Tratado de Paz de Jassy (janeiro de 1792) constituiu nova humilhação para a Porta no que, até então, era considerado o lago marítimo turco, pois o Sultão reconheceu não apenas a anexação da Crimeia e a criação do protetorado na Geórgia por Catarina, mas também o avanço russo ao sul de sua fronteira até o corte do baixo Dnieper. Foi nessa região que, em 1794, lançaram-se as primeiras pedras do porto de Odessa, que logo se transformaria em concorrente pelo comércio no Mar Negro mais temível do que o de Kherson, rio acima.[5]

Abdulhamid I, como ocorrera com seu antecessor durante conflito anterior com os russos, morreu apoplético no auge da guerra. Seu sobrinho Selim III assumiu o trono em abril de 1789, no significativo mês em que George Washington se tornou o primeiro presidente dos Estados Unidos, e os deputados convergiram para Versalhes para a abertura da assembleia dos Estados-Gerais por Luís XVI. Os acontecimentos na América pouco interessavam a Selim, mas o que ocorria na França era de grande importância. Mesmo durante os anos em que esteve confinado no *kafe*, Selim se mantivera em contato com Luís XVI. Um amigo de confiança, Ishak Bey, atuou como emissário pessoal de Selim e viajou para Versalhes em 1786 a fim de reivindicar que a França, como amiga e aliada de longa data do Império Otomano, ajudasse na modernização do exército e apoiasse políticas que tivessem como objetivo a contenção da Rússia. Porém, o Conde de Vergennes, ministro do Exterior de Luís XVI durante os treze primeiros anos de seu reinado, já servira como embaixador em Constantinopla e via com ceticismo a perspectiva de reformas na Turquia, opondo-se com firmeza a qualquer iniciativa que pudesse conduzir a um conflito franco-russo. A resposta de Luís XVI a Selim foi prudente e defensiva. "Enviamos de nossa corte para Constantinopla oficiais de artilharia para fazer demonstrações para os muçulmanos e lhes apresentar exemplos de todos os aspectos da arte da guerra," escreveu Luís XVI em carta datada de 20 de maio de 1787, "e pretendemos mantê-los enquanto sua presença for julgada necessária."[6]

Durante toda a guerra com a Rússia, oficiais franceses continuaram a preparar cadetes no Chifre Dourado. Traduções de manuais militares foram publicadas pela excelente editora privada anexa à embaixada francesa, e os estudantes de artilharia puderam consultar os mesmos compêndios que o jovem Bonaparte utilizara na academia em Brienne. Claro que nenhuma dessas facilidades era, por si só, suficiente para alterar o equilíbrio militar ao longo das costas do Mar Negro. Fossem quais fossem suas simpatias e tendências, Selim só conseguiu implantar pequenas reformas visando ao aperfeiçoamento do estado otomano durante os três primeiros anos de seu reinado, justamente quando os relatórios do dia a dia sobre a guerra contra a Rússia determinavam o comportamento do Sultão e de seus vizires. Não obstante, no outono de 1791 Selim ordenou a vinte e dois dignitários, tanto seculares quanto religiosos, que elaborassem um documento sobre as debilidades do Império e a forma de superá-las. Quando, alguns meses mais tarde, o acordo de Jassy deu tempo ao Império Otomano para respirar, o Sultão resolveu levar adiante uma política de ocidentalização. Esperava que a preocupação dos estadistas europeus com o que acontecia em Paris no mínimo lhe permitisse assegurar que seu exército e marinha pudessem rivalizar com forças armadas do Ocidente em treinamento e equipamento.

Essas boas intenções parecem monotonamente familiares, mas os planos de Selim foram mais além do que qualquer reforma implantada por seus antecessores. Os vinte e dois documentos elaborados encorajaram Selim a buscar uma "Nova Ordem" (*Nizam-i Cedid*), que, na prática, significava uma revolução de cima para baixo. As mudanças administrativas incluíram: a revisão de regulamentações a fim de fortalecer o exercício do governo nas províncias; a criação de mais escolas seculares especializadas a fim de ensinar matérias que, embora acessórias, eram essenciais para os comandos navais e terrestres (inclusive o idioma francês); o controle do comércio de grãos; a instituição de um serviço diplomático para prover o preenchimento de cargos em embaixadas nas principais potências europeias; e a melhoria nos métodos de cobrança de tributos para assegurar que a arrecadação efetuada nas províncias chegasse ao novo tesouro central, ao qual foi atribuído o direito de impor impostos sobre café, bebidas e fumo. No passado, sultões tinham prestado apoio de certa forma errático à construção de modernos navios de linha com dois deques de canhões e à organização de novas unidades de artilharia leve e pesada. Selim II instituiu uma forma de conscrição para a marinha nas províncias costeiras do Egeu, fortaleceu a disciplina na artilharia e em outras tropas especiais e, em meio à consternação generalizada, anunciou a criação de novas unidades de infantaria, organizadas e treinadas segundo a doutrina francesa e dotadas de armamento moderno. Os janízaros, mais desconfiados que nunca com as inovações, tiveram seus pagamentos em atraso saldados e receberam a promessa de melhor remuneração pelo serviço ativo, além de diárias regulares. Todavia, os novos quartéis dos jovens recrutas turcos acima do Bósforo e em Üsküdar foram vistos como desafio direto ao tradicional status dos janízaros. As demais reformas do sultão Selim logo foram esquecidas, e o termo "Nova Ordem" se aplicou apenas aos batalhões de infantaria que surgiram com a *Nizam-i Cedid*.

Selim mantinha-se bem informado a respeito dos acontecimentos revolucionários em Paris.[7] Em junho de 1793, o cidadão Marie-Louis Henri d'Escorches – Marquês de Saint-Croix em tempos menos igualitários – chegou a Constantinopla como embaixador da República Francesa. Dia *quatorze juillet* dois navios franceses lançaram âncora ao largo de Sarayburnu (a Ponta Seraglio), hasteando imparcialmente as bandeiras do crescente otomano, a *stars and stripes* e a tricolor. Dispararam uma salva, enquanto uma "árvore da liberdade" era solenemente plantada ao lado do Bósforo. Cerca de oito semanas depois, o Sultão enviou para Paris uma lista detalhada com o tipo de técnicos e instrutores que desejava receber da França para serviço temporário em seu exército e sua marinha. Apesar de urgentes preocupações com as fronteiras da França, o Comitê de Segurança Pública dispensou cuidadosa atenção ao pedido do Sultão. Uma frente oriental no baixo Danúbio e uma agressiva presença naval no Mar Negro distrairiam os governantes da Áustria e da Rússia das atividades do exército republicano ao longo do Reno e no norte da Itália. Os assessores de Selim, por seu lado, se dedicaram a incentivar os revolucionários em Paris: "Que Deus faça com que a revolução da França se espalhe como sífilis entre os inimigos do Império (Otomano)," escreveu o secretário particular do Sultão em 1792, quando a guerra entre França e Áustria parecia iminente.[8]

Porém, Selim era muito astuto e não estava disposto a comprometer irremediavelmente seu Império em uma aliança profana com jacobinos. Quando decidiu modernizar seu sistema diplomático, designando embaixadores permanentes para outras cortes em vez de enviar representantes para missões especiais, escolheu Londres – e não Paris – como primeiro destino de um embaixador otomano. Três razões determinaram essa decisão: a hostilidade demonstrada por William Pitt, o primeiro-ministro, à ampliação do poder russo no Mar Negro e, em especial, à fortificação de Ochakov; o fato de a Inglaterra, até então, não ter revelado nenhuma intenção de conquistar possessões otomanas; e o conhecimento superficial dos hábitos da aristocracia inglesa adquirido por meio de Sir Robert Ainslie, cujos dezoito anos como embaixador de George III em Constantinopla estavam chegando ao fim. Logo depois, Selim enviou embaixadores a Berlim, Viena e São Petersburgo. Só então designou um representante permanente para a República Francesa.

Era mais lógico Selim estabelecer ligações com Paris do que com qualquer outra capital. Alguns de seus auxiliares já estavam familiarizados com a língua, e o Sultão incentivava o ensino de francês, embora ele próprio, ao que parece, não falasse e nem lesse francês. Para escritores europeus, somente no século XVIII a França se tornou opção lógica para a análise de sistemas de governo e administração, oferecendo um modelo para povos cujas instituições eram estruturadas segundo outras tradições.[9] É interessante salientar que, quando foi criada uma biblioteca com publicações em francês para ser utilizada pelas academias de militares de terra e mar de Selim, entre os livros enviados de Marselha estava uma coleção completa da *Grande Enciclopédie*. Porém, de aplicação muito mais ampla do que esses toques episódicos de aprendizagem eram os contatos comerciais, muito deles estabelecidos havia muito tempo, especialmente na Síria e no Levante. O comércio com a França no centro do Império já triplicara nos últimos oitenta anos, e uma expressiva comunidade se estabelecera em Smyrna. As influências entre as duas culturas se exerceram, obviamente, nos dois sentidos. No início do século, enquanto a sociedade que ditava moda em Paris e Versalhes se deliciava com *turquerie*, Constantinopla descobria a mobília francesa, os jardins ornamentais franceses e os projetos de decoração franceses.

A francofilia custara a Ahmed III seu trono, e Selim deve ter percebido que seria precipitado para um Sultão-Califa se voltar com tanta insistência para Paris enquanto todos os janízaros que o cercavam se voltavam para Meca. Uma história sempre lembrada atribui a intensidade da francofilia de Selim a seu prazer pela companhia de Aimée Dubucq de Rivery, jovem mestiça que desapareceu durante uma viagem de navio entre Marselha e Martinica.[10] Supõe-se que foi capturada por piratas berberes e enviada de Argel para Constantinopla como gesto conciliador dos corsários para Abdulhamid I e, desde então, viveu feliz para sempre como a "sultana francesa" e mãe do primo de Selim, Mahmud II, que nasceu pelo menos três anos antes do desaparecimento de Aimée. Não existe prova autêntica de que a infeliz jovem tenha chegado a Argel e, muito menos, à Turquia. Porém, mesmo admitindo que realmente tenha se tornado uma das favoritas do harém imperial, como poderia ter aconselhado o Sultão sobre política e objetivos dos franceses? Era muito jovem para saber tanta coisa a respeito deles. Nem toda moça da Martinica ficou tão conhecida amplamente nas rodas parisienses quanto a parenta distante de Aimée, a futura Imperatriz Josephine. Para o Sultão Selim, o fascínio pela França nunca foi pessoal, era apenas político e militar. Estava convicto de que lá encontraria a chave que descerraria para seu Império o conhecimento sobre a guerra moderna.

Em resumo, no outono de 1795 parecia que a porta seria aberta para o Sultão pelo general de brigada Bonaparte. Em 20 de agosto, Napoleão, cuja trajetória pouco progredira nos últimos quinze meses, escreveu para seu irmão Joseph: "Se eu pedir, serei enviado pelo governo para a Turquia, com um bom salário e o lisonjeiro título de embaixador, para organizar a artilharia do Grão Turco." Dez dias depois foi deixada uma nota no ministério da Guerra: "O general Bonaparte, que conquistou certa reputação durante seu comando da artilharia de campanha em circunstâncias difíceis, particularmente no cerco de Toulon, se oferece para acompanhar uma missão do governo na Turquia. Levará consigo seis ou sete oficiais, cada um com determinada especialização em setor específico da arte da guerra. Se, em sua nova missão, conseguir tornar o exército turco mais poderoso e as fortalezas do Império Turco mais inexpugnáveis, considerará que prestou assinalado serviço a seu país e, quando regressar, fará jus a sua gratidão."[11] Parece que em meados de setembro lhe foi entregue um passaporte, mas, antes que partisse, a lendária "chuva de chumbo" de 5 de outubro contra uma multidão amotinada que marchava pela rua Saint-Honoré introduziu o "Cidadão Bonaparte" na história. Não chegou a conhecer Constantinopla, "o centro do Império Mundial," como ele certa vez a ela se referiu.

A missão de Napoleão na Turquia, que não se concretizou, é um fascinante pequeno evento que "poderia ter acontecido." É tentador imaginar que seu gênio poderia, de alguma forma, ter impedido o declínio do Império. Entretanto, será que um corso relativamente desconhecido, de vinte e seis anos apenas, seria mais bem-sucedido do que o Barão de Tott antes dele, ou o major von Moltke quarenta anos mais tarde? Todos os agentes de ocidentalização enfrentaram a oposição de quatro séculos de tradição e preconceito, intensificada por interesses mesquinhos e egoístas dos detentores de cargos privilegiados. Somente se entrasse em Constantinopla como conquistador e se convertesse ao Islã, Bonaparte teria conseguido reformular o império do Sultão e, por alguns meses em 1798-99, essa possibilidade não esteve fora de cogitação.

Desde a metade da década de 1760 um grupo de pressão do qual faziam parte comerciantes de Marselha vinha se empenhando junto a sucessivos governos para se apossar do Egito e lá instalar uma colônia. De modo geral, Choiseul era favorável ao projeto, mas Vergennes, com sua longa experiência junto ao governo otomano, argumentou que os interesses comerciais franceses seriam mais bem preservados pela continuidade da tradicional política de boas relações com os sultões. Os primeiros regimes revolucionários seguiram essa linha, mas o Diretório ficou indeciso. Repetidas recomendações de Bonaparte, agora com a grande campanha na Itália a respaldá-lo, convenceu os integrantes do Diretório a enviar uma expedição para "o Oriente." Em abril de 1789 houve a concordância para que Bonaparte embarcasse um exército rumo ao Egito a fim de consolidar o controle francês sobre o Levante – para desconforto dos ingleses – e, destruindo o corrupto poder dos mamelucos no Cairo, implantar, em nome do Sultão, um governo correto e conveniente. Desta forma, o tesouro do Sultão poderia, a partir de então, confiar no recebimento do tributo anual. A diretriz emitida para a expedição ressaltou que deveria ser respeitada a fé muçulmana. Para que a Porta não alimentasse dúvidas quanto à boa vontade do Diretório, ficou decidido que Talleyrand – que assumiu pela primeira vez o cargo de ministro do Exterior em julho de 1797 – iria ao Chifre Dourado e explicaria ao sultão Selim as sutilezas da política francesa. Esse interessante encontro nunca aconteceu. O general Bonaparte, com cerca de 38 mil homens, embarcou para o Egito, como previsto, na terceira semana de maio, mas Talleyrand não partiu para Constantinopla. E nunca teve a intenção de fazê-lo.[12]

Por quatro ou cinco meses, o Diretório respaldou a expedição egípcia.

No começo, tudo parecia correr bem. Bonaparte derrotou as forças mamelucas na "Batalha das Pirâmides" (a 24km de distância) em 21 de julho, entrando triunfalmente na capital três dias depois. Seu governo civil se tornou modelo de boa administração, a mais competente que o Egito já conhecera em muitos séculos. Apesar da situação de guerra, começaram os projetos de irrigação, foram construídos novos moinhos e hospitais, o funcionamento dos mercados melhorou, e a coleta de impostos ficou mais eficiente. Todas as reformas que um sultão condescendente veria com bons olhos serem introduzidas em Constantinopla foram incorporadas em decretos assinados pelo conquistador do Cairo. À parte a tendência irreverente de fazer de minaretes mastros gigantes de bandeiras, Napoleão se esforçou ao máximo para contentar os fiéis muçulmanos, assegurando à *ulema* seu profundo respeito pelos ensinamentos islâmicos e dando a entender que ele próprio poderia aceitar a conversão. Em cada cidade ou aldeia em que os franceses entraram, foram afixadas proclamações no idioma árabe. Listavam os benefícios da liberação, assinalando a esperança de que os que sabiam ler transmitissem para os que não sabiam.

> Povo do Egito (...) Vim para restaurar seus direitos, para punir os usurpadores. Respeito Deus, seu Profeta e o Corão mais do que os mamelucos (...) Somos amigos de todos os verdadeiros muçulmanos. Não destruímos o Papa, que pregou a guerra contra os muçulmanos? (...) Não temos, ao longo de todos os séculos, sido amigos do Sultão Imperial (que Deus satisfaça seus desejos) e inimigo de seus inimigos? (...) Que todos agradeçam a Deus a destruição dos mamelucos! Que todos clamem "Glória ao Sultão! Glória a seu aliado, o exército da França! Amaldiçoados os mamelucos! Felicidade para o povo!"[13]

Essa retórica gerou amarga resposta de Constantinopla. O Sultão não apenas se recusou a considerar o exército francês seu aliado, mas, em setembro, formalizou a declaração de guerra à República Francesa. Um mês depois, um decreto do soberano proclamou a *jihad*, uma guerra santa contra os "selvagens infiéis" que ocupavam o Egito.

Entretanto, o Diretório não estava mais interessado no Egito, pois a vitória naval de Nelson na foz do Nilo em 31 de julho cortara as ligações entre Marselha, Toulon e Alexandria. Em 4 de novembro, Talleyrand informou Bonaparte que deveria, se desejasse, prosseguir para a Índia, ou permanecer no Egito, organizando a província como dependência da França, tal como fizera no norte da Itália, ou, ainda, avançar pela Palestina, Síria e Anatólia e tentar a conquista de Constantinopla. Essas instruções ambiciosas só chegaram ao quartel-general de Napoleão em 25 de março de 1799, quando, dando curso a sua grandiosa estratégia, já avançara na direção norte e atacara Acre.[14] Nesse momento ficou evidente que a expedição de Bonaparte estava estimulando rápida coesão do Império Otomano. Selim não ficou triste ao ver a humilhação sofrida pelos usurpadores mamelucos, mas não estava disposto a permitir que os franceses se apossassem de uma província potencialmente rica de seu Império. Os facciosos feudatários da Palestina e da Síria colaboraram com o nominal governador do Sultão em Damasco a fim de enfrentar os invasores. Ahmed Djezza, "o Açougueiro," conseguiu reunir um exército de 100 mil homens para impedir a progressão de Bonaparte para o norte e, com a ajuda de uma flotilha naval inglesa sob o comando do comodoro Sidney Smith, resistiu por sete meses aos ataques franceses em Acre, até que um comboio trouxe um contingente de tropas da "Nova Ordem" de Selim para reforçar a guarnição.

Com a peste bubônica grassando em suas tropas, Bonaparte abandonou o cerco de Acre. O general Kléber derrotou a cavalaria *sipahi* no Monte Tabor em 16 de abril e, aproveitando esse episódio vitorioso, os franceses se retiraram da Síria rumo ao Egito. Com apoio naval inglês e russo, em meados de julho um comboio de sessenta navios trouxe 15 mil soldados da "Nova Ordem" e janízaros para a costa do Egito. Desembarcaram em Abu Qir (Aboukir) e, sem esperar a chegada dos transportes de cavalos, passaram a ameaçar a base francesa em Alexandria, mas não foram capazes de impedir a infiltração da experiente infantaria francesa em suas linhas e foram dispersados pela cavalaria de Murat. Os relatórios franceses sobre essa vitória reforçaram o desatino dos janízaros, que se mostraram mais interessados em conquistar "troféus" decapitando prisioneiros feridos do que em se reagrupar para enfrentar o ataque seguinte do inimigo.

Nunca mais Napoleão combateu, ele próprio, contra tropas otomanas. Em meados de outubro já estava de volta à França; um mês depois se tornou primeiro-cônsul. Como o Império Otomano se aliara à Segunda Aliança, a guerra prosseguiu depois que Bonaparte deixou o Egito. Em março de 1801 um exército otomano, com apoio terrestre e naval inglês, desembarcou com sucesso em Alexandria e, após uma campanha de sete meses, forçou a capitulação dos desgastados e abandonados sobreviventes de *l'Armée de l'Orient*. Um tratado de paz foi assinado em Amiens no verão seguinte.[15]

Fora uma guerra penosa, especialmente enquanto Napoleão ainda aspirava a se tornar "Imperador do Leste." Suas tropas perderam o entusiasmo e cometeram atrocidades em Jaffa e, após duas rebeliões no baixo Egito, ele ordenou a execução de reféns muçulmanos no Cairo. Selim III, por seu lado, assumira uma postura francamente antifrancesa. Confiscou propriedades francesas e chegou a colaborar com os russos ao permitir que uma esquadra atravessasse os Estreitos, enquanto um condomínio militar russo-turco substituía o regime pró-França nas Ilhas

Jônicas, por ocasião da queda da República de Veneza. Todavia, no íntimo Selim continuava francófilo, ansioso por voltar-se para Paris na primeira oportunidade, em busca de ajuda e assessoramento. Pode-se especular o que teria acontecido em 1798-99 se Talleyrand tivesse persistido em seu propósito de conquistar Constantinopla e, pela via diplomática, alcançasse um êxito que permitisse que a aliança dos "exércitos do Sultão e francês," citada na proclamação de Bonaparte, se tornasse realidade antes de *l'Armée de l'Orient* desembarcar nas terras egípcias de Selim.

5

O Estranho Destino do Sultão Selim

Tão logo o tratado foi assinado em Amiens, em junho de 1802, Selim III deu a impressão de que retomaria com facilidade a tradicional amizade com a França. Propriedades confiscadas foram restituídas, concessões comerciais que tinham facilitado o crescimento de transações altamente compensadoras com o Levante foram renovadas, e os franceses receberam garantia de acesso de seus navios mercantes aos portos do Mar Negro. Não obstante, persistiram sérias desconfianças. A política francesa era tortuosa. No outono, o general Horace-François Sébastiani foi enviado em missão à Síria e ao Egito para reafirmar a influência francesa em área tão turbulenta, agindo tanto ostensiva quanto subversivamente. Ao mesmo tempo, para demonstrar consideração pelo Sultão, o primeiro-cônsul designou para embaixador um militar de renome, o general Guillaume Brune, outrora poeta revolucionário e estudante de direito, que combatera em Arcole e Rivoli e, em 1799, repelira uma invasão anglo-russa na Holanda. A escolha do embaixador em Paris feita por Selim foi mais estranha: Mehmed Said Halet Effendi era um muçulmano fanático, que se sentiu humilhado ao ser enviado para a pecadora capital de tão detestável terra de infiéis.

A volta da paz pôs fim à colaboração de Selim com os senhores feudais na Síria, no Líbano e na Anatólia. Entretanto, apesar das intrigas de Sébastiani, foi no Egito que mais cedo se manifestou com firmeza a suserania do Sultão, gerando um fluxo constante do dinheiro proveniente da arrecadação de tributos. Em parte foi uma herança da competente administração francesa, mas se deveu sobretudo à percepção e à lealdade prudentemente manifestadas por Muhammad Ali, um comerciante de tabaco de Kavalla nascido no mesmo ano que Napoleão, que chegara ao Egito como oficial subalterno de um regimento albanês e ascendera rapidamente na hierarquia ao derrotar dois chefes mamelucos que buscavam recuperar sua antiga ascendência. O Sultão designou Muhammad Ali para *vali* (governador) da província em maio de 1805. Porém, desde 1803 ele já tentava implantar reformas ao estilo "Nova Ordem" na estrutura administrativa bonapartista. Muhammad Ali levaria uns trinta anos para conseguir criar uma autocracia ocidentalizada no Egito.[1]

Menos reconfortantes para Selim foram as informações chegadas sobre os Bálcãs ocidentais, onde Ali Pasha esperava anexar as Ilhas Jônicas e os antigos enclaves venezianos ao longo da costa a seus crescentes domínios na Albânia e no Épiro. A incômoda colaboração russo-turca em Corfu inibiu a ambição de Ali, mas ele continuou a governar com toda a pompa em Ioánnina, estabelecendo seus próprios contatos diplomáticos com potências europeias, convidando especialistas estrangeiros para treinar suas tropas e, quando lhe convinha, ignorando ordens e decretos de Constantinopla. Mais ao norte, a linha do Danúbio ao longo da atual fronteira búlgaro-romena era controlada por dois veteranos chefes militares, Osman Pasvanöglü, *pasha* de Vidin, a oeste, e Tirsinikliöglü Ismail a leste. No verão de 1806 ambos já estavam mortos e o efetivo poder militar era então exercido por Mustafa Bayraktar ("o guia"), comandante nominal das tropas do Sultão no vital setor de 120km entre Rushcuk e a fortaleza de Silistria, mas, na prática, senhor da maior parte da Bulgária. No outro lado do Danúbio, os principados de Valáquia e Moldávia desfrutavam de considerável autonomia desde o Tratado de Kuchuk Kainardji. Eram governados por nobres cristãos da Valáquia e da Moldávia, Constantine Ypsilantis e Alexander Maruzzi, indicados pelo Sultão. Ambos eram encarados pelos membros mais reacionários do Divan como virtuais agentes do Czar.

Na Sérvia, o reinado de Selim III começou com um período suave de governo. Na época, os sérvios podiam organizar sua própria milícia nacional para se defenderem dos saqueadores de Pasvanöglü. Todavia, o avanço no rumo da autonomia foi bruscamente interrompido quando o Sultão procurou o apoio dos chefes militares para manter a linha do Danúbio. Em fevereiro de 1804, cinco anos de exploração e desgoverno dos janízaros estimularam uma rebelião nacional dos ortodoxos cristãos nos bosques das montanhas do distrito de Sumadija, entre os rios Drina e Morava. O líder sérvio Karadjordje Petrovic – que fora vendedor de porcos e ex-sargento do exército austríaco – alegava que combatia para garantir a aceitação das reformas do sultão Selim pelos janízaros e *beys* locais. E havia certa dose de verdade no que afirmava. Inicialmente, Selim ficou mais preocupado com as pretensões de Ali Pasha do que com a revolta sérvia, apesar de Karadjordje conquistar o controle de Belgrado e das cidades de Smederevo e Sabac em dezembro. Somente em 1805, quando a Rússia começou a apoiar ostensivamente o movimento sérvio, Selim acordou para o enorme perigo que os mais recentes acontecimentos em Sumadija representavam.[2]

A desagregação generalizada em tantas províncias remotas aumentou a importância do jogo diplomático de poder na capital. Onde o Sultão poderia obter o apoio mais forte? O poder naval inglês pouco poderia ajudar na manutenção da ordem ao longo do Danúbio e nos Bálcãs. Deveria recorrer ao exército francês? Ou correr o risco do detestável abraço do urso russo? Inclinara-se para a preservação da independência ao insistir na neutralidade quando a Europa novamente entrou em guerra em 1803, e Pitt começou a montar uma Terceira Coalizão. Porém, o enfraquecimento do poder do governo otomano se espalhara por tantas áreas sensíveis que não podia haver esperança real de paz. Representantes mais competentes do que Brune e Mehmed Effendi poderiam ter reconstituído a aliança franco-turca, mas, em Paris, o embaixador do Sultão era visto como uma piada de mau gosto, enquanto Brune era um embaixador tão ruim quanto fora Bernadotte em Viena seis anos antes.

O general Bernadotte podia, quando lhe convinha, fazer uso de certo encanto pessoal. Já o general Brune não o possuía. Irritava o Divan e a Porta com sua arrogância e pela insistência em exigir cortesias que julgava devidas a sua posição e a de seu chefe em Paris.[3] Embora tivesse aceitado sem protesto a decapitação de um rei francês e o plantio de uma árvore da liberdade em solo turco, Selim III reagiu firmemente à concessão de um título imperial a um cidadão-soldado. Não via razão para reconhecer o antigo invasor do Egito e da Síria como "Imperador dos Franceses" e tampouco admitir o elevado status concedido a Brune em maio de 1804, quando Napoleão o galardoou com o título de marechal, o nono do Império. Brune, convicto de que Selim precisava do apoio francês para realizar as pretendidas reformas no exército, reclamou que seu soberano fora insultado e exigiu salvo-conduto para regressar a Paris, na certeza de que a Porta desistiria e apresentaria desculpas. Entretanto, o Grão-Vizir replicou que Brune poderia fazê-lo quando quisesse. Por duas vezes o embaixador adiou sua partida, esperando em vão por uma mudança de disposição em Istambul. No outono, quando finalmente reconheceu seu fracasso e começou a viagem de volta pelos Dardanelos, a influência francesa era mínima, não obstante a inclinação pessoal de Selim. Nessa curiosa confrontação estava em jogo mais do que simplesmente temperamento ou prestígio. No ano anterior, mais de um quarto da produção de grãos do sul da Rússia chegara a Marselha passando pelos Estreitos, a maior parte em quinze navios com a bandeira tricolor.[4] Agora, esse comércio chegara ao fim.

A frustração francesa foi benéfica para a Rússia. O embaixador do Czar, Alexander Italinskii, predominara sobre Brune desde a chegada de ambos ao Chifre Dourado na mesma semana de dezembro de 1802. Embora os pedidos de Italinskii não fossem bem acolhidos pela Sublime

Porta, de modo geral se fundamentavam em provas convincentes. Os cônsules russos informaram a infiltração de agentes franceses no Peloponeso e o encorajamento dispensado não apenas a Ali Pasha e sua família em Ioánnina, mas também aos desordeiros fundamentalistas além da orla do deserto sírio. Com relutância, Selim se voltou para uma aliança com o Czar. Rapidamente navios russos se deslocaram para os Estreitos, permitindo que o almirante Dmitri Senyavin concentrasse uma flotilha de cinco navios de linha e vários milhares de soldados em Corfu.

Por seu lado, Napoleão acreditava que metade do Divan estava a soldo dos russos. Foi isso que afirmou para Selim em incisiva carta pessoal enviada de Paris em janeiro de 1805. "Será que você, descendente dos grandes otomanos e Imperador de um dos maiores impérios do mundo abdicou de seu direito de reinar?" – perguntou Napoleão. "Como pode permitir que os russos o dominem? (...) Seus próprios interesses o cegaram? (...) Estou lhe escrevendo como o único amigo com que a França ainda conta no Seraglio (...) Acorde Selim, faça ministros aqueles que o apoiam (...) Os russos são seus verdadeiros inimigos, porque precisam controlar o Mar Negro e não podem fazê-lo sem dominar Constantinopla, e adotam a religião grega, que é o credo de metade de seus súditos." Foi um vigoroso apelo ao "mais antigo aliado da França." Realmente, a carta exortou o Sultão a ser o senhor de suas decisões e restaurar as relações cordiais com a França, ou teria que enfrentar a fúria de Napoleão: (...) e nunca fui um inimigo a ser desprezado."[5]

O infeliz Selim não "abdicara de reinar," mas seu poder estava mais circunscrito do que qualquer observador externo podia perceber. No exato momento em que Napoleão escrevia sua carta, Selim buscava organizar mais unidades para seu exército da "Nova Ordem," ordenando um recrutamento geral em todas as províncias balcânicas. Essa medida implicava privar tanto os chefes militares quanto os janízaros de recrutas e exigia a transferência de alguns janízaros para os novos regimentos. Houve escaramuças entre janízaros e unidades da Nova Ordem em diversos distritos da Rumélia. O alistamento e o treinamento em Edirne se revelaram impossíveis, pois os comandantes janízaros e personalidades locais cortaram os suprimentos e organizaram piquetes para impedir o recrutamento do pessoal local. Temendo uma marcha de forças insurgentes sobre a capital, Selim capitulou, revelando sua fraqueza.

Do ponto de vista otomano, acontecera uma alteração dramática no equilíbrio de poder além de suas fronteiras, durante os meses de crise interna. Mais de 50 mil soldados austríacos de elite foram obrigados a se render a Napoleão em Ulm, em outubro de 1805. Em 13 de novembro, os franceses entraram em Viena e, em 2 de dezembro, os imperadores austríaco e russo foram derrotados na decisiva batalha de Austerlitz. Pelo

Tratado de Pressburg, três semanas mais tarde, os austríacos cederam à França todos os territórios outrora venezianos no Adriático, teoricamente tornando a Dalmácia parte da França metropolitana e dando a Napoleão uma fronteira comum com a turbulenta província otomana da Bósnia. Logo depois, um esquadrão de Senyavin vindo de Corfu tomou Cattaro (Kotor) em parte para impedir a queda desse excelente ancoradouro natural nas mãos dos franceses, mas também para permitir o contato dos russos com os montenegrinos e os insurgentes sérvios. O sultão Selim não hesitou mais. Recusou-se a ratificar a recente proposta de aliança com o Czar e, em fevereiro de 1806, reconheceu, com atraso, Napoleão como Imperador. Em 9 de agosto, mais um soldado diplomata, o arqui-intrigante general Sébastiani, chegou a Constantinopla como embaixador. Uma missão militar o acompanhou, novamente alimentando as esperanças de Selim de criar o exército ocidentalizado e moderno que almejava havia quase vinte anos.

As instruções transmitidas a Sébastiani, ditadas pessoalmente pelo Imperador, diferem francamente do tom da carta enviada a Selim dezoito meses antes.[6] Tais instruções estão divididas em duas partes. A primeira lista as qualidades exigidas de um embaixador para assegurar que a França "seja tratada como potência preferencial": "tato, sutileza e confiabilidade em vez de arrogância, força e intimidação"; "nenhum apoio a qualquer rebelado contra a Porta ( ), no Egito, na Síria ou em qualquer ilha grega"; "instilar um sentimento de confiança e segurança." A segunda parte mostra o papel que Napoleão se dispunha a atribuir a um sultanato ocidentalizado. É importante salientar que, como todos os planos esboçados mais tarde por chancelarias estrangeiras, julgava que o Império Otomano sobreviveria unicamente graças à tolerância da Europa.

> Meu inabalável objetivo político é fazer uma tríplice aliança entre eu mesmo, a Porta e a Pérsia, a fim de fazer frente aos russos, direta ou indiretamente (...) Todas as negociações devem procurar satisfazer estes pontos: (i) fechamento do Bósforo aos russos (...); (ii) proibir a navegação grega sob bandeira russa; (iii) reforçar o armamento de todas as fortificações contra os russos; (iv) submeter rebeldes (antiotomanos) na Geórgia e reafirmar o domínio absoluto da Porta sobre a Moldávia e a Valáquia. Não quero que aconteça a partição do Império de Constantinopla. Mesmo que me fossem oferecidos três quartos dele, me recusaria a aceitar. Quero fortalecer e consolidar esse Grande Império e usá-lo, tal como é, contra a Rússia.

Uma aliança franco-otomana-persa serviria não apenas para proteger o flanco direito dos exércitos de Napoleão enquanto seu Império penetrava profundamente na Europa oriental, mas também abriria um corredor para o Caúcaso e as fronteiras da Índia. Napoleão estava tão interessado na implementação desse grande plano estratégico que um representante persa foi até seu quartel-general em um remoto castelo da Polônia, enquanto o general Gardane partia para Teerã em missão diplomática.

A grande estratégia de Napoleão resultou em sete anos de conflito para a Rússia e a Pérsia e seis anos de guerra entre a Rússia e o Império Otomano, travada principalmente na atual Romênia ou ao longo do litoral da Geórgia no Mar Negro. Nenhuma tropa francesa participou dessas campanhas. Para Napoleão, eram manobras de despistamento. Contudo, o destino da capital otomana para ele era outra história: "Quem quer conquistar Constantinopla? Este é o x do problema" – comentou mais de uma vez, mais ou menos nessas palavras.[7] Paradoxalmente, ao analisar a questão do Oriente em termos mais amplos, pela primeira vez se referiu ao interesse estratégico inglês pela região vital do território otomano. Pouco tempo depois essas manobras diplomáticas de arqui-inimigos gerariam um efeito dramático sobre os acontecimentos em Constantinopla e o destino do Sultão.

Selim ficou pessoalmente animado com a missão de Sébastiani. O general, um corso que se preparava para o sacerdócio quando a revolução secularizou suas ideias e ambições, podia se orgulhar de um feito jamais conseguido por um comandante otomano: liderara a cavalaria na ocupação de Viena. Talvez por essa razão tivesse sido distinguido como nenhum embaixador o fora antes, tornando-se o primeiro representante não muçulmano com permissão para portar uma espada na presença do Sultão. Mais prática ainda era a liberdade para disseminar propaganda. A editora da embaixada publicava boletins do *Grand Armée* em turco e arábico, que, por insistência pessoal de Napoleão, eram distribuídos em todos os portos do Levante. A notícia, chegada em meados de novembro, de que o famoso exército prussiano fora derrotado em Eylau e dispersado deixou profunda impressão. Fortaleceu a convicção de Selim de que a causa francesa era invencível.

A chegada de Sébastiani já provocara mudanças radicais na política otomana.[8] Quatro dias após a chegada do embaixador, o Sultão demitiu os nobres reconhecidamente pró-Rússia que governavam a Valáquia e a Moldávia. Um mês depois fechou os Estreitos a navios de guerra russos e deu continuidade aos planos para duplicar o efetivo de soldados da "Nova Ordem." O embaixador do Czar, Alexander Utalinskii, alertou São Petersburgo que os turcos tinham passado para o lado francês. Sob ameaça de um imediato ataque russo no Bósforo, Selim voltou atrás e, como gesto conciliador, até readmitiu os nobres depostos. Todavia, essa providência demorou muito e não chegou a tempo de mudar a política russa. Na última semana de novembro de 1806, a Moldávia e a Valáquia foram invadidas e, em 16 de dezembro, a Sublime Porta declarou guerra à Rússia. Naquele momento Sébastiani desfrutava uma ascendência junto à Porta como nenhum outro estrangeiro conseguira no passado. Parecia exercer sobre o Sultão maior influência do que o *seyhülislam*. Chegou a persuadir Selim de que aprisionar um embaixador ao declarar guerra ao soberano que ele representava era um costume bárbaro. Graças especialmente a Sébastiani, Italinskii escapou da prisão e se refugiou com sua família a bordo do *HMS Canopus*, um vaso de guerra com 80 canhões que havia três semanas estava ancorado na entrada do Chifre Dourado.

O *Canopus* estava ao largo de Gálata por iniciativa do embaixador inglês, Charles Arbuthnot – mais conhecido na meia-idade como "Arbuthnot, marido compreensivo," amigo íntimo do Duque de Wellington – nesse posto nos últimos dois anos. Como tantos compatriotas seus, tinha certeza de que nada seria mais convincente para o Sultão concluir o que lhe era mais conveniente do que a visão de navios de guerra com a bandeira inglesa hasteada, nas águas à frente de seu palácio. Alguns meses antes da chegada de Sébastiani, Arbuthnot assegurara ao ministro do Exterior (Charles Grey, visconde de Howick) que Selim III "preferiria uma guerra contra os franceses na Bósnia do que uma contra os ingleses na Ponta Seraglio." Seus relatórios confirmavam a predileção do Foreign Office e do Almirantado por uma demonstração de força diante de Constantinopla, tal como ocorrera em Copenhagen em abril de 1801, quando os almirantes Hyde Parker e Nelson empregaram cerca de cinquenta navios para intimidar os dinamarqueses. No fim da segunda semana de novembro, Howick notificou Arbuthnot que reforços navais logo seriam enviados de Plymouth para o Mediterrâneo Oriental. Enquanto isso, o embaixador exigiria a partida de Sébastiani, sob a alegação de que as atividades do general abriam uma brecha na neutralidade otomana.[9]

Entretanto, Arbuthnot já vinha moldando a política inglesa muito antes de as mensagens de Londres chegarem a Constantinopla. Procurou conseguir uma mediação armada para o conflito da Turquia com a Rússia e deu maior expressão a sua diplomacia ao convencer o contra-almirante Louis a atravessar os Dardanelos – o Helesponto da antiguidade – com o *Canopus* e a fragata *HMS Endymion,* com seus 44 canhões, e entrar no Mar de Mármara. Enquanto Sir John Duckworth trazia uma esquadra mais poderosa de Gibraltar para o Egeu, Arbuthnot tentava convencer a Porta da indignação da Inglaterra com a posição privilegiada de Sébastiani, sem produzir muito efeito. Louis conduziu o *Canopus* até o Helesponto, estudando cuidadosamente os fortes turcos em seu caminho. Até então, nenhuma frota tentara forçar a passagem pelos Estreitos diante da resistência otomana.[10]

No fim de janeiro de 1807, a tensão em Constantinopla ficou explosiva, e Arbuthnot foi alertado por seus espiões para deixar Pera. Convidou comerciantes ingleses para um jantar a bordo do *Endymion* em 29 de janeiro. Tão logo todos estavam embarcados, a fragata se afastou silenciosamente e rumou para os Dardanelos. Se Arbuthnot tinha a esperança de encontrar uma poderosa força naval a sua espera na entrada dos Estreitos, ficou desapontado. Lá estava apenas o almirante Thomas Louis no *Canopus*, com dois outros navios. O almirante disse a Arbuthnot que os franceses estavam ajudando os turcos a reforçar as defesas dos Dardanelos, modernizando, com atraso, as fortalezas de Sedd-el-Bahr e Kilid Bahr, construídas no século XVI, e instalando novas baterias na orla asiática. Louis enviara um barco veloz a Malta com o pedido de dez vasos de guerra e transportes de tropas para permitir o desembarque de unidades que neutralizassem as baterias na península de Gallipoli e nos Estreitos. Enquanto isso, os quatro navios ficaram à espera na baía de Besika, ao largo de Tenedos (Bozcaada).

Uma rápida investida naval pelos Dardanelos, ao estilo impetuoso de Nelson, poderia ter apressado a queda de Sébastiani de seu pedestal. Porém, dez dias se passaram entre a reunião do *Endymion* com o *Canopus* e a chegada de sete belonaves da esquadra do almirante Duckworth. Nos nove dias seguintes, o vento soprou na direção dos Dardanelos, obrigando a frota a se manter em Tenedos, protegendo-se contra o vento. Finalmente, em 19 de fevereiro de 1807 – pela primeira vez na história da Royal Navy – navios ingleses começaram a forçar a passagem pelos Dardanelos. Pesado canhoneio partiu das fortalezas e de alguns navios otomanos mais velhos ao largo de Maidos. Vários foram afundados pelos fogos de contrabateria. Nenhum navio inglês ficou seriamente danificado. Na noite seguinte, a pequena frota de Duckworth já cruzara o Mar de Mármara, sem, contudo, ameaçar o sultão Selim no Topkapi Sarayi, pois os ventos e as correntes no Bósforo eram muito fortes e não permitiram que se aproximassem dos ancoradouros que Louis utilizara em dezembro. O *HMS Royal George*, navio capitânia de Duckworth, lançou âncora cerca de oito milhas aquém da cidade, ao lado da ilha de Prinkipo (Büyükada).[11]

Durante dois dias, pequenos botes singraram aquelas águas para lá e para cá, enquanto Arbuthnot, em situação vantajosa, procurava negociar. A aproximação dos navios ingleses, aparentemente sem sofrer danos, causou consternação, até que notaram que estavam bem afastados da costa. Apesar do mar bravo, o *Endymion* chegou à entrada do Chifre Dourado, mas retraiu quando um emissário da Porta advertiu Arbuthnot que o sentimento de revolta estava crescendo tanto que a presença da fragata poderia precipitar um massacre generalizado de estrangeiros. Às 11h20 da manhã de 22 de fevereiro, Duckworth ordenou aos navios que se preparassem para se aproximar de terra e bombardear a cidade, mas quase de imediato revogou a ordem. Rajadas de chuva e fortes ventos de proa pouparam Constantinopla do destino de Copenhagen.

Enquanto a diplomacia das armas vacilava e tropeçava, o general Sébastiani retomava sua carreira militar. A missão francesa orientou a instalação de artilharia em torno da cidade. Civis foram convocados para fortalecer as defesas. Até o patriarca grego foi visto ao lado de seu pessoal concitando mil fanariotas a colaborar na construção de novas fortificações. Os fortes ventos que desciam do Bósforo continuaram até o último dia do mês. Nesse momento, cerca de trezentos canhões já estavam em posição, dominando as águas entre Prinkipo e o Chifre Dourado. Não chegaram a entrar em ação. Duckworth, temendo que seus navios ficassem detidos no Mar de Mármara, recuou através dos Estreitos, rumo ao Egeu. Ao longo dessa passagem, os tiros partidos das fortalezas foram mais precisos, destruindo mastros e cordames de diversos barcos.[12]

De volta a seu refúgio em Tenedos, os castigados comandantes da frota de Duckworth receberam, em 8 de março, a companhia de uma força russa comandada pelo almirante Senyavin. Em rápida reunião, Arbuthnot e os dois almirantes discutiram a possibilidade de forçarem a passagem pelos Estreitos e bombardearem a capital. Mas com que objetivo? Sem tropas, não havia possibilidade de desfechar um golpe militar decisivo. Além disso, os ingleses estavam longe de se convencer de que favorecia seus interesses nacionais ajudarem o Czar a se transformar no senhor de Constantinopla. Na sexta-feira, 13 de março, as frotas aliadas se afastaram pelo Egeu. A primeira demonstração naval inglesa terminara em fiasco.

Não foi o único. No sábado, 14 de março, 6 mil soldados ingleses desembarcaram a setecentas milhas de Alexandria, tentando acabar com a suserania otomana no Egito. Se os transportes de tropas dessa expedição tivessem sido anexados à frota de Duckworth, a demonstração de força diante da capital de Selim poderia ter alcançado o objetivo visado por Arbuthnot. Porém, na forma como aconteceu, a expedição no Egito também foi um tremendo erro. Cinco meses de renhida resistência de Muhammad Ali, apoiado por um enérgico cônsul-geral francês, confinaram os invasores a algumas centenas de milhas quadradas de praias pantanosas em torno de Alexandria e Rosetta. Em setembro, foi efetuada uma evacuação ordenada. Do Bósforo ao delta do Nilo, o prestígio inglês desceu ao fundo do poço.[13]

Em tese, o fracasso de Duckworth serviu para justificar as políticas de Selim. Quando os navios ingleses se afastaram da Ilha Prinkipo, extraordinário júbilo tomou conta de Istambul e Gálata. Uma chuva de valiosos presentes oferecidos a Sébastiani demonstrou o alto conceito que o embaixador e a missão militar francesa desfrutavam junto ao Sultão. O Grão-Vizir se preparou para atacar o outro inimigo da Turquia. No começo de abril de

1807, o grosso do exército otomano deixou a capital na direção de Edirne, preparando-se para uma ofensiva de verão contra os russos nos principados do Danúbio. A frota também se aprestou para perseguir Senyavin no Egeu. Os navios mais modernos, que se abrigaram no interior do Bósforo, não tinham sido atingidos pelos canhões de Duckworth. Em 10 de maio, a esquadra otomana deixou o Chifre Dourado, navegou para o sul e atravessou os Dardanelos poucos dias depois. Após essa grande concentração de forças terrestres e navais em torno da capital no primeiro trimestre do ano, Constantinopla ficou relativamente desprovida de tropas.

Selim se sentiu suficientemente seguro de sua posição e popularidade na capital para retomar sua política de ocidentalização, mas isso acabou se mostrando um erro de cálculo.[14] Circulavam à boca pequena rumores de que ele convidara atores franceses para atuar em seu palácio e que, ao contrário do que prescreviam os ensinamentos da *ulema*, seus aposentos eram decorados com pinturas importadas da Europa ocidental mostrando o corpo humano. Mais uma vez, como nos anos do reinado de Ahmed III, surgiram reclamações conservadoras de que os costumes "frankish" se disseminavam pela capital e eram uma forma insidiosa de violar a Santa Lei. Estranhamente, Selim não foi capaz de identificar, em meio ao crescente mal-estar, a firme desaprovação do *seyhülislam*, o Mufti-Mor, como os embaixadores estrangeiros costumavam chamá-lo. O Sultão nem sequer pediu seu conselho.

Isso não quer dizer que Selim estivesse disposto a desistir de suas almejadas reformas. Para pagar novas armas, precisava de dinheiro à mão. Portanto, retomou um processo iniciado vários anos antes, de conversão dos *timar*, os feudos que auferiam renda, em terras da coroa, que seriam, por sua vez, entregues a arrendatários que não tinham nenhuma obrigação militar feudal e aos quais se permitia uma perigosa liberdade para escolher os métodos que empregariam para arrecadar dinheiro dos ocupantes de suas terras. Não foi surpresa esse tipo de arrendamento, o *iltizam*, ficar impopular entre os camponeses, rudemente explorados pelos inescrupulosos arrendatários: melhor o antigo sistema do que a "nova ordem." Ao mesmo tempo, o constante aviltamento do valor da moeda causou miséria e desespero nas comunidades de comerciantes, não apenas em torno do Chifre Dourado, mas também em Smyrna, Adana e Salônica. Mesmo assim, quinze dias depois de a esquadra otomana partir rumo ao Egeu e enquanto Mustafa Pasha Bayraktar comandava um exército na direção norte através do Danúbio, Selim prosseguiu com a etapa seguinte da reforma militar. Os jovens mercenários janízaros (*yamaks*), em sua maioria albaneses e circassianos, deviam ser reorganizados em regimentos da Nova Ordem, usando uniformes ao estilo francês: calça vermelha justa e boina azul. Pelo menos, essa era a intenção. Porém, na fortaleza de Rumeli Kavak, bem além de Sariyer e quase na entrada do Bósforo, os mercenários *yamaks* se amotinaram contra serem obrigados a usar o uniforme infiel. Em

25 de maio de 1807 mataram um oficial da Nova Ordem e ameaçaram marchar sobre a capital, a 20 quilômetros de distância.

Foi nesse ponto que Selim voltou a mostrar a infeliz fraqueza de caráter que quase lhe causara a perda do trono durante os distúrbios em Edirne, dois anos antes. Em vez de enviar oficiais de unidades da Nova Ordem, leais e treinados pelos franceses, para enfrentar os amotinados de Rumeli Kavak, preferiu ouvir o Mufti-Mor, que o convenceu a não provocar uma guerra civil e procurar descobrir a natureza das queixas dos *yamaks*. Foi um conselho fatal, pois não havia dúvidas quanto a suas consequências. Nos dois dias seguintes a insatisfação se espalhou por todas as fortalezas do Bósforo até que, na manhã de 27 de maio, seiscentos *yamaks* de Büyükdere, um acampamento três quilômetros ao sul de Rumeli Kavak, foram de barco até Gálata, onde desembarcaram e provocaram distúrbios que contagiaram a capital. Milhares de janízaros se juntaram a eles, assim como estudantes religiosos reunidos no At Meydani, o "quadrado dos cavalos" que ocupava o hipódromo bizantino, a menos de oitocentos metros dos aposentos interiores do Topkapi Sarayi. O Sultão tentou desesperadamente ganhar tempo. Será que ainda esperava uma "chuva de chumbo" desencadeada pelos artilheiros treinados pelos franceses? Parece improvável, embora Sébastiani tivesse alguma experiência nesses assuntos. Oito anos antes, comandara o 9º de Dragões, que apoiou Bonaparte em St. Cloud, no *18 Brumário*.

Acontece que Selim não era Napoleão. Tomado de pânico, se dispôs a abrir mão de sua única sustentação: anunciou que os regimentos da Nova Ordem seriam desfeitos. Em seguida, expulsou do palácio alguns de seus ministros ocidentalizantes e os condenou à morte. No dia seguinte, nomeou reacionários do Divan para substituí-los. Nenhuma dessas iniciativas satisfez os amotinados de At Meydani. Temiam que, se Selim permanecesse no trono, as medidas anunciadas seriam revogadas tão logo ele trouxesse de volta da frente do Danúbio tropas que lhe eram leais. Para que Selim não conseguisse enviar sua mensagem, os amotinados aprisionaram seu secretário pessoal no Primeiro Pátio (dependências externas do palácio) e fizeram seu corpo em pedaços. Em seguida, exibiram a cabeça do morto na sala do trono e a jogaram diante de Selim, tal como um cão põe seu osso aos pés do dono.[15]

"Pode um sultão cujos decretos e comportamento transgridem os sagrados ensinamentos do Santo Corão continuar reinando?" – perguntaram ao *seyhülislam* no dia seguinte, uma pergunta com significado. Não havia dúvida quanto à resposta. O único problema era quem deveria sucedê-lo no trono. Embora Selim tivesse oito esposas, nenhuma lhe dera um menino e, dos treze filhos de Abdulhamid I, apenas dois passaram da infância. O mais velho, Príncipe Mustafa, era mentalmente instável e dizia-se que o mais jovem, Príncipe Mahmud, sofria a influência da mania do tio pelas heresias francesas. Os rebeldes e o *ilmiye* não hesitaram e exigiram que a ordem natural de sucessão fosse obedecida. Foi expedido um *fetva*: Selim foi deposto em 29 de maio de 1807 e substituído por Mustafa IV. Enquanto os amotinados de At Meydani, os comandantes janízaros e o Mufti-Mor implantavam um governo reacionário fazendo justiça pelo assassinato, o *kafe* do Topkapi Sarayi viu retornar à reclusão o mais culto daqueles que por lá já tinham passado.

Diplomatas e soldados franceses em Constantinopla e nas fortalezas vizinhas, temendo por suas vidas, nada puderam fazer para influir na política otomana em meio à crise. Sébastiani foi chamado de volta à França e logo retornou ao serviço ativo na Espanha. Os acontecimentos na capital e, em particular, a supressão dos regimentos da Nova Ordem interromperam abruptamente a ofensiva no Danúbio, onde Bayraktar se viu obrigado a levantar o cerco de Bucarest, ocupada pelos russos. Pessoalmente, Mustafa Pasha Bayraktar era politicamente conservador, há muito convencido de que Selim era negligente na condução das reformas. Todavia, também era um general competente, ansioso por dar prosseguimento a uma campanha que começara bem, e possuía uma noção de disciplina severa demais para aceitar os meses de anarquia, como na época de Patrona Halil. Rapidamente voltou para a capital e restaurou uma aparente disciplina. Porém, considerou impossível colaborar com a *ulema* e o novo Divan, logo preferindo retornar à zona de guerra nos principados do Danúbio.

Subitamente, menos de um mês após a queda de Selim, o xadrez diplomático sofreu uma reviravolta com o armistício franco-russo e as reuniões de Napoleão com o Czar Alexandre I em Tilsit. Em quinze dias, tratados públicos e secretos uniram os até então inimigos em uma parceria duvidosa. Napoleão não abandonou inteiramente seus aliados turcos, apesar de muitos dos novos dirigentes repudiarem os "costumes europeus." O tratado, que determinou a evacuação russa da Moldávia e da Valáquia e a conclusão do armistício russo-otomano, foi assinado em Slobodzeia, em 24 de agosto, na presença de um representante pessoal de Napoleão. O Imperador estava tão determinado quanto os ingleses a não permitir que os russos passassem a controlar Constantinopla, mas estava disposto a discutir com Alexandre a futura partição do Império Otomano, hipotético exercício de imaginação realizado em um mapa. Os dois soberanos foram sutis ao demonstrarem constrangedora falta de precisão. Não tinham outra escolha. A indagação de todos era: o que vai acontecer com o Chifre Dourado? Até onde se estenderia a efetiva soberania do Sultão no fim da década?

Com o francófilo Selim deposto, os ingleses esperavam poder recuperar alguma influência junto à Porta. Sir Arthur Paget, que nos últimos cinco anos fora hábil negociador em Viena, chegou a Constantinopla no fim de agosto em missão especial. Porém, pouco conseguiu. Grupos de pressão rivais, seculares e religiosos, estavam em violento conflito. Embora todos imprecassem contra os "abomináveis costumes" franceses, Paget ficou intrigado com a aparente determinação da Porta em permanecer, tanto quanto possível, sob a proteção de Napoleão.[16]

O sultão Mustafa IV era um títere dos reacionários, embora nunca ficasse claro quem manobrava os cordéis naquele momento. Cada vez mais os descontentes – inclusive oportunistas frustrados – se deslocaram para cidades das províncias. A maioria foi para o norte, atravessando territórios búlgaros até Ruschuk, a cidade murada com meios para travessia do rio, onde Mustafa Bayraktar tinha seu quartel-general, dominando o Danúbio e a planície da Valáquia que se estendia na direção de Bucarest. Naquela cidade, um "comitê Ruschuk" secreto planejou um contragolpe. Agentes no palácio convenceriam o dócil Mustafa de que a única maneira de governar com autonomia seria seguir o exemplo de Mahmud I e se livrar dos grilhões que lhe eram impostos por rebelados fazedores de sultões, comandantes janízaros e pelo insidioso *seyhülislam*, Ataullah Effendi.

Os agentes do comitê fizeram tudo que deles se esperava. Em 19 de julho de 1808, a convite de Mustafa IV, Bayraktar chegou de volta a Constantinopla à testa de seu exército e obrigou o Sultão e seu grão-vizir a se livrar dos comandantes janízaros mais influentes e de Ataullah Effendi, que Bayraktar substituiu por outro *mufti* menos ambicioso. Porém, completada a missão para a qual fora convocado a cumprir no sul, Bayraktar se mostrou extremamente relutante em levar de volta seu exército para de novo ocupar suas posições ao longo do baixo Danúbio. Espiões informaram Mustafa que o *pasha* Bayraktar pretendia promover sua deposição e restaurar Selim III. Mustafa, todavia, raciocinou que, se Selim e seu próprio meio-irmão Mahmud fossem mortos, ele seria o único sobrevivente masculino da dinastia otomana e, portanto, sua vida estaria segura. Assim pensando, em 28 de julho de 1808, o sultão Mustafa enviou carrascos para o Primeiro Pátio a fim de executar seus parentes hospedados nos apartamentos do *kafe*.

Ainda reina certa confusão sobre o que realmente aconteceu dentro do Topkapi naquela quinta-feira.[17] Selim com certeza resistiu aos carrascos e é provável que tenha irrompido na sala do trono antes de morrer na presença do Sultão. Também não resta dúvida de que não foi estrangulado tranquila e eficientemente, pois Bayraktar encontrou o corpo ensanguentado quando, mais tarde, suas tropas invadiram o interior do palácio naquela manhã. "Bayraktar ficou sensibilizado e confuso. Dizem que chorou," narrou um diplomata holandês dois dias depois.[18] O Grande

Almirante quis vingar a morte de Selim matando Mustafa na hora, mas a execução de dois sultões em uma única manhã seria considerada excessiva. Além disso, como Mustafa raciocinara, provavelmente a linha de sucessão otomana seria extinta se ele fosse morto, pois ainda havia séria dúvida sobre o destino do Príncipe Mahmud. Nenhum ambicioso que aspirasse ao alto cargo desejava um conflito pela sucessão entre nobres rivais, com os respectivos exércitos, vindos de diferentes províncias, convergindo sobre a capital. Uma guerra civil dessa dimensão destruiria de uma vez por todas o Império.

O Príncipe Mahmud, de vinte e três anos, sobreviveu. Parece que ouviu o movimento quando os executores atacaram seu primo Selim. Antiga tradição sustenta que Mahmud, ajudado pela mãe, a *Valide Sultana* Naksidil, escapou pelo teto do harém, enquanto a escrava de Naksidil, Cevri Khalfa, impedia que os assassinos colocassem uma escada no corredor em colonata da entrada do harém que lhes permitiria chegar ao príncipe e prendê-lo. Certo relato afirma que Bayraktar encontrou o jovem escondido sob uma pilha de tapetes e que, depois de conseguir um *fetva* de deposição contra Mustafa IV, proclamou a acessão do Sultão Muhamud II ao trono. Outra história provável conta que o príncipe teve o bom senso de permanecer nas sombras da floresta de chaminés no teto do palácio até que as espadas fossem embainhadas embaixo de seu esconderijo. No final das contas, o fato é que, quinze dias depois, sua acessão ao trono foi ratificada em cerimônia solene na mesquita em Eyüp – e Mustafa Pasha Bayraktar se tornou Grão-Vizir. O infeliz Mustafa IV voltou para o *kafe*, novamente na condição de herdeiro presuntivo em uma dinastia em que, durante quase vinte anos, não nasceu uma só criança.

O ciclo de revoluções palacianas ainda não se completara. Bayraktar tentou retomar a política de reforma do exército. Organizou não outros regimentos da "Nova Ordem" – a expressão ficara desacreditada – mas de "Novos Cães de Guarda" (*Segban-i Cedit*), revivendo o nome de uma guarda que existira no passado no corpo de janízaros. Entretanto, como designou para o comando dessas tropas antigos oficiais da Nova Ordem, a medida não ajudou a tranquilizar os reacionários. Ademais, Bayraktar cometeu o erro de confraternizar junto a seus guardas da *Segban* na refeição que marca o fim do Ramadã, momento de tensão, em que velhos ressentimentos facilmente provocam reações dos mais impetuosos. Durante a noite, os janízaros deram vazão a suas frustrações. Na manhã seguinte (15 de novembro de 1808) atacaram o Grão-Vizir no interior da própria Sublime Porta. Bayraktar se refugiou em um pequeno prédio de pedra nas imediações, que parecia bastante propício para a defesa. Infelizmente, era um paiol de pólvora e, durante a luta, ocorreu súbita e poderosa explosão que matou o Grão-Vizir, sua guarda e várias centenas de atacantes janízaros.[19]

O combate e a explosão aconteceram a alguma distância do Topkapi Sarayi, alertando o sultão Mahmud, que reagiu com rapidez. Fatma, a sultana favorita, estava grávida de vários meses (morreu em fevereiro seguinte ao dar à luz uma princesa que não passou da infância, tragédia que, obviamente, naquele novembro não se podia prever), e o sultão Mahmud IV, curiosamente confiando em que teria um herdeiro homem, decidiu o que Bayraktar rejeitara em julho: seu meio-irmão, o ex-sultão Mustafa IV, foi imediatamente estrangulado. Ao mesmo tempo, Mahmud convocou outras unidades *Segban* que estavam em treinamento e pediu ajuda dos navios de guerra que estavam no Chifre Dourado e cujos oficiais detestavam os janízaros. Durante dois dias uma guerra civil que causou tremenda destruição tomou conta de Istambul, e grandes incêndios se espalharam pelas partes mais velhas da cidade. Finalmente, a *ulema*, horrorizada com os danos causados às mesquitas e às instituições religiosas muçulmanas, as *evkaf*, conseguiu um cessar-fogo e um acordo. O *Segban-i Cedit* teria que ser desfeito, pelo menos como instituição separada, e os janízaros receberam a promessa de recuperação de seus quartéis, praticamente destruídos pelos bombardeios. Porém, Mahmud II permaneceu no trono. Trinta anos depois ainda era o Sultão.

Selim II – que, na saudação de Napoleão, era o "Mais Sublime, Esplêndido, Onipotente, Magnânimo e Invencível Príncipe" – prometeu muito e realizou pouco. Afinal, preconceito e tradição triunfaram sobre sua determinação de reformar. Em certo sentido, Selim foi um pretenso salvador do Império, rejeitado por seu povo, que não soube compreendê-lo. Talvez sua maior realização tenha sido negativa, um alerta a reformadores futuros para não tentarem renovar a herança que recebiam. Mesmo assim, em dois aspectos o dramático clímax do reinado de Selim revelou duradoura significação. Reavivou a importância do Bósforo e dos Dardanelos como vitais postos de guarda do Império, precisando ser preservados e guarnecidos por tropas leais e acima de qualquer suspeita. Também serviu para realçar o traço mais peculiar do governo otomano nesses anos de lento declínio: o quanto em uma das mais antigas civilizações do Mediterrâneo, governo nominal de um grande império em três continentes, dependia do que acontecia em uma única cidade, Constantinopla. Com tão grande importância da política exercida em Constantinopla e com os súditos do Sultão mais distantes recebendo tão pouca atenção, não causam surpresa os movimentos por autonomia local que, mesmo após a acessão de Selim ao trono, tinham custado aos otomanos a soberania direta sobre províncias afastadas e permitido que se transformassem em clara manifestação de sentimento separatista.

Mustafa Pasha Bayraktar percebeu o perigo, pois passara boa parte da vida consolidando uma virtual satrapia ao longo do baixo Danúbio. Durante o período de dezesseis semanas em que foi Grão-Vizir, convocou os nobres do império para uma reunião na capital com o objetivo de discutir reformas.[20] Nos últimos dias de setembro de 1808, os chefes das famílias todo-poderosas chegaram do interior da Anatólia, de Karaman, Aleppo, Líbano e do sul da Rumélia. A maior parte dos que não quiseram se afastar tanto de suas bases enviou representantes. Entretanto, por mais válida que fosse a ideia dessa reunião, mais uma vez pouco se conseguiu. Os nobres reafirmaram sua lealdade ao Sultão e a obediência ao Grão-Vizir, representante de seu soberano, mas procuraram defender seus interesses locais de forma tão arraigada que Mahmud II recusou o acordo proposto. Olhando em retrospecto, o mais interessante a notar nessa reunião é o fato de os participantes se considerarem tão independentes que essa primeira iniciativa do reinado do sultão Mahmud não lhes despertou o menor interesse. Na reunião promovida por Bayraktar houve duas importantes ausências. Não estava presente Ali Pasha de Ioánnina. O senhor da Albânia e da Grécia continental nem sequer enviou um de seus filhos, sendo representado por um único e amedrontado enviado, acompanhado por sua própria segurança pessoal. Mais extraordinário ainda, não veio ninguém representando Muhammad Ali, do Cairo.

6
Mahmud II, o Enigma

Cerca de século e meio após sua morte, Mahmud II continua sendo o mais enigmático dos trinta e seis sultões. Conhecemos sua aparência porque sua esclarecida visão permitiu que artistas pintassem vários retratos seus. Todos eles mostram um homem vigoroso, de ombros largos, altivo e consciente de sua condição de soberano. Uma barba escura e bem aparada realça a palidez de sua face. Nota-se, sobretudo, os "peculiares olhos grandes e negros que atravessam quem o encara e nunca se aquietam," como comentou Charles MacFarlane, um viajante escocês, e também observou Byron quando, certa vez, foi admitido à sala de audiências.[1] Todavia, embora possamos reconhecê-lo em um quadro na parede, seu íntimo é um mistério. Foi um déspota ou um reformador, um excêntrico que traía os que nele confiavam ou um dedicado governante de visão, um irresponsável que se meteu em guerras desastrosas ou um estadista astuto que protegeu seu Império de vizinhos gananciosos? Devemos vê-lo como o "Sultão infiel" que impôs os costumes europeus à fé islâmica ou como Mahmud Ali (Mahmud, o Justo), como o consideram os turcos de hoje em dia? Os contrastes parecem intermináveis. Mahmud é uma das personalidades mais enigmáticas da história. Desafia adjetivações demasiadamente simples, como um governante "bom" ou "ruim."

Mesmo assim, já tentaram qualificá-lo. Harold Temperley, ao escrever pouco antes da queda do Império Otomano, o considerou "o maior soberano desde os dias de Suleyman," um sultão que, assumindo o poder quando "o caos imperava em Constantinopla," assegurou, com seu modo perspicaz de governar, "que a fantástica vitalidade do Império Turco logo se reafirmasse." Do outro lado do Atlântico, historiadores posteriores também elogiaram Mahmud como o "reformador determinado," o "promotor otomano da ocidentalização."[2] Em Istambul, o epitáfio no *turbe* do Sultão em *Yenicerila Caddesi* lembra "Um grande soberano, justo e sábio, o sol de seu Império, abriu os portões do leste para uma nova vida."

Os contemporâneos foram mais críticos. Stratford Canning, mais tarde

Lord Stratford de Redcliffe, o mais famoso de todos os embaixadores ingleses, recorda Mahmud como "um déspota e califa, em temperamento e política," um dirigente cujas "habilidades pessoais dificilmente lhe permitiriam se destacar na vida privada. Não tinha escrúpulo em matar à vontade, motivado por conveniência política ou interesse." Adolphus Slade, oficial da marinha inglesa que passou muitos anos em Constantinopla, reclamava da obstinada inflexibilidade de Mahmud. O desejo de reforma, argumentava Slade, removeu impedimentos naturais ao despotismo do Sultão, "gerando a completa subversão das liberdades de seus súditos." Após quatro anos servindo aos otomanos, o grande soldado prussiano Helmuth von Moltke considerava as qualidades de Mahmud basicamente destrutivas: "era capaz de arrasar qualquer outra autoridade no âmbito de seu império," mas, apesar disto, faltava-lhe capacidade "para consolidar a sua própria." Moltke repudia a analogia que muitas vezes se faz entre os serviços prestados por Mahmud ao Império Otomano e as realizações de Pedro, o Grande, na Rússia: enquanto o Czar conquistou territórios estrategicamente valiosos para expandir seu Império a norte e a sul, Mahmud perdeu possessões históricas em dois continentes.[3]

Não obstante, sejam quais forem as restrições, críticos da época e comentaristas posteriores concordam que, desde sua acessão ao trono até as últimas semanas de sua vida, Mahmud reconheceu a necessidade de mudanças no estado otomano. Os românticos gostam de acreditar que ele foi apresentado ao conceito de despotismo erudito em sua juventude, pela "*French sultana*," Aimée Dubucq de Rivery, que se dizia ser sua mãe. É possível, e é mais plausível, que tenha sido influenciado pelo infeliz Selim III durante os meses em que o Sultão deposto e o herdeiro presuntivo passaram juntos confinados no *kafe*. Os primeiros anos de Mahmud no trono foram certamente eclipsados pela lembrança do destino de Selim e por um medo da retomada da violência na capital. Não se mostrou disposto a viver no palácio de Istambul, onde escapou da morte por um triz, nas mãos de seu meio-irmão. Permaneceu no Gran Seraglio, residência oficial da corte, mas jantava e dormia em um palácio menor e de mais fácil defesa, no outro lado do Chifre Dourado, em Beksitas. De lá, um veleiro imperial transportava solenemente o Sultão para o Topkapi Sarayi, para cerimônias oficiais.

Quatro anos depois da morte de seu meio-irmão, Mahmud ainda era o único membro masculino da dinastia. Em dezembro de 1812, após mais de um quarto de século, nasceu no palácio um novo príncipe, mas a criança era doente e morreu durante a infância. Em consequência, a saúde do Sultão continuou sendo vital para afastar o velho fantasma de um império desintegrar-se em consequência da luta entre nobres rivais pelo poder. Mahmud enfrentou uma dupla tarefa: teve de proteger sua posição, sem contrariar setores poderosos da comunidade e convencer as outras potências de que o Império Otomano ainda era um verdadeiro estado unitário. Não surpreende o fato de ter agido com prudência naqueles dias críticos de novembro de 1808. Exteriormente, parecia ter abandonado qualquer pretensão de ocidentalização, ao restaurar a organização tradicional dos exércitos otomanos e ignorar as iniciativas recentes de Selim e Mustafa Bayraktar. Porém, de forma gradual e quase imperceptível, o Sultão colocou aqueles que o apoiavam em cargos-chave, nos comandos militares terrestres e navais e nos principais postos do governo, pronto para retomar o papel ativo de soberano. Foi um processo lento, que cobriu tumultuado período de dezoito anos em que surgiram poucos sinais de revitalização no coração do Império.

O início desse período coincidiu com a chegada à Turquia de Stratford Canning, que, em meados do século, era o mais famoso dos embaixadores junto à Porta, "o Grande Elchi." Ele desembarcou em Constantinopla no fim de janeiro de 1809, menos de três meses após a morte de Bayraktar. Começara sua carreira diplomática aos vinte e dois anos, como secretário de Sir Robert Adair, embaixador enviado para restabelecer relações com o Império Otomano e que, antes mesmo de seu navio ter permissão para entrar no Mar de Mármara, já concluíra um acordo formal de paz nos Dardanelos, pedindo em segredo o apoio naval inglês caso as possessões do Sultão no Egeu e no Adriático fossem atacadas pela França, Áustria ou Rússia. De forma um tanto surpreendente, a melhoria das relações anglo-turcas logo foi confiada a esse jovem e inexperiente secretário, pois, dezoito meses depois, Adair partiu para Viena, e Canning se tornou "embaixador plenipotenciário junto à Sublime Porta." Ao todo, Stratford Canning – que se tornou Visconde Stratford de Redcliffe em 1852 – representou os interesses ingleses junto à Porta por vinte e três anos (1810-12, 1824-27, 1831-32, 1841-46 e 1848-58), e suas opiniões sobre assuntos turcos ainda mereceram respeito em Londres até o fim da década de 1870, durante a grande Crise Oriental. Todavia, em nenhum momento, naquele período inicial, o prestígio otomano no exterior esteve tão baixo, quando parecia que o Império logo desmoronaria. "Mahmud," registrou Stratford tempos depois, "tinha tudo a temer, diante das circunstâncias que lhe eram impostas. Tanto moral quanto materialmente, seu império beirava a decrepitude."[4]

Depois de dois anos de paz incerta, as hostilidades com a Rússia foram retomadas em dezembro de 1809, e o exército otomano teve atuação desastrosa. Os comandantes do sultão Mahmud sofreram uma série de derrotas, e suas mal equipadas tropas tiveram de abandonar a fortaleza de Izmail no Danúbio, retirando-se através da Bulgária na direção sul, tentando chegar à principal cadeia de montanhas dos Bálcãs. Para furioso desagrado de Strangford Canning, embora o Sultão não mais pudesse contar com a ajuda de Napoleão, os franceses encorajaram os turcos a continuar combatendo os russos. Ele informou ao ministro do Exterior que a embaixada francesa "era formada pela mais repugnante escória do jacobinismo imperial" e gastou boa parte de seus primeiros meses como embaixador escolhendo frases lisonjeiras para elogiar o Grão-Vizir, a fim de se contrapor a uma série de intrigas francesas.[5] Era evidente a todos os observadores externos que, como as relações franco-russas tinham decaído do ponto máximo atingido em Tilsit, Napoleão usaria todos os meios para evitar que o czar Alexandre concentrasse seus exércitos na Polônia.

Em outubro de 1811, as persuasivas tentativas de mediação de Stratford Canning pareciam perto do sucesso. As conversações de paz russo-turcas foram abertas em Giurgevo, mas, como tantas vezes já acontecera, o choque entre o orgulho turco e a teimosia russa impediu que chegassem a uma conclusão. Finalmente, em maio de 1812, a iminência de uma invasão de Napoleão induziu os russos a aceitar os termos, e um tratado de paz, generoso com os otomanos derrotados, foi finalmente assinado em Bucarest. Embora a Bessarábia se tornasse província russa e fosse prometida limitada autonomia à insurgente Sérvia, a autoridade do Sultão foi ratificada nos principados do Danúbio (sujeita à restauração dos tradicionais governos dos nobres locais na Moldávia e na Valáquia).

O acordo de Bucarest agradou a Canning: os turcos tinham conseguido concessões que sete meses antes seriam inalcançáveis. Ele ficou muito satisfeito com a forma como os representantes do Sultão tinham tirado seu chefe do imbróglio russo. Aparentemente, Mahmud também ficou satisfeito. Declarou-se "muito agradecido pelo interesse do embaixador inglês (...) pelos assuntos de minha corte." Porém, quando o *Grande Armée* atravessou o rio Niemen e penetrou avassaladoramente na Rússia, o Sultão mudou de opinião. No outono de 1812, com Napoleão em Moscou e os exércitos do Czar aparentemente batidos, Mahmud achou que seus negociadores tinham cedido demais e se vingou deles: dois irmãos fanariotas que tinham servido como tradutores e intermediários durante as conversações de paz em Giurgevo foram executados, enquanto o plenipotenciário que assinara o tratado em Bucarest foi exilado. Nesse momento, porém, Stratford Canning já tinha deixado a Turquia e estava de volta à Inglaterra.[6]

Nos três anos seguintes, com o colapso do Império Francês e a celebração da paz entre as grandes potências no Congresso de Viena, o mapa da Europa central e ocidental foi radicalmente redesenhado. Entretanto, a não ser pelo estabelecimento do protetorado inglês em Corfu e nas sete ilhas jônicas, não houve mudanças significativas nos

Bálcãs ou em torno do Mediterrâneo Oriental. O acordo de Bucarest, ao lado do grande projeto do czar Alexandre para uma paz europeia duradoura, relegou temporariamente os assuntos otomanos a segundo plano. Mahmud podia enfrentar os problemas imediatos de seu Império sem o risco de intervenção de seus poderosos inimigos do outro lado do Danúbio. Ninguém acudiu a Sérvia quando, em 1813, a convergência de três forças turcas sobre seu nascente principado esmagou a rebelião que já durava nove anos e obrigou Karadjordje Petrovic a fugir para a Hungria. As potências europeias também pouco se interessaram pelo que acontecia no outro extremo do Império, na Mesopotâmia, onde as medidas cruéis de Halet Effendi permitiram a restauração do governo direto otomano. Mahmud ficou tão impressionado com o êxito de Halet Effendi em Bagdá que, a partir de 1813, admitiu esse arquitradicionalista e antigo embaixador na corte de Napoleão como seu mais confiável conselheiro.

Nesse período, o Sultão também teve liberdade para conduzir como bem entendesse a questão do ambicioso governador do Egito, Muhammad Ali. Nesse caso, porém, as potências europeias tinham interesses a defender. Durante as fases finais das guerras napoleônicas, os ingleses substituíram os franceses como principal parceiro comercial no Levante e, portanto, manifestaram certa preocupação com o que estava acontecendo em Alexandria, no Cairo e em Beirut. Todavia, suas necessidades estavam voltadas diretamente para a manutenção da ordem nos portos e a livre circulação de bens. Para os comerciantes de Londres, fazia pouca diferença o fato de as mercadorias serem transportadas por navios de armadores gregos. Tampouco aos comerciantes estrangeiros, se o governo no Egito e no Levante era exercido diretamente pelo Sultão ou por um representante por ele designado, desde que fosse eficiente. Não houve um conflito franco entre Mahmud e Muhammud Ali durante o difícil período de reajustamento que se seguiu ao eclipse da influência francesa no Levante. Mudou tanto o feitio da administração do governador que se costumava dizer que Muhammad Ali era o "vice-rei do Egito." Ainda assim, Mahmud continuou a considerá-lo obediente e maleável: liquidou o último mameluco (1811), pagou regularmente o tributo anual ao Sultão, apaziguou a *ulema* e – a pedido de Mahmud – enviou tropas bósnias e albanesas bem treinadas para suprimir rebeliões na Arábia.

Em Ioánnina, Ali Pasha constituía um problema mais urgente. Seus contatos diplomáticos, primeiro com os franceses e depois com os ingleses, lhe asseguraram considerável poder na política balcânica. Estava implantando uma autoridade dinástica que, para Halet Effendi, significava ameaça mais séria para o domínio otomano na Europa do que a rebelião na Sérvia. Em 1820, assassinos enviados por Ali a Constantinopla tentaram assassinar um inimigo pessoal em uma casa perto do palácio imperial. Halet Effendi persuadiu o Sultão a demitir Ali e seus filhos de seus cargos e preparar expedições por mar e terra para retomar o Épiro e acabar com o governo de Ali, que já durava meio século. Seu governo autônomo e tirano desmoronou com espantosa rapidez e, em agosto de 1820, Ioánnina foi atacada. Esse próspero centro de comércio sofreu tanto com a política de terra arrasada de Ali quanto com os rigores do cerco. Mesmo assim, o velho "leão" resistiu na cidadela, para finalmente fugir para sua pequena vila fortificada numa ilha do Lago Ioánnina. Somente nos últimos dias de janeiro de 1822, uma traição permitiu que o comandante local o matasse em seu refúgio. O cadáver foi decapitado, e a cabeça de Ali ficou exposta no lado de fora do Topkapi Sarayi para celebrar o triunfo dos exércitos de Mahamud sobre um chefe de facção que ousara desafiar a autoridade de cinco sultões.[7]

O colapso da autoridade de Ali permitiu aos otomanos retomar o controle militar das rotas terrestres para o sul nas duas vertentes da cordilheira central Pindus, até o Peloponeso. Nessa época, a região era de vital importância estratégica. Com a queda iminente do déspota, um novo e mais sério desafio começara a ameaçar o domínio otomano nos Bálcãs. Ioánnina nunca fora apenas o covil de um bandoleiro com anseios de sofisticação. Henry Holland, em visita à "cidade interior cercada por montanhas" em 1812, comentou as amplas conexões continentais dos comerciantes gregos na cidade e o alto nível da vida cultural: "Os gregos de Ionánina são reverenciados por seus compatriotas por seus hábitos literários," escreveu, causando certa surpresa.[8] Ali nunca permitiu que comunidades locais tomassem alguma iniciativa política e tampouco estava interessado em seu bem-estar espiritual, fosse islâmica ou cristã. Porém, como albanês muçulmano que era, permitia que os gregos impusessem sua identidade cultural nacional, tal como era nas primeiras décadas do século XIX. Ademais, tivera contatos pessoais com influentes emigrantes gregos em Viena, durante o Congresso. Como último recurso, em maio de 1820, concitou os gregos locais a se aliarem a ele na resistência aos turcos, mas seu apelo não foi atendido. Entretanto, os líderes patriotas gregos, tanto no Peloponeso quanto nas comunidades de emigrantes no exterior, procuraram tirar vantagem da prolongada resistência final de Ali. Embora não fosse seu propósito, antecipou o momento para a rebelião nacional e não foi coincidência o fato de a Guerra da Independência grega ter começado em 1821, justamente quando as tropas otomanas estavam fortemente engajadas no cerco a Ioánnina.

A rebelião grega e suas consequências influíram, direta ou indiretamente, no governo de Mahmud ao longo dos dezoito anos restantes de seu reinado. O fato é que o despertar grego surpreendeu o Sultão e seus vizires.[9] Até o fim do século XVIII, praticamente não havia consciência da herança grega entre os súditos do Sultão que falavam o idioma grego, quase um em cada quatro na população total do Império. Oficialmente, o patriarcado em Constantinopla procurava manter a posição tradicional da igreja ortodoxa, reconhecida como um *millet*, e o mesmo fazia a rica aristocracia fanariota. Todavia, as ligações comerciais com a França e, em particular, com Marselha, tinham ajudado a disseminar ideias da Revolução Francesa, tanto no continente quanto nas ilhas da Grécia moderna. Gregos que tinham vivido na França incentivavam o ideário do helenismo originário da Grécia clássica, que nada tinha a ver com a nostalgia dos crentes ortodoxos que almejavam a ressurreição da sociedade bizantina cristã. Combatendo essas ideias perigosas, sucessivos sultões puderam, portanto, contar com o apoio do patriarcado. Em 1798, uma "exortação paternal" circulou em Constantinopla em nome do Patriarca Anthimos, de Jerusalém, salientando o papel do Sultão como defensor da vida cristã escolhido por Deus e denunciando os "ensinamentos dessas novas liberdades" como obra do demônio. "O Senhor Todo-Poderoso," explicava, "põe no coração do Sultão desses otomanos a disposição para preservar a liberdade de crença religiosa de nossa fé ortodoxa e, ainda mais importante, a missão de protegê-los, mesmo que seja necessário ocasionalmente castigá-los por se desviarem de sua fé, para que tenham sempre em vista o temor a Deus."[10]

Tal enfoque ultraconservador, embora funcionasse no coração do Império, pouco efeito produziu nas comunidades helenizadas na Valáquia e na Moldávia, que buscavam o apoio do czar Alexandre I e de seu conselheiro Ioánnis Capodistria, natural de Corfu. Essa pretensão de apoio estava fora da realidade. Apesar do legítimo zelo religioso de Alexandre, o Czar não apoiaria nenhum movimento conspiratório, e Capodistria, sabendo que Alexandre não desejava "pôr novamente os canhões em ação," tratava com extremo cuidado todas as tentativas de aproximação dos revolucionários gregos.[11] Entretanto, no porto russo de Odessa, que experimentava rápido crescimento, em 1814 três comerciantes gregos fundaram (ou talvez reviveram) uma secreta "Sociedade de Amigos," a Philiki Hetairia, para apoiar a libertação dos povos balcânicos do domínio otomano. Três anos mais tarde, com a conivência de autoridades consulares russas, a Philiki Hetaria mudou seu quartel-general para Constantinopla. Logo passou a contar com o apoio dos gregos mais importantes no Mani, com a simpatia do "Germanos Metropolitano" (bispo da antiga Patras), com os chefes de alguns grupos de malfeitores cristãos (*klephts*) no Peloponeso e com alguns destacados oficiais fanariotas que serviam no exército russo.

Em março de 1821, foi um desses oficiais quem procurou incendiar os Bálcãs. O general Alexander Ypsilantis, ajudante de ordens do Czar, liderou um punhado de patriotas gregos que atravessaram a fronteira russa para atacar Bucarest e Jassy.

Em última análise, a incursão de Ypsilantis fracassou tragicamente, pois o general se equivocou ao contar com a imediata disseminação da revolução nacionalista contra o Sultão por toda a Europa otomana, uma cruzada da ortodoxia religiosa cuja liderança o Czar assumiria com entusiasmo. Ypsilantis propôs uma aliança com Milos Obrenovic, que, na primavera de 1815, chefiara uma segunda rebelião sérvia contra a tirania dos comandantes janízaros locais e recebera do sultão Mahmud, que via em Milos um vassalo inteligente e competente, considerável autonomia para a Sérvia. O astuto Milos, na esperança de ser reconhecido como Príncipe da Sérvia por herança, tinha mais a perder do que ganhar apoiando Ypsilantis contra o Sultão. Os lavradores da Moldávia não viam razão para trocar a distante soberania otomana por um governo grego-russo mais presente e, por conseguinte, permaneceu refratário aos apelos de Ypsilantis, enquanto o Czar imediatamente desautorizava seu ajudante de ordens. Em três meses, as forças otomanas restauraram a ordem nos dois principados do Danúbio, e Ypsilantis fugiu para a Áustria.

Não obstante, a mal avaliada incursão gerou graves repercussões para o Sultão. No Peloponeso, precipitou a guerra de independência, simbolicamente marcada, em 25 de março, quando o Germanos Metropolitano abençoou um pavilhão sagrado no mosteiro de Aghia Lavra. A consequência mais imediata do ataque foi a reação de pânico em Constantinopla. O exército otomano estava no curso de operações, não apenas contra Ali Pasha no Épiro, mas também – sem receber a devida atenção – contra os persas ao longo da mal definida fronteira entre o Monte Ararat e o Lago Van. Mahmud temia que a fraqueza otomana naquele momento levasse, pelo menos, à perda de Istambul e Pera. No último dia de março de 1821, a embaixada inglesa tomou conhecimento da expedição de uma ordem a cada "turco" em Constantinopla para conseguir armas e guardá-las em casa para o caso de uma tentativa grega de insurreição e tomada da cidade.[12] Ao mesmo tempo, os quartéis janízaros puseram armas à disposição de cerca de 12 mil homens do Corpo, para o caso de necessidade.

A confirmação do levante contra os otomanos no Peloponeso foi levada à Porta por Lord Strangford, embaixador inglês, em documento redigido por seu cônsul em Patras.[15] Ao que parece, a notícia perturbou profundamente Mahmud. Estava convicto de que era vítima de uma conspiração dos cristãos ortodoxos, apoiados pelos russos.

Imediatamente procurou obter um *fetva* do *seyhülislam* proclamando a Guerra Santa contra os cristãos gregos. Mas o *seyhülislam* era homem sensato. Discutiu a crise com o Patriarca ecumênico, o septuagenário Gregorius V, e para mérito seu, recusou o pedido do Sultão, um ato corajoso que quase certamente apressou sua substituição antes do fim do ano e, mais adiante, sua execução. Gregorius voltou da reunião com o *seyhülislam* na esperança de chegarem a um acordo. Naquele momento, sete bispos gregos já tinham sido presos por ordem do Grão-Vizir. No Domingo de Palmas, o Patriarca emitiu um anátema solene, assinado por ele mesmo e vinte e dois outros prelados, condenando formalmente a Philike Hetaria e excomungando Ypsilantis e seus principais agentes. Recomendava a todos os "prelados e sacerdotes" que "colaborassem com a Igreja" na repressão à rebelião, sob pena de suspensão, expropriação e, em última instância, "o fogo do inferno."[14]

Dez anos mais tarde, Mahmud poderia ter agido com mais competência como governante e explorado a excomunhão do anátema oficial para dividir seus inimigos. Porém, como disse uma autoridade otomana a Strangford algumas semanas mais tarde, o Sultão teve "um violento acesso de raiva e indignação" nos dias seguintes, convencido da cumplicidade do Patriarca. Afinal, Gregorius não tinha nascido na mesma localidade de Germanos, em Patras, e não tinha ajudado o bispo metropolitano quando os dois dignitários estiveram juntos em Constantinopla cinco anos antes? Parecia não haver dúvida de que Gregorius estava se entendendo com líderes insurgentes no Mani e recebera cartas de Ypsilantis. A notícia de que famílias gregas e sérvias, tecnicamente sob a proteção do patriarca, tinham abandonado a cidade e embarcado em navios rumo à Rússia finalmente selou a sorte de Gregorius.

O anátema foi impresso e publicado no Domingo de Palmas. Na tarde do sábado seguinte – 10 de abril pelo calendário ortodoxo, 22 de abril pelo gregoriano da Europa Ocidental – o Patriarca celebrava a liturgia da vigília solene da Páscoa quando soldados armados irromperam na igreja patriarcal no distrito fanariota de Istambul. Quando o serviço religioso terminou, aprisionaram o Patriarca e os bispos e padres oficiantes, ainda em seus trajes religiosos, e passaram cordas por seus pescoços. Gregorius foi arrastado pelo portão do distrito fanariota e pendurado em um gancho na parte superior do portão, sufocando lentamente até morrer. Por três dias seu corpo ficou pendurado no portão, e seu sucessor, eleito às pressas, teve que afastá-lo para o lado ao se dirigir ao palácio para receber a confirmação, pelo Sultão, da autoridade que lhe era investida. Três outros bispos e dois eminentes padres foram enforcados em algum outro ponto de Istambul. Para humilhar ainda mais os cristãos ortodoxos, o Sultão finalmente ordenou que o corpo de Gregorius fosse entregue a um grupo de judeus, que o arrastaram pelas pernas "através de um mercado imundo," jogaram-no de um lado para outro, o apedrejaram e lançaram nas águas do Chifre Dourado. "É impossível ver explosão mais intensa de ira, indignação e crueldade," comentou Bartolomeo Pisani. Como principal intérprete de Strangford, era o mais confiável informante do embaixador sobre o que estava acontecendo na cidade durante aquela terrível semana de Páscoa, quando turbas exaltadas vagavam pelas ruas, saqueando igrejas gregas e chegando a destruir o trono do Patriarca.[15]

"Os Conselhos deste império agora estão dominados por um fanatismo implacável, do qual se podem esperar as mais terríveis consequências," informou Strangford a seu ministro do Exterior, Castlereagh, três dias após a execução do Patriarca. Todavia, o embaixador logo mudou de opinião. Ao contrário de seus colegas russo e austríaco, nutria firme simpatia pelo sultão Mahmud. Explicou a Castlereagh que os gregos estavam sendo punidos como rebeldes, e não como cristãos, que "o clero grego era o principal agente e promotor" da revolta e que o Sultão trouxera tropas para Constantinopla a fim de conter a fúria da turba, cuja disposição Strangford assemelhou à dos agitadores antipapistas de Gordon em Londres, meio século antes. Três meses após a execução do Patriarca, Strangford ainda insistia que os relatórios anteriores tinham sido muito exagerados. "Das setenta e seis igrejas e capelas da cidade e das vizinhanças de Constantinopla, apenas uma foi totalmente destruída e somente treze sofreram danos ou foram saqueadas pela turba." Para provar que tudo estava em ordem, o embaixador falou sobre o "desarmamento" das crianças turcas: "Pequenos desordeiros com menos de sete anos de idade, armados com adagas e armas de fogo, até agora tinham facilidades para roubar, matar e apunhalar impunemente," explicou.[16]

Stratford Canning, sempre confiante em poder ludibriar qualquer diplomata russo, via nos franceses os grandes intrigantes em Constantinopla. Seu sucessor, contudo, concentrou sua desconfiança nos representantes do Czar. Strangford foi o primeiro embaixador inglês a implicitamente crer, sem dúvida, num "bicho-papão russo." Em sua convicção, foi grosseiramente injusto com seu colega russo, Alexei Stroganov, que durante toda a crise grega revelou notável discrição. O Sínodo Sagrado da igreja ortodoxa russa insistiu repetidamente junto ao governo de São Petersburgo em vingar as ofensas à Igreja com uma nova guerra contra os turcos. Porém, o czar Alexandre I se manteve resolutamente contrário a embarcar em qualquer iniciativa expansionista enquanto seu império se encontrasse debilitado por diversos problemas não resolvidos após a convulsão napoleônica e, cuidando das relações com os ministros do Sultão, Stroganov obedeceu habilmente à vontade do Czar.[17] Protestou com veemência contra os generalizados ataques aos cristãos em Constantinopla, lembrando a Porta dos direitos de proteção acordados por seu soberano no Tratado de Kuchuk Kainardji e se mostrou disposto a regressar à Rússia, mas escolhendo cuidadosamente suas palavras. As autoridades otomanas ficaram com a certeza de que o Czar deplorava a rebelião contra o governo legítimo, fosse ele cristão ou muçulmano. Enquanto Alexandre permaneceu no trono, Mahmud II não levou em conta o "fantasma" russo. Estava convencido de que a revolta grega teria vida curta. Embora as costas do Peloponeso e da Attica, bem como as ilhas mais prósperas, estivessem sob controle grego, a revolta era mal coordenada e havia intensa rivalidade, tanto entre os próprios líderes rebeldes quanto entre as diferentes regiões do território grego. Sem uma intervenção russa, Mahmud achava que em poucos meses seus exércitos reconquistariam o Peloponeso e restabeleceriam a ordem por meio de uma repressão implacável. Os otomanos, coerentes com essa ideia, subestimaram os adversários insurgentes.

O Sultão cometeu um erro fatal ao não reconhecer que os assassinatos da Páscoa repercutiriam por muito tempo. Ao sancionar a execução do Patriarca e o aviltamento de seus restos mortais em data tão marcante do calendário da Igreja, Mahmud perdeu o apoio de um quarto de seus súditos. O *millet* cristão ortodoxo foi jogado de uma vez por todas para a oposição ao sultanato e, por conseguinte, enfraqueceu o Império Otomano ao longo de todo o último século de sua existência. Além disso, Gregorius V continuou, embora morto, a criar dificuldades para os otomanos. O corpo do patriarca não se decompôs nas águas turvas do Chifre Dourado. Pouco depois de um anoitecer na semana da Páscoa de 1821, voltou à superfície, perto de um navio que transportava grãos para a Rússia. O cadáver e o que restava de sua roupa foram reconhecidos por um fugitivo da casa do Patriarca que já estava a bordo do navio. Para o credo ortodoxo, esse reaparecimento de seu patriarca martirizado significou um sinal da Providência Divina. Discretamente o comandante grego do barco recuperou o corpo antes de partir para Odessa, onde Gregorius recebeu um funeral de mártir. Em junho já se transformara em símbolo do despertar helênico que publicamente deplorara durante seus atribulados derradeiros meses de vida.

Meio século mais tarde, quando os russos quiseram deixar clara a interdependência das igrejas ortodoxas, os ossos de Gregorius foram transladados para sua terra natal na Grécia e, há 120 anos, seus restos mortais são venerados em um pequeno túmulo próximo à entrada da catedral metropolitana de Atenas. Entretanto, no verão de 1821, a manifestação religiosa na Odessa hetairista simplesmente confirmou a hostilidade de Mahmud II a qualquer expressão da igreja russa. "Os turcos," relatou Bartolomeo Pisani, "a consideravam mais uma prova da unidade de sentimentos, tanto religiosos quanto políticos, prevalente nas relações entre russos e gregos."[18] O Sultão, em sua fúria, mandou a prudência para o espaço. Determinou pessoalmente que todos os navios que cruzassem os Estreitos fossem revistados. Quando proibiu a passagem de graneleiros, pareceu aos diplomatas estrangeiros em Constantinopla que era inevitável um novo conflito russo-turco. Strangford e seu colega austríaco logo intervieram, e o embargo aos navios que transportavam cereais para Odessa foi levantado.

No outono, a crise na capital estava superada. Embora Stroganov fosse chamado a São Petersburgo em julho, a Rússia não declarou guerra ao Império Otomano durante mais sete meses, ao fim dos quais a Questão Oriental já era vista sob ótica totalmente diversa. Os choques intermitentes entre tropas otomanas e rebeldes gregos eram impiedosos, cada lado cometendo atos de crueldade amargamente lembrados por longo tempo. Em julho de 1822 havia indicações de que logo os gregos seriam subjugados: em Peta, três milhas a leste de Arta, o exército, que se livrara de Ali Pasha no começo do ano, conquistou retumbante vitória, restaurando o domínio otomano em toda a Grécia ocidental, com exceção de Missolonghi; ao mesmo tempo, 20 mil dos melhores soldados do Sultão tentavam atravessar o istmo de Corintho e atacar os pontos fortes gregos no Peloponeso. Porém, para desgosto de Mahmud, seus comandantes pouco progrediram. Na primavera de 1823, o impasse total ficou evidente. Os líderes insurgentes brigavam entre si, mas o Sultão não pôde tirar proveito dessas dissensões, pois os gregos dominavam as ilhas e os mares.

Nesse ponto, Mahmud resolveu assumir um risco, recorrendo à ajuda de um dos mais eficientes e ambiciosos de seus vassalos, Muhammad Ali. Durante os dez anos anteriores precedentes, o vice-rei do Egito se fortalecera cada vez mais, criando em sua histórica província otomana a Nova Ordem europeizada-islâmica que Selim III tentara sem sucesso implantar no coração do Império. A pedido do sultão Mahmud, Ali enviou tropas disciplinadas para esmagar as revoltas *wahhabi* na Arábia, assegurando o controle das cidades santas de Meca e Medina por suas forças, em nome do Sultão-Califa. Outro exército, treinado por veteranos de Napoleão, atacou na direção sul ao longo do Nilo, aumentando seus efetivos com escravos e, em 1822, fundou a cidade de Kartum. Para restabelecer a ordem na Grécia e na Arábia, o vice-rei pôs à disposição do Sultão uma tropa bem adestrada e disciplinada, uma boa marinha e um comandante competente. Em troca, o sultão Mahmud delegou ao filho de Muhammad, Ibrahim, considerável poder como *pasha* de Creta e governador do Peloponeso. Embora Ibrahim pudesse se fixar em Creta, os comandantes da marinha grega julgavam que ele não tentaria atravessar o mar no inverno. Estavam errados. Em fevereiro de 1825, Ibrahim desembarcou cerca de 10 mil homens, com cavalos e artilharia, em Modon, no Peloponeso. Uma ampla e coordenada estratégia permitiu que, simultaneamente, o exército regular otomano atacasse os gregos pelo norte.[19]

Inicialmente, pareceu que Ibrahim colheria rápida vitória. No Peloponeso, só Napoleão resistira com sucesso ao ataque egípcio. Porém, na Grécia ocidental, Missolonghi enfrentou o cerco de um exército predominantemente turco até abril de 1826, quando Ibrahim em pessoa atravessou o golfo e se apoderou da cidade onde morrera Byron dois anos antes. A lendária associação de Missolonghi com esses heroicos meses finais "do mais nobre espírito da Europa" deu a certeza de que a intervenção de Ibrahim reviveria antigos preconceitos na Inglaterra e na França, onde crescia rapidamente um sentimento filelênico. Informações de comerciantes e cônsules no Peloponeso realçaram a devastação causada pelos "desumanos bárbaros de Ibrahim," que atearam fogo a aldeias e pequenas cidades ao longo de sua marcha. Em julho de 1825, o governo provisório grego pediu a proteção inglesa confiando na aparente simpatia do ministro do Exterior, George Canning, e na influência da City de Londres, onde, nove meses antes, fora negociado um empréstimo grego no valor de 800 mil libras. As Ilhas Jônicas, por tanto tempo disputadas, tinham passado à proteção inglesa em 1815, em acordo celebrado pelas quatro Grandes Potências. Uma garantia unilateral de ampla proteção à Grécia foi além do que qualquer governante inglês poderia oferecer, mas o ministro do Exterior não queria ser omisso e deixar que o destino dos gregos fosse resolvido em Constantinopla – ou em São Petersburgo. Assim, no inverno de 1825-26, os governos inglês e russo – embora no fundo reciprocamente desconfiados – aos poucos se dispuseram a aceitar a necessidade de mediação conjunta entre o Sultão e seus súditos cristãos rebelados. O Duque de Wellington, na Rússia para o funeral do Czar Alexandre I, assinou um acordo com o Conde Nesselrode no começo de abril de 1826, estabelecendo a mediação "na disputa travada na região da Grécia e do arquipélago" e a criação de um estado grego autônomo dentro do Império Otomano. Ao mesmo tempo, George Canning enviou seu primo Stratford de volta para Constantinopla como embaixador, mas com instruções para agir segundo orientação ambígua: "Se puder, exagere o perigo representado pela Rússia," foi a recomendação recebida por "Straty."[20]

Entretanto, no que interessava a Mahmud II, na primavera de 1826 a rebelião grega estava no fim. A modernizada máquina militar de Muhammad Ali alcançara a vitória que por tanto tempo fugira das mãos dos tradicionais regimentos otomanos e dos janízaros. Portanto, o Sultão estava diante de duas tarefas urgentes e inter-relacionadas: livrar-se da dependência de seus vassalos egípcios, pai e filho; e tomar como modelo o exemplo de Muhammad Ali no Cairo, impondo uma série de drásticas reformas na capital imperial. Procurou consolidar a autoridade central e, simultaneamente, suprimir as instituições arcaicas que obstruíam a ocidentalização devido ao seu manifesto interesse em preservar práticas obsoletas. Todavia, para não provocar uma reação que frustrasse os esforços dos primeiros reformadores, teve de agir com cautela. Como passo preliminar para assegurar o sucesso, Mahmud cortejou a *ulema*, esperando dirimir qualquer dúvida sobre seu respeito pelo credo islâmico. Foram construídas novas mesquitas e resgatadas antigas organizações religiosas decadentes. Em novembro de 1825, Mahmud assegurou a indicação do enérgico e pessoalmente leal Mehmed Tahir Effendi para *seyhülislam*. Era um reformista por índole, um Grão Mufti que não tinha a intenção de permitir que, por ocasião das orações, *imams* locais procedessem como se fossem comandantes janízaros.

O Corpo Janízaro continuou sendo o maior obstáculo è europeização. Quando Byron e seu amigo Hobhouse chegaram a Constantinopla em 1810, viram-se morando em uma cidade controlada pelos janízaros. Os estrangeiros residiam, em sua maior parte, no ironicamente chamado "quarteirão dos porcos" em Pera, distrito em que os cristãos estrangeiros podiam comer carne de porco. Em Pera, cada embaixador dispunha de um *orta* (batalhão) de janízaros a seu serviço, que lhe assegurava – no papel – um grupo de 200 homens designados para proteger seus compatriotas. Na verdade, como escreveu Hobhouse, "apenas não mais de quatro ou cinco estavam sempre à disposição."[21] Todavia, o *orta* se reuniria rapidamente para atender a "qualquer solicitação de emergência." Até a brigada de incêndio ficava sob as ordens dos janízaros. A maioria dos incêndios na capital era atribuída a incendiários janízaros, que, conforme se dizia, começavam os incêndios para garantir a remuneração por extingui-los. De "temíveis inimigos" dos cristãos no século XVII, os janízaros tinham se degenerado e transformado em ameaça social com privilégios. No fim de maio de 1811, quando se concentraram para aquela que se tornou sua última campanha contra inimigo estrangeiro, 13 mil homens, segundo se constatou, estavam prontos para o serviço ativo nos quartéis de Istambul e, como ocorrera com seus antecessores ao longo de tantos anos, saíram da cidade desfilando pela estrada em direção a Edirne e o teatro de operações. Porém, quando o Corpo chegou a Silivri, a somente 50 km de distância, o efetivo já caíra para 1.600 homens. Cerca de 11.400 tinham desertado. Dez anos depois, quando a Revolta Grega começou a abalar o coração do Império, os janízaros não passavam de uma organização de bandidos sob capa legal. "Repetidas vezes o Sultão assinara o perdão na página que listava suas transgressões," explicou mais tarde um dos porta-vozes da corte de Mahmud em relato semioficial dos acontecimentos mais importantes de seu reinado.[22]

Durante o inverno de 1825-26, o sultão Mahmud aumentou o poder de seu Corpo de Artilharia na capital e das fortalezas ao longo do Bósforo. Ao mesmo tempo, pôs elementos de sua própria escolha no comando do Corpo de Janízaros. O primeiro verdadeiro disciplinador – Kara ("Preto") Hüseyin – comandou o Corpo por apenas oito meses, em 1823, pois o Sultão teve de removê-lo às pressas para outros comandos em Bursa e Izmit a fim de impedir uma rebelião janízara, quando ainda não se sentia em condições de reprimi-la. Entretanto, Celaleddin Mehmed, sucessor de Kara Hüseyin, foi mais cuidadoso na preparação do terreno. Hüseyin continuou nas proximidades da capital e, em abril de 1826, foi descrito pelo embaixador inglês como "o *pasha* do Bósforo." Ele "demonstrou sua energia ao executar impiedosamente janízaros refratários," comentou Stratford Canning.[23]

Mahmud estava decidido a evitar o erro cometido por seu antecessor em 1807. Ao provocar a insurreição dos janízaros, Selim descobriu que não contava com um exército capaz de manter a ordem na capital. Em maio de 1826, Mahmud estava convencido de que os oficiais mais antigos viam a reforma com simpatia e, no fim do mês, exigiu que o Corpo cumprisse o manual europeu de treinamento, vestisse uniformes europeus e se adestrasse no uso de fuzis. Por cerca de quinze dias, grassou entre as fileiras um ressentimento contra essa nova tentativa de impor ordem e disciplina, mas, em geral, os revoltados não contavam com líderes dentro do Corpo e tampouco tinham um plano de resistência. Em 5 de junho, o Grão-Vizir apareceu em um desfile com uma túnica com dragonas e uma calça justa no estilo dos uniformes de exércitos europeus. Foi anunciado que, no dia 18 de junho, um domingo, o Sultão passaria em revista os janízaros, que desfilariam em seus novos uniformes e segundo os padrões europeus. O treinamento de ordem unida para o desfile acabou irritando os janízaros. Na noite da quarta-feira, oficiais mais jovens de cinco *orta* janízaros se reuniram em At Meydani, o antigo hipódromo, local tradicional de reuniões. Exigiram a abolição imediata das reformas no exército. Os soldados dos quartéis vizinhos foram incitados a virar os caldeirões de sopa, sinal tradicional de revolta.

"Tinha acabado de me deitar quando meu sono foi interrompido pela súbita aparição de um intérprete anunciando que os janízaros 'estavam em pé de guerra,'" lembrava Stratford anos mais tarde.[24] Apesar dos cuidados tomados por Mahmud, inicialmente pareceu que logo os janízaros assumiriam o controle de Istambul. Porém, quando a revolta começou, Mahmud estava em Beksitas, e não no velho palácio, e Kara Hüseyin pôde trazer substancial reforço, enquanto vinte e cinco canhões ao longo do Bósforo dominavam os acessos ao Topkapi Sarayi. Ademais, enquanto em situações passadas a multidão invariavelmente apoiara os rebeldes, em 1826 a massa da população não atendeu aos costumeiros apelos xenófobos, provavelmente porque a *ulema* respaldava firmemente o Sultão. Apenas artesãos mais pobres, temerosos de perder o modesto sustento proporcionado por seus antigos produtos artesanais se a "ocidentalização" continuasse, apoiaram os janízaros, que tinham poder suficiente para atacar a Porta, mas a ameaça dos canhões de Kara Hüesyin os deteve perto do velho palácio. Na tarde da quinta-feira, os janízaros já tinham se recolhido a seus quartéis em At Meydani.

"O tempo estava quente e jantávamos mais cedo," lembrou Stratford alguns anos mais tarde, ao descrever a cena vista da embaixada em Pera. "Meu lugar à mesa ficava de frente para a vidraça que oferecia ampla vista de Istambul além do Chifre Dourado, e mal me sentara quando notei as finas colunas de fumaça que subiam no horizonte à minha frente. Perguntei: 'O que está acontecendo?' – e responderam-me que o pessoal do Sultão atirava sobre os quartéis dos janízaros, que tiveram de fugir." Muitas centenas deles morreram nos trinta minutos de bombardeio sobre os quartéis e a antiga área de reunião do hipódromo. Outros foram presos e imediatamente executados. "O simples nome janízaro, envolvido ou não em uma ação ostensiva, funcionava como sentença de morte," escreveu Stratford. Durante toda a sexta-feira ainda aconteceram execuções sumárias. Os artilheiros de Hüseyin escoltaram o Sultão nas preces semanais *selamlik*, passando cautelosamente pelas ruas imundas, recolhendo caldeirões, bandeiras e emblemas dos janízaros. "As coisas continuam explosivas, ou melhor, existe uma inquisição implacável e as buscas acontecem em cada canto da cidade," relatou Bartolomeo Pisani naquele dia. "Ninguém dá abrigo a ninguém."[25]

Nas províncias, a maioria dos janízaros preferiu se submeter sem resistir à marcha do progresso otomano, embora os canhões tivessem de atirar contra dissidentes em Izmit e Edirne. No sábado, 17 de junho de 1826, o Corpo de Janízaros foi oficialmente abolido. Em retrospecto, a resistência que tinham oferecido fora tão localizada e limitada que parece incrível nenhum sultão anterior ter voltado os canhões contra eles. O êxito de Mahmud se deve não apenas à participação do impiedoso Kara Hüseyin, mas também à habilidade com que previamente isolara o Corpo de Janízaros da *ulema*, que tantas vezes, no passado, insuflara a turba na capital.

Há estimativas conflitantes sobre as mortes em todo o Império. O Sultão prometeu pensões vitalícias aos janízaros que tiveram a inteligência de ficar fora do conflito durante aqueles dias tumultuados, mas muitos dos que aspiravam a essa concessão foram rapidamente mortos sob a acusação de que só tinham abandonado suas reivindicações por um instinto mais firme de sobrevivência. Oito carrascos foram ininterruptamente empregados durante a segunda quinzena de junho. Stratford Canning acha que cerca de 6 mil morreram. E provavelmente está certo, embora diversas fontes afirmem que os números são muito mais elevados. Reconhecendo a eliminação dos janízaros como marco fundamental na história otomana, autores turcos contemporâneos emprestam a esses acontecimentos uma respeitabilidade eufemística ao se referirem a eles como "O Incidente Auspicioso," um episódio que abriu uma perspectiva de futuro sucesso para o Sultão. Todavia, residentes estrangeiros do Bósforo quando ocorreu aquele banho de sangue em junho de 1826 viram aqueles eventos mais como um fim dramático do que um começo auspicioso. "As medidas sanguinárias (...) deixaram em pânico toda a nação," escreveu o embaixador inglês. "A principal fonte de grandeza e glória do Império Otomano se fora," informou. E acrescentou, sem muita convicção: "O Sultão deve mostrar que pode embainhar a espada depois de fazer justiça."[26]

7

À Moda Egípcia

Como os janízaros já não constituíam ameaça a um governante que "abrisse as portas do Oriente a um novo estilo de vida," o Sultão experimentou uma rara sensação de segurança. Sentiu-se em condições de implantar na administração e na sociedade as modificações que desejava desde sua acessão ao poder, e os últimos treze anos de seu reinado ficaram marcados como um período de reformas. No entanto, ele morreu profundamente frustrado. Problemas sem solução na Questão Oriental e a crescente ameaça do Egito de Muhammad Ali sustaram a revolução comandada de cima, quando tinha completado apenas o primeiro quarto da virada para o Ocidente.

Mesmo assim, a lista de realizações de Mahmud ao longo desses anos ainda impressiona: tanto o exército quanto a marinha foram modernizados; uma publicação oficial, a *Court Gazette*, passou a ser editada regularmente em turco e, eventualmente, em francês (*Le Moniteur Ottoman*); novos departamentos (embriões de ministérios) foram criados, entre eles Justiça, Administração Civil, Finanças, Comércio e Organizações Religiosas. O próprio Sultão apareceu em uniforme ocidentalizado "à moda egípcia," como curiosamente Stratford Canning o descreveu, pois não restava dúvida de que Mahmud continuava a seguir a tendência definida por Muhammad Ali, por mais que suspeitasse de suas ambições.[1] A fluência em francês passou a ser essencial para quem almejasse progredir a serviço dos otomanos, fosse civil ou militar. Não apenas os militares mudaram de aparência, mas também os funcionários da corte e os servidores civis, que passaram a usar longas túnicas até os joelhos, calças pretas e fez, em lugar dos casacos vistosos e dos turbantes do passado. O modelo peculiar da túnica logo deu origem a uma denominação própria, o "*stambouline*," conhecido em Paris e Londres.

Algumas mudanças decorreram diretamente da extinção dos janízaros. Foram retomadas diversas propriedades do patrimônio do Corpo, permitindo ao Sultão recompensar seus seguidores mais leais. Mehmed Tahir Effendi recebeu a antiga casa do *aga* janízaro para servir de residência oficial do *seyhülislam*. A Kara Hüseyin concedeu o título honorífico de

Aga Pasha e o nomeou comandante em chefe (*serasker*) do novo exército otomano, antecipadamente homenageado com o nome *Asakir-i Mansure-i Muhammediye* (Soldados Vitoriosos de Muhammad). O *serasker* também foi contemplado com uma residência oficial, Beyazit, o primeiro palácio construído pelos otomanos após a conquista de Constantinopla. Uma vez modernizado, serviu como Ministério da Guerra até a queda do Império. Logo após assumir o cargo, Hüseyin recebeu autorização de Mahmud para lá construir uma torre de mármore para observadores encarregados de identificar incêndios e que até hoje se destaca na linha do horizonte de Istambul.

Em muitas dessas reformas havia, obviamente, um componente cosmético. Mas outras transformações atingiram o núcleo da sociedade otomana. Era lógico que à dissolução dos janízaros se seguisse a abolição dos últimos estabelecimentos feudais e, em 1831, o sistema *timar* – que Selim III modificara radicalmente com a criação de arrendamentos *iltizam* – finalmente liquidou cerca de 2.500 feudos militares que passaram ao domínio imperial, sendo arrendados a agricultores que se encarregavam da arrecadação de impostos. Os *sipahis*, tão ultrapassados como força combatente quanto os janízaros, foram reformados com direito a pensão ou aproveitados no novo exército, onde formaram quatro esquadrões de cavalaria. A reforma mais drástica e continuamente tentada por Mahmud foi a que "nacionalizou" o *vakif*, a fim de assegurar a renda proveniente das instituições de caridade – as *evkaf* – que passaram a ser supervisionadas pelo estado. Essa reforma, só exequível enquanto o Sultão-Califa e o *seylülislam* trabalharam em íntima cooperação, permaneceu incompleta, embora Mahmud estendesse a intervenção governamental no *vakif* ao criar o Ministério das Organizações Religiosas.[2]

Mahmud também estava ciente de que precisava estimular a atividade econômica do Império, particularmente nas províncias que constituem a atual Turquia. No fim de seu reinado, criou um Conselho de Agricultura e Comércio, com a finalidade de encontrar formas de evoluir de uma agricultura de subsistência para uma indústria produtiva e de promover o mercado exportador. Nos primeiros anos do período de reformas, sua maior preocupação foi, por meio de um sistema de comunicações seguro, proteger o comércio interno do banditismo. As rotas tradicionais foram reparadas até se assemelharem a verdadeiras estradas, e criou-se um serviço postal otomano. Ligou a capital com Izmit e, pouco depois, com Edirne, ao longo de "estradas postais" com proteção especial. Mas as comunicações terrestres eram difíceis antes do advento das ferrovias, particularmente na Anatólia. Um império com cerca de cinco mil milhas de litoral e multiplicidade de pequenos ancoradouros naturais, havia muito adotara a navegação costeira como principal meio de transporte comercial, beneficiando os fanariotas. A partir de 1826, o sultão Mahmud incentivou a construção de uma frota mercante para não mais depender dos transportes gregos.

O Sultão esperava que em pouco tempo seus súditos turcos assumissem o controle da navegação em águas nacionais. Em 20 de maio de 1828, em meio a grande agitação de espectadores espantados, o primeiro navio a vapor navegou altaneiro contra a corrente e lançou âncora ao largo de Gálata.[3] Era um barco inglês, o *Swift*, que, com outro navio construído em Londres, foi imediatamente comprado pelo Sultão; ele manteve os oficiais ingleses para treinar as tripulações turcas em navegação e engenharia de navios a vapor, embora a experiência não fosse bem-sucedida. No fim do reinado, rebocadores a vapor ingleses circulavam pelo Bósforo, enquanto navios a vapor ingleses e austríacos faziam, em conjunto, a ligação entre Constantinopla e Trebizonda. Na segunda quinzena de maio de 1837 havia linhas regulares de navios a vapor austríacos e franceses que competiam entre si na ligação de Constantinopla com Trieste (em quatorze dias) e com Marselha (em dez). Embora essas ligações, ao lado da navegação costeira em percursos menores realizada por navios ingleses, italianos, gregos e russos, melhorassem o comércio exterior do Império, apenas pequena parcela dos transportes era realizada por barcos turcos, a despeito do impulso inicial dado pelo Sultão. A navegação costeira com navios a vapor otomanos, para a qual Mahmud, entusiasmado, comprara vários navios, só começou a realizar um serviço regular cinco anos após sua morte. Como tantas vezes aconteceu em seu reinado, ele sabia o que precisava ser feito, mas faltava a seus súditos a competência para concretizar o que lhes era solicitado.

Em assuntos exteriores, contudo, Mahmud II não tinha visão assim esclarecida. Seu período de reformas coincidiu com uma sucessão de fracassos no exercício do governo, mais humilhantes do que os experimentados por qualquer de seus antecessores. A Revolta Grega, que o Sultão acreditou estar liquidada na primavera de 1826 com a entrada de Ibrahim em Missolonghi, estava longe de sufocada. Ademais, o ambicioso Muhammad Ali se preparava para empregar as tropas de Ibrahim contra o Sultão, caso o estado otomano se mostrasse em rápido declínio.

Após a queda de Missolonghi, a Revolta Grega se transformou em uma guerra dos *klepht*, variante local de guerrilha. Grupos de patriotas homiziados nas montanhas faziam incursões sobre posições otomanas, enquanto seus líderes procuravam conseguir tréguas temporárias sempre que a situação começava a ficar desesperadora. Guarnições gregas isoladas ainda resistiram, como, por exemplo, Atenas, até o verão de 1827. As ambiciosamente denominadas "assembleias nacionais" se reuniam em cidades e ilhas fora do alcance das tropas de Ibrahim. A mais conhecida dessas assembleias reuniu-se em Epidaurus no começo da primavera de 1826, enquanto, durante o mês de fevereiro de 1827, surgiram assembleias rivais em Kastri, no Peloponeso oriental, e em Aegina. Entretanto, a resistência mais ativa foi a de grupos de voluntários filelenos, muitos deles franceses e ingleses, embora também houvesse representantes de dez outras nações. Vez ou outra, oficiais ingleses e franceses da marinha e do exército passavam da neutralidade para uma cobeligerância não autorizada. Era uma situação curiosa, que intrigava as forças combatentes rivais e irritava os governantes das Grandes Potências, que, desde o Congresso de Viena, procuravam disciplinar os procedimentos da diplomacia internacional.

Tanto gregos quanto turcos exageraram a influência que esses filelenos exerciam sobre seus governos em Londres e Paris. Mesmo assim, essa influência não pode ser desconsiderada. George Canning, que conduziu a diplomacia inglesa como ministro do Exterior entre setembro de 1822 e agosto de 1827 e, nos três últimos meses de vida, como primeiro-ministro, não estava disposto a se envolver numa guerra ao lado dos gregos. Porém, ficou alarmado com rumores de que Ibrahim tencionava exterminar a população grega no Peloponeso e lá estabelecer colônias militares muçulmanas. Também estava ciente do forte antagonismo "antiturco" entre seus seguidores *tory* liberais, mistura curiosa que resultava de uma postura tradicional, de interesses comerciais e da convicção fortemente enraizada de que tropas otomanas em marcha seriam – como sempre foram – uma horda de saqueadores, ladrões e incendiários.

Canning reconhecia que os russos tinham a chave da solução para a Questão Oriental, pois só o Czar mostrava condições de exercer pressão militar terrestre e naval sobre a Porta. Ao mesmo tempo, para conter a Rússia, era melhor trabalhar em harmonia com Nicolau I do que ter de enfrentá-lo. Portanto, Canning preferia implementar, o mais cedo possível, a Convenção de São Petersburgo, de abril de 1826, pela qual era reconhecida a necessidade de mediação anglo-russa, a fim de criar um estado autônomo grego. Porém, de forma nenhuma estava claro se o Czar ainda se interessava pelos assuntos gregos. Durante o verão de 1826, diplomatas russos e otomanos tiveram negociações em Akkerman, pequena cidade perto de Odessa, hoje denominada Ovidiopol, em homenagem a uma personalidade local do passado. Resultou a Convenção de Akkerman (7 de outubro de 1826), que delegou à Rússia controle maior sobre a administração interna dos principados do Danúbio e fez concessões ao longo da disputada fronteira no Cáucaso. Também reafirmou o direito dos sérvios à autonomia, mas não fez referência à Grécia. Ao que parece, Mahmud esperava que, entrando em acordo em outras questões, a convenção deixasse de lado uma cruzada russa em favor dos ortodoxos gregos. Errou em sua avaliação. A convenção permitiu que Nesselrode se concentrasse apenas na Questão Grega durante a longa negociação com ingleses e franceses. Em julho de 1827, pelo novo Tratado de Londres, Inglaterra, França e Rússia se comprometeram não somente a reconhecer uma Grécia autônoma, mas também induziram o Sultão a aceitar um armistício, quando concentraram uma frota naval combinada em águas gregas.[4]

Nunca antes navios de guerra dessas três grandes potências tinham agido como aliados e isso nunca voltou a acontecer até 1915, nos Dardanelos. George Canning esperava que os canhões não precisassem abrir fogo. A presença naval agiria como dissuasão, e a diplomacia armada asseguraria um acordo sem tergiversações. Um emissário secreto foi enviado ao Cairo para conversar diretamente com Muhammad Ali, para o caso de os ministros do Sultão desejarem ganhar tempo. Porém, todos esses planos foram tumultuados pela morte de Canning no dia em que a notícia do tratado chegou a Constantinopla. Quando a Porta se negou a aceitar a proposta de mediação aliada, Stratford Canning incitou o comandante naval a exercer uma liberdade de ação que seu primo jamais imaginara. Em 20 de outubro de 1827, o vice-almirante Sir Edward Codrington, comandando vinte e quatro navios de guerra ingleses, franceses e russos, entrou na Baía de Navarino, onde estavam ancorados oitenta e um barcos turcos e egípcios, na principal base de suprimentos de Ibrahim no Peloponeso.

Permanece incerta a responsabilidade pelo que então aconteceu.[5] Na Inglaterra, sempre se alegou que Codrington queria persuadir Ibrahim a embarcar suas tropas e partir para Alexandria, enquanto os aliados impunham um armistício. Afirma-se também que a batalha de Navarino começou quando um brulote foi visto em apronte para atacar a esquadra aliada. Historiadores otomanos sustentam que Codrington tentou, dias a fio, atrair a frota turco-egípcia para a batalha em mar aberto e que o brulote tentava apenas afastar navios que estabeleceram um bloqueio ilegal ao longo da costa grega. Seja qual for a causa imediata da batalha, o bombardeio aliado foi decisivo. Em três horas, dois terços da frota otomano-egípcia foi afundada, com a perda de 8 mil vidas. Portanto, Navarino foi um desastre mais grave para a marinha do Sultão do que Cesme em 1770, embora o impacto fosse atenuado pelo fato de Codrington ter destruído principalmente navios de guerra velhos e arruinados. O ambicioso programa de reforma naval de Mahmud fora lançado apenas duas semanas antes. Cortando os suprimentos vindos de Creta e do Egito, Codrington assegurou a vitória final da causa grega. Tropas francesas desembarcaram no Peloponeso e supervisionaram a evacuação das tropas de Ibrahim. Quando, treze semanas após a batalha, Ioánnis Capodistria, o vendaval rebelde, chegou a Nauplion como primeiro presidente da Grécia, foi levado à terra por um dos navios de Codrington, o *HMS Warspite*, escoltado simbolicamente em águas territoriais gregas por um barco russo e um francês, ambos veteranos de Navarino.

Exercício mais hábil do governo poderia ter assegurado a Mahmud um acordo depois de Navarino que lhe permitisse prever e evitar novos desafios à sobrevivência do estado otomano. Porém, como já ocorrera na Páscoa de 1821, o temperamento irascível do Sultão o levou a cometer outra tolice. Os crentes muçulmanos foram chamados às armas para resistir ao ataque furioso e combinado de russos e gregos. Além disso, logo após a chegada de Capodistria a Nauplion, o Sultão ordenou o fechamento dos Estreitos a todos os navios estrangeiros. A guerra russo-turca, prevista havia muito, começou no fim de abril de 1828, embora Mahmud e seus ministros soubessem perfeitamente o quanto eram insuficientes seus recursos. O novo exército otomano, "Soldados Vitoriosos de Muhammad," ainda estava em fase de treinamento, e Mahmud não podia contar com nova ajuda de Muhammad Ali, inadequadamente ressarcido pelo elevado custo da expedição de Ibrahim a Creta e ao Peloponeso. Ao declarar guerra ao Império Otomano, o Czar Nicolau estava convencido de que uma campanha da primavera nos Bálcãs bastaria para assegurar rápida vitória.

Estava enganado. Seus exércitos avançaram pelo interior da Anatólia oriental, se apossaram de Kars e foram bem acolhidos pelos cristãos armênios como libertadores do domínio muçulmano. Nos Bálcãs, três colunas russas atingiram o Danúbio ao sul de Bucarest, mas encontraram forte resistência em torno da Slistria e de Ruschuk, e somente no verão seguinte penetraram nas montanhas balcânicas. Agosto de 1829 foi um mês negro para o Sultão Mahmud: no leste, um exército russo conquistara Erzerum e ameaçava Trebizond, no Mar Negro; e, a menos de 250 quilômetros da capital, um segundo exército russo conquistou Edirne depois de três dias de cerco. Algumas unidades de cavalaria chegaram à costa do Egeu. Apressadamente, a Porta procurou a mediação das Grandes Potências e em Edirne, em 14 de setembro de 1829, foi assinado um tratado de paz (mais conhecido como Tratado de Adrianople, nome bizantino da cidade).

A uma guerra sem sentido, que um sultão menos orgulhoso e com maior coragem moral jamais teria travado, seguiu-se um acordo de paz que conservou intato o núcleo do território otomano.[6] O Tratado de Adrianople permitiu que a fronteira russa avançasse para o sul até o Cáucaso, incluindo toda a Geórgia, mas Eszerum e Kars foram evacuadas e, na Europa, o Czar recuou suas tropas para o norte do rio Pruth. Finalmente, o Sultão aceitou as propostas anglo-russas para uma Grécia autônoma, embora suas fronteiras permanecessem indefinidas. Em uma demonstração de solidariedade eslava, os russos fizeram concessões a seus irmãos sérvios. Embora uma guarnição otomana permanecesse em Belgrado, a autonomia sérvia se tornou realidade. Onze meses mais tarde Milos Obrenovic foi investido por Mahmud II como Príncipe da Sérvia por direito de herança, e o governo transmitido aos nomeados pelo Príncipe. As cláusulas mais onerosas exigiram uma indenização de guerra extremamente alta a ser paga por mais de dez anos, correspondendo, no total, a duas vezes o orçamento anual de todo o Império Otomano. Além disso, embora os exércitos russos se retirassem dos Bálcãs, o Sultão teve de aceitar a desmilitarização da fronteira ao longo do Danúbio e do Pruth, dispositivo que garantiria o rápido retorno de tropas russas, caso a guerra fosse reiniciada. O czar Nicolau ficou satisfeito com o acordo de paz, pois deu à Rússia a possibilidade de optar pela preservação do Império Otomano ou por sua fragmentação. Durante os últimos anos da guerra, já fora instalado em São Petersburgo um comitê de seis membros com o objetivo de definir o futuro das relações russo-turcas.

O comitê apresentou a Nicolau I sua conclusão dois dias após a assinatura do tratado de paz: destruir o Império Otomano significaria convidar Áustria, França e Inglaterra a pôr um pé nos Bálcãs e no Levante e, portanto, obrigar a Rússia – assim escreveu Nesselrode – a "se perder num labirinto de dificuldades e complicações, cada uma mais inextricável que a outra."[7] O Czar concordou com a necessidade de preservar o Império Otomano. Mas se aquele império parecesse à beira do colapso, a Rússia precisaria (em suas próprias palavras) "assegurar que a retirada dos otomanos do Mar Negro não levasse à chegada de nenhuma outra potência." Mahmud e seus ministros nada sabiam sobre essas deliberações em São Petersburgo, mas logo perceberam que seu tradicional inimigo agia com rara benevolência. Até a odiosa indenização de guerra fora suspensa, em troca de mínimas concessões na fronteira. Ademais, quando a coalizão de Navarino decidiu pela independência total dos gregos, e não pela simples autonomia, foram os russos que insistiram para que se negociasse o acordo estabelecido, em vez de impô-lo ao Sultão sob ameaça de emprego de força. Em fevereiro de 1830, o Protocolo de Londres criou um reino soberano grego tendo Rússia, Inglaterra e França como potências garantes, embora somente em 1832 um príncipe alemão (Otto, da Baviera) aceitasse a coroa grega.

O novo reino era pequeno. A fronteira otomana ficava a apenas 200km ao norte de Atenas, deixando grande parte da Grécia moderna sob o domínio de Mahmud. Entretanto, a criação de um estado independente em território que fora parte de seu Império constituía detestável precedente. Acresce que, embora a guerra grega estivesse encerrada, seus efeitos frustraram as tentativas de Mahmud no sentido de ocidentalizar seu Império. Muhammad Ali esperava compensações territoriais pela longa campanha de Ibrahim – a Síria, talvez? O vice-rei possuía astúcia natural e o dom da paciência friamente calculada. Seu filho, excelente comandante militar, não tinha esses dons. Para ele, a cautela era sinal de fraqueza. Em novembro de 1831, Ibrahim atravessou o deserto de Gaza e, com apoio naval de uma marinha recuperada, atacou na direção norte, seguindo a velha rota de Napoleão e conquistando Jaffa, Jerusalém e Haifa, até chegar à formidável fortaleza de Acre, que, mais uma vez sob cerco, resistiu a seus ataques por oito meses. Em meados do verão de 1832, toda a Síria e o Líbano estavam em mãos egípcias. Em julho, quando o vice-rei convenceu o filho a deter seu avanço, os invasores já se aproximavam de Antióquia e Alexandreta (Iskenderun).

Embora Mahmud declarasse Muhammad Ali e Ibrahim rebeldes e traidores, o vice-rei insistia que continuava sendo fiel súdito do Sultão e que apenas buscava na Síria a compensação para os serviços que prestara ao estado otomano. Enquanto o exército egípcio acampava na planície de Issos – onde Alexandre, o Grande, derrotara Dario no passado – febris atividades diplomáticas ocorriam em torno da Porta e das embaixadas de Constantinopla. Um acordo teria permitido a Mahmud prosseguir com os melhoramentos materiais que buscava implantar no coração de seu Império: construção de novas casas, pontes, estradas e escolas e, nos anos mais recentes, a reconstrução de aldeias cristãs arrasadas durante os conflitos fanáticos da década anterior. Mas nem o Sultão, nem tampouco o sultanato mudaram sua maneira de ser: três ministros proeminentes de repente caíram em desgraça e foram executados tão rápida quanto impiedosamente, tal como acontecera com Kara Mustafa século e meio antes. O orgulho pessoal e a confiança de Mahmud em seu novo exército o levaram a negar concessões a Muhammad Ali. No entanto, o Sultão estava disposto a procurar ajuda externa. No começo de novembro de 1832, Lord Palmerston, na época em seu terceiro ano como ministro do Exterior, recebeu de Mahmud um pedido de apoio naval contra o Egito, mas a Royal Navy já estava mais intensamente empenhada no Mediterrâneo do que desejavam seus colegas de gabinete de visão estreita, e o ministro do Exterior nada fez, a não ser apoiar uma admoestação a Muhammad Ali pressionando-o para que "se retirasse imediatamente para o Egito e se desse por satisfeito com aquela fértil nação."[8]

Mas Ibrahim não se retirou e tampouco quis esperar o desenrolar dos acontecimentos. Retomou o avanço, penetrando na cordilheira de Taurus. Em dezembro de 1832, suas tropas aniquilaram uma força turca nas vizinhanças de Konya, aprisionando o Grão-Vizir. Nos primeiros dias de fevereiro, a vanguarda egípcia atingiu Kutahiya, bem no interior da Anatólia, a 300km do Bósforo. Mahmud, desesperado por defender a capital, tentou, em desespero, buscar o apoio de seu vizinho mais poderoso: três flotilhas de navios de guerra russos foram convidadas a descer o Bósforo e lançar âncoras no Chifre Dourado. Vieram acompanhadas de uma força expedicionária russa que instalou postos avançados na orla asiática do Bósforo, em Hünkar Iskelesi (ou Unkiar Skelessi, como é transliterado), uma baía cerca de doze milhas acima dos Estreitos, a contar de Constantinopla. No começo de abril, quase trinta mil russos guarneciam um dispositivo defensivo que protegia a capital de Mahmud, com um acampamento em Buyukdere na margem europeia, tal como já acontecia em Unkiar Skelessi.

A presença russa alarmou a *ulema*, originando os primeiros murmúrios de insatisfação com a política de Mahmud desde a sangrenta repressão aos janízaros, sete anos antes. Porém, a intervenção do Czar deixou evidente que logo as outras Grandes Potências se interessariam por uma crise que até então consideravam problema interno dos otomanos. Esquadrões de navios ingleses e franceses passaram pelos Dardanelos em junho. Nesse momento, porém, a crise já fora superada. Muhammad Ali aceitara a mediação francesa, e o exército de Ibrahim se retirara da Anatólia, recebendo, em troca, a confirmação da posição de Muhammad Ali como governador do Egito e de Creta, enquanto Ibrahim se tornaria governador de Damasco, Aleppo e Adana. Pai e filho continuavam, tecnicamente, vassalos do Sultão, tendo Muhammad Ali recusado as reivindicações de Ibrahim para que insistisse no sentido de o acordo lhes conceder independência total.

Pela única vez na história, os russos exerceram o domínio militar de Constantinopla, durante todo o começo do verão de 1833. Entretanto, Nicolau e Nesselrode agiram com moderação. O Czar enviou para Constantinopla um plenipotenciário firme, talentoso, encantador, o Conde Alexis Orlov, seu amigo pessoal, com instruções para procurar a celebração de um tratado duradouro com a Porta. Orlov cortejou os turcos, tanto da cúpula quanto os de outros níveis. Além de oferecer presentes generosos para os mais poderosos, distribuiu 24 mil medalhas com a efígie do czar para militares turcos, a fim de expressar a admiração de seu chefe, o Czar, pela coragem com que, sem dúvida, combateriam contra o exército de Ibrahim se por ele fossem atacados. Ao mesmo tempo, tão logo os egípcios de retiraram da Anatólia, a esquadra russa se retirou, e as barracas foram desmontadas no enorme acampamento em Unkiar Skelessi. Porém, antes de o último oficial partir para Odessa, foi assinado um tratado de aliança que deixou Mahmud pessoalmente satisfeito, pois esperava que esse acordo permitisse afastar de uma vez por todas o espantalho russo. O tratado negociado por Orlov e assinado em 8 de julho de 1833, em Unkiar Skelessi, foi, essencialmente, um pacto de auxílio mútuo russo-otomano em caso de ataque, válido por oito anos. Um artigo secreto dava à Rússia o direito de abrir mão de pedir ajuda otomana, desde que o Sultão fechasse os Dardanelos a "navios de guerra estrangeiros." Orlov disse ao Czar que estava perpetuando um protetorado russo no Bósforo. Achava que os russos seriam novamente convocados dentro de poucos anos. "Graças a nossos antecedentes," escreveu Orlov, as tropas do Czar poderiam voltar "sem levantar suspeitas e (...) de forma a nunca mais saírem de lá, se for necessário."[9]

Os três, Nicolau, Nesselrode e Orlov, acreditavam que o Tratado era uma garantia de estabilidade e ordem em Constantinopla. Permitiu controlarem Mahmud e, já em 1834, recusarem a tentativa do Sultão de conseguir apoio russo para uma guerra de vingança contra Muhammad Ali. Porém, a notícia sobre o Tratado alarmou Palmerston e seus colegas franceses. Achavam que devia conter outros artigos secretos ainda mais drásticos, dando aos russos o direito de, a qualquer momento, regular a passagem de navios pelos Estreitos. Palmerston se convencera de que o Czar planejava o desmembramento do Império Otomano. A russofobia continuou a prevalecer no Foreign Office durante toda a década, temendo-se que agentes czaristas agissem na Pérsia e no Afeganistão. O ministro do Exterior tinha a curiosa convicção de que uma política mais audaciosa na Ásia central poderia, dissimuladamente, "assegurar que os Dardanelos ficassem fora do alcance russo."[10]

Palmerston também acreditava na iminência de novo conflito entre o Sultão e seus vassalos na Síria e no Egito. Nesse ponto estava certo, e foi difícil conter Mahmud em 1835 e novamente um ano mais tarde, quando ele enviou um emissário secreto a Londres em busca de apoio para reiniciar a guerra. A derrota de seu exército em Konya o atingira profundamente, e o Sultão se convencera de que era seu dever vingar a derrota otomana imposta pela "dinastia albanesa do tabaco" que agora desprezava. [*Muhammad Ali era albanês e negociante de tabaco.*] Por ocasião da batalha de Konya, Mahmud tinha apenas quarenta e sete anos, mas já era um homem doente, que envelhecera prematuramente por ação do álcool e da vida dissoluta. Em seus últimos anos de vida ficou obcecado pela necessidade de completar as reformas militares que sempre almejara. Convidou oficiais prussianos, russos, ingleses e franceses para os quartéis de Pera e Üsküdar e para fazerem manobras na Anatólia. Em 1837, o Sultão podia realmente contar com cerca de 40 mil bons infantes e seis regimentos de cavalaria, mas sua artilharia estava enfraquecida, pois empregava canhões de nove diferentes calibres. O mais crítico era a incapacidade do Sultão de selecionar bons comandantes.

Em 1838, Mahmud instruiu seu embaixador em Londres a oferecer à Inglaterra generosas concessões por meio de um tratado comercial, esperando que uma intensificação do comércio induzisse Palmerston a formalizar uma aliança. No começo da primavera de 1838, ficou evidente que os ingleses não lhe dariam o apoio que desejava. Nessa época, o Sultão, que havia muito tinha tuberculose, sabia que não viveria por muito mais tempo, pois também padecia de dores provocadas pela cirrose hepática. Ordenou uma derradeira tentativa de vitória militar. Em meados de abril de 1839, determinou a Hafiz Pasha que reunisse um exército otomano e atravessasse o Eufrates na direção de Aleppo, concitando os sírios a derrubarem a tirania egípcia de Ibrahim e acolherem as tropas do Sultão como libertadoras.

Hafiz avançou cautelosamente. Tinha a seu lado assessores prussianos, sendo o major Helmuth von Moltke o mais antigo. Inicialmente, Ibrahim não reagiu à ameaça do norte e tampouco os sírios se rebelaram, mas Hafiz nunca chegou à fronteira com a Síria. Da cidade de Nezib (hoje Nizip), via-se uma nuvem de poeira que denunciava a aproximação do exército de Ibrahim. Moltke aconselhou Hafiz a esperar o inimigo abrigado em trincheiras fortificadas e protegido pelas sólidas muralhas da cidade, mas a *ulema* afirmou que um rebelde deve ser castigado em campo aberto. Hafiz deu ouvidos aos *mullahs* e não ao futuro vencedor de Sadowa e Sedan.

A batalha de Nezib – em 24 de junho de 1839 – foi curta e decisiva. A vanguarda otomana foi detida e obrigada a recuar, chocando-se com as tropas mais à retaguarda e lançando a confusão. Os prussianos aconselharam Hafiz a empregar uma única e compacta coluna, mas ele preferiu, em um acesso de fúria, intervir pessoalmente, cortando a retirada de seus fugitivos. Todas as peças de artilharia otomanas foram destruídas ou abandonadas por seus artilheiros apavorados. Dez mil prisioneiros caíram em mãos de Ibrahim. Moltke teve sorte de escapar. Naquela noite, o prussiano escreveu para Berlim em tom de desprezo: "O exército de Hafiz Pasha deixou de existir. Os turcos largaram suas armas e abandonaram sua artilharia e a munição, fugindo em todas as direções."[11] Para o exército otomano, Nezib foi um desastre ainda maior do que Konya.

Felizmente, para sua paz de espírito, o sultão Mahmud foi poupado dessa derrota. Nenhum mensageiro se apressou em atravessar oitocentos quilômetros de montanhas e dar a notícia ao doente no Bósforo. Em 29 de junho, cinco dias após a batalha, Mahmud II finalmente bebeu até morrer. Os primeiros desmoralizantes rumores sobre a derrota só foram confirmados em 7 de julho. Nesse momento, o filho mais velho de Mahmud, Abdulmecid, já fora proclamado Sultão e Califa. Era um momento nada auspicioso para a acessão ao trono de um jovem príncipe de dezesseis anos.

8

O Doente?

A MORTE DE MAHMUD II FOI NOTICIADA em 1º de julho de 1839 e, em vinte e quatro horas, já estava em curso uma pequena revolução palaciana em Istambul. O septuagenário Mehmed Husrev Pasha assumiu (literalmente) a posição de Grão-Vizir e persuadiu Abdulmecid a confirmá-lo como chefe de um governo de emergência. Para um governante de dezesseis anos de idade as coisas poderiam ter sido bem piores. Embora um cínico embaixador francês chamasse Husrev de "estrangulador-mestre," este podia, pelo menos, alegar que possuía longa experiência do sistema administrativo otomano.[1] Voltando a 1801, o sultão Selim III o designara governador do Egito, o último antes de Muhammad Ali, e, durante o reinado de Mahmud II, ele combatera no Peloponeso e contra os persas. Foi almirante-chefe da esquadra otomana e, em 1827, sucedeu a Hüseyin como *serasker* do exército, cargo que desempenhou por mais dez anos. Entretanto, a idade transformara Husrev em um arquiconservador com muitos inimigos. Como tantos outros pilares da estrutura otomana, recebera generosos presentes de Orlov na época do Tratado de Unkiar Skelessi. Agora, seis anos depois, um rival notável, o almirante Ahmed Fevzi, se convencera de que Husrev estava a soldo dos russos. Era tão firme sua convicção da provável traição de Husrev ao contrariar interesses otomanos que cometeu, ele próprio, traição ainda maior. Mesmo antes de notícias sobre o desastre de Nezib serem confirmadas na capital, Fevzi zarpou com sua frota para Alexandria, onde se rendeu ao vice-rei do Egito, Muhammad Ali.

Portanto, as cartas conspiravam seriamente contra o jovem e frágil Sultão, sem marinha no Mediterrâneo e sem exército para enfrentar Ibrahim na Anatólia. Também não tinha esperança de encontrar moeda sólida no tesouro, pois a administração estivera tão engolfada em déficits crônicos que Mahmud autorizara a cunhagem de moedas de menor valor em setenta e duas ocasiões, durante os trinta e um anos de reinado. Porém, felizmente, Abdulmecid contava com dois grandes bens: sua mãe, a *Valide Sultana* Bezmialem, e uma promessa de apoio leal por parte do mais habilidoso dos reformadores ocidentalizantes de seu pai, Mustafa Rashid, que era emissário especial em Londres quando Mahmud morreu.[2]

Bezmialem, segundo se dizia, uma georgiana que trabalhara como auxiliar nos banhos antes de ingressar no harém imperial, tinha apenas quinze anos quando deu à luz Abdulmecid. Aos trinta e um anos, ainda era jovem o suficiente para desdenhar e desconfiar daquele homem idoso que, sem ser político, se autonomeara primeiro-ministro. Aconselhou seu filho a permitir que Husrev se expusesse ao risco de negociar com Muhammad Ali, mas insistiu para que resistisse às tentativas do Grão-Vizir de pôr seus escolhidos em cargos importantes do estado. Abdulmecid procurou ganhar tempo, como devia, esperando a volta de Rashid da Inglaterra, antes de tomar suas principais decisões políticas. O conselho de sua mãe fora adequado. Seu julgamento sobre os homens e suas razões eram tão perspicazes que a *Valide Sultana* continuou influenciando na escolha de ministros até pouco antes de sua morte, quatorze anos mais tarde.

Bezmialem recomendou Rashid a Abdulmecid, acreditando que ele sabia exatamente o que Mahmud pretendia com seu programa de reformas. Alem disso, Rashid também possuía outras qualidades. Em 1839, seu domínio do francês era tão bom que podia conversar com o rei Luís Felipe sem intérprete. Encontrara-se com Palmerston em Londres, com Metternich em Viena e sabia perfeitamente o que a Europa pensava a respeito do Império Otomano. Igualmente valiosa para o Sultão foi a missão cumprida por Rashid no Egito quatro anos antes, que lhe permitiu observar pessoalmente a autoridade de verdadeiro rei exercida por Muhammad Ali no Cairo e em Alexandria. Abdulmecid nomeou Rashid ministro do Exterior, mantendo Husrev como Grão-Vizir até junho de 1840. Mas foi Rashid quem, com apurado instinto para cultivar boa vontade em Westminster e Paris, convenceu Abdulmecid a dar-lhe autorização para a primeira iniciativa de impacto de seu reinado, ao promulgar, em 3 de novembro de 1839, o "Imperial Rescript of the Rose Chamber," o Édito Imperial declarando a igualdade de otomanos muçulmanos e não muçulmanos.

O evento foi descrito por diversos embaixadores e visitantes estrangeiros que estavam em Constantinopla.[3] Todos os mais altos dignitários da sociedade otomana, ao lado de representantes estrangeiros credenciados junto à Sublime Porta, se reuniram no jardim Gülhane ("a Rose Chamber"), além da muralha externa do Topkapi Sarayi. Lá, diante do Grão-Vizir Husrev, Rashid leu o primeiro "Nobre Édito," enquanto Abdulmecid acompanhava a reunião de uma janela do próprio quiosque do Gülhane. O "Decreto de Gülhane" divulgou para o mundo a intenção de Abdulmecid de reinar como um Sultão esclarecido. Ele protegeria as vidas e as propriedades de seus súditos, introduziria um código de justiça garantindo a igualdade de direitos de muçulmanos, cristãos e judeus perante a lei e instituiria um sistema regular de cálculo e arrecadação de impostos. Além disso, se empenharia para fortalecer e respeitar os conselhos de consulta legislativa criados por seu pai e criaria um método justo de recrutamento de seus súditos para servir no exército e na marinha modernizados.

Essa cerimônia nos jardins Gülhane, com o ministro do Exterior favorável à ocidentalização se prostrando duas vezes diante de seu Sultão e Califa, impressionou os observadores estrangeiros, tal como Rashid previra. "Teatral, mas bem-sucedido," foi o veredicto do embaixador russo. "Uma resposta vitoriosa para aqueles que afirmam que este Império não pode ser salvo por seu antiquado governo," comentou dois dias depois Lord Ponsonby, embaixador inglês, em relatório para Palmerston. Um acontecimento "pleno de inestimáveis benefícios," respondeu-lhe o ministro do Exterior no começo de dezembro. "Grande jogada política que está produzindo visível efeito sobre o sentimento do povo aqui e na França."[4] Ambos, Ponsonby e Palmerston, pensavam na crescente impaciência dos russos com seu vizinho otomano e na tendência de sucessivos governos em Paris a apoiarem Muhammad Ali na construção de um estado egípcio financeiramente viável e independente. Qualquer iniciativa do Sultão que indicasse revigoramento do centro de seu Império era bem-vinda. O declínio otomano foi interrompido durante três décadas por um processo paralelo: internamente, a imposição de transformações ocidentalizantes na sociedade; e no exterior, o respaldo de outras Grandes Potências à estrutura imperial, em busca de uma estabilidade que protelasse revisões drásticas do mapa da Europa.

Inicialmente, o recomeço da guerra entre o Sultão e Muhammad Ali, na primavera de 1839, quase levou Nicolau I a intervir com navios de guerra e forças terrestres. Seria, sem dúvida, perguntava o Czar, a oportunidade que Orlov previra em 1833, o momento em que uma força expedicionária russa retornaria ao Bósforo para ser aclamada como a defensora dos Estreitos? Nesselrode era mais realista. Pacientemente, reavaliando de forma fria o compromisso assumido pelo estado imperial, Orlov convenceu o Czar a não correr o risco de uma ação unilateral incerta e onerosa. A partir de então, Rússia, Áustria, Prússia, França e Inglaterra aparentemente agiram em harmonia. Em 27 de julho de 1839, uma nota coletiva dos embaixadores das cinco potências manifestou seu desejo de arbitrar o conflito otomano-egípcio. A notícia dessa disposição "europeia" de impor um acordo no Levante foi bem acolhida por Rashid quando chegou a seu país, regressando de Londres. Isso contribuiu para que conseguisse reforçar a resistência de Abdulmecid a gestões de paz realizadas nas cortes que favorecessem a aceitação, tão rápida quanto possível, de quaisquer exigências que Muhammad Ali apresentasse.

Todavia, embora as cinco Grandes Potências se dispusessem a reconhecer Muhammad Ali como chefe de uma nova dinastia egípcia, houve pouca coesão entre elas.[5] A Áustria, cuja política ainda era formulada por Metternich (ministro do Exterior desde 1809), pregava a manutenção e o fortalecimento da autoridade do Sultão, por duas razões principais: um governo estável em Constantinopla estenderia a vigência das concessões comerciais usufruídas por suas companhias de navegação a vapor e satisfaria os interesses em mineração de outras empresas austríacas. A opção contrária e que causava preocupação em Viena era a desintegração do Império Otomano, capaz de desencadear o nacionalismo balcânico e, por conseguinte, ameaçar a existência da monarquia multinacional dos Habsburgos. A Prússia seguia de perto a política do aliado austríaco, embora os jornais de Berlim manifestassem invejosa admiração pelo exército vitorioso de Ibrahim.

A diplomacia francesa apoiava Muhammad Ali. A feliz coincidência de ele ter nascido em Kavalla, sob o mesmo signo zodiacal e no mesmo ano de Napoleão em Ajaccio, chamou a atenção. O romantismo em torno da "lenda de Napoleão" estava na moda naquele verão. Mais prosaicamente, os banqueiros parisienses esperavam transformar as terras de Muhammad Ali numa satrapia comercial que dominasse o Levante. Por uma série de motivos, os franceses procuravam, portanto, incluir Síria e Líbano – e igualmente a península arábica – nos territórios dos quais ele seria o chefe supremo.

Nenhum outro governo concordou com os franceses. Palmerston temia que o eficiente exército de Muhammad Ali ameaçasse a rota mais curta para a Índia e reclamava que seu monopólio comercial na vasta área em que ele exerceria a soberania egípcia privaria a City de Londres das vantagens decorrentes do tratado comercial anglo-turco aceito pelo sultão Mahmud dez meses antes de morrer. O czar Nicolau – ou melhor, o chanceler Nesselrode – também não confiava nas ambições de Muhammad Ali. Os russos alimentavam boas razões para acreditar que ele tinha em mente uma firme aliança com os persas, com o objetivo de estender seu império até a Mesopotâmia, em troca de apoio ao Xá Qäjar em Teerã, a fim de comprometer o domínio do Czar sobre os muçulmanos do Cáucaso e do Turquestão. Era grande a hostilidade a Muhammad Ali e sua dinastia em Londres e São Petersburgo, suficiente para estimular um acordo anglo-russo, receoso da posição dos franceses, mas que poderia contar com o apoio austríaco e prussiano, desde que se dispusesse a respaldar a existência do Império Otomano pelo maior tempo possível.

Nesse ponto, Londres se tornou o pivô para os estadistas que buscavam uma solução para a Questão Oriental. Nicolau I enviou um representante especial com proposta para uma pressão conjunta sobre Muhammad Ali e para um acordo internacional sobre o fechamento dos Estreitos (Dardanelos e Bósforo) a navios de guerra estrangeiros em tempo de paz. A princípio, o gabinete inglês não gostou da ideia de associar dois problemas diversos em um único acordo. Mas Nicolau insistiu e, em julho de 1840, os plenipotenciários inglês, russo, austríaco, prussiano e otomano concluíram o Tratado de Londres, que fechava os Estreitos a navios de guerra estrangeiros em tempo de paz e apresentava a Muhammad Ali um virtual ultimato.[6] Exigia que se submetesse à autoridade do Sultão e aceitasse o governo hereditário no Egito, ou enfrentaria a intervenção conjunta das Grandes Potências. Se concordasse com esses termos dentro de vinte dias, também receberia o direito de administrar Acre e o sul da Síria como governador vitalício.

Os egípcios ainda dispunham de um poderoso exército: trinta e oito regimentos de infantaria, mais de dez mil cavalos de montaria e um corpo de artilharia treinado por veteranos das campanhas napoleônicas. Ocupava grande área do Levante e Creta, e Muhammad Ali acreditava poder contar com apoio naval francês. Assim pensando, rejeitou a exigência aliada e, automaticamente, abriu mão do sul da Síria, que lhe fora oferecido. No entanto, cometeu grave erro na avaliação das forças em oposição. A esquadra francesa não interveio, dando liberdade aos navios ingleses e austríacos para fustigar a vulnerável linha de comunicações de Ibrahim. Bombardearam a costa libanesa em setembro e outubro de 1840, enquanto fuzileiros navais ingleses e austríacos, bem como tropas de infantaria turcas apoiavam os rebeldes drusos nas elevações ao norte de Beirut. Quando as disciplinadas tropas de Ibrahim começaram a recuar na direção da fronteira do Egito, um esquadrão inglês bombardeou e ocupou Acre. Outros navios bloquearam a costa egípcia.

A crise logo terminou. Em 5 de novembro Muhammad Ali assinou a Convenção de Alexandria, que determinou a retirada das tropas egípcias de Creta, da Arábia e de "todas as terras do Império Otomano (...) que não estivessem dentro dos limites do território egípcio." A esquadra otomana, ancorada em Alexandria desde a infame defecção de Fevzi, teve autorização para retornar ao Bósforo e, em fevereiro de 1841, o sultão Abdulmecid expediu um decreto reconhecendo Muhammad Ali como Vice-Rei vitalício e assegurando a sua família o direito de sucessão hereditária ao trono do Egito. O exército de Ibrahim foi limitado a um efetivo de apenas 18 mil homens, embora em oito anos esse número quase quadruplicasse. Os signatários do Tratado de Londres, ao qual a França aderiu, garantiram a existência do Egito, e pela Convenção dos Estreitos, de julho de 1814, ratificaram o princípio de fechamento dos Dardanelos e do Bósforo a navios de guerra estrangeiros em tempo de paz.[7]

Com a retirada do exército de Ibrahim da Anatólia e da Síria, o Império Otomano ficou livre da única séria ameaça asiática a sua existência, até a ofensiva do general Allenby no fim da primeira Guerra Mundial. Em

Londres, Viena e São Petersburgo, a noção de uma "Turquia" incompetente e decadente já fora superada, não por empenho próprio, mas por graça das principais potências europeias. Essa convicção sustentou a frágil aliança anglo-russa por vários anos; levou o czar Nicolau a chegar inesperadamente a Londres no fim de maio de 1844 e a induzir Nesselrode a visitar a Inglaterra quatro meses depois, com o intuito de insistir numa ação diplomática coordenada para prevenir o agravamento futuro da Questão Oriental. O Czar ainda não estava disposto a apresentar um plano de partição do Império Otomano (o que teria gerado intensa desconfiança em Westminster), mas, desde 1839, nunca hesitou em sua convicção de que o Império estava condenado, não importava que medidas paliativas fossem propostas em Constantinopla. Os ingleses, por outro lado, dispunham-se a aguardar a evolução dos acontecimentos.[8]

No decorrer desses anos, Rashid conduziu delicada campanha na capital para persuadir o Sultão a cumprir as promessas implícitas no decreto de Gülhane. Em seu conjunto, o movimento de reforma é conhecido como o *Tanzimat-i Hayriye* (que pode ser traduzido como "Reestruturação Promissora," tendo em vista que o termo turco *Tanzimat* tem um significado equivalente à *perestroika* russa). Foi a tentativa mais consistente de um ministro otomano para preservar o Império e, se possível, seu caráter autocrático por meio da centralização da autoridade e da secularização.[9]

Em reinados anteriores, a prioridade fora a reforma do exército. A implantação de novas mudanças dependia, antes de tudo, das necessidades militares. Por conseguinte, o estágio inicial da *Tanzimat* pode ser visto como resultante do que o velho guerreiro Mehmed Husrev estava disposto a admitir como essencial para organizar uma força combatente realmente eficaz. A proposta para criação de um exército modernizado com 250 mil conscritos e o prosseguimento do programa de construção naval para constituir uma marinha moderna exigiam um tesouro rico, o que justificava, obviamente, a reforma do sistema tributário. Mas como elevar impostos sem ligações mais cerradas entre a capital e as províncias e sem a organização de uma nova administração civil? Uma boa artilharia, navegação precisa, controle de contas competente e também uma administração eficiente, tudo isso requeria uma gama de conhecimentos superior ao que as velhas instituições religiosas podiam proporcionar. Assim, em 1845, foi constituído um conselho de sete homens cultos para apresentar formas de desenvolver um amplo sistema educacional secular. Por outro lado, a garantia do direito de propriedade e a igualdade religiosa perante a lei, que tanto impressionaram quando foi expedido o decreto de Gülhane, praticamente não sensibilizaram os militares. Reformas desta natureza chegaram a ser esboçadas em alguns lugares, mas não lograram produzir efeito, embora, no papel, o novo código penal de maio de 1840 parecesse um grande avanço. Para não provocar a *ulema*, quase sempre os reformadores evitavam reformas legais que contrariassem o *seriat*. O código islâmico, que no passado proporcionara a Suleiman, o Magnífico, sólido fundamento para seu governo, continuou ao longo do século a constranger os defensores de um novo modelo para a autocracia otomana.

O período da reforma *Tanzimat* continua objeto de controvérsia. Mesmo a precisão das datas que a limitam é discutível. Historiadores recentes analisam um processo longo e quase ininterrupto, cobrindo os anos entre 1839 e 1876, quando Abdulaziz, sucessor de Abdulmecid e seu meio-irmão, foi deposto. Analistas mais antigos consideram que a *Tanzimat* terminou na década de 1840, embora reconheçam outra fase de reformas após a Guerra da Crimeia. Argumentam que, mesmo na década de 1840, houve interlúdios de "reação," tempos em que, pela fraseologia visivelmente repreensiva de Temperley, nenhum "inglês" era capaz de "conduzir orientais por novas estradas."[10] Realmente Rashid teve contratempos, sobretudo em 1841, quando seu plano de um sistema administrativo nas províncias no modelo francês gerou tanta reação e hostilidade de fazendeiros coletores de impostos e governadores militares que ele se viu compelido a abandoná-lo e foi enviado para Paris como embaixador. Em 1845 estava de volta como ministro do Exterior. Entre setembro de 1846 e janeiro de 1858, foi Grão-Vizir em seis oportunidades.

Rashid não previu os problemas da tentativa de imposição, sobre um vasto Império com comunicações deficientes, de mudanças que a massa da população via com indiferença. Boa parte de seu trabalho se restringia à região em torno do Bósforo e do Chifre Dourado, e às cidades que dispunham de boas ligações marítimas com a capital. Uma experiência com papel-moeda (*kaime*) que rendia juros, com a finalidade de aliviar a crise do tesouro em 1839-40, teve relativo sucesso em Constantinopla e Smyrna, mas criou novos problemas quando os lojistas começaram a acumular as notas para reclamar seus 8% anuais de retorno.[11] O desenvolvimento da educação secular almejado por Rashid progrediu ainda menos. O esforço na tão anunciada modernização da universidade em Istambul empacou quando as paredes ainda estavam pouco acima das fundações, principalmente por hostilidade da *ulema* e das autoridades militares, alarmadas pelas notícias de agitação estudantil na Alemanha e na Europa central. A falta de professores treinados e independentes da *ulema* invalidou o projeto de Rashid para escolas secundárias (*rusdiye*), e apenas seis, com 870 alunos somente, foram criadas na década de 1840. Em 1846, contudo, uma das primeiras medidas de Rashid como Grão-Vizir foi patrocinar uma escola de preparação de professores e seu primeiro diretor foi Ahmed Cevdet, escritor e acadêmico de apenas vinte e quatro anos. Convém notar que, por ocasião da morte de Rashid, em 1858, o número de *rusdiye* já aumentara para quarenta e três, com 3.371 alunos.[12]

A designação de Ahmed Cevdet, o mais competente educador e judicioso reformador da Turquia no século XIX, foi um típico exemplo da capacidade de Rashid para identificar talentos intelectuais. Sua longa ascendência no governo permitiu a Rashid introduzir outras figuras ocidentalizantes que esperava completassem sua obra (embora em anos posteriores vários protegidos se tornassem rivais na luta por seu cargo). Entre eles, os principais foram Mehmed Emin Ali, filho de um comerciante de Istambul, e Kececizade Mehmed Fuad, oriundo de uma família *ulema*, que trabalhou quatorze anos junto à Porta traduzindo leis e manuais franceses sobre administração. A continuidade do pessoal estimulou a tendência moderna de tratar a *Tanzimat* como exemplo de reforma bem-sucedida que deu às instituições otomanas uma vitalidade que diplomatas estrangeiros, muito preconceituosos, não perceberam. Porém, o número de agentes da reforma era pequeno, uma comunidade compacta que se inspirava no código napoleônico. Ademais, não havia a certeza de que as reformas tentadas disporiam de tempo suficiente para amadurecer. As iniciativas que "Sua Majestade, o Mais Grandioso, Mais Poderoso, Mais Magnífico Sultão" se dignara consentir podiam, do mesmo modo e com rapidez ainda maior, ser revogadas pelo mesmo superlativo soberano.

Stratford Canning – novamente embaixador a partir de janeiro de 1842 – participou, por cerca de nove anos, do que ele certa vez chamou "o grande jogo da melhoria."[13] Podia alegar, com certa dose de razão, que sustentara o ímpeto reformista durante o virtual exílio de Rashid na embaixada em Paris, pressionando Abdulmecid e mostrando a corrupção do ministro das Finanças (provavelmente, entre os nomeados, o que menos agradava à *Valide Sultana*). Ajudou na promulgação de leis contra o tráfico escravo e na condenação oficial por parte de Abdulmecid da perseguição religiosa de cristãos. Entretanto, fracassou ao não conseguir que aceitassem testemunhos de cristãos nos tribunais e que lhes fosse concedido o direito de servir no exército otomano. Como embaixador, ocupava-se não só com as repercussões da reforma *Tanzimat* no centro do Império, mas também com as expedições militares que tinham como objetivo exigir respeito à autoridade do Sultão em regiões distantes da capital, notadamente no Levante e no oeste dos Bálcãs.

A saída do exército de Ibrahim da Síria e do Líbano privou quatro províncias otomanas – Aleppo, Damasco, Trípoli e Sidon – do governo mais complacente e eficiente que experimentaram em vários séculos. O governo egípcio trouxe substancial benefício tanto para cristãos quanto para judeus, particularmente os envolvidos nos negócios e no comércio. Basir II, que por quase meio século tentou controlar o Líbano de seu palácio de Beit-ed-Din, mais ou menos do mesmo modo que Ali Pasha governava

Ioánnina com base no Épiro, colaborou cerradamente com os egípcios e, quando eles partiram, foi deposto e exilado em Malta. Seu banimento agradou às personalidades muçulmanas desprezadas pelo governo durante a ocupação egípcia. Inicialmente, festejaram a volta das autoridades otomanas. Na primavera de 1841, porém, quando em toda a região imperava a desordem, e a resistência armada aos otomanos partia de facções rivais, muitas delas se ligaram com lealdade quase feudal às dinastias históricas que tinham arruinado aquelas mesmas províncias durante o reinado de Abdulhamid I. Os comandantes militares otomanos viram-se forçados a lançar expedições punitivas e às vezes demonstraram implacável espírito de vingança condenado por observadores estrangeiros, embora, como na Revolta Grega, ninguém detivesse o monopólio da crueldade.

As potências europeias, especialmente a Inglaterra, mais se preocupavam com a intranquilidade na Síria do que com qualquer outra rebelião, exceto a grega. O Tratado de Comércio Anglo-Turco de 1838 proporcionou novos mercados para suas exportações e concedeu aos comerciantes ingleses condições favoráveis para a compra de bens, matérias-primas e produtos alimentícios, estimulando, desta forma, a produção agrícola nas terras otomanas. Outros governos logo concluíram acordos comerciais semelhantes, tornando o Império Otomano mais suscetível às flutuações do comércio mundial, enquanto, ao mesmo tempo, aumentava o interesse europeu pelo bem-estar da "Turquia" em geral. A recuperação do domínio do Sultão sobre Síria e Líbano foi, por conseguinte, informado com toda a atenção pelos representantes locais de governos estrangeiros e empresas comerciais. Os cônsules ofereciam proteção a determinadas comunidades da preferência de Londres ou São Petersburgo, de Paris ou Viena: cristãos ortodoxos, protegidos pelos russos; drusos, vários grupos judeus e protestantes, por Palmerston; e maronitas, por franceses e austríacos. Todavia, o apoio proporcionado por esses grupos variava muito de distrito a distrito, de modo que uma generalização pode ser ilusória. As publicações e os relatórios do cônsul-geral inglês em Beirut, coronel Hugh Rose, revelam sua vontade pessoal de proteger comboios maronitas de ataques dos drusos e sua desconfiança com as tropas regulares otomanas. Porém, ele também reclama de quanto seus colegas franceses alimentavam a inquietação maronita, em "detrimento dos interesses da Porta."[14]

Um arremedo de paz foi imposto na Síria e no Líbano em 1843 e, novamente, depois de uma retomada da luta, em maio de 1845. Porém, a despeito da mediação de Stratford Canning e de uma visita de Rashid a Beirut em outubro de 1846, era mínima a esperança de um acordo duradouro numa região com tantos conflitos de interesse. Em 1848 e, de forma intermitente, de 1850 a 1852 ocorreram novas revoltas contra a tentativa otomana de impor o recrutamento militar e a arabização do V Exército, a guarnição local permanente. Em vez de se submeterem a um governo central otomano reformado e eficiente, os notáveis locais começaram a manifestar um "nacionalismo" peculiar, especialmente nos distritos maronitas em torno do Monte Líbano, fato de considerável significado para a segunda metade do século.[15]

Ao longo da fronteira noroeste do Império Otomano, na Bósnia-Herzegovina, a hostilidade às reformas da *Tanzimat* era muito mais ostensiva. Nos últimos cinquenta anos os proprietários de terras – eslavos do sul em etnia e idioma, mas muçulmanos conservadores em religião e visão – resistiram a todas as tentativas de ocidentalização feitas por sucessivos sultões. A abolição formal do feudalismo por Mahmud II, quando o Império estava no apogeu, finalmente destruiu o *kapetanate*, a casta privilegiada de quarenta e oito *beys* encarregada de administrar as subdivisões da Bósnia em troca da organização de destacamentos de *sipahis* para a cavalaria do Sultão. Porém, o *kapetanate* caiu combatendo, literalmente. A revolta aberta contra Mahmud em 1837 foi seguida por rebelião ainda mais ampla quando o decreto de Gülhane se comprometeu com a igualdade legal e a ascensão social de judeus e cristãos. Somente em março de 1850 um poderoso exército otomano sob o comando de Omer Lufti Pasha liquidou com os antigos *beys* numa batalha de três dias às margens do Lago Jezero. Omer entrou triunfalmente em Jajce, depois de pôr em fuga os chefes muçulmanos da Herzegovina nas vizinhanças de Mostar.

Personalidade histórica, Omer Lufti é mais conhecido como "Omar Pasha," o famoso soldado da Guerra da Crimeia e o primeiro a se destacar no comando de um exército otomano modernizado.[16] Nasceu na Croácia em 1809, com o nome Michael Lotis (às vezes soletrado como "Lattas") e se tornou cadete do exército austríaco, mas, com menos de vinte anos, desertou e atravessou as montanhas rumo à Bósnia. Foi comissionado no exército otomano e, depois de renunciar à sua fé religiosa, adotou o nome do segundo dos califas do século VII. Mahmud II o promoveu ao posto de major e o designou instrutor militar do príncipe Abdulmecid, ainda menino. Omer conquistou importante vitória sobre Ibrahim nas colinas a nordeste de Beirut em outubro de 1840, mas foi muito criticado pelos cônsules estrangeiros pela forma cruel com que, em seguida, restaurou a autoridade do Sultão no Líbano. A rigorosa manutenção da disciplina que caracterizava Omer o levou de volta à Bósnia, onde operou em terreno que conhecia desde a infância. Inevitavelmente incorreu na indignação dos austríacos, que o consideravam um renegado do serviço dos Habsburgos.

Durante os dez anos de virtual anarquia na Bósnia, diversas vezes os austríacos enviaram tropas baseadas na Croácia, prontas para cruzar a fronteira se os otomanos fracassassem na tentativa de restabelecer um governo efetivo. Sabe-se que, em três ocasiões ao longo dessa atribulada década, austríacos e russos discutiram uma hipotética divisão do Império Otomano. Sérvia, Bósnia e Herzegovina ficariam com a Áustria, enquanto a Rússia organizaria reinos vassalos nos Bálcãs orientais.[17] Entretanto, essas conversações não chegaram a nenhum plano bem-definido de partição. Se alguma coisa revelaram, foi a crescente convicção de Nicolau I de que nem mesmo um belo programa de reformas impediria a decadência do sistema de governo otomano.

Tal não quer dizer que o Czar tivesse Metternich em elevado conceito. "Doente, muito doente," comentou em caráter particular referindo-se à monarquia Habsburgo no começo de 1846, em metáfora mais tarde aplicada com maior repercussão a outro vizinho.[18] A opinião do Czar sobre a Áustria parecia válida. As revoluções de 1848, drasticamente iniciadas na França e na península italiana, se espalharam pelas terras onde se falava alemão e pela bacia do Danúbio, desmantelando de dentro para fora a Europa de Metternich. Nenhum governo europeu queria tratar da Questão Oriental com tantas outras regiões do continente convulsionadas. Com a aprovação tácita de Palmerston em Londres e do sultão Abdulcemid, o Czar ordenou a seu exército que cruzasse o rio Pruth e invadisse a Moldávia e a Valáquia para destruir um possível ninho de marimbondos, os patriotas radicais romenos, em Bucarest. A consequente ocupação por dois anos e meio dos principados do Danúbio pelos russos gerou poucos protestos. Ninguém rebateu seriamente a alegação de Nesselrode de que a iniciativa russa se justificava à luz dos tratados celebrados em Kuchuk Kainardji e Adrianople. Os movimentos revolucionários de 1848 não se estenderam ao Império Otomano.

O que causava preocupação em Londres e Paris era o fato de o Czar não se contentar com a ocupação da Moldávia e da Valáquia. Em julho de 1848, suas tropas tomaram conta do arco que envolve os Montes Cárpatos, como se pairassem em torno dos impérios Habsburgo e otomano. Teriam permanecido nessas posições, não fosse a solicitação do jovem Imperador Franz Joseph. No começo da primavera de 1849, quatro meses depois de acessar ao trono, ele pediu ajuda aos russos para restaurar a autoridade dos Habsburgos ao longo do curso central do Danúbio. O czar Nicolau respondeu enviando dois exércitos que estavam nos principados, que cruzaram a fronteira com a Transilvânia para aniquilar o nascente estado independente húngaro idealizado por Kossuth.

A intervenção russa na Hungria teve duas importantes consequências para a Questão Oriental. Na Europa em geral, completou uma revolução diplomática. A simpatia por Kossuth e sua causa era tão generalizada em

Londres que a marcha dos exércitos do Czar para oeste finalmente destruiu a frágil entente anglo-russa, que funcionara a duras penas por quase dez anos. Inglaterra e França começaram a agir em sintonia, enquanto o czar Nicolau julgava contar com pleno apoio de Viena para suas políticas. Ademais, a supressão da revolução húngara obrigou Kossuth e quatro generais poloneses que o defendiam a buscar asilo no Império Otomano. Em setembro e outubro de 1849, o Sultão e Rashid, incentivados por Stratford Canning e pela presença de um esquadrão da marinha inglesa nos Dardanelos, recusaram-se obstinadamente a entregar Kossuth e os refugiados poloneses aos governos austríaco e russo. Nem mesmo a categórica retirada dos embaixadores da Rússia e da Áustria junto à Sublime Porta fez com que Abdulmecid cedesse.[19]

A crise proporcionou aos ministros da *Tanzimat* um êxito diplomático. Mehmed Fuad foi a Bucarest e, em seguida, a São Petersburgo, onde negociou com sucesso um acordo com os russos pelo qual o Czar desistiria de sua exigência de entrega dos generais poloneses asilados, desde que os otomanos assegurassem que os manteriam longe das fronteiras com o Império Russo. Os austríacos também desistiram da exigência de entrega de Kossuth. Por outro lado, Viena e São Petersburgo tiveram motivos para se sentir satisfeitas. Mesmo que o Sultão se recusasse a ceder, pelo menos Palmerston estava disposto a reconhecer uma brecha na lei internacional. Admitiu que, levando navios de guerra pelos Dardanelos até Chanak (Cannakale), o almirante inglês Sir William Parker violara a Convenção dos Estreitos, embora Parker tivesse, na verdade, atendido a um apelo do cônsul inglês nos Dardanelos, Frederic Calvert.[20]

A incursão de Parker nos Dardanelos criou um mau precedente. Foi a primeira de uma série de iniciativas provocadoras que culminaram na Guerra da Crimeia. Com uma única exceção – uma expedição punitiva conduzida por Omer em Montenegro, em 1852, interrompida diante da ameaça de intervenção austríaca – essas medidas traduziam afirmações de poder naval de rivais europeus, em geral apoiando exigências para intimidar o governo otomano, apresentadas por embaixadores que exerciam sua influência junto à Sublime Porta. Também cabe lembrar que o poder naval foi o principal fator em jogo na Guerra da Crimeia, pelo menos nas águas do Mar Negro. Porém, a tão protelada crise da Questão Oriental foi causada, em sua mais aguda expressão, não pela diplomacia dos navios de guerra, mas pelo renascimento de uma velha disputa. Em maio de 1850, o ministro do Exterior em Paris deu ordem a seu embaixador em Constantinopla para alegar o direito francês de defender as prerrogativas dos "latinos" (católicos romanos) em Jerusalém, Nazaré e Belém, reclamando que os "gregos" (monges ortodoxos protegidos pela Rússia) os estavam expulsando dos lugares sagrados.[21]

Nada havia de novo na reivindicação francesa, que se baseava em tratado celebrado no reinado de Mahmud I. Tanto Luís XVIII em 1819, quanto Luís Felipe em 1842, procuraram angariar simpatia apoiando os "latinos" contra os "gregos" na Palestina, mas a maioria dos governos estrangeiros acreditava que o último governante francês, o Príncipe-Presidente Luís Napoleão, logo deixaria de se interessar pelos lugares sagrados, desde que seu prestígio interno estivesse assegurado. Mas dessa vez a disputa se prolongou. O czar Nicolau I continuou desconfiando intensamente de Luís Napoleão, e o novo sistema bonapartista de governo plebiscitário deixou o Príncipe-Presidente carente de apoio das províncias francesas dominadas pelo clero, pelo menos até novembro de 1852, quando um referendo resultou em esmagador apoio à volta ao Império e ele se tornou o Imperador Napoleão III.

O sultão Abdulmecid queria evitar indispor-se com "latinos" ou "gregos." Em fevereiro de 1852, pensou num acordo que fizesse concessões aos franceses na conturbada questão do acesso dos latinos às igrejas de Belém, mas secretamente assegurou aos russos que "o atual estado de coisas" não seria alterado. O compromisso foi bem recebido por Stratford Canning (então Visconde Stratford de Redcliffe), que, quatro meses depois, deixou Constantinopla, "talvez" (como pensava), para "nunca mais voltar." Todavia, mesmo antes de Stratford de Redcliffe chegar à Inglaterra, a crise ressurgiu na capital. Tanto russos como franceses suspeitavam ter sido logrados pelo acordo. Além disso, Luís Napoleão esperava que o retorno do Grande Elchi para a Inglaterra abrisse espaço para que um diplomata francês conquistasse junto à Porta a influência que ele por tanto tempo desfrutara. Por acaso, o embaixador francês, o Marquês de Lavalette, estava em Paris para consultas. Em junho, Luís Napoleão determinou que voltasse para seu posto e recomendou que retornasse a Constantinopla com toda a pompa, para que todos os residentes, turcos e estrangeiros, tivessem pleno conhecimento de sua chegada.

Assim, em meados de julho Lavalette entrou pelos Dardanelos e prosseguiu até o Bósforo a bordo do mais poderoso navio de guerra do mundo, o *Charlemagne*, movido a vapor e armado com quarenta canhões. Ao penetrar nos Estreitos, a marinha francesa cometeu mais uma violação à Convenção de 1841, mas a Porta admitiu essa peculiaridade sem reclamar. A presença do navio de guerra impressionou profundamente as autoridades otomanas, tal como previra Luís Napoleão. Ali estava, bem diante do palácio do Sultão, uma fortaleza flutuante capaz de dominar as mais rápidas correntes do Bósforo pela simples potência de hélices.[22] Para apoiar o *Charlemagne* no Mediterrâneo Oriental havia um poderoso esquadrão que, no fim de julho, bombardeou o porto libanês de Trípoli, quando o governador otomano se recusou a entregar desertores franceses. A visível supremacia do poder naval francês permitiu que Lavalette, de julho de 1852 até seu regresso a Paris sete meses mais tarde, ditasse regras em Constantinopla. Pessoas indicadas por ele tornaram-se Grão-Vizir e ministro do Exterior. Em outubro, e novamente em dezembro de 1852, foram expedidas instruções para Jerusalém exigindo que os "gregos" fizessem concessões aos "latinos" em Belém.

Nenhuma etapa da Questão Oriental gerou tanto debate histórico ou recebeu tanta atenção no Ocidente quanto os eventos dos quinze meses seguintes, não apenas por ter sido essa a única ocasião em que tropas francesas e inglesas combateram lado a lado contra o exército organizado e profissional de um estado russo, czarista ou soviético. Embora durante o inverno de 1852-53 os estadistas de São Petersburgo e Londres se dispusessem a trabalhar a favor de manter a colaboração anglo-russa, como ocorrera em 1839-40, preferiram, rendendo-se aos fatos, derivar para a guerra. No Natal de 1852, o Foreign Office e Stratford de Redcliffe (agora em Londres) ainda simpatizavam com os "gregos" e não com os "latinos," a propósito da disputa pelos lugares sagrados. Todavia, o czar Nicolau interpretou de forma totalmente equivocada a posição de Londres. Acreditou que, como ele, o governo inglês encarava o pusilânime comportamento da Porta como sinal de desanimadora corrupção entre os ministros de Abdulmecid, a despeito das ambiciosas intenções das reformas *Tanzimat*. Nesselrode alertou seu mestre imperial que qualquer negociação com os ingleses visando ao "planejamento de um futuro incerto" seria "perigoso e totalmente inútil," obrigando Londres a recuar e cultivar uma suspeita hostil de difícil superação, como logo se constataria.[23] Contrariando o conselho de Nesselrode, Nicolau resolveu sondar o ministério da nova coalizão "Whig-Peel" de Lord Aberdeen sobre a possibilidade de planejar uma partição do Império Otomano, caso este se mostrasse incapaz de resistir à pressão internacional ou de dominar a revolta interna. Em 9 de janeiro de 1853, em conversa informal com o embaixador inglês (Hamilton Seymour) quando saíam de um concerto particular, pela primeira vez Nicolau I usou sua metáfora antropomórfica do "doente," referindo-se ao Império Otomano: "O país está doente... gravemente enfermo – quem pode dizer para quando é?"– disse Nicolau, segundo a anotação de Seymour em seu diário naquela noite.[24]

Quando Seymour, dois dias após, reproduziu a conversa em relatório ao Foreign Office, deu à metáfora ênfase maior do que ao registrá-la em seu diário particular. Quando, no fim de janeiro e início de fevereiro, o Czar recebeu Seymour quatro vezes em audiências privadas, o embaixador registrou fielmente as palavras de Nicolau, reproduzindo precisamente o tom melodramático com que tendia a acentuar todas as suas declarações.[25] No interior do Palácio de Inverno, esses comentários do Czar pareciam se harmonizar com o cenário. Como a obra-prima de Rastrelli, eram grandiosos, rebuscados e artificiais o bastante para não serem levados a sério. Porém, em Westminster, lidos friamente no relatório de um embaixador, causaram agitação. Nicolau parecia estar insinuando planos para trinchar o Império Otomano: a "Inglaterra" poderia receber a posse de Creta e liberdade de ação no Egito, em troca da criação de estados satélites da Rússia nos Bálcãs.

Em resumo, tudo indicava que a sobrevivência do Império do Sultão dependia das chancelarias europeias. Pelo menos, é o que se pensava em Londres, onde o significado da expressão de Nicolau "o doente," mencionada na conversa com Seymour, era muito exagerada. Desde o "Projeto Grego" de Catarina, a Grande, hipotéticos planos de divisão do Império Otomano entusiasmavam de tempos em tempos a diplomacia austro-russa. Também foram ventilados em conversações franco-russas durante a era de Tilsit. Porém, o redesenho do mapa em tal escala era um passatempo novo para Downing Street. O gabinete Aberdeen de coalizão – constituído por mais ministros versados em relações exteriores do que qualquer outro governo inglês, antes ou desde então – desconfiava seriamente da mais recente reviravolta da política russa.[26] Por que, perguntavam-se os ministros, o Czar preferia um "acordo de cavalheiros" a um tratado formal? E era o relatório de Seymour ou a imprecisão de Nicolau que provocava tanta incerteza sobre a "política comercial" que Inglaterra e Rússia deviam adotar após a desintegração do Império Otomano?

As dúvidas inglesas se intensificaram com a decisão do Czar de enviar um emissário especial a Constantinopla. A escolha de Nicolau recaiu não sobre um diplomata experimentado e conciliador como Orlov, mas sobre um militar que tinha aversão aos turcos, o Príncipe Alexander Menshikov. Sua indicação desagradou Nesselrode, que advertiu Menshikov que "o Império Otomano se desintegraria ao primeiro embate de armas," acrescentando que o czar Nicolau "não desejava precipitar essa catástrofe."[27] Entretanto, as instruções escritas para o príncipe deixavam claro que Nicolau esperava que ele interferisse nos assuntos otomanos mais do que o fizera Orlov vinte anos antes. Recebeu tripla missão: conseguir a demissão do ministro do Exterior Mehmed Fuad, de inclinação francesa; concluir um tratado que assegurasse aos ortodoxos "gregos" privilégios na Palestina; e obter o reconhecimento formal do direito da Rússia de proteger os cristãos ortodoxos em todo o território otomano. Como gesto de boa vontade, poderia afirmar ao sultão Abdulmecid que, se revogasse todas as concessões feitas aos franceses, uma aliança defensiva secreta protegeria seu Império e seu trono.

Menshikov desembarcou com toda a pompa em Gálata no último dia de fevereiro, depois de inspecionar a esquadra do Mar Negro em Sebastopol, antes de embarcar no *Gromovnik* ("Trovão"), vapor propelido por rodas. Rapidamente arquitetou a queda do ministro do Exterior pela simples iniciativa de se negar a negociar com a Porta enquanto Mehmed Fuad permanecesse no cargo. Com Lavalette de volta a Paris e Stratford de Redcliffe ainda na Inglaterra, os interesses de França e Inglaterra estavam nas mãos de encarregados de negócios, e não dos embaixadores, e ambos ficaram intrigados e alarmados com a conduta ameaçadora de Menshikov. O encarregado inglês, coronel Hugh Rose (por dez anos cônsul-geral em Beirut), contava com um bom serviço de inteligência, que o informou sobre movimento de tropas russas ao longo da fronteira das províncias do Danúbio e preparativos navais em Sebastopol. Rose considerou a guerra iminente. Seu colega francês, Vincente Benedetti, enviou mensagem urgente a Paris solicitando o envio de um esquadrão da marinha francesa. Rose, sem informar Londres, apelou diretamente ao almirante Dundas, em Malta, e transmitiu detalhes sobre o ancoradouro em uma baía próxima a Smyrna, para onde ele deveria trazer imediatamente sua esquadra.[28]

O esquadrão francês deixou Toulon rumo ao Egeu em 25 de março, mas o almirante Dundas não pensava em partir para águas turcas sem ordem do Almirantado, e essas não chegavam. Em vez de contar com o apoio da Royal Navy, o coronel Rose se viu diante do retorno precipitado de Stratford de Redcliffe em 5 de abril. Inicialmente, o embaixador atenuou a crise: o tom de Menshikov tinha "amenizado consideravelmente," informou Stratford ao ministro do Exterior Lord Clarendon em 11 de abril, acrescentando que "não se cogitava uma aliança defensiva" entre os Impérios Russo e Otomano.[29] Todavia, os temores de Rose e Benedetti eram justificados. O czar Nicolau dera a máxima atenção aos planos para a esquadra do Mar Negro desembarcar várias divisões nas proximidades da entrada do Bósforo e surpreender o Sultão e sua capital antes que outras potências pudessem intervir. Esse projeto permaneceu desconhecido por meio século, mas a possibilidade dessa iniciativa foi examinada com notável presciência pelo comandante T.A. Blakely, da Royal Navy, em relatório submetido a Stratford de Redcliffe quinze dias após seu regresso a Constantinopla. Outro oficial da marinha, William Slade, especificou medidas que deveriam ser adotadas para defender a cidade contra um ataque pela marinha russa, em documento que completou três semanas depois.[30] Durante os cinco meses seguintes, o embaixador inglês pôde, portanto, oferecer à Porta competente assessoramento, baseado não apenas em sua longa experiência em questões otomanas, mas também em cuidadosa análise militar terrestre e naval. Em 21 de maio, quando o Príncipe

Menshikov partiu para Odessa, furioso com a recusa de Abdulmecid à oferta de proteção russa, acusou o embaixador inglês de ter "enfeitiçado" o Sultão e os vizires com sua "atividade desvairada."

Menshikov, como tantos contemporâneos seus, superestimou a influência de Stratford de Redcliffe e sua ascendência sobre a política otomana. Até o ministro do Exterior inglês se referiu a seu embaixador como "o *verdadeiro* Sultão" em carta a um destacado jornalista escocês naquele verão. A lenda que a história conta, acusando o embaixador de encorajar as autoridades otomanas a irem à guerra, perdurou por mais de um século, apesar de a abertura dos arquivos ter revelado que, na verdade, ele defendia a manutenção da paz e trabalhava para promover um tratado que resolvesse a disputa pelos lugares sagrados.[31]

Stratford de Redcliffe realmente fortaleceu a resistência otomana contra a diplomacia fanfarrona de Menshikov e trouxe novo ânimo aos ministros da *Tanzimat*. Por exemplo, em meados de maio, persuadiu Abdulmecid a novamente confiar a pasta do Exterior a Mustafa Rashid. Todavia, a crise se aprofundou em consequência de decisões tomadas em capitais estrangeiras, e não pela Porta. Em Londres, em 5 de junho, o gabinete de Aberdeen ordenou ao almirante Dundas que partisse para águas turcas, para dar uma satisfação às manifestações antirrussas em Londres. Stratford de Redcliffe não pediu o envio dos navios de guerra.[32] Quando o esquadrão de Dundas zarpou de Malta, seu destino não era o litoral de Smyrna – como sugerira Rose – mas a baía de Besika, ancoradouro abrigado na Ilha de Tenedos (Bozcaada), a pouco menos de vinte milhas do antigo Helesponto. Para os ávidos leitores na Inglaterra, a ideia de uma esquadra diante dos Dardanelos era mais animadora do que informações sobre um esquadrão ancorado a mais de cem milhas da costa. Infelizmente, em Constantinopla, como em Londres e Paris, a opinião pública se agitava perigosamente com os relatos de navios de guerra estrangeiros se dirigindo para os Estreitos, a fim de apoiar a causa otomana. Stratford de Redcliffe compreendia perfeitamente esse sentimento, mas Lord Aberdeen, Lord Clarendon e o Imperador Napoleão III, não.

No começo de julho, o exército russo cruzou o rio Pruth e, tal como em 1848, ocupou os principados do Danúbio. Nessa oportunidade, Nesselrode deixou claro que as tropas permaneceriam na Moldávia e na Valáquia até o Sultão aceitar as exigências de Menshikov. A iniciativa russa enfureceu os austríacos, cujo comércio sofreria se o baixo Danúbio fosse envolvido em uma guerra, e uma reunião de embaixadores em Viena chegou a um acordo destinado a solucionar todas as disputas entre os Impérios Russo e Otomano, reafirmando os direitos dos fiéis ortodoxos entre os súditos do Sultão e definindo mais precisamente os privilégios concedidos aos russos pelos tratados de Kuchuk Kainardji e Adrianople. Nesselrode estava disposto a aceitar a "Nota de Viena," embora com uma "interpretação" mais favorável ao Czar do que tencionavam os embaixadores. De modo um tanto estranho, em Viena supuseram que o Sultão aceitaria sem discutir.

Entretanto, a Porta ficou furiosa com esse episódio. Rashid considerou a reunião de embaixadores uma dupla afronta à autoridade soberana do Sultão: nenhum representante otomano fora consultado a respeito do acordo proposto, e a nota foi enviada para o Czar antes de o Sultão ser informado. Os embaixadores que participaram da conferência "tinham assumido a responsabilidade de redigir a nota sem o conhecimento da parte mais diretamente envolvida," reclamou Rashid.[33] Stratford de Redcliffe convenceu Abdulmecid a oferecer a garantia, em termos gerais, das "antigas prerrogativas da religião professada pelo Imperador da Rússia," mas a Nota de Viena continuou inaceitável. O ministro do Exterior inglês, ao escrever a um amigo, comentou que considerava "escandalosa" e "inacreditável" a "terrível calamidade" de uma guerra ameaçar a Europa por causa de "dois grupos de bárbaros discutindo os termos de um texto."[34]

A indignação de Clarendon revela, mais uma vez, o fracasso dos europeus em entender a maneira de pensar de Constantinopla. Os jornais publicavam notícias de revolta crescente na capital e nas cidades em torno do Bósforo, onde turbas naturalmente xenófobas ameaçavam vidas e propriedades europeias, mas nenhum analista viu esses eventos como pessoalmente decisivos para Abdulmecid. Porém, examinando em retrospecto, fica evidente que o destino do Sultão estava em jogo naquele verão. No início do século, Selim III tentara modernizar o exército, que se voltou contra ele. Mahmud dera continuidade a essa tarefa, e seu reinado terminou em desastre nas mãos de seu vassalo egípcio. Abdulmecid fizera da criação de um exército de conscritos e modernizado o primeiro objetivo da *Tanzimat*. Agora, quatorze anos depois de subir ao trono, enfrentava o grande desafio de seu reinado. Uma campanha militar vitoriosa silenciaria finalmente os críticos da ocidentalização, mas a conciliação com a Rússia quase com certeza lhe custaria o trono.

Na segunda semana de agosto, os resultados alcançados pelos programas do Sultão demonstravam a renovada vitalidade que imprimira a seu Império e, portanto, suas reformas se justificavam plenamente. O criador de um vice-reinado moderno no Egito, Muhammad Ali, e seu filho guerreiro Ibrahim morreram com poucos meses de diferença no inverno de 1848-49 e, em 1853, quem ocupava o cargo de vice-rei era o neto de Muhammad Ali, Abbas Hilmi. Em política e religião, Abbas era conservador e se dispôs a viajar para Rhodes em 1850 a fim de se encontrar com Abdulmecid, a quem reverenciou como Sultão e Califa.[35]

No papel de vassalo fiel, Abbas organizou obedientemente uma força expedicionária para lutar pelos otomanos em caso de guerra contra a Rússia e, por conseguinte, em 12 de agosto uma poderosa esquadra egípcia chegou ao Chifre Dourado com 35 mil homens bem treinados e disciplinados para reforçar o exército do Sultão. Logo depois, em ironia da história, os egípcios chegaram a Unkiar Skelessi e Büyükdere, com suas tendas verdes erguidas onde os russos que acorreram para defender Mahmud tinham acampado em 1833, depois da vitória de Ibrahim em Konya. A presença das tropas egípcias convenceu os súditos do Sultão na capital de que Abdulmecid era merecidamente o sucessor de Selim I e Suleiman, soberano do Império Islâmico que se estendia do Danúbio ao Nilo.

No começo de setembro, Stratford de Redcliffe sabia que podia retardar a eclosão da guerra, mas dificilmente poderia evitá-la. Ao longo daquele mês, ocorreram muitas desordens na capital: o fanatismo religioso inflamou a opinião pública contra estrangeiros, enquanto os mais irascíveis membros da *ulema* exigiam a proclamação da Guerra Santa (*jihad*) contra a Rússia. Finalmente, na terça-feira, 4 de outubro, o embaixador recebeu instruções de Londres autorizando convocar o esquadrão de Dundas que se encontrava na baía de Besika para defender Constantinopla contra um ataque russo e para manter a ordem se os distúrbios na cidade se agravassem e comprometessem a autoridade do Sultão. Stratford, porém, retardou o deslocamento dos navios para o Bósforo, sabendo que sua presença encorajaria ainda mais os ministros mais belicosos do Sultão.[36]

Era tarde demais para preservar a paz. O Sultão já empunhara a Espada do Profeta como penhor da guerra contra o inimigo infiel. Na mesma terça-feira, Omer Pasha, comandante otomano no Danúbio, enviou um emissário ao quartel-general russo na Valáquia com um ultimato exigindo a evacuação imediata das tropas russas dos principados. Por três semanas nada aconteceu, para fúria dos inflamados russófobos na capital. A retomada dos distúrbios finalmente convenceu Stratford de Redcliffe a convocar a esquadra de Besika em 20 de outubro, aniversário de Navarino, como ironicamente lembrou.[37]

Três dias depois, tropas turcas e egípcias transpuseram de surpresa o Danúbio perto de Tutrakhan e atacaram os postos avançados russos 50km ao sul de Bucarest. Quando a notícia da iniciativa de Omer chegou a Istambul, houve alegria generalizada. Com um exército modernizado ao norte do Danúbio, grandes concentrações de reforços nas duas margens do Bósforo e navios de guerra franceses e ingleses ao largo do Chifre Dourado, o que podia dar errado? Subitamente, "o doente" ressurgira para a vida.

9

Dolmabahche

Inicialmente, a impulsão da ofensiva de Omer Pasha criou expectativa de rápida vitória. Nos principados, o comandante russo no baixo Danúbio, Príncipe Michael Gorchakov, foi obrigado a recuar para novas posições defensivas em torno de Bucarest, enquanto, no sul do Caúcaso, o Príncipe Vorontsov reclamava que suas tropas estavam com efetivos insuficientes. Seria impossível, alertou Vorontsov ao Czar, manter os contrafortes da cadeia de montanhas da Geórgia na primavera seguinte se os turcos conseguissem transportar em barcos homens e armamento para o Cáucaso.[1] Entretanto, o clima de excitação esperançosa que imperava na capital otomana não durou mais do que algumas semanas. A chegada do inverno congelou todas as atividades ao longo das frentes de batalha na Europa e na Ásia, e, antes do fim do ano, a balança do poder naval no Mar Negro pendera decisivamente para o lado russo.

Em 24 de novembro, a flotilha de Sebastopol, comandada pelo almirante Nakhimov, navegava ao longo da costa da Anatólia quando avistou os mastros da principal esquadra otomana ancorada em Sinope. Os russos se afastaram e voltaram para Sebastopol, a somente umas cem milhas através do Mar Negro. A incursão de Nakhimov convenceu o comandante turco, Osman Pasha, de que a esquadra russa logo retornaria com toda a sua força. Em consequência, enviou uma fragata ligeira para o Bósforo, em busca de reforços. Porém, Sinope estava três vezes mais distante de Constantinopla do que de Sebastopol, e o desastre chegou antes de Osman receber qualquer reforço. Um comandante prudente teria levado seus navios para alto-mar, mas Osman, ignorando as lições de Cesme e Navarino, permaneceu junto ao litoral. Sua previsão, entretanto, estava absolutamente correta. Seis dias após o reconhecimento, o almirante Nakhimov voltou e, dessa vez, comandando um esquadrão tão poderoso que lhe foi possível concentrar o fogo de 720 canhões sobre a esquadra turca e as baterias de costa em torno de Sinope. A maior parte dos navios otomanos foi a pique ou, como o capitânia de Osman, encalhou na praia quando manobrava para participar da batalha e foi capturada. Os incêndios nos navios de guerra avariados, alimentados pelos fortes ventos na direção da terra, se espalharam pela cidade. Apenas um navio auxiliar otomano, movido a vapor e sob um comandante inglês, escapou à destruição. Quarenta e oito horas depois, esse único sobrevivente entrou pelo Bósforo, levando a notícia do desastre para o Sultão Abdulmecid e os comandantes da esquadra anglo-francesa ancorada diante do palácio. Se Nakhimov decidisse explorar seu êxito, somente essa esquadra teria condições de proporcionar a Constantinopla um escudo avançado de proteção, mas, para fazê-lo, os aliados teriam que abrir um precedente e entrar no Mar Negro.

Sinope foi um ato legítimo de guerra que realmente adiou a ofensiva otomana no Cáucaso. Na Inglaterra, porém, o golpe de mestre de Nakhimov foi interpretado erroneamente pela imprensa e pela opinião pública, transformando-se no "massacre de Sinope." "O povo inglês está convencido de que a Rússia não deve ditar condições para a Europa e converter o Mar Negro, com todos os interesses envolvidos em suas margens, em um lago russo," afirmou um editorial do *The Times*. "Deter o agressor com um só golpe" era tão "nitidamente um dever perante a humanidade" quanto "enviar ajuda a Sinope," comentou o *Morning Chronicle*.[2] No fim da primeira semana de janeiro de 1845, dez navios de linha ingleses e nove franceses penetraram no Bósforo. Qualquer navio russo, de guerra ou mercante, "deve ser obrigado a retornar a Sebastopol," foi a determinação do ministério do Exterior recebida por Straftord de Redcliffe. Logo depois, quatro navios de guerra ingleses começaram a escoltar o transporte de tropas otomanas de Sinope para Trebizonda. Pouca gente acreditava que a guerra entre a Rússia e os aliados ocidentais da Turquia continuaria até a primavera. Foi até 31 de março.

A vanguarda de uma força expedicionária francesa e inglesa chegou à península de Gallipoli nove dias após a declaração de guerra e, em seguida, se deslocou para Varna. Originalmente, os aliados tencionavam se juntar ao exército de Omer Pasha no Danúbio, avançar através dos principados até o delta e, finalmente, tomar Odessa. Porém, a mediação austríaca levou os russos a se retirarem da Moldávia e da Valáquia, que passaram a ser ocupadas pelas tropas de Franz Joseph durante toda a guerra, como um para-choque neutro entre os dois lados combatentes. Desde então, o objetivo aliado mudou: a força expedicionária anglo-francesa conquistaria Sebastopol e destruiria a esquadra responsável pelo "massacre" de Sinope. A partir desse momento, a guerra contra a Rússia passou a ser conhecida como Guerra da Crimeia.

Na história desse conflito, tão conhecido por atos heroicos e confusões administrativas, o papel do exército de Omer Pasha tem sido muitas vezes subestimado. Seis mil soldados otomanos participaram da invasão inicial da Crimeia, e foi um posto avançado otomano que forneceu a primeira informação sobre o avanço russo em Balaklava. Lord Raglan, o comandante em chefe inglês, tinha em alta consideração a infantaria otomana. Segundo o coronel Hugh Rose, oficial de ligação no quartel-general, foi a preocupação de Raglan com os valentes defensores turcos em Monte Canrobert que o levou a ordenar a famosa carga da Brigada Ligeira. "Temos que socorrer os turcos e retomar o reduto," Rose ouviu Raglan afirmar naquela histórica manhã de outubro.[3] "Johnny Turk," como os ingleses chamavam seu aliado, permaneceu na península até depois do assalto final a Sebastopol. Treze mil soldados otomanos defenderam a base aliada em Eupatoria de um ataque russo, outros se juntaram aos ingleses e franceses no avanço para o leste da Crimeia, enquanto, em agosto de 1855, infantes e artilheiros otomanos combatiam ao lado de franceses e piemonteses no rio Chernaya.

Por duas vezes Lord Stratford de Redcliffe teve de viajar à Crimeia para amenizar as relações entre Omer e os sucessores de Raglan, pois os otomanos estavam ansiosos por se retirar da península. Omer insistia que a frente vital para o Sultão estava no Cáucaso, e não no apêndice do Czar constituído pela península da Crimeia. No fim de setembro de 1855, com as ruínas de Sebastopol em mãos dos aliados, as tropas de Omer finalmente puderam se dirigir por mar para o teatro de operações no Cáucaso. Esperava-se que libertassem Kars, onde havia sete meses uma guarnição otomana e um punhado de oficiais ingleses resistiam a sucessivos ataques russos. Mas o deslocamento de Omer foi muito lento. A guarnição de Kars, cujo destino era morrer mais por ação da fome do que dos canhões russos, em 25 de novembro foi obrigada a se render, proporcionando ao Czar o maior prêmio de toda a guerra.[4]

Tanto na Crimeia como no Cáucaso, os combates terminaram com a notícia de um armistício concluído bem longe dali, em Paris, em 28 de fevereiro de 1856. O grão-vizir Mehmed Emin Ali – o reformador da *Tanzimat* – foi o principal plenipotenciário do Sultão no Congresso da Paz, que Napoleão III esperava fosse a solução para os problemas de toda a Europa e uma saída para a Questão Oriental. Foi a única ocasião no século XIX em que um representante otomano sentou entre os vitoriosos construtores da paz depois de uma guerra contra a Rússia, e Ali se saiu muito bem.[5] Revelou consistente fluência em francês e sensibilidade ao agir com muito tato no relacionamento com o chefe dos representantes do Czar, o dissimuladamente cortês e veterano na barganha diplomática Alexis Orlov. Houve momentos em Paris em que pareceu mais próximo um acordo entre franceses e russos do que entre os aliados do tempo de guerra, e Ali sofreu para convencer os participantes da reunião de paz de que era sincera a disposição do Sultão em perseverar nas avançadas reformas prometidas no decreto de Gülhane, dezessete anos antes. A missão de

Ali foi facilitada pela decisão de Abdulmecid de emitir o segundo "'Édito Imperial" do período *Tanzimat*, exatamente uma semana antes da abertura do Congresso da Paz em Paris. Esse *Hatt-i-Hümayun* de fevereiro de 1856 reafirmou os propósitos do Gülhane, estabelecendo, de forma ainda mais categórica, a plena igualdade entre muçulmanos e não muçulmanos dentro do Império Otomano. Ao mesmo tempo, o *Imperial Rescript* prognosticou outras reformas administrativas provinciais, adotou medidas práticas para o recolhimento direto de impostos em substituição ao desacreditado sistema de coleta feita pelos fazendeiros e reconheceu a necessidade de éditos oficiais redigidos em otomano turco, em vez da forma arcaica muitas vezes derivada do persa e do arábico.

Orlov preferiria ver o "Édito Imperial" incluído no Tratado de Paz final, de modo a proteger o novo e melhor status dos súditos cristãos do Sultão por meio de uma garantia internacional. Napoleão III, nesse ponto, simpatizava com a posição russa. Porém, como escreveu Palmerston ao seu embaixador em Paris, os ingleses tinham lutado "não tanto para preservar o Sultão e seus muçulmanos na Turquia, mas para manter os russos fora da Turquia" e, se Orlov queria garantias escritas para o *Rescript*, certamente seria porque desejava preservar para os russos a cláusula de intervenção com que contavam desde Kuchuk Kainardji. Os ingleses, com o apoio dos austríacos, se apegaram avidamente à garantia de Ali de que Abdulmecid estava firmemente comprometido com a reforma. Assim, em 30 de março de 1856, o Tratado de Paz concedeu a Ali o que ele desejava. Assinalando as "generosas intenções" do Édito de Abdulmecid, o artigo IX reafirmava que as potências não tinham nenhum direito de interferir "nas relações de Sua Majestade, o Sultão, com seus súditos e tampouco nos assuntos internos de seu Império."[6]

O czar Alexandre II, que sucedera a seu pai Nicolau I doze meses antes, considerou o *Hatt-i-Hümayun* uma vitória moral. Um Manifesto Imperial, emitido em São Petersburgo no dia seguinte à assinatura da paz em Paris, afirmou ao povo russo que, reconhecendo solenemente os direitos dos súditos cristãos do Sultão, o Édito satisfazia aos "principais e originais objetivos da guerra."[7] Todavia, era impossível negar que o Tratado destruiu a obra de Catarina, a Grande, e de seus sucessores. Kars e todas as outras cidades e aldeias na Anatólia oriental conquistadas pelos russos durante os dois anos anteriores foram restituídas ao Império Otomano. O Czar fracassou em todas as suas reivindicações para ter como seus protetorados os principados da Moldávia e da Valáquia, no Danúbio, que, apesar de tecnicamente ainda continuarem sob a suserania otomana, possuiriam governo nacional e independente, além de autorizados a organizar seus próprios exércitos. A Bessarábia foi cedida por Alexandre II à Moldávia, privando os russos, portanto, de qualquer possibilidade de controlar o delta do Danúbio. As mais impactantes de todas as disposições do tratado foram as cláusulas que desmilitarizaram o Mar Negro e o declararam neutro. As águas desse mar ficariam abertas a navios mercantes de qualquer nação, mas negadas a todos os navios de guerra, com exceção de "barcos leves, necessários ao serviço 'costeiro' russo e otomano." Todas as instalações e portos militares no Mar Negro seriam fechados. Para Alexandre II, o desmantelamento das fortalezas e dos estaleiros de Sebastopol e Odessa era uma humilhação extremamente amarga para que um soberano orgulhoso a suportasse, por pouco tempo que fosse.

Em contrapartida, pouco importava para Abdulmecid que Sinope deixasse de funcionar como base naval. No papel, "Sua Majestade, o Imperador dos Otomanos" se saiu bem no acordo de paz. A independência e a integridade de seu território ficaram oficialmente asseguradas. Kars lhe foi restituída. Continuou sendo o governador nominal de dois principados no Danúbio e chefe supremo da Sérvia, onde preservou o direito de manter tropas. Simultaneamente, a Sublime Porta foi admitida formalmente no que o tratado chamava "Sistema e Direito Público da Europa" e, portanto, os otomanos podiam, com segurança, buscar ajuda em instituições financeiras em Londres, Paris e Viena, o que, segundo se acreditava no exterior, fortaleceria o poder econômico da Turquia. Essa suposição estava equivocada. Ao longo de vinte anos o Império Otomano contraiu quatorze empréstimos e, em 1875, o governo se viu forçado a declarar falência.

Inicialmente, o novo status dos otomanos no "Concerto da Europa," ao lado da perspectiva de novas reformas, pareceu ter contido o declínio do Império. A igualdade entre cristãos, muçulmanos e judeus defendida pelo Sultão atraiu refugiados da Hungria e da Polônia, que se instalaram em terras do Império Otomano. Muitos eram artífices atualizados que trouxeram novas habilidades para as cidades. Alguns se converteram ao Islã e ajudaram a desenvolver um novo sistema educacional, com o respaldo dos reformadores da *Tanzimat*. Também se formaram comunidades de agricultores, e a aldeia mais conhecida foi fundada em homenagem a Adam Czartoryski, hoje conhecida como Polonezkoy, a poucas milhas da moderna estrada que liga Üsküdar a Sile, na costa do Mar Negro. Polonezkoy conservou por longo tempo sua feição católica do Vístula, com uma concentração de fazendas de laticínios, plantações de cerejas e florescente comércio de carne de porco, raro na Anatólia muçulmana. Os refugiados trouxeram não apenas mais vitalidade para uma específica região próxima da capital, mas também muito do nacionalismo romântico que tumultuara a Europa Central e os Bálcãs Ocidentais nas duas décadas anteriores e era, até então, um conceito estranho à Anatólia.[8]

A Guerra da Crimeia acelerou o ritmo de vida no coração do território otomano. Dois anos de movimentação militar em terra e no mar tornaram os turcos mais familiarizados com os usos e costumes europeus do que por ocasião de incursões anteriores do Ocidente. Os recém-chegados provinham de todas as classes e eram de ambos os sexos: soldados rasos e especialistas navais; jornalistas; enfermeiros; dignitários de estado e políticos ambiciosos vindos de Londres e Paris; engenheiros civis; sacerdotes católicos e protestantes; e especialistas em ferrovias, em telégrafo elétrico e outras facetas da nova tecnologia. Em diversos distritos afastados ocorreram protestos horrorizados da *ulema*. A notícia de que mulheres sem véu estavam cuidando de soldados doentes e feridos nos quartéis de Selimiye Kislasi, que se alastravam em Üsküdar, causaram profundo desagrado entre fiéis muçulmanos. No último dia de fevereiro de 1855, quando as duas margens do Bósforo foram sacudidas por um terremoto, houve quem visse no fenômeno sísmico uma condenação de Alá "às mulheres que exibiam seu atributos." Entretanto, em geral a presença de muitos estrangeiros em Istambul, Pera e outras cidades parece ter ajudado a quebrar a resistência local à ocidentalização. Pode, portanto, ter facilitado o trabalho dos reformadores da *Tanzimat* que vieram depois.

De idêntico interesse foi o impacto produzido pela sociedade e pelos costumes otomanos sobre os estranhos vindos do Ocidente. Ao contrário dos viajantes do passado, eram, em sua maioria, homens e mulheres que nunca tinham se imaginado diante do Bósforo. Alguns, como a Irmã Sarah Anne, de uma ordem religiosa anglicana que prestava serviços em hospitais de Devon, partiram para a Turquia com apenas três dias de aviso prévio. Quando Sarah Anne chegou a Constantinopla em 4 de novembro de 1854, o dia estava tão úmido que Florence Nightingale reclamou, em carta para casa, que "o Chifre Dourado parecia uma imagem desbotada de daguerreótipo. Entretanto, Sarah reagiu à "vista mais bela do mundo" mais ou menos como Lady Mary Wortley Montagu o fizera cento e trinta anos antes: "Estonteante e confusa," escreveu para casa, "mal podemos acreditar que essas casas coloridas, esses vistosos jardins e esplêndidos minaretes não são uma visão ou uma pintura."[9] Pelo restante da década, uma sucessão de livros em inglês – muitos deles escritos por mulheres – procuraram combater o secular preconceito contra "O Terrível Turco." Mostravam a Constantinopla imperial tanto como um tesouro do passado quanto como uma vibrante capital de um Império viabilizado pelas reformas empreendidas pelo Sultão e seus ministros. Por cerca de vinte anos essa visão otimista dos valores morais da Turquia prevaleceu na sociedade inglesa, uma imagem de sonho que, em 1876, nem mesmo o ardor da mente reacionária de Gladstone conseguiu apagar inteiramente.

Nem todo visitante teve a visão rósea da Irmã Sarah Anne. "Nunca uma cidade me decepcionou tanto quanto Constantinopla," escreveu o coronel Charles Gordon a seu pai, em maio de 1854. "Nunca imaginei que uma situação tão favorável pudesse ser desperdiçada por um grupo de bárbaros. Já é tempo de alguma nação civilizada tomar conta e construir uma cidade decente."[10] Quem recebeu a carta foi o primeiro-ministro Lord Aberdeen, que passara cerca de oito semanas no Bósforo meio século antes e podia, portanto, julgar a validade dos comentários preconceituosos de seu filho. Sujeira e poeira eram abundantes em Istambul e Üsküdar, mas a construção de "uma cidade decente" era, naquele momento, uma prioridade entre as ambições alimentadas pelo Sultão. Em Pera (predominantemente não muçulmana), os reformadores da *Tanzimat* estavam organizando uma prefeitura no estilo parisiense. Um conselho nomeado no "6º *Arrondissement* (*altinci daire*) era responsável pelo planejamento e identificação de novas ruas, pela supervisão de restaurantes, hotéis e teatros. Em um ano, o conselho introduziu a iluminação a gás em uma rua turca. Entre as visitas de Lord Aberdeen e de seu filho, ao menos em um aspecto a linha de prédios à beira-mar mudara drasticamente, pois, na posição em que se colocara o coronel Gordon e lançando a vista de Üsküdar para o Bósforo, agora se via o mais novo palácio de Abdulmecid, o Dolmabahche, que passou a ser a principal residência do Sultão alguns meses antes de eclodir a guerra. O palácio era mais do que uma morada. Era o símbolo da crença de Abdulmecid em um Império renovado.[11]

O Dolmabahche é um monumento tão característico da era *Tanzimat* quanto foi a Ópera de Paris de Garnier para o Segundo Império ou a estação St. Pancras para a Londres vitoriana. Em quatrocentos anos, o Topkapi Sarayi cresceu e se transformou num complexo administrativo, enriquecido pela quantidade de obras de arte que adornam seus inúmeros salões. Ao contrário, o Dolmabahche, desde o dia em que o Sultão o adotou como residência, se distinguiu como espetacular e singular obra de exibição, o Versalhes que virou Veneza. Suas colunas e seus pórticos clássicos se estendem ao longo da entrada do Bósforo como a fachada do Palácio de Inverno e do Hermitage à margem do Rio Neva, mas, enquanto os Romanovs preferiram uma pintura terracota, Abdulmecid se maravilhava com o esplendor de um prístino mármore branco que os arquitetos Nikogos e Kalabet Balyan descobriram para ele. Porém, os Balyans projetaram o palácio não para compor um pano de fundo no Bósforo, mas com pavilhões dispostos em forma de asa, projetando um salão central do trono maior do que qualquer outro na Europa. Em termos arquitetônicos, o palácio que projetaram era um microcosmo de um império centralizado e era exatamente isto que Abdulmecid desejava. O Dolmabahche afirmava sua confiança no futuro. Ao contrário de sultões anteriores, ele não queria apenas ocidentalizar o passado otomano. Buscava valorizar sua herança com uma grandeza imperial digna da mais nova grande potência que o Concerto da Europa acolhia e garantia.

O custo de construção e manutenção do Palácio Dolmabahche era tão elevado que para a maioria dos governantes da época pareceria proibitivo. As despesas correntes atingiam dois milhões de libras por ano. A esse fluxo de recursos se poderia acrescentar o custo da reforma do adjacente palácio "doméstico" Ciragan, de uma vila imperial perto do lendário Sa'adabad de Ahmed III e, sobretudo, a construção de outro palácio projetado por Balyan no outro lado do Bósforo, em Beylerbey. Essa mais nova loucura só terminou quatro anos mais tarde, após a morte de Abdulmecid. Embora muito menor do que o Dolmabahche, Beylerbey exibia uma ostentação rococó semelhante. Tudo isso estava além da conta para os ministros da *Tanzimat*. Repetidamente deploraram a extravagância tanto de Abdulmecid quanto de seu sucessor Abdulaziz. Em outubro de 1859, Mehemed Ali, que era profundamente respeitado, renunciou ao cargo de Grão-Vizir em protesto contra a contínua alocação de recursos para o "palácio que deve superar todos os outros no mundo."[12]

Não resta dúvida de que a prodigalidade do Sultão absorveu boa parte do empréstimo de três milhões de libras que, no verão de 1854, Ali e Mehmed Fuad conseguiram obter no exterior. Na prática, contudo, o dinheiro recebido pela Porta era pouco superior à metade do valor nominal, tendo em vista a alta taxa de juros e as comissões liberais pagas a vários grupos de avalistas. Do mesmo modo, um segundo e mais favorável empréstimo de cinco milhões de libras foi contraído em menos de um ano. Os governos francês e inglês deram as garantias, mas com a condição de que o dinheiro fosse gasto em finalidades que tivessem a ver com a Guerra da Crimeia e que sua utilização fosse supervisionada por um representante inglês e um francês. Essa inovação estabeleceu um precedente para anos posteriores, quando o aumento do controle financeiro da Europa sobre o Império Otomano limitou fortemente a liberdade de ação dos sultões. Porém, isso não chegou a acontecer enquanto Abdulmecid viveu. Não houve comissários para impedi-lo de se afundar em um terceiro empréstimo no estrangeiro. Foi esse específico ato de esbanjamento temerário que precipitou a renúncia de Ali.

Todavia, nem todas essas aventuras financeiras serviram apenas para aquelas loucuras. O governo otomano também empregou o dinheiro estrangeiro para melhorar as comunicações dentro do Império. As ferrovias vieram aos poucos. Nos Bálcãs, uma linha estratégica ligando Varna ao Danúbio foi iniciada em 1856. Logo depois, começaram os trabalhos em uma linha pelo vale do Menderes, no sudoeste da Anatólia, para permitir o escoamento da riqueza agrícola do interior pelo porto de Smyrna. Nos últimos anos do reinado de Abdulmecid foram construídas mais estradas para o tráfego postal, mas o lugar de honra ficou com o telégrafo com fio, instalado pelos ingleses e franceses durante a campanha da Crimeia e entusiasticamente apoiado pelo próprio Sultão. Em setembro de 1855, foram trocados os primeiros telegramas entre Constantinopla, Londres e Paris. Antes da morte do Sultão, em junho de 1861, havia cabos ligando Istambul, Bucarest, Belgrado e Salônica e, na Ásia, de Üsküdar a Bagdá. Abdulmecid via com bons olhos as ligações com a Europa Ocidental. Além disso, o Sultão reconheceu que o telégrafo era um instrumento que facilitava a projeção do governo central da Porta sobre os governadores das províncias, aqueles *beys* desagradáveis que tantas vezes no passado tinham atormentado sultões com a arrogante independência com que governavam regiões mais distantes. O telégrafo ajudou a promover um sentimento de coesão e unidade dentro do Império Otomano.[13]

Na época, todavia, era um império de menor expressão. O alcance da autoridade do Sultão diminuíra consideravelmente no último meio século. A Argélia era uma possessão francesa, a Tunísia já era dependente da França e, embora os otomanos tivessem restabelecido um governo efetivo na Tripolitânia, o Bedouin da Cirenaica adotara a linha Sanussi, ordem rigorosamente austera introduzida durante a segunda metade do século por Said Muhammad al-Mahdi. No Egito, a cordialidade que marcara as relações entre o sultanato e a dinastia do vice-rei às vésperas da Guerra da Crimeia logo desapareceu. Não sobreviveu à morte de Abbas Hilmi em 1854 e à acessão de seu tio, Muhammad Said, que fora o filho favorito de Muhammad Ali.

Às vezes se ouve dizer que Said era pró-França e antiotomano, mas esses rótulos são um excesso de simplificação. Governante afável e pouco determinado, Said preferia deixar que os acontecimentos seguissem seu próprio curso. O imposto egípcio de 360 mil libras por ano para sustento do Sultão e sua corte continuou sendo pago regularmente. Em três oportunidades constituiu a garantia apresentada pela Porta para a obtenção de empréstimo no exterior. Além disso, a florescente economia egípcia com base no plantio de algodão continuava progredindo, sem interferência de Abdulmecid ou de Abdulaziz. Constantinopla também não foi consultada quando, a poucos meses de se tornar Vice-Rei, Said autorizou seu amigo Ferdinand de Lesseps a traçar planos para a construção de um canal de Suez até o novo porto no Mediterrâneo que perpetuaria o nome do Vice-Rei. O projeto do Canal despertou firme oposição em Constantinopla. Os ingleses, sempre desconfiando dos franceses no Egito, asseguraram à Porta que a abertura de um canal no mais próspero território tributário do Sultão beneficiaria empresários em Paris e certamente diminuiria a importância das velhas rotas comerciais dos Estreitos até o Eufrates e a Pérsia. Porém, o governo otomano não tinha real poder de veto. As ligações entre o Sultão e o Vice-Rei eram tão débeis que os trabalhos de escavação do canal de Lesseps já tinham avançado por quase sete anos quando, em março de 1866, o Sultão Abdulaziz aprovou oficialmente o projeto.[14]

Ao longo das fronteiras do império na Europa, o principal desafio à autoridade do Sultão vinha do ressurgimento nos Bálcãs do nacionalismo submerso havia muito. Em 1860, a Sérvia já estava praticamente perdida. A manutenção das guarnições otomanas em Belgrado e em duas outras fortalezas se mostrou inconveniente e dispendiosa, em especial quando, durante o Ramadan em 1862, um comandante turco fanático bombardeou os quarteirões cristãos na capital sérvia por mais de quatro horas. A retirada otomana em 1867 foi sensata, política e economicamente. Todavia, as relações com a Sérvia continuaram tensas. Os sérvios encorajavam seus compatriotas fora do principado, particularmente na Bósnia-Herzegovina (onde houve uma revolta antiotomana em 1857), e seus companheiros eslavos do sul na Bulgária e em Montenegro. Em maio de 1858, uma expedição punitiva otomana penetrou em Montenegro, sendo emboscada e posta em fuga no desfiladeiro rochoso de Grahovo. A inquietação nesse território montanhoso na fronteira noroeste continuou durante toda a década seguinte. Como observou friamente um viajante inglês, era uma região onde combater os turcos era visto "como um passatempo, ou uma espécie de esporte campestre."[15]

A Romênia "latina" deveu muito ao respaldo recebido do Segundo Império, quando o antigo embaixador francês junto à Porta, Édouard de Thouvenel, foi ministro do exterior de Napoleão III. O apoio francês permitiu que os principados do Danúbio – desde muito tempo um celeiro para Constantinopla e suas cidades-satélites – escapassem do controle do Sultão poucos anos depois do Congresso de Paris, exatamente como previram os termos do tratado. A Moldávia e a Valáquia se uniram sob o mesmo nobre (Alexandre Cuza) em 1859 e essa união oficial, como "Principados Unidos da Romênia," foi proclamada em dezembro de 1861, poucos meses após a morte de Abdulmecid. Tecnicamente, a Romênia permaneceu como estado otomano tributário por mais dezesseis anos. Porém, como principado cristão, se revelou ainda mais independente politicamente do que o Egito, particularmente depois de 1866, quando o príncipe romeno recentemente eleito, Charles de Hohenzollern-Sigmaringen, começou seu governo de quarenta e oito anos em Bucarest.

O coração do Levante enfrentava problemas diferentes dos vividos nos territórios balcânicos, no Egito ou no Magreb. Nos últimos dias do reinado de Abdulmecid, a Síria e o Líbano continuaram perturbando os ministros da *Tanzimat* tal como em seu início. Em 1858, os conflitos entre camponeses maronitas e proprietários de terras nas redondezas do Monte Líbano desencadearam nova guerra civil entre drusos e maronitas e, na primavera de 1860, a luta já se estendera até Damasco. Apenas no Líbano, nesse ano, cerca de 8 mil maronitas e 1.500 drusos morreram em combates entre as duas comunidades ou de inanição, enquanto mais de 5 mil cristãos católicos foram massacrados em Damasco. A notícia desse massacre levou Napoleão III a pressionar para o envio de uma força internacional pacificadora a fim de proteger os maronitas. Propôs uma expedição a Beirut e em seguida à Síria, com os franceses fornecendo a maior parte dos efetivos. Nem as autoridades otomanas e tampouco os ingleses queriam ver uma força expedicionária com predominância francesa no Levante. Ora, por acaso o hino oficial do Segundo Império não era *Partant pour la Syrie*, marcha que, em sua mocidade, a mãe de Napoleão III compusera para seu padrasto, o grande Bonaparte? O ministro do Exterior otomano, Fuad, rapidamente se antecipou aos pacificadores em Beirut e acabou com as desordens adotando a radical iniciativa de executar autoridades otomanas e oficiais do exército que permitiram os distúrbios nos distritos pelos quais eram responsáveis. Os franceses alegaram, com certa razão, que os emissários do Sultão já tinham tentado manter a paz com mão de ferro em anos igualmente tumultuados no passado e que, tão logo o pulso firme relaxava, Líbano e Síria voltavam à anarquia, com assassinatos e destruição novamente assolando cidades e aldeias rivais. A despeito da garantia solene do Tratado de Paris de que as potências não interfeririam nos assuntos internos do governo otomano, os franceses continuaram pressionando por alguma forma de supervisão internacional para assegurar que o Sultão implantasse reformas fundamentais no governo, tanto no Líbano quanto na Síria. Em janeiro de 1861, Édouard de Thouvenel, com apoio de Napoleão III, convocou uma conferência para discutir os problemas do Levante. O apoio financeiro francês era tão vital para o prosseguimento das aventuras otomanas que a Porta imediatamente aceitou a proposta de Thouvenel e enviou representantes a Paris.

Críticos do Segundo Império argumentam que a conferência convocada por Thouvenel criou grave precedente ao ameaçar a integridade do Império Otomano.[16] Porém, os delegados do Sultão o representaram muito bem. Incentivados pelos ingleses, evitaram com habilidade a discussão de questões especificamente sírias, e na primavera chegou-se a um acordo judicioso sobre o Líbano. Houve concordância para que a maior parte do interior se tornasse uma província autônoma sob a direção de um governador cristão não libanês, com um conselho assessor representativo das diferentes crenças religiosas e gerindo distritos administrativos organizados de modo que cada um representasse uma fé. Só depois que o acordo entrou em execução Napoleão III retirou suas tropas. Para surpresa dos diplomatas que conheceram a região nas duas décadas anteriores, o acordo libanês funcionou com eficiência. Sobreviveu até as autoridades militares otomanas se aproveitarem da crise provocada pela guerra de 1914 para impor um governo direto e, estouvadamente, levarem os libaneses a apoiar os inimigos do Sultão. O acordo de 1861, ao contrário do que temiam alguns críticos, na verdade não impediu os reformadores da *Tanzimat* de insistir na tentativa de criar um moderno estado unitário. O mérito do acordo repousa no reconhecimento das diversidades locais, distrito por distrito, de modo que o poder pudesse ser compartilhado segundo uma base comunitária, em vez de ser imposto por um soberano distante e indiferente. Para outras regiões devastadas por conflitos sociais e religiosos, o acordo libanês ofereceu um modelo de administração justa. Infelizmente, foi ignorado.

Abdulmecid aprovou oficialmente o novo regime no Líbano em 9 de junho de 1861. Foi o derradeiro ato administrativo de seu reinado. Três semanas depois, a tuberculose o matou, quando tinha apenas trinta e nove anos de idade. O sucessor, seu meio-irmão Abdulaziz, de trinta e um, era um gigante barbudo e pesado que precisava de uma cama de dois metros e meio de comprimento (que ainda pode ser vista no Dolmabahche). Era autocrático por natureza e ainda mais extravagante do que Abdulmecid. As tentativas de conter as despesas da corte provocavam suas explosões de fúria. Conquistou a aprovação da Rainha Victoria quando a tomou pelo braço e a acompanhou para o almoço em Windsor, em 1867. Ela apreciava "os olhos castanhos, francos, brilhantes, suaves e orientais," conforme escreveu para a filha mais velha, acrescentando, "não toma vinho."[17] Os dignitários estrangeiros que visitavam Constantinopla, porém, não eram tão indulgentes. Mesmo admitindo que havia certo exagero nos rumores fabricados sobre as excentricidades do Sultão, em pouco tempo ficou evidente para eles que Abdulaziz logo se desligaria das práticas esclarecidas e ocidentalizadas de um sultanato renovado, em favor das maléficas extravagâncias de um tirano excêntrico.

Mesmo assim, até a morte de Ali Pasha em 1871, a reestruturação do estado promovida pela *Tanzimat* prosseguiu, com o Sultão pressionado pelos governos francês, inglês e austríaco a levar adiante os programas de reforma. As mudanças feitas em 1858 nos governos provinciais foram complementadas seis anos depois pela Lei Vilayet, que estendia a todo o Império o modelo de grandes unidades provinciais (*vilayets*), com departamentos administrativos diferenciados. De modo geral, a lei seguiu quase na íntegra os modelos franceses praticados durante o Segundo Império. Um novo código civil otomano aprovado em 1858 foi seguido por um código comercial, promulgado no início do reinado de Abdulaziz. Em 1869, de acordo com o código civil, o *Mecelle*, elaborado por Ahmed Cevdet, foi criado um magnífico meio-termo que permitia a preservação da tradição islâmica *seriat*, até mesmo fortalecida, em sintonia com um conceito fundamentalmente napoleônico da lei. A influência francesa se fez sentir também na educação. O Liceu Galatasaray (Escola Imperial Otomana), escola secundária para meninos no coração de Pera, abriu suas portas em setembro de 1869. O *Mekte-i Sultani* foi fundado para preparar servidores do Império para os otomanos – como faziam Eton e Harrow na Inglaterra e, mais exatamente, o Lycée Louis-le-Grand em Paris. O currículo seguia o modelo ocidental, e os meninos, muçulmanos e cristãos, recebiam a maior parte de suas aulas em francês, chegando até a aprender latim.[18]

Entrementes, já eram visíveis os sinais de reação à *Tanzimat*. Em janeiro de 1865, uma lei de imprensa criou um departamento específico da Sublime Porta que, logo depois, começou a reprimir jornais cujo tom fosse considerado "hostil." É digno de nota o fato de, em junho do mesmo ano, surgir na capital o primeiro grupo de intelectuais dissidentes capaz de exercer influência. Inspiravam-se no ensaísta e autor teatral Namik Kemal e nas obras de um reformador mais idoso, Sadik Rifat. Como os dissidentes do bloco soviético na década de 1980, eram fortemente individualistas, sem entrar em acordo sobre uma panaceia para os problemas do Império. Namik considerava os reformadores da *Tanzimat* muito propensos a tomar como modelo ideias e instituições do Ocidente sem deixar espaço para as tradições do Corão que ainda moldavam a sociedade, particularmente nas províncias mais afastadas. Um grupo dissidente liderado por Ali Suavi foi mais além de Namik, declarando-se fundamentalista islâmico ao defender a total prioridade dos preceitos do *seriat* [a *sharia* dos árabes].[19]

Inicialmente, esses "Jovens Otomanos" (*Yeni Osmanlilar*) contaram com apoio financeiro do Príncipe Mustafa Fazil, filho do formidável guerreiro Ibrahim Pasha. É possível que o Príncipe se visse como monarca constitucional de um império federalizado que se estenderia do baixo Danúbio ao Eufrates e ao Nilo. Entretanto, os dissidentes eram totalmente fiéis ao estado otomano. Pregavam um patriotismo otomano que, pelo menos a partir de 1870, começou a destacar um conceito novo, o nacionalismo *turco*. Assim, também em território otomano surgiu a campanha em prol de uma "constituição," experiência já em curso na Tunísia e, a partir de 1866, no Egito. Namik Kemal defendia a convocação de um parlamento pelo Sultão, seguindo o modelo da Inglaterra ou da França. O caprichoso estilo adotado pelo Sultão de governar pessoalmente permitiu que a campanha dos Jovens Otomanos em prol da eleição de uma câmara fosse cada vez mais aceita pela *intelligentsia* nas maiores cidades. Namik foi despachado para Famagusta, onde ficou preso e confinado, mas esse fato não chegou a comprometer a força da campanha e aumentou o interesse pela causa dos Jovens Otomanos ao lhes oferecer um exílio heroico, na expectativa de um chamado de volta à casa.

"Os sistemas europeus de governo, as ideias europeias, as leis e os costumes europeus – um *turco* honesto jamais fingirá admirar," comentou Stratford de Redcliffe com um de seus auxiliares durante a Guerra da Crimeia. "Se algum dia orientais (*sic*) se deixarem imbuir por ideias liberais de governo, seu destino estará selado," acrescentou.[20] Sir William Bulwer, que sucedeu a Stratford como embaixador em 1858, também estava mais preocupado com um governo eficiente do que "liberal," pois sua curta permanência em Pera coincidiu com o auge do período de generalizada intromissão dos bancos estrangeiros na economia otomana. Quando deixou a diplomacia, em 1865, rompeu com a tradição e foi trabalhar como representante de uma instituição bancária francesa no Levante. Como embaixador, sempre defendera reformas que proporcionassem facilidades para créditos financeiros.

O Banco Imperial Otomano foi fundado em 1863 com capital francês e inglês. Seu diretor-geral era francês, e o vice um banqueiro da City de Londres. Uma instituição de menor vulto, a Societé Générale de l'Empire Ottoman, foi fundada mais tarde, naquele mesmo ano, seguida, logo depois, em 1868, pelo Crédit Général Ottoman e por um pequeno banco russo.[21] Ao longo da década, fundos franceses lançaram títulos do governo e fizeram investimentos, com o propósito de estimular o comércio. As oportunidades para os detentores dos títulos eram tão propícias que sucessivos governos em Londres, assim como líderes políticos em Paris e Viena, prontamente se convenceram de que a "Turquia" se tornara um estado moderno e reformado. Quando os otomanos reprimiram a rebelião de 1866-67 em Creta, os protestos no Ocidente foram muito menores do que por ocasião dos conflitos anteriores com os gregos que "lutavam pela liberdade."

O selo de aprovação internacional foi estendido a Abdulaziz em 1867, quando foi convidado por Napoleão III para a "Grande Exposição Universal" de 1867, em Paris. Foi a primeira vez que um Sultão visitou um estado não islâmico, a não ser para travar guerra. O Sultão foi recebido pelo Imperador Franz Joseph em Viena e, depois de se encontrar com a Rainha Victoria em Windsor, desfilou em pitoresco cortejo pelas ruas de Londres, "parecendo um turco típico," como noticiou o *The Times*, sem maior preocupação em procurar expressão mais adequada. Um trem rápido o levou a Portsmouth, onde a Rainha o fez Cavaleiro da Ordem da Jarrateira. Quando não estava prostrado no interior do navio, o Sultão viu a poderosa Royal Navy desfilar ao largo de Spithead e ficou profundamente impressionado, a despeito de "não se sentir bem" (segundo as palavras da Rainha).[22] Abdulaziz levou consigo nessa viagem ao Ocidente seu filho de nove anos e dois sobrinhos, os futuros sultões Murad V e Abdulhamid II.

O sultanato vivera isolado ao longo de séculos. O rígido enclausuramento dos príncipes no *kafe* tinha acabado. Pelo menos, assim parecia.

O "grand tour" do governante otomano gerou importantes consequências sociais. Intensificou o prazer de Abdulaziz pelas extravagâncias palacianas e lhe despertou o desejo de possuir uma esquadra de encouraçados, em sua maior parte construídos em estaleiros ingleses. Confirmou, acima de tudo, seu gosto pelas ferrovias, "une véritable fièvre de chemin de fer," como escreveu o embaixador russo em 1873, ano em que pela primeira vez foi vista a fumaça de uma locomotiva atravessando o Bósforo.[23] No verão de 1873, os trens começaram a circular na Anatólia, embora só fossem até Izmit, cerca de 80km ao longo da costa a partir de Haydarpasha, com o terminal diante de Istambul. A ferrovia foi construída pelos franceses, que também foram responsáveis por uma pequena linha, aberta no mesmo ano, ligando Mudania, na costa anatoliana do Mar de Mármara, ao interior, até Bursa. Deste modo, enquanto os interesses franceses e ingleses ainda dominavam a economia otomana, os principais beneficiários da mania de Abdulaziz por ferrovias foram a Alemanha e a Áustria-Hungria. Em 1872, um engenheiro alemão, Wilhelm von Pressel, apresentou à Porta um plano-mestre decenal para estender a linha de Izmit até Ankara e o Golfo Pérsico, projeto que encantou Abdulaziz, embora pouco fosse concretizado até bem depois de sua morte.[24]

O Sultão também ficou fascinado pelo plano de construção de uma linha para o Oriente projetada pelo Barão Hirsch, nascido na Baviera, cujos interesses bancários estavam em Viena e Paris. Portanto, em 1870 tudo levava a acreditar que a capital otomana logo estaria ligada à rede ferroviária da Europa central. Sintomaticamente, um ano mais tarde, um Banque Austro-Ottomane e um Banque Austro-Turque abriram escritórios em Constantinopla. Mas todos os projetos de construção de ferrovias sofreram com o colapso do mercado de ações em Viena na Sexta-Feira Negra de 9 de maio de 1873 e, com o fim do reinado de Abdulaziz, a ferrovia para o Oriente pouco avançou. Ligava Constantinopla com Edirne e Plovdiv (Philippopolis), com um ramal correndo para o sul, de Edirne à costa do Egeu, terminando em Dedeagatch (hoje Alexandroupolis). Fala-se com insistência que o fato de a linha para Plovdiv não seguir um traçado reto ao longo de uma região ampla e plana se devia a uma cláusula no contrato de Hirsch que lhe assegurava o pagamento não de uma soma fixa e total, mas proporcional ao número de quilômetros construídos. Essa história é provavelmente apócrifa, mas não há dúvida de que a corrupção foi generalizada em todos os níveis durante a febre das ferrovias.

As ondas de choque da Sexta-Feira Negra de Viena abalaram o já frágil sistema financeiro otomano. Quase metade dos recursos do governo era absorvida pelo pagamento de anuidades, juros e exigências de um *sinking fund* para uma dúzia de empréstimos contraídos pelo Sultão desde a Guerra da Crimeia. Como as contas do tesouro não distinguiam as necessidades do estado das interferências do soberano, causa surpresa o fato de, com menos de um décimo dos empréstimos sendo gastos em medidas para realmente melhorar a situação econômica do Império, a conduta do governo de Abdulaziz não ter provocado uma sucessão de ministros. Quando morreu, em setembro de 1871, Emin Ali tinha completado cinco mandatos como Grão-Vizir, tendo dirigido efetivamente a Porta por cerca de dezoito anos, apesar de ter se chocado inúmeras vezes com o soberano. Essa relativa continuidade de governo terminou com a morte de Ali, pois Abdulaziz resolveu governar como autocrata. Valeu-se de grão-vizires complacentes, que podia demitir tão logo começassem a formar grupos políticos de seguidores pessoais. Também nomeou governadores provinciais escolhidos entre os que julgava capazes de coletar rapidamente os impostos em seus *vilayets* particulares. Entre setembro de 1871 e fevereiro de 1874 houve seis diferentes grão-vizires. Nas províncias, ocorreram tantas mudanças na cúpula que o tempo médio de permanência de um governador era pouco superior a quatro meses.[25] Com os grão-vizires entrando e saindo a cada sete meses, e governadores de províncias a cada quatro, a frustração generalizada e o desgoverno permanente acabaram se voltando contra o próprio Sultão, e não contra seus ministros e funcionários. Se os vizires afastados possuíssem força de caráter, poderiam contar com o apoio dos Jovens Otomanos dissidentes.

Dois desses grão-vizires passageiros tinham personalidade forte. Ahmed Midhat fora um sábio governador provincial no baixo Danúbio e em Bagdá. Foi nomeado Grão-Vizir na última semana de julho de 1872, logo após fazer cinquenta anos. Contudo, três meses depois foi demitido por ter contrariado o Sultão em três aspectos: levantou a possibilidade de uma estrutura federalizada para o império; criou um departamento de contabilidade; e, o mais perturbador de todos, começou a investigar a corrupção no próprio Dolmabahche. O segundo notável Grão-Vizir foi Hüseyin Avni, que ocupou o cargo de fevereiro de 1874 a abril de 1875. Aos olhos dos diplomatas estrangeiros, Hüseyin parecia superior a Midhat, mas era menos inteligente. Já fora *serasker* (Comandante em Chefe) por quatro anos. Ninguém em melhor posição para organizar um golpe militar e, portanto, Abdulaziz cometeu uma tolice ao demitir Hüseyin por não gostar de suas tentativas de desviar recursos do palácio para atender a necessidades do exército. O Sultão cometeu outra bobagem quatro meses depois, ao nomear Mahmud Nedim seu Grão-Vizir, pois o povo acreditava que Nedim estava a soldo dos russos. Não há dúvida de que ele tratava o embaixador do Czar, o general Nikolai

Ignatiev, com uma consideração equivalente ao respeito exagerado que vizires anteriores dispensavam a Stratford de Redcliffe.

Na época, Abdulaziz pareceu justificar os rumores sobre sua instabilidade mental. Paroxismos de fúria se tornaram mais violentos e frequentes. O Sultão parecia incapaz de conter suas extravagâncias. Continuava esbanjando no harém e em seu palácio, especialmente em um novo pavilhão em Yildiz, no parque situado em terreno alto ao norte do Dolmabahche. Assim, em outubro de 1875, o infeliz Nedim foi obrigado a anunciar a suspensão do pagamento de juros da dívida otomana, significando, na prática, admitir a falência do estado.[26] O caos financeiro causado por vinte anos de empréstimos em bancos europeus e gerência incompetente deixou o Império Otomano pendente da boa vontade de governos estrangeiros para sobreviver.

A bancarrota do estado não podia acontecer em momento pior. Em junho de 1875, os eslavos cristãos do sul da Herzegovina se revoltaram, reacendendo antigos ressentimentos contra a tributação, agora alimentados pela intensa propaganda pan-eslava partida de Moscou (diferente da política oficial czarista, ditada por São Petersburgo). A revolta logo se espalhou, começando em Nevesinje, perto de Mostar, e se estendendo ao longo da tumultuada fronteira com Montenegro. Seguiu-se, na primavera de 1876, uma rebelião na Bulgária, nas aldeias das montanhas Rhodope, além de Plovdiv. Enquanto acontecia essa revolta, um distúrbio em Salônica por causa de uma moça ortodoxa búlgara – que se dizia (erradamente) ter se convertido ao islã contra sua vontade – resultou no assassinato dos cônsules francês e alemão, mortos em uma mesquita por fanáticos que o governador otomano não foi capaz de conter. Os assassinatos de Salônica provocaram imediata indignação nas chancelarias europeias. Mas o pior estava por vir. Durante o mês de junho, as descrições dos acontecimentos divulgadas pelos jornais espantaram a opinião pública da Bulgária. Relatos de testemunhas afirmando que milhares de cristãos – homens, mulheres e crianças – foram encontrados mortos depois de seis semanas de repressão conduzida por uma milícia local voluntária (*basi bozuka*) agitaram cruzados humanitários no Ocidente e crentes ortodoxos na Santa Rússia. Depoimentos de que rebeldes e milicianos tinham cometido atrocidades continuaram ignorados. Os governos não podiam deter a fúria popular contra "O Turco," por mais que as grandes instituições financeiras deplorassem a reabertura da Questão Oriental justamente naquele momento.[27]

Abdulaziz foi deposto antes que as notícias sobre as atrocidades na Bulgária fossem divulgadas pelos jornais do Ocidente. Em 10 de maio, milhares de estudantes muçulmanos encheram as praças em frente às mesquitas de Istambul e ao longo da orla marítima do Gálata, exigindo a demissão de Nedim e do *seyhülislam*. Sua motivação era essencialmente conservadora, contrária à pressão vinda do exterior e favorável aos que professavam a fé islâmica em Salônica. Acusaram a Porta de vil acomodação com as Grandes Potências depois do assassinato dos dois cônsules. A intranquilidade foi explorada por Midhat, Hüseyin Avni e pelo diretório interno dos Jovens Otomanos. Abdulaziz demitiu Nedim. Repôs Hüseyin como comandante em chefe. Para contemporizar, nomeou Midhat, que odiava, membro do Divan, mas não conseguiu salvar seu trono.

Quinze dias antes da demissão de Nedim, Sir Henry Elliot, embaixador inglês, informou que a queda do Sultão parecia inevitável: "a palavra constituição estava em todas as bocas."[28] Como Sir Henry costumava passar boa parte de seu tempo com uma voluptuosa grega numa ilha tranquila no Mar de Mármara, não está claro onde ele observou essas bocas pronunciando palavra tão em desuso, mas o inglês, temendo graves tumultos na capital, ordenou à esquadra do Mediterrâneo que rumasse para a baía de Besika, permanecendo ao largo da entrada dos Dardanelos, enquanto Ignatiev reforçava a embaixada russa. Nas primeiras horas de 30 de maio, por ordem de Hüseyin, o comandante da academia militar isolou o Dolmabahche com dois batalhões de infantaria, enquanto navios de guerra ancorados ao largo apontaram seus canhões para o palácio. A guarda pessoal do *serasker* o escoltou até o salão do trono, onde na noite anterior Abdulaziz promovera uma briga de galo para se distrair.

Seguiram-se alguns minutos dramáticos. Subitamente Hüseyin se defrontou, na imponente escadaria, com a figura compacta de seu Sultão, ainda de camisola, mas empunhando uma espada, como se estivesse disposto a lutar até a morte. Atrás dele apareceu sua temível mãe, a *Valide Sultana* Pertevniyal, de sessenta e seis anos, uma tigreza incitando o filho a se defender (e à sua própria posição privilegiada). Mas não houve derramamento de sangue. O *serasker* e o Sultão no fundo continuavam obedientes às regras tradicionais. Hüseyin apresentou um *fetva* oficial de deposição, e Abdulaziz se rendeu ao inevitável. Seu barco oficial o levou através do Chifre Dourado para o Topkapi Sarayi, cruzando, no meio da curta viagem, com o de seu sobrinho, Príncipe Murad, que vinha para assumir relutantemente sua responsabilidade perante o Império, sob o olhar vigilante de Midhat. O assustado Murad implorou a Midhad que ficasse no Dolmabahche. Este prontamente acedeu.[29]

Depois de uma noite no velho palácio, Abdulaziz foi levado de volta para Ciragan, onde a ele se juntaram Pertevniyal e integrantes de seu harém. Em 4 de junho o Sultão deposto foi encontrado morto, com os pulsos cortados por tesoura. Oficialmente cometeu suicídio, veredicto aceito pelos embaixadores. Porém, o médico adido à embaixada inglesa estava entre os que tiveram permissão para examinar o cadáver e chegou à conclusão de que os cortes não podiam ter sido autoinfligidos. O drama não tinha terminado. Oito dias após a morte de Abdulaziz, sua esposa favorita, a circassiana Nesrin, também morreu, aparentemente durante um parto. A tragédia abalou o irmão de Nesrin, Cerkes Hasan, jovem oficial do exército que servira como ajudante de ordens no gabinete militar do Império. Em 14 de junho, ele irrompeu em uma reunião de ministros disparando seu revólver a esmo. Hüseyin Avni e o ministro do Exterior foram assassinados em suas cadeiras na reunião.[30]

Esses acontecimentos foram demais para o novo Sultão, que pode perfeitamente ter duvidado do veredicto de suicídio do tio. Murad V, por formação, era partidário da ocidentalização, simpático ao movimento maçônico e membro da Loja Grande Oriente. Sua visita a Paris lhe ensinara as delícias do champanhe, que ele reforçaria com um bom conhaque. A política palaciana, associada com assassinato, não era de seu agrado. Sir Henry Elliot informou ao Foreign Office que, ao saber da morte de Abulaziz, Murad desmaiou e foi acometido, logo em seguida, por uma crise de vômitos que durou um dia e meio.[31] Também se mostrou profundamente afetado pelo destino de Cerkes Hasan, que foi enforcado em público quatro dias depois de invadir alucinado a reunião do ministério. O comportamento de Murad nos primeiros quinze dias de seu reinado foi tão estranho que a *kiliç kusanmaci* – cerimônia de coroação no Eyüp – foi adiada. Murad foi o único Sultão desde a queda de Bizâncio que nunca foi galardoado com a espada.

Nove semanas após a acessão de Murad V ao trono, o correspondente de um jornal inglês descreveu o Sultão de trinta e cinco anos como "fora do ar, sentado no sofá, inerte e mudo, alisando o fino bigode e o queixo imberbe com a mão direita, hora após hora, o dia inteiro, refletindo sobre sua abdicação e imaginando a qual de seus relutantes irmãos poderia devolver o encargo pesado demais para seus ombros."[32] Ônus cada vez mais pesado à medida que se passavam semanas de crise. Na época, o Império Otomano estava em guerra contra a Sérvia e Montenegro, cujos príncipes respaldavam a exigência de ampla parcela de seus súditos para apoiarem seus compatriotas em rebelião contra o governo turco na Bósnia-Herzegovina. Embora para os comandantes otomanos não fosse muito difícil manter as fronteiras, a presença de milhares de voluntários russos que se aliaram aos sérvios e aos montenegrinos indicava a probabilidade de o conflito logo se alastrar. Se isso acontecesse, os militares otomanos precisariam de um soberano mais decidido do que o trapo humano que Midhat pusera no trono.

Em 17 de agosto, Sir Henry Elliot descreveu a visita de um eminente neurologista austríaco ao Dolmabahche. O Sultão, disse ele, "sofria de alcoolismo crônico, agravado pelas emoções que vinha experimentando"; com abstinência total e repouso, sua mente poderia se recuperar.[33] Todavia, os partidários da constituição estavam apressados. Foi preparada um *fetva* justificando a segunda deposição em três meses, fundamentado na insanidade do Sultão. Não foi preciso empregar violência. O irmão mais moço de Murad, Abdulhamid, já garantira a Midhat seu apoio às reformas. Em 31 de agosto de 1876, Abdulhamid foi proclamado Sultão. O deposto Murad foi transferido para o Ciragan, onde ficou confinado em um *kafe* moderno até a morte, vinte e oito anos mais tarde.

10

Yildiz

Os súditos de Abdulhamid puderam aclamar seu Sultão e Califa uma semana após a acessão ao trono. Cerca de 100 mil homens, mulheres e crianças alinharam-se à beira-mar ou assistiram de pontos dominantes, no fim da manhã de 7 de setembro de 1876, vinte e oito remadores da nave imperial conduzirem o novo Sultão ao longo do Chifre Dourado, para receber a espada em Eyüp. Não quer dizer que fosse fácil vê-lo: os navios, inclinando suas bandeiras à passagem da nave imperial, pareciam fazer uma espécie de reverência a um pálio vermelho, e não a uma pessoa. Aos trinta e quatro anos, Abdulhamid, corpo já curvado e esquálido, era uma figura sinistra e macambúzia que, anos depois, os caricaturistas mostraram como "Abdul, o Maldito."[1] Parecia mais imponente no dorso do tradicional cavalo branco com dourados no arreamento, ao voltar para a cidade após cumprir o ritual do *kiliç kusanmaci*. Mas, mesmo então, um observador comentou os sulcos na face e a "profunda expressão de melancolia" nos olhos tristes e penetrantes. O nariz adunco, a tez pálida, os malares bem delineados e a barba exuberante destacavam a desconfiança e a suspeição inerentes a sua personalidade.

Psicologicamente, tudo foi errado na infância de Abdulhamid. Seu pai, Abdulmecid, dispensara pouca afeição àquele menino feio. Sua mãe, uma dançarina circassiana vinda do mercado de escravos de Trebizonda, morrera tuberculosa quando ele tinha dez anos. Seus irmãos o consideravam intrometido e desmancha-prazeres. Cresceu solitário, mas não só, e foi tantas vezes censurado que até a idade adulta conservou uma timidez íntima que o fez temer ser assassinado e tender a vacilar no momento em que uma iniciativa de governo era testada. Não obstante, subiu ao trono com força de vontade e determinação: governaria, não reinaria. O centro da autoridade deveria estar no palácio imperial, e não na Sublime Porta.

Uma semana após a cerimônia *kiliç kusanmaci*, o embaixador inglês transmitiu a Londres sua abalizada opinião sobre o novo Sultão. Sir Henry Elliot elogiou a "disposição benevolente e as opiniões esclarecidas" de Abdulhamid, mas duvidava que "ele aceitasse as restrições que o grupo da reforma considerava necessárias."[2] Durante os doze anos anteriores, o Sultão se preparara seriamente para cumprir suas obrigações. Jamais gostou do Dolmabahche. Nos últimos anos de Abdulaziz, sempre que possível deixava o palácio. Às vezes, ficava com sua mãe adotiva na vila no interior de Pera, mas preferia o pavilhão de verão dez milhas Bósforo acima, depois da Baía de Therapia (hoje Tarabya), cercada de bosques. Lá, colhia as opiniões de um empresário inglês – "Mr. Thompson" – que possuía casa e terreno ao lado da propriedade imperial. Thompson mantinha Abdulhamid bem informado sobre Disraeli e Derby e sobre todas as excentricidades do sistema parlamentar inglês. Quase certamente, era o inglês "anônimo" que, na véspera da acessão de Abdulhamid, deu conhecimento a Elliot da intenção do provável herdeiro de implantar uma "era totalmente nova" de governo, em que ministros competentes administrariam "a economia com rigor."

Abdulhamid adquiriu algum conhecimento sobre finanças com seu banqueiro, Hakop Zarifi, um armênio que ele costumava consultar na mansão da mãe e em Therapia.[3] Parece que também confiava em seu médico, John Mavroyeni, com quem aprendeu a postura fanariota diante das crises do Império, reparando na pouca simpatia dos ortodoxos gregos pelos búlgaros ou por qualquer outro grupo de eslavos do sul da mesma religião dos búlgaros. Ao longo dos primeiros meses do reinado, Abdulhamid manteve o costume de procurar extrair opiniões sobre os problemas correntes do governo, mas ele próprio falando pouco. Assim, quando recebeu em audiência o intelectual e líder Jovem Otomano Namik Kemal, o máximo que se permitiu comentar foi o interesse em uma revitalização do sultanato. Na primeira semana de outubro, Abdulhamid criou uma comissão com a finalidade de preparar uma constituição. Dezesseis membros com experiência no governo central ou na administração, dez representantes da *ulema* e dois oficiais de alta patente do exército se reuniriam sob a presidência de Midhat Pasha.

Um texto preliminar de constituição foi completado rapidamente. Guardava muita semelhança com a monarquia parlamentar estabelecida pela constituição belga de 1831, que, por sua vez, se valera dos modelos da Inglaterra e da França. Porém, apoiado pelo exército e por líderes religiosos, Abdulhamid não pretendia ver o Império Otomano transformado em um sultanato parlamentar. Não se opunha a uma legislatura bicameral, com uma câmara de deputados eleita e uma outra de notáveis

("Senado") nomeados por ele próprio. Também aceitava algumas garantias básicas de direitos humanos e até a liberdade de imprensa. Contudo, assegurou que a constituição ficasse totalmente dependente de seus caprichos. Uma inserção posterior no texto reconhecia o direito do Sultão de declarar estado de sítio que suspenderia as garantias constitucionais durante uma grave emergência. Ademais, o artigo 113 autorizava o Sultão a exilar qualquer pessoa que considerasse perigosa para si mesmo ou para o Império em geral.[4]

A Comissão da Constituição completou seu trabalho em tempo recorde, apenas nove semanas. Havia boa razão para essa pressa. Durante o outono, a crise internacional nos Bálcãs se agravou, e a Rússia ameaçava ir à guerra para proteger Sérvia e Montenegro da vingança otomana e assegurar reformas na Bulgária e na Bósnia-Herzegovina. O panfleto de Gladstone *As Atrocidades na Bulgária e a Questão do Oriente* começou a ser vendido na véspera da cerimônia de entrega da espada a Abdulhamid em Eyüp. O panfleto vendeu 40 mil exemplares em uma semana na Inglaterra, enquanto uma tradução impressa em Moscou bateu o recorde na Rússia: 10 mil exemplares em um mês. O famoso apelo aos "turcos" para "acabar com seus abusos da única forma possível, saindo todos (...) com armas e bagagem (...) da província que tinham devastado e profanado" foi muito lido em Moscou e São Petersburgo, embora considerado um grande exagero por estadistas ainda esperançosos de encontrar um modo de conter a crise dos Bálcãs. O panfleto e as manifestações de protesto na Inglaterra e na Rússia contribuíram para a adoção de certas providências de governo. Em 4 de novembro, as Grandes Potências aceitaram a proposta inglesa de uma conferência internacional que se reuniria em Constantinopla e examinaria formas de concessão de autonomia administrativa à Bósnia-Herzegovina. A conferência reafirmaria a integridade do Império Otomano, mas analisaria reformas administrativas aplicáveis às províncias búlgaras.[5]

Abdulhamid encarou a proposta de tal conferência na capital imperial como intromissão externa em assuntos dos povos que Allah tão recentemente o encarregara de proteger. Nunca no passado um sultão enfrentara proposta tão humilhante. Por quinze dias, Abdulhamid tergiversou. Em 14 de novembro, uma mobilização parcial russa – além da persistente dependência do estado otomano de ajuda financeira externa – o convenceu a aceitar, com extrema relutância, a ideia da conferência. Com uma única exceção, as delegações incluíram os embaixadores junto à Porta, além dos diplomatas profissionais que os ministérios do Exterior em Paris, Berlim, Viena e São Petersburgo consideravam especialistas em questões balcânicas. A exceção foi o principal representante inglês, o Marquês de

Salisbury, ministro de estado para as Índias do Gabinete de Disraeli. Sua permanência por seis semanas na capital otomana se revelaria de importância bem mais duradoura do que a própria conferência.

Lord e Lady Salisbury, acompanhados por seu filho mais velho, chegaram a Constantinopla em 5 de dezembro, três meses depois da acessão de Abdulhamid ao trono. Nenhum membro do ministério inglês passou tantas horas estudando assuntos exteriores ou escrevendo sobre estes temas quanto Salisbury. O ministro, como era seu feitio, auscultou opiniões em Paris, Berlim, Viena e Roma antes de completar sua viagem ao Chifre Dourado. Enquanto o primeiro-ministro e o embaixador se inclinavam para os turcos, Salisbury, privadamente, julgava que a Guerra da Crimeia fora um desastroso erro político. Essa predisposição foi encorajada por seus anfitriões nas capitais europeias, que consideravam o Império Otomano mergulhado em irreversível declínio.

Nada do que Salisbury constatou em Constantinopla o fez mudar de opinião. Abdulhamid o recebeu em audiência, demonstrando aqueles belos e refinados modos que Elliot admirava. Porém, para desalento do embaixador, Salisbury permaneceu impassível. Desconfiava do Sultão e de seus ministros, a despeito das homenagens dispensadas a seus convidados. Nem mesmo a Ordem da Virtude e Castidade (Terceira Classe), tão cortesmente concedida à marquesa, apaziguou seu marido, embora o divertisse. "Uma criatura infeliz e insignificante, que me disse não ousar conceder o que pedíamos porque sua vida estava em perigo," escreveu Salisbury em carta particular para seu terceiro filho, naquele Natal.[6] Tal comentário, se proviesse de um diplomata de carreira acreditado junto à Porta, não despertaria muito interesse. Todavia, em 1876 Salisbury era o homem do momento na política imperial inglesa. Como ministro do Exterior ou primeiro-ministro (e geralmente como ambos) lhe caberia formular a política da Inglaterra por quase metade dos trinta e dois anos do reinado do Sultão. Jamais reconsiderou sua convicção sobre a desvalia de Abdulhamid.

A Conferência foi precedida por nove reuniões em torno de uma mesa-redonda na embaixada russa sob a presidência do general Ignatiev, para que se decidisse exatamente como o Sultão deveria pôr sua casa em ordem. Como se quisesse reafirmar seu compromisso com as reformas, em 19 de dezembro, Abdulhamid nomeou Midhat Pasha seu Grão-Vizir. Quando, quatro dias após, foi realizada a primeira sessão plena da Conferência no prédio do almirantado otomano, ao lado do estaleiro naval do Chifre Dourado, as deliberações iniciais foram de súbito perturbadas pelo ribombar de canhões. Calmamente, o ministro do Exterior otomano informou aos delegados que o som que tinham ouvido era uma salva em homenagem à proclamação da constituição de Midhat. Prometendo reformas para os povos do Império, os representantes do Sultão argumentaram que a Conferência se tornara supérflua e irrelevante. Manifestações patrióticas bem orquestradas e conduzidas por estudantes muçulmanos condenaram o pan-eslavismo e clamaram pela guerra contra a Rússia. Os delegados repararam que gregos e armênios eram tão radicalmente antirrussos quanto os Jovens Otomanos. Essas demonstrações do sentimento popular reforçaram a determinação do Sultão. Todas as propostas formuladas pelos delegados estrangeiros foram rejeitadas. Em 20 de janeiro de 1877, todos abandonaram a missão. Sua partida coletiva, assim planejada para demonstrar uma digna reprovação, perdeu a desejada eficácia quando a beira-mar foi castigada tão severamente por uma tempestade que apenas um indignado Lord Salisbury ousou enfrentar o tempo inclemente.[7]

Abdulhamid não lamentou a frustração dos delegados que vieram à sua capital para ditar reformas. Mas o fiasco do evento que os turcos, com um toque de menosprezo, chamaram "Conferência do Estaleiro" (*Tersane Konferansi*) levou os mercados financeiros europeus a se fecharem ao empobrecido estado otomano e aumentou a probabilidade de uma guerra com a Rússia. O Sultão, que detestava Midhat, poderia atribuir ao Grão-Vizir a culpa pela humilhação imposta aos delegados estrangeiros. Também percebeu com agrado as reclamações dos militares e dos líderes religiosos diante da tentativa do Grão-Vizir de autorizar a admissão de cristãos como cadetes, ao lado dos muçulmanos, na Academia de Guerra. Quinze dias depois da interrupção da conferência, Midhat foi convocado ao Dolmabahche. Ao chegar ao palácio, notou que o iate imperial estava pronto para zarpar, embora o início de fevereiro não parecesse época propícia para Abdulhamid resolver navegar. Porém, o Sultão nem estava presente no Dolmabahche. Um oficial de gabinete informou Midhat que, com amparo na cláusula de emergência da constituição (artigo 113), o Sultão ordenara sua prisão e banimento, por constituir uma ameaça para o estado. Foi posto a bordo do iate imperial, que de imediato partiu para Brindisi. Um burocrata de menor expressão, totalmente dependente do Sultão, o substituiu como Grão-Vizir. O corpo diplomático recebeu a garantia de que, apesar de o arquiteto da constituição de 1876 estar no exílio, o Sultão não tencionava abandonar a experiência parlamentar.[8]

As eleições já tinham sido realizadas em diversas províncias e logo aconteceriam na capital. Não provocaram muito nervosismo. O direito de voto era restrito, e os procedimentos de votação indireta eram regulados por um complicado sistema de colégios eleitorais. Para os súditos do Sultão mais distantes, a perspectiva de uma representação parlamentar despertou pouco interesse, a não ser a repercussão negativa no Líbano, onde os maronitas se recusaram a participar de qualquer eleição, temendo que um parlamento dominado por otomanos ameaçasse a autonomia conquistada quinze anos antes. Porém, na terceira semana de março de

1877, o Sultão abriu a *Meclis-i Mebusan* (Câmara dos Deputados), em imponente cerimônia no Dolmabahche, à qual compareceram o corpo diplomático, os líderes religiosos e todos os dignitários de estado.

O presidente da Câmara foi designado por Abdulhamid, ignorando procedimentos já assentados no sentido de a própria câmara eleger o titular. O discurso do Sultão foi lido para os deputados pelo secretário do palácio, Küchük Mehmed Said, que viria a ser Grão-Vizir em sete oportunidades durante seu reinado. O discurso manteve o compromisso com um programa de reformas que aperfeiçoaria a administração, a justiça e a agricultura. Os deputados – 71 muçulmanos, 44 cristãos e 4 judeus – em seguida se retiraram para o plenário instalado para eles em Istambul, no salão de um prédio perto da Santa Sofia, construído em 1840 como nova universidade, mas posteriormente ocupado por escritórios do governo. Lá, durante os três meses seguintes, os deputados discutiram tópicos como a composição dos conselhos de assessoramento nas províncias, uma lei restritiva de imprensa e a necessidade de cortar salários dos servidores civis. O correspondente do *The Times*, que compareceu a uma das primeiras sessões, ficou impressionado com o caráter multinacional da *Meclis-i Mebusan*: "Identificamos na câmara 10 nacionalidades, falando 14 línguas diferentes," informou.[9] Durante o verão, o Sultão designou 21 muçulmanos e 5 não muçulmanos para compor o senado, o *Meclis-i Ayan* (Câmara de Notáveis). Abdulhamid não concedeu poder nenhum às duas câmaras e lhes permitiu pouca iniciativa. O período parlamentar coincidiu com uma crise crescente, a mais ameaçadora para o Império Otomano desde Sinope. Ademais, a urgência imposta pelas questões raramente permitia que chegassem a ser discutidas na câmara baixa. Admitia-se, com razão, que os deputados aprovariam qualquer posição adotada pelo Sultão e por seus ministros contra interferência externa.

Ao fracasso da Conferência de Constantinopla seguiu-se uma ofensiva diplomática russa nas capitais europeias que culminou no Protocolo Conjunto de Londres de 13 de março, sob inspiração da Rússia. O Sultão, o Czar e os governantes dos Bálcãs desmobilizariam seus exércitos, desde que fossem introduzidas reformas no Império Otomano, que seriam supervisionadas pelas Grandes Potências. O Sultão não estava disposto a aceitar imposições da Europa e, dez dias depois, a Porta rejeitou o protocolo. Os russos, que já tinham celebrado acordos secretos com a Áustria-Hungria a propósito do futuro da Bósnia-Herzegovina, assinaram dois tratados com a Romênia que concediam livre passagem das tropas do Czar para as fronteiras da Bulgária. Oito dias depois – em 24 de abril de 1877 – Alexandre II declarou estado de guerra com o Império Otomano e conclamou suas tropas a marcharem "pelo Ortodoxismo e pelo Eslavismo."[10]

Essa quarta guerra russo-turca no século durou dez meses e meio.

Quando os russos transpuseram o baixo Danúbio em junho, tudo indicava que destruiriam quanto surgisse à sua frente, uma vez que, apesar de as tropas otomanas lutarem bravamente e disporem de uma boa artilharia, praticamente não havia o trabalho de estado-maior. Na frente do Cáucaso, os russos rapidamente tomaram vários fortes, obrigando o comandante otomano, Ahmed Muhtar, a concentrar suas forças em Kars, a fortaleza que por duas vezes fora violentamente atacada pelos russos na metade anterior do século. Agora, de novo Kars foi habilmente defendida por cinco meses. A despeito das vitórias iniciais dos russos nos Bálcãs, o antigo comandante da Academia de Guerra, Husnu Suleyman, revelou muita iniciativa ao transportar por mar uma força da Albânia para Dedeagatch e lançar uma contraofensiva que deteve os invasores no Passo de Shipka, na principal cordilheira dos Bálcãs. Todavia, o herói da campanha foi Osman Pasha. Em 20 de julho, e novamente dez dias mais tarde, sua corajosa atuação como comandante permitiu que a pequena e fortificada cidade de Plevna (Pleven), cerca de 130km ao norte de Sofia, resistisse a sucessivas ondas de assalto russas. Uma terceira tentativa de tomar Plevna em meados de setembro custou aos russos perdas ainda mais pesadas. Em consequência, Plevna foi cautelosamente atacada pelo grande engenheiro militar da Rússia, o general Eduard Totleben. Não assaltaria a cidade, mas levaria seus defensores a render-se por inanição.[11]

Em suma, antes da chegada do inverno prevalecia um clima de otimismo no Chifre Dourado. Esperava-se que neblina, chuva e neve levassem a um impasse nas frentes de combate, obrigando o Czar a negociar a paz. As longas linhas russas de suprimento ficavam vulneráveis nas condições impostas pelo inverno, enquanto os dispendiosos brinquedos de Abdulaziz, os encouraçados otomanos, davam ao Sultão a supremacia naval no Mar Negro. Ao mesmo tempo, Abdulhamid elevou o moral otomano recorrendo a um fator que, em retrospecto, vem a ser o apelo fundamental ao sentimento pan-islâmico. Contrapunha-se à invocação ao "Ortodoxismo e Eslavismo" feita pelo Czar e punha uma nova ênfase em suas pretensões como Califa. O pavilhão sagrado do profeta deixou solenemente o Topkapi Sarayi. Com o estandarte do Islã nas mãos e o apoio do *seyhülislam*, o Sultão-Califa declarou a Guerra Santa (a *jihad*) contra os exércitos infiéis do Czar. Como Alexandre II tinha uns dez milhões de súditos muçulmanos, uma resposta plena ao apelo à *jihad* teria provocado uma grave rebelião no interior do Império Russo. Um agente do Sultão viajou para Kabul a fim de incentivar os afegãos muçulmanos a abrirem uma frente de combate na Ásia central. Mas, pelo momento, uma revolta islâmica em massa seguia improvável. A consequência imediata da *jihad* no núcleo do Império Otomano foi uma explosão de patriotismo, estimulando o recrutamento para o exército e contribuições para um fundo de guerra. Digno de nota foi o fato de, em 21 de maio, os deputados homenagearem seu soberano propondo que assumisse o honroso título de *Ghazi* (chefe guerreiro contra o infiel).[12]

Durante o verão, aumentaram as esperanças do Sultão de contar com o apoio de Londres. Quatro dias antes da declaração de guerra pela Rússia, Sir Henry Elliot foi substituído no posto de embaixador por Henry Layard, um arqueólogo turcófilo que fizera escavações em Ninive na década de 1840, quando era adido da embaixada, sob as ordens de Stratford de Redcliffe. Os documentos públicos e privados de Layard mostram o quanto ele tomava Stratford como modelo, proporcionando a Abdulhamid o tipo de crítica construtiva que o pai do Sultão aceitara do Grande Elchi durante a Guerra da Crimeia. "Um homem do qual se pode esperar muita coisa," escreveu o embaixador para casa em tom superior e condescendente, depois de sua primeira audiência com Abdulhamid. Após a segunda, ficou, disse ele, "ainda mais favoravelmente impressionado" pelas qualidades do Sultão.[13] O primeiro-ministro Disraeli (feito Conde de Beaconsfield no verão anterior) acatou sem pestanejar os julgamentos e advertências de Layard, embora seu ministro do exterior (Lord Derby), seu ministro para as Índias (Lord Salisbury) e outros membros do Gabinete permanecessem céticos. Em julho, quando parecia provável os russos irromperem por Edirne e pela península de Gallipoli, Disraeli acenou com garantias amistosas para o Sultão, dando a entender que poderia ordenar à esquadra inglesa entrar nos Dardanelos a fim de impedir que Constantinopla fosse ocupada pelos russos. Mas Abdulhamid não desejava ver os *ironclads* da esquadra do Mediterrâneo no interior do Mar de Mármara. A obstinada defesa de Plevna e o fracasso da tentativa de obrigar as tropas de Pasha Suleyman a recuarem para a Trácia atenuaram a ameaça à sua capital, e os navios de guerra ingleses não passaram de Smyrna.

Parte da posterior hostilidade de Abdulhamid à Inglaterra derivou da confiança mal interpretada em sua ligação com Layard naqueles meses de prolongada crise. Ele sabia que, enquanto os telegramas da embaixada eram sempre dirigidos ao Foreign Office, Layard também mantinha correspondência pessoal e direta com Disraeli. O Sultão tratava o embaixador e sua esposa com rara cortesia, convidando diversas vezes o casal para "jantar tranquilamente" com ele. Quase certamente suspeitava que as informações de Layard eram repassadas para alguém mais russófobo do que o primeiro-ministro. Segundo o que Layard informou a Disraeli, num audiência naquele inverno o Sultão manifestou "a maior admiração e amizade pela Rainha," "falou como um cristão culto," e "mencionou a vida conjugal do Príncipe Albert e Sua Majestade" como belo exemplo. Layard considerou a conversa "curiosa."[14]

O inverno não ajudou os defensores, como esperavam os turcos. As nevascas nos Bálcãs eliminaram qualquer possibilidade de socorrer

Plevna, que, em 11 de dezembro, finalmente rendeu-se aos russos. Em um mês, as tropas do Czar estavam em Sofia, a tempo de celebrar o grande Festival da Epifania ortodoxo. Em 20 de janeiro de 1878, tomaram Edirne e passaram a ameaçar Constantinopla e a península de Gallipoli. Esse clímax da guerra coincidiu com a segunda sessão do parlamento otomano, para o qual tinham sido realizadas eleições em novembro e que foi aberto solenemente no último dia do ano anterior. O colapso militar tornou o segundo parlamento mais vociferante que seu antecessor, atacando a má condução da guerra e fazendo críticas circunstanciadas. Isso acontecia enquanto se ouvia o som da artilharia na capital, fazendo Abdulhamid temer que o patriotismo religioso que estimulara nos primeiros momentos da campanha se voltasse contra ele. Porém, independente do clima no parlamento, o próprio Sultão reconheceu a necessidade de paz. Em 1º de janeiro foi concluído um armistício em Edirne.

O fim das operações militares deixou Abdulhamid exposto a três riscos principais: a fúria dos deputados; a intromissão maior do inimigo; e atos provocadores de seu suposto aliado. O Sultão não foi muito perturbado pelo *Meclis-i Mebusan*. Quinze dias após o armistício, compareceu à câmara baixa pessoalmente. Um deputado reclamou que os representantes do povo eleitos não tinham sido consultados sobre as formas de evitar o desastre militar. Outro chegou a ponto de propor um corte nas despesas pessoais do Sultão. Abdulhamid a tudo ouviu impassível. Naquela noite, expediu um decreto dissolvendo a Câmara sob a alegação que o órgão não podia cumprir eficientemente seus deveres em momento crítico para o Império. Também autorizou a prisão dos deputados mais falantes, mas seu Grão-Vizir o convenceu a dar uma contraordem, temendo que a prisão gerasse uma revolta popular. Os deputados retornaram a suas casas em segurança. O parlamento, como explicou o Sultão posteriormente, não fora abolido, apenas suspenso até que o Império estivesse pronto para ele. A câmara permaneceu vazia ano após ano. Três décadas se passariam até Abdulhamid abrir um terceiro parlamento.[15]

Os russos não podiam ser mandados a tratar da vida de forma tão simples e rápida. Assim, três semanas depois do armistício de Edirne, ameaçaram invadir Constantinopla. Para deter o exército do Grão-Duque Nicolau, o Sultão se viu forçado a fazer o que, na prática, equivalia a uma rendição incondicional. Os termos do armistício estipulavam a imediata retirada do que restava de tropas otomanas na Bulgária. Também estabeleciam que um tratado final de paz incluiria o pagamento de indenizações de guerra, autonomia para a Bulgária e a Bósnia-Herzegovina, independência total para a Romênia, Sérvia e Montenegro e revisão da Convenção dos Estreitos, a fim de conferir à Rússia direitos sobre a abertura e o fechamento do Bósforo e dos Dardanelos. Se as autoridades otomanas violassem qualquer das disposições do armistício, o Grão-Duque Nicolau se reservava o direito de ordenar a suas tropas que continuassem avançando. Algumas unidades da vanguarda já tinham chegado à costa do Egeu, em Dedeagatch, e os comandantes otomanos locais insistiam em afirmar que o movimento das unidades russas não cessara com a assinatura do armistício. Isso não era verdade. O Grão-Duque obedeceu escrupulosamente aos termos que estabelecera. Porém, o rumor intensificou o quase pânico que tomava conta de Constantinopla. Em 5 de fevereiro, Layard telegrafou para Londres: "Armistício não deteve avanço russo. Porta muito alarmada."[16] Dois dias depois, na Bulgária, os russos cortaram todas as linhas telegráficas entre Constantinopla e a Europa Ocidental, obrigando Layard a enviar suas mensagens via Bombaim. Esse inconveniente procedimento convenceu Disraeli de que os russos estavam na iminência de conquistar a capital otomana. Em 8 de fevereiro, o almirante Sir Phipps Hornby, que trouxera as melhores belonaves para a esquadra do Mediterrâneo na Baía de Besika quinze dias antes, recebeu ordem para penetrar nos Estreitos, responder ao fogo se necessário e manter-se ao largo de Constantinopla.

Embora recebesse com satisfação as garantias de apoio oferecidas por Disraeli e transmitidas tanto por Layard quanto por seu próprio embaixador em Londres, Abdulhamid ficou alarmado com a atividade naval inglesa. "Parece que o Sultão concluiu que a entrada de nossa esquadra levará a seu assassinato ou, pelo menos, à perda do trono, além de atrair os russos para a capital e provocar um massacre generalizado de muçulmanos, seguido pela destruição de suas propriedades," escreveu Layard para Lord Derby. "Não há uma só hora, dia e noite, sem que apareça em casa um de seus ministros ou que receba uma carta de algum deles. Imploram para que não deixe a esquadra se aproximar."[17] Em nenhuma circunstância o Sultão ousou autorizar a entrada de navios de guerra nos Dardanelos, mas, em 13 de fevereiro, Hornby penetrou pela Garganta, violando a Convenção dos Estreitos. Treze meses se passariam até a esquadra inglesa retornar ao Egeu.

Como temia o Sultão, os russos viram na chegada da esquadra inglesa um ato hostil. Seu comandante, o Grão-Duque Nicolau (irmão favorito do Czar) determinou o avanço para o Mar de Mármara, e suas tropas chegaram a San Stefano (hoje Yesilkoy, onde fica o aeroporto de Istambul), a 10km das muralhas externas de Constantinopla. Nesse ponto, com Inglaterra e Rússia caminhando para uma guerra, chegou-se a um acordo: o Grão-Duque aproveitaria a nova Ferrovia do Oriente para deslocar seu quartel-general de Edirne para San Stefano, mas não enviaria patrulhas para as proximidades da cidade. Os navios de Hornby ficariam ancorados oito milhas ao sul do Chifre Dourado, ao largo da Ilha Prinkipo (Büyükada), para onde, em 1807, o almirante Duckworth trouxera seu esquadrão quando, pela primeira vez, navios ingleses penetraram nos Dardanelos. A tensão continuou. Os ingleses temiam que os russos se apoderassem da esquadra turca e, em 14 de fevereiro, Layard foi instruído a tentar comprar imediatamente os quatro novos *ironclads* otomanos.[18] Todavia, embora os cofres do tesouro otomano estivessem vazios, a Porta rejeitou indignada a proposta. Enquanto isso, continuavam em San Stefano penosas negociações para a elaboração de um tratado de paz.

Situação curiosa. Nenhum comandante russo jamais estivera tão perto de conquistar Constantinopla quanto o (militarmente incompetente) Grão-Duque Nicolau. Entre os integrantes de seu estado-maior durante aquelas frustrantes semanas estava o Príncipe Alexander de Battenberg, cujo irmão, o Príncipe Louis, servia a bordo do navio inglês apropriadamente denominado *HMS Sultan*, ao largo da Ilha Prinkipo. "Esta manhã cavalguei com o Grão-Duque até as alturas que dominam San Stefano e vimos Constantinopla diante de nós, com a Santa Sofia, os minaretes, Scutari etc.," escreveu Alexander de Battenberg aos pais. "Os olhos do Grão-Duque se encheram de lágrimas. Que satisfação seria chegar aos portões de Constantinopla com seu exército!"[19] Durante as semanas de incerteza em que as tropas russas podiam ver os mastros dos navios ingleses no horizonte, o Príncipe Alexander foi recebido no *HMS Sultan* pelo irmão e pelo comandante da belonave. Vemos aqui mais um exemplo do parentesco real que tornou a colaboração anglo-russa mais natural do que a anglo-turca. O comandante do *HMS Sultan* era o Príncipe Alfred, Duque de Edinburgh, segundo filho da Rainha Victoria e marido da única filha sobrevivente do Czar.

"Mais russos do que os russos," foi a opinião do Príncipe Alexander sobre os sentimentos do "pessoal do navio," em carta aos pais. Impressão nitidamente diversa sobre as simpatias das tripulações de Hornby foi transmitida a Abdulhamid por Layard e o pelo médico fanariota do Sultão, Mavroyeni.[20] Na Inglaterra, a opinião pública continuava dividida a propósito da Questão Oriental, com forte apoio nas províncias à cruzada moral de Gladstone em favor dos cristãos dos Bálcãs. Em Londres, porém, houve o ressurgimento de um patriotismo hostil aos russos, disposição popularizada por uma canção do teatro de variedades, "Jingo," de autoria de James MacDermott, que cantava, com mordaz insistência, "os russos não terão Constantinopla." Mavroyeni passou para o Sultão uma tradução do entusiasmado refrão de MacDermott. Diz-se que provocou um raro sorriso de satisfação naqueles lábios finos e cruéis. Ele se convenceu de que os marinheiros nos encouraçados ao largo de Prinkipo eram, sem exceção, "jingos." Não obstante, por mais que tivesse deplorado sua chegada, a partir do fim de fevereiro de 1878, Abdulhamid passou a considerar a esquadra de Hornby a sua linha vital com o Ocidente.

Em 3 de março, foi assinado um tratado de paz em San Stefano, baseado nas disposições preliminares acordadas em Edirne. Foi um triunfo para o pan-eslavismo.[21] Além de impor uma grande indenização, de proporcionar à Rússia consideráveis ganhos na Anatólia oriental e de confirmar a independência da Romênia e de Montenegro e de uma Sérvia com territórios ampliados, o tratado criou uma "Gran Bulgária" como principado autônomo, mas tributariamente sob soberania otomana. Jamais um Sultão aceitara tais termos. A única esperança de Abdulhamid era o acerto pan-eslavo ser considerado inaceitável pelas Grandes Potências rivais da Rússia.

Mesmo antes da assinatura do tratado, o Conde Andrássy, ministro do Exterior austro-húngaro, ficara alarmado com as fronteiras propostas para os Bálcãs ocidentais, pois interferiam na esfera de interesses austríacos. Tentou um novo Congresso de Viena para chegar a um acordo mais aceitável. Todavia, os russos nunca permitiriam ao seu tradicional rival na bacia do Danúbio iniciativa desta natureza. O mais que o Czar e seus ministros concederiam era um Congresso em Berlim depois do verão, mas sob presidência alemã, e não austríaca. Embora pouco se interessasse por questões balcânicas, o chanceler e ministro do exterior alemão, Otto von Bismarck, também não queria ver todo o continente envolvido em uma guerra por causa do atrito entre Viena e São Petersburgo. A pedido de Bismarck, Andrássy expediu convites para um Congresso em Berlim justamente na semana em que os termos do Tratado de San Stefano foram divulgados.[22]

Abdulhamid não confiava em Andrássy, não só por causa da quebra do mercado de ações cinco anos antes, que enfraquecera a credibilidade de todos os ministros Habsburgos. O Sultão confiava mais em Disraeli. No dia em que foi assinado o Tratado de San Stefano, ele convidou Layard para jantar e discutir formas de rever o acordo. O embaixador passou a semana seguinte redigindo um memorando de trinta e duas páginas para o Foreign Office, salientando as enormidades do San Stefano.[23] Destacou não apenas as cláusulas do tratado que envolviam os Bálcãs, mas também o avanço da fronteira no Cáucaso, que dava à Rússia o controle da histórica rota de caravanas de Trebizonda para Tabriz e a Ásia central. O documento de Layard agravou o clima beligerante em Downing Street. A discussão no Gabinete sobre a busca de uma forte "base permanente" da Inglaterra dentro do Império Otomano levou Lord Derby a renunciar ao cargo de ministro do Exterior. Em 2 de abril, Disraeli reforçou seu governo designando Lord Salisbury para substituí-lo. O novo ministro do Foreign Office não compartilhava com seu chefe o mesmo entusiasmo romântico pelo sultanato como instituição histórica, mas reconhecia os riscos inerentes a um acordo que "resolvia" a Questão Oriental tão definitivamente em favor da Rússia. Ao mesmo tempo, a independência de julgamento de Salisbury o tornava mais aceitável pelos russos do que seu antecessor e, após inteligentes negociações em abril e maio, o novo ministro conseguiu do embaixador do Czar o reconhecimento de que o Tratado de San Stefano precisava de uma revisão.[24] Sem a paciente ação diplomática preliminar de Salisbury, não teria havido a reconfiguração da fronteira otomana no Congresso de Berlim, no fim de junho e em julho.

Embora nunca se convencesse de que o Império Otomano fosse "uma potência legítima e confiável," Salisbury estava disposto a negociar uma aliança secreta garantindo a integridade dos territórios que restavam ao Sultão na Anatólia. Mas isso teria um preço. Disraeli salientou que essas garantias só seriam possíveis se a Inglaterra pudesse contar com uma base de operações na Ásia Menor. Como disse à Rainha no início de março, era preciso dispor de uma base que protegesse "o comércio e as comunicações da Europa com o Oriente da insidiosa interferência da Rússia." Foram avaliadas seriamente as possibilidades de essa base ser em Creta ("enormes vantagens," mas o desejo de união com a Grécia "inevitavelmente causaria dificuldades políticas"), de ser na ilha de Stampalia (Astipalia) no Dodecaneso, e do arrendamento de Mytilene ou Iskenderun. Em maio, Disraeli chegou à conclusão de que "Chipre é a chave de entrada para a Ásia Ocidental."[25] Em 4 de junho, foi assinada em Constantinopla a Convenção de Chipre: se a Rússia mantivesse a posse de Kars, Batum e Ardahan, a Inglaterra defenderia o Império Otomano na Ásia de qualquer outro ataque russo, retribuindo a ocupação de Chipre, que permaneceria sob a soberania do Sultão. Somente na quarta semana do Congresso de Berlim o Sultão expediu o *firman* (édito imperial) autorizando tropas inglesas a se instalarem na ilha, e só o fez depois que os ingleses protestaram porque a delegação que ele enviara ao Congresso de Berlim desconhecia totalmente a Convenção de Chipre.

No Congresso de Paz em Paris, em 1856, Ali Pasha impressionara as demais delegações por sua competência. Vinte e dois anos mais tarde, os três delegados otomanos em Berlim eram nulidades: um grego fanariota que fora ministro de obras públicas; um turco, poeta e funcionário do palácio, com dois anos de experiência na embaixada em Berlim; e, mais controverso, um natural de Magdeburg convertido ao Islã que desertara do exército prussiano e que Bismarck não considerava merecedor de qualquer cortesia. Abdulhamid selecionara pessoalmente esse infeliz trio e os instruiu apenas verbalmente, sem lhes fornecer orientação escrita. Deviam salvar o que pudessem nos Bálcãs, ver se descartavam a indenização de guerra e conseguir que Varna, Batum e toda a Armênia retornassem à soberania turca. Não causa surpresa o fato de a delegação russa anotar em seu diário do congresso: "Os turcos sentam-se e falam – só tolices."[26]

Seus problemas se agravavam com as incertezas sobre o que estava acontecendo em Constantinopla. Ao chegarem a Berlim, de modo algum podiam ter a certeza de que o soberano que lhes atribuíra responsabilidades tão imprecisas permaneceria muito mais tempo no trono. O avanço russo pelos Bálcãs obrigara milhares de refugiados a fugir para Constantinopla, mais do que dobrando a população da cidade. Faltavam alimentos e não havia trabalho para eles. Logicamente eram presa fácil para qualquer demagogo que quisesse incitar a turba à violência.

Em 20 de maio, Ali Suavi, no passado Jovem Otomano radical e agora fundamentalista islâmico empedernido, armou um punhado desses infelizes refugiados. Liderou um grupo de cerca de cem deles e invadiu o palácio Ciragan, tentando libertar o deposto Murad V, que tencionava se proclamar Sultão. O chefe de polícia chegou, derrubou Ali Suavi com seu bastão e, com seus policiais, matou ou feriu metade dos invasores.

O incidente todo não durou mais de uma hora.[27] É apenas um episódio trivial na longa história de um império em declínio. Todavia, o golpe abortado deixou impressão duradoura na mente de Abdulhamid. Inicialmente, entrou em pânico. Durante pelo menos quinze dias adotou medidas vacilantes, demitindo ministros inesperadamente e expedindo ordens que, poucas horas depois, revogava. Um beneficiário dessa hesitação foi o Sultão deposto. Abdulhamid autorizou sua execução, mas nenhuma ação foi tomada, provavelmente porque Murad, um maçom, conseguiu enviar mensagem para o mestre da Loja Maçônica fanariota pedindo ajuda do Kaiser Wilhelm I e do Príncipe de Gales. Naquele mês de maio, certa noite Abdulhamid enviou seu secretário à embaixada inglesa para pedir que o *HMS Antelope*, à disposição do embaixador, ancorasse perto do Dolmabahche, pronto para receber o Sultão em caso de necessidade. Mal o *Antelope* chegou à sua posição, chegou uma segunda mensagem dirigida ao embaixador pedindo para que o vapor voltasse para sua posição anterior. Na manhã seguinte, o Sultão recebeu Layard a sós no harém. O Sultão, segundo suas próprias palavras, "corria extremo perigo": o exército o odiava; o povo não gostava dele; desde sua acessão ao trono não tivera uma única noite de repouso. Temia não a morte, mas o confinamento no *kafe* pelo resto da vida. Layard protegeria sua família se fosse morto defendendo seu trono? Em nota escrita pelo próprio Sultão no dia seguinte, mais uma vez ficou patente sua sensação de perigo iminente. "Sinceramente, lamento pelo pobre Sultão, por quem não consigo sentir pena e nem mesmo amizade," escreveu Layard para

Salisbury, seis dias antes da abertura do congresso em Berlim. "Se, no entanto, a segurança do estado e nossos interesses supremos exigirem que seja afastado, ele deve ser sacrificado."[28] Nenhum embaixador inglês – nem mesmo Stratford de Redcliffe em seu apogeu – se igualou a Sir Henry Layard como pretenso árbitro de assuntos otomanos durante esse verão de crise permanente.

Abdulhamid não foi "sacrificado," mas sua posição continuou incerta por vários meses. Pelo menos mais duas conspirações para repor Murad V no trono foram tramadas pelos maçons fanariotas e denunciadas ao Sultão pela crescente rede de espiões da polícia na capital. Aparentemente, a incompetência dos conspiradores contribuiu para que Abdulhamid recuperasse a serenidade. Até os reveses na guerra enfraquecerem sua disposição para cumprir a missão a que se propunha, seu objetivo fora a implantação de uma nova autocracia. Antes da chegada do inverno de 1878, essa tendência despótica de sua personalidade voltou a se manifestar. Desde que subira ao trono, escolhera viver não em meio à grandeza "mecidiana" do Dolmabahche, mas no pavilhão de verão na encosta de uma colina em Yildiz, que Abdulaziz construíra acima de velhos cemitérios em uma área que descortinava a vista do palácio Ciragan. Agora, Abdulhamid transformara Yildiz num distrito extremamente seguro, tão complexo quanto o Topkapi Sarayi no século anterior, capaz de acomodar cinco ou seis mil pessoas, porém mais espaçoso do que qualquer outro complexo otomano no passado.[29] Não havia uma residência imperial única. Era mais seguro mudar constantemente de uma casa para outra, a fim de confundir possíveis assassinos. Externamente Yildiz era – como é hoje – um parque pacífico e atraente, com arvoredos, lagos e fontes, caminhos de cascalho que levam a chalés em forma de quiosques e vistas inesperadas das praias da Anatólia e dos navios que navegam pelo Bósforo ou além do promontório de Istambul. Yildiz também tem sua própria prisão. É próxima da área onde ficavam animais em exibição, para que embaixadores e convidados pudessem ouvir o canto de pássaros e animais, em vez dos seres humanos no cativeiro.

As duas faces de Yildiz tornaram o distrito imperial um símbolo do reinado de Abdulhamid, tanto quanto o Dolmabahche fora do período de seu pai. Apenas guardas de confiança e pessoas bem conhecidas eram autorizadas a trabalhar para o Sultão no interior dos muros de estuque amarelo. Por dezenove anos depois de sua libertação do internamento na Rússia, o herói de Plevna, Ghazi Osman Pasha, foi chefe da administração de Yildiz e responsável pela segurança. Osman também presidiu o recém-criado Conselho Privado Imperial, que tinha como uma de suas finalidades extirpar a corrupção e a ineficiência nos mais altos níveis do estado, militar ou civil. Até se tornar Grão-Vizir em outubro de 1879, o secretário do Sultão, Mehmed Said, organizou a burocracia, e o palácio continuou sendo a base de poder de Said em todo o reino. Mas Yildiz também dispunha de seu próprio departamento de imprensa, de um escritório de relações exteriores e de uma secretaria pessoal de finanças de Abdulhamid, chefiada por Hakop Zarifi. A organização mais sinistra baseada em Yildiz era a *hafiye* (polícia secreta), controlada, por cerca de vinte anos, pelo protegido circassiano de Abdulhamid, Ahmed Celaleddin. Subordinados ao *hafiye* havia centenas de informantes (*jurnalcis*), pagos para fornecer ao Sultão as notícias de maior repercussão, não apenas sobre a capital, mas também sobre cidades e aldeias distantes. Árabes da Síria e da Tripolitânia – a maioria membros influentes da *ulema* – e espiões ansiosos por deixar o labirinto de Kapali Carsi, o grande bazar de Istambul, conseguiram um lugar na secretaria *hafiye*. Foram produzidas muitas informações e, embora várias não pudessem ser confirmadas, todas eram cuidadosa e pessoalmente examinadas por Abdulhamid. A consequência geral de uma polícia secreta com demasiado efetivo foi desastrosa. Ademais, as informações intensificaram sua paranoia e a sensação de estar sendo traído. Durante o restante de seu reinado a mente de Abdulhamid esteve sempre atormentada pelo fantasma de seu assassinato iminente. Os convidados recebidos em Yildiz relatavam que o Sultão utilizava eunucos não simplesmente para testar sua comida antes de ingeri-la, mas era dever de um deles dar a primeira tragada de seu cigarro, para garantir que não estava envenenado.[30]

A negra nuvem de suspeita que com tanta frequência toldava a mente sorumbática de Abdulhamid se estendeu sobre embaixadores e estadistas estrangeiros, assim como ministros e burocratas otomanos. Layard logo caiu em descrédito, apesar de sua inclinação pelos turcos. Informações chegadas de Berlim e outras capitais europeias convenceram o Sultão da traição inglesa. Pouco antes da abertura do congresso, em Londres o jornal *The Globe* publicou a versão vazada de um protocolo secreto anglo-russo, propondo que a Rússia conservasse Kars e Batum, mas restituindo a cidade de Bayazid e aceitando a divisão da Gran Bulgária em duas províncias. Essa convenção secreta também estabelecia que, como a Inglaterra possuía interesse especial na Grécia, as grandes potências deveriam se reunir para decidir o futuro do Épiro, da Tessália e "doutras províncias cristãs que permanecem subordinadas à Porta." A revelação do *Globe* produziu "graves" consequências imediatas para o prestígio da Inglaterra em Constantinopla. Em carta particular, Layard escreveu a seu antecessor Elliot: "Não existe turco ou cristão que hoje não esteja convencido de que traímos a Turquia, de que a Europa é falsa e de que o tempo todo estivemos em acordo com a Rússia e a Áustria para desmembrar o Império Turco e nos apossarmos de nossa parte no espólio."[31]

Os temores provocados pelas revelações de *The Globe* se confirmaram quando a informação sobre os termos finais do Tratado de Berlim chegaram a Constantinopla. A Gran Bulgária fora realmente desmantelada, mas o Sultão teria de aceitar a criação de um Principado Búlgaro estendido do Danúbio às montanhas dos Bálcãs e de uma Província da Rumélia Oriental, que, embora diretamente subordinada ao Império Otomano, teria um governador cristão e um sistema de governo especial. Bayazid e o vale do rio Eleskirt voltaram à subordinação ao Sultão, como também a Macedônia ao sul de Nis. Bósnia-Herzegovina continuavam sendo províncias otomanas, mas seriam ocupadas por tropas austro-húngaras e administradas por servidores civis indicados por Viena. Não houve modificações na Convenção dos Estreitos, mas o governo otomano se comprometia a implantar reformas nas províncias armênias restantes e, mais uma vez, a conceder liberdade religiosa em todo o Império. Montenegro mais do que dobrou sua área de antes da guerra, enquanto a Sérvia ficou com Nis e parte do território atribuído à Bulgária em San Stefano. Apenas no caso da Grécia as disposições do tratado foram menos severas do que as revelações de *The Globe* fizeram Abdulhamid temer. O apoio inglês ao governo em Atenas não foi muito caloroso. Disraeli chegou a sugerir no Congresso que, como o Império Otomano tinha perdido tanto território, não seria prudente admitir uma reconfiguração do mapa dos Bálcãs.[32] Todavia, exigia-se que o Sultão autorizasse negociações com os gregos visando a uma revisão de fronteira na Tessália. Abdulhamid foi informado de que, se os dois governos não chegassem a um acordo sobre a nova fronteira, as Grandes Potências mediariam uma solução para o problema. Finalmente, em 1881, as tropas do Sultão se retiraram da Tessália desde o norte, no Rio Pinios, até o distrito de Arta, ao sul, no Épiro, mas a Porta continuou se recusando a aceitar a reivindicação grega sobre o norte do Épiro e da Macedônia. Arta, Larissa e Trikkala passaram a ser gregas. Ioánnina e o histórico porto de Salônica (Thessaloniki) continuaram firmemente em mãos otomanas.

A esperança de Abdulhamid de que o Congresso abolisse a indenização de guerra não se concretizou. Porém, não foi um problema tão sério quanto temia, pois o Tratado de Berlim não fez referência à indenização, deixando a questão para ser resolvida em negociações bilaterais diretas. Os russos exigiam 32 milhões de libras por questão de princípio, mas o embaixador do Czar admitiu em caráter particular a Salisbury que a Rússia atribuía pouca importância ao valor e que achava que seria impossível pagá-la. Após quatro anos de conversações evasivas, a Porta se dispôs a pagar anualmente 320 mil libras (até 1982), e o Czar desistia de cobrar juros. Entretanto, os russos sabiam perfeitamente que, se os otomanos permanecessem em crônica bancarrota, sua economia sofreria. Por conseguinte, raramente insistiram para que seu vizinho pagasse a importância anual. Para ajudar a Porta a impor alguma ordem em suas finanças, ficou acertado em Berlim que os estados que se tornavam independentes assumiriam uma parcela da dívida pública otomana. Simultaneamente, o Congresso recomendou à Porta a criação de uma comissão internacional de peritos financeiros para salvaguardar os interesses dos detentores de títulos do governo otomano.

O ressentimento de Abdulhamid com a interferência estrangeira levou-o a resistir quanto pôde à instalação da comissão internacional. Houve um momento no Congresso em que a Rússia chegou a ponto de propor uma total supervisão europeia das finanças otomanas, paralelamente a uma ocupação militar do Império até que a economia estivesse em bases seguras. Solução semelhante fora aventada poucos meses antes pelo nonagenário Stratford de Redcliffe, embora apenas em última instância e estritamente limitada no tempo.[33] A ideia de vincular o controle financeiro à ocupação militar foi recebida pelos demais delegados do congresso com o ceticismo que a experiência lhes ensinara: uma vez que as tropas estrangeiras estabelecessem suas bases, quando se retirariam? Não se falou mais nessa proposta. Para Abdulhamid, porém, a repugnante proposta mostrou a gravidade da crise financeira. Começara seu reinado determinado a evitar novos empréstimos estrangeiros. Sua experiência no inverno de 1877-78 confirmou a sabedoria de sua decisão, pois o crédito do tesouro otomano era tão pobre que o empréstimo de emergência contraído em Londres por ocasião da guerra resultou em não mais de três quintos do valor estipulado, sendo os dois quintos restantes absorvidos em juros e outras deduções. Com os salários dos servidores civis em Istambul atrasados em cerca de quatro anos e os preços subindo a cada semana, o Sultão sabia que havia a ameaça de distúrbios na capital, ainda tomada por refugiados indigentes. Compreensivelmente, pôs a reforma financeira entre suas prioridades.

Felizmente, Abdulhamid pôde contar com um bom conselheiro, o banqueiro armênio Zarifi. Um decreto imperial de novembro de 1879 criou uma comissão de banqueiros de Gálata que, ao lado de membros indicados pelo Banco Otomano, devia ajudar a pagar a dívida pública. Ao mesmo tempo, o Ministério das Finanças foi reorganizado, assumindo a responsabilidade pelo Império como um todo e coordenando a arrecadação de impostos em cada província. A era da reforma *Tanzimat*, com a racionalização da estrutura administrativa, deixara a burocracia nos níveis mais altos muito pesada, com ministérios demais e funcionários em excesso na capital. Foi preconizado que se fizesse economia – ocasionalmente imposta – nos ministérios do Interior e no do Exterior. Criou-se um imposto sobre lucros que, em teoria, era arrecadado em todo o império. Foi instalada uma comissão de reforma financeira para verificar e enxugar todas as despesas orçadas pelos departamentos do governo, embora alegações de "interesse especial" reduzissem a eficiência dessa organização específica. Relatos de estrangeiros, confirmados por cuidadosos comentários de adidos comerciais e cônsules, indicam que, por trás de uma fachada impressionante, a corrupção prosperava. Mas as intenções eram boas.

Porém, se essas mudanças convenceram embaixadores estrangeiros da sinceridade de Abdulhamid, logo ficou evidente que era necessária uma autoridade mais poderosa para evitar que o governo retornasse à má governança que existia antes de o Grão-Vizir Nedim admitir a falência do estado. Finalmente, em dezembro de 1881, o Sultão aceitou uma supervisão a longo prazo das finanças otomanas por banqueiros europeus. O "Decreto Muharrem" criou a Comissão da Dívida Pública otomana, instituição praticamente autônoma e paralela ao Ministério das Finanças, administrada por um diretório internacional (franceses, holandeses, ingleses, italianos, alemães, austro-húngaros, otomanos) e empregando cerca de cem peritos estrangeiros em uma força-tarefa de cinco mil pessoas. A consequência de longo prazo dessas mudanças foi a elevação da renda do estado em cerca de 43% ao longo do reinado de Abdulhamid e a atenuação da ameaça de bancarrota do Império, embora restasse um déficit orçamentário anual. A probidade da Comissão da Dívida Pública Otomana permitiu a Abulhamid, em seus últimos anos no trono, atrair investimentos europeus em obras públicas, estimulando, por conseguinte, a economia do Império todo. No fim do século, os interesses franceses permaneciam consideráveis, e os ingleses, na virada do século, contavam com muitas *holdings*, enquanto a Alemanha se transformava no maior investidor na Anatólia.[34]

Após a guerra com a Rússia, essa evolução parecia improvável. A Alemanha de Bismarck, acompanhando a disposição de seu chanceler, até então demonstrara pouco interesse pelo Império Otomano. Os delegados de Abdulhamid no congresso, de "fez" na mão, sempre pedindo alguma coisa, eram malvistos em Berlim.O tratado russo-otomano definitivo de fevereiro de 1879 confirmou a perda de uns dois quintos do império de Abdulhamid e de um quinto de seus súditos. Em Berlim, o Império Otomano foi rebaixado da superliga a que chegara no fim da Guerra da Crimeia. Realmente, deixou de ser uma potência europeia, ainda que algumas províncias otomanas se estendessem pelos Bálcãs, de Edirne ao *vilayet* albanês de Scutari, no Adriático. Não obstante, o sultanato continuava aglutinando um vasto império multinacional, apesar de, em 1879, muitos laços externos estarem mais frouxos. Abdulhamid continuou sendo o chefe supremo de Síria, Mesopotâmia, Arábia, Egito e Magreb até a fronteira com Argélia e Tunísia. Embora a fronteira no Cáucaso tivesse se contraído, ele ainda era o soberano de cinco *vilayets* na Armênia e no Curdistão, assim como nos territórios que os geógrafos de língua inglesa chamavam "Ásia Menor." Ademais, em muito maior grau que seus antecessores, estava consciente de sua autoridade moral como Califa. A derrota diante dos russos pôs diante de Abdulhamid problemas que indicavam a adoção de novo conceito de Império e ele aceitou o desafio. O Sultão, instalado nas encostas de Yildiz, pôde desfrutar visão mais ampla da Ásia do que conseguiria dos palácios na planície à beira-mar.

11

O Império Hamidiano

Durante os primeiros dez anos de seu reinado, Abdulhamid II relutantemente aceitou a constante redução da autoridade e do poder otomano na Europa. Às humilhações de San Stefano e Berlim seguiram-se, em 1880, ter de ceder a Montenegro a posse de Ulcinj e algumas milhas da costa do Adriático, além de, um ano depois, a cessão da Tessália e do distrito de Arta, no Épiro, à Grécia. Acordo assinado com a Áustria-Hungria em abril de 1879 estabeleceu que Bósnia e Herzegovina ainda eram províncias otomanas, temporariamente administradas pelo ministro das Finanças austro-húngaro. Todavia, o orgulho otomano sofreu rude golpe quando, em 1881, jovens da Bósnia-Herzegovina foram convocados para servir no exército de Franz Josseph, como se súditos austríacos fossem. A subsequente criação de uma escola de direito *seriat* islâmica em Sarajevo, com um delicioso pórtico em colunata construído com recursos do governo Habsburgo, sem dúvida foi mais gratificante para Abdulhamid como Califa do que como Sultão. Depois de 1878, as relações entre os Habsburgos e o Império Otomano permaneceram discretamente cordiais, com Viena e Budapest insistindo em explorar qualquer possibilidade de concessão comercial, enquanto o Sultão procurava aumentar as rendas provenientes dos projetos ferroviários austríacos. O *sanjak* de Novizabar, corredor estrategicamente importante que separava Sérvia de Montenegro, permaneceu sob governo otomano, mas, no restante do reinado de Abdulhamid, tropas do 15º Corpo de Exército austro-húngaro ocuparam quatro das poucas cidades do *sanjak*.

Espantar o fantasma da "Gran Bulgária" surgido em San Stefano passou a ser tarefa cada vez mais difícil. A Rumélia Oriental, província otomana autônoma inventada no Congresso de Berlim, se revelou inviável. Embora proporcionasse sólida renda para os cofres do Sultão, os desmandos cometidos pelo governador designado – um burocrata ortodoxo grego de Samos – despertaram sentimentos pan-búlgaros e, em setembro de 1885, foram causa de uma revolta em Plovdiv, cujo líder, Stefan Stambulov, proclamou a união da Rumélia Oriental com a

Bulgária. Durante os dezoito meses seguintes, as autoridades otomanas se mantiveram reservadas e discretas, no mínimo porque Abdulhamid queria de todo modo evitar acusações de "massacrar" búlgaros. Acolheu uma reunião de embaixadores em sua capital e, em abril de 1886, acabou descobrindo que, em troca da restituição de um grupo de aldeias muçulmanas nas montanhas Rhodope, os embaixadores exigiam que expedisse um édito imperial confirmando a união das "duas Bulgárias" em um único principado tributário. Tecnicamente, até outubro de 1908 a Bulgária continuou sob a suserania de Abdulhamid e, a partir do instante em que se tornou príncipe, em julho de 1887, Ferdinand de Saxe-Coburg garantiu os pagamentos anuais de Sofia a Constantinopla. Todavia, o anseio nacionalista búlgaro continuou sendo uma saída no Mar Egeu. Na prática, a partir de 1885 a Bulgária estava tão perdida para o suserano otomano quanto as independentes Sérvia e Romênia.[1]

Em poucas palavras, no começo da década de 1880, Abdulhamid II avaliava a possibilidade de compensar o declínio do império nos Bálcãs reafirmando a autoridade otomana no Egito. Alguns anos antes, essa natural reversão da história estaria fora de questão. Em pelo menos duas oportunidades o Cairo pareceu na iminência de cortar todos os laços com Constantinopla e proclamar a independência plena do Egito. Durante as prolongadas cerimônias que marcaram a abertura do Canal de Suez em novembro de 1869, foi Ismail, governador do Egito, e não seu mestre imperial, quem atuou como anfitrião da Imperatriz da França, do Imperador da Áustria, do Príncipe-Herdeiro da Prússia e dos Príncipes de Orange e Hesse. A Imperatriz Eugénie, Franz Joseph e outros dignitários estrangeiros fariam visita de cortesia a Abdulhamid em Constantinopla, como o fizera o Príncipe de Gales alguns meses antes, mas, no delta do Nilo, Ismail posou como herdeiro dos faraós. Foi o responsável pelo teatro de ópera com que presenteou a cidade do Cairo a fim de impressionar os convidados e também por contratar *Aida*, de Verdi, encenada dois anos mais tarde. Orgulhosamente, Ismail assegurou a importante banqueiro estrangeiro: "Meu país não está mais na África, está na Europa."[2]

Não há dúvida de que Ismail, educado na França e sucessor de seu tio Said como Vice-Rei em 1863, acelerou o ritmo de ocidentalização, efetivamente afastando o Egito da Turquia. Usou a riqueza resultante do comércio de algodão em expansão para levantar empréstimos no estrangeiro, e até a crise financeira da Europa em 1873 a economia do Egito prosperou, colhendo os benefícios gerados pela boa rede ferroviária e pelo altamente rentável Canal de Suez, do qual, em sua abertura, Ismail era o maior acionista individual. Na primavera de 1866, Ismail negociou a primeira de duas barganhas com seu suserano otomano: dobrou o tributo anual pago pelo Egito, recebendo, em troca, o reconhecimento de seu cargo como *Khediva*, com direito a aumentar o efetivo do exército egípcio, cunhar sua própria moeda e conferir títulos e condecorações sem consultar o Sultão. Depois de uma visita oficial a Constantinopla, em que distribuiu presentes em profusão ao Sultão Abdulhamid e a cortesãos influentes, o Khediva obteve concessões ainda mais generosas: um édito imperial expedido em junho de 1873 assegurou ao governador do Egito virtual autonomia financeira e administrativa. Até então, só podia conseguir empréstimos com pagamento em curto prazo, mas, agora, podia obtê-los nos bancos estrangeiros a longo prazo.

Já era muito tarde quando a concessão foi extraída do Sultão. Quatro semanas antes, a bolsa de valores de Viena entrara em colapso, abalando a confiança dos banqueiros europeus. As fontes de crédito encolheram e, em dois anos, Ismail se viu sem condições de pagar os altos juros dos empréstimos de curto prazo. As ações do canal de Suez que possuía passaram para o governo inglês, graças à iniciativa de Disraeli e aos *ready funds* dos Rothschilds. Peritos ingleses e franceses tentaram salvar a economia egípcia, aumentando o controle sobre os recursos públicos como nunca os otomanos fizeram. Às pressas, Ismail procurou agradar às autoridades otomanas: em 1877, cerca de 30 mil soldados egípcios combateram pelo Sultão contra os russos. Porém, a Comissão Dual – controladores anglo-franceses das finanças egípcias – determinou drásticas economias no exército do Khediva. Consideraram, embora seja difícil concordar com eles, que Ismail era um esbanjador tão negligente quanto fora Abdulaziz e se dispuseram a afastá-lo do trono. Ismail, desesperado, apelou para Abdulhamid, argumentando que uma deposição no Cairo, ordenada por estrangeiros, era um odioso precedente para Constantinopla.

O Sultão não foi sensibilizado. Não lamentaria ver exilado o tão decidido líder da independência do Egito. Em 26 de junho de 1879, encorajado por ingleses e franceses, ordenou a deposição de Ismail. Como senhor supremo do Egito, o Sultão pôs no trono Tewfik, filho de Ismail, com vinte e sete anos. Ao mesmo tempo, Abdulhamid impôs um teto de 18 mil homens para o exército do Khediva e revogou o decreto de junho de 1873, o que, na prática, significou, mais uma vez, a limitação da autonomia egípcia.

Mas não era isso que os Comissários Duais desejavam. O Sultão não lhes percebera a intenção. Esperavam que ele se livrasse de Ismail e reduzisse o efetivo do exército, mas que Tewfik fosse a marionete deles, e não de Abdulhamid. A pressão exercida pelos embaixadores em Constantinopla resultou, dois meses depois, na publicação de uma nova versão do decreto de deposição: o Khediva Tewfik poderia exercer os mesmos direitos autônomos do pai, desde que pagasse o tributo anual ao Sultão e mantivesse o exército dentro dos limites estabelecidos. Mas essa restrição intensificou a crise egípcia. Quais oficiais poderiam prosseguir na carreira militar, os egípcios que falavam árabe ou os turco-circassianos que habitualmente eram alçados aos postos mais elevados? Ao longo dos dois anos seguintes, um grupo de pressão xenofóbico de jovens oficiais que falavam árabe continuou ameaçando perturbar a ordem no Cairo e em Alexandria. Seu líder era o tenente-coronel Ahmed Orabi, devidamente chamado na Europa ocidental de "Arabi *pasha*."

Abdulhamid achava que poderia controlar Orabi tão habilmente quanto fizera com Midhat. Estava disposto a usar os amotinados orabistas para solapar a autoridade do Khediva, disseminando de tal forma a anarquia no Egito que a Comissão Dual acataria o governo otomano direto e concederia apoio financeiro para a recuperação da província que, potencialmente, era a mais rica de seu Império. A política pessoal do Sultão para o Egito era, portanto, extremamente tortuosa. Enquanto o Grão-Vizir e outros membros do Divan viam com bons olhos a iniciativa inglesa para que, em junho de 1881, fosse realizada nova reunião de embaixadores em Constantinopla, Abdulhamid se recusava a permitir a participação otomana nas conversações e rejeitava insistentemente todos os pedidos para enviar uma força expedicionária otomana ao Egito. Em vez disso, chamou Orabi a Constantinopla, enquanto despachava um emissário pessoal ao Cairo para conversar com Tewfik. Simultaneamente, conseguiu dos embaixadores uma garantia curiosamente vaga de que tropas estrangeiras não interviriam no Egito, "exceto no caso de circunstâncias imprevistas."[3]

No começo, os acontecimentos favoreceram Abdulhamid. Distúrbios em Alexandria – quase certamente espontâneos – levaram a saques e ao assassinato de cerca de cinquenta cristãos. Navios de guerra ingleses imediatamente bombardearam a cidade e, poucas semanas depois, seus canhões cobriram o desembarque de uma força expedicionária comandada por Sir Garnet Wolseley. Em 13 de setembro de 1881, Wolseley destruiu o exército de Orabi em Tel-el-Kebir. O Sultão protestou contra a intervenção inglesa com base em dois argumentos: a invasão do Egito violava a soberania otomana, e uma intervenção unilateral não fazia sentido diante das tentativas de reconciliação que, como imperador otomano, estava patrocinando. Não ficou totalmente sensibilizado com a garantia inglesa de que a presença militar no Egito era, como a guarnição austro-húngara de Novibazar, uma exigência temporária.

O desejo de Abdulhamid de reafirmar a autoridade otomana diretamente sobre Cairo e Alexandria quase alcançou êxito, pelo menos no papel. Sucessivos primeiros-ministros em Londres realmente tiveram a intenção de cair fora do Egito o mais cedo possível. A continuação da intervenção militar se deveu, em um primeiro momento, à necessidade de reprimir a revolta do Mahdi no Sudão, para proteger tanto as áreas férteis do Egito quanto os portos do Mar Vermelho da devastação causada pela anarquia interpretada como provocação de fanáticos. Porém, a decisão de permanecer no Egito foi consequência indireta da inesperada reviravolta na política otomana. Até 1887, e talvez até 1894, os ingleses admitiram uma acomodação com o Sultão. O Egito seria governado pela Porta por meio de um *khediva* com prerrogativas de vice-rei, contando com a garantia para acionistas estrangeiros e liberdade de passagem pelo Canal de Suez. Se houvesse compromissos internacionais de observância da neutralidade do Egito, as tropas inglesas seriam retiradas. Sir Henry Drummond Wolff foi enviado em missão especial a Constantinopla para persuadir o Sultão a compartilhar o controle administrativo do Egito e prontamente foi assinado um acordo preliminar. Seguiu-se, em maio de 1887, uma Convenção formal anglo-turca. A Inglaterra contaria com direitos especiais em um Egito otomanizado, e a sua ocupação militar seria encerrada no prazo de três anos. Drummond esperou oito semanas em Constantinopla enquanto Abdulhamid mudava constantemente de opinião a respeito do tratado. Os franceses se ressentiam da posição privilegiada da Inglaterra no Egito, e seu embaixador recebeu apoio do colega russo, chegando a haver uma ameaça de guerra, caso a Convenção fosse ratificada. As veementes palavras do embaixador tinham o objetivo de levar o neurastênico Sultão a recuar e Abdulhamid as levou a sério. Não demorou muito para que o Sultão se convencesse de que os ingleses o estavam iludindo para levá-lo a assinar o tratado. No extremo isolamento de Yildiz Kiosk, foi altamente receptivo às revelações místicas de Abul Hauda al-Sayyadi, um profeta visionário de Aleppo, que enxergava as questões mundiais por ângulo muito diferente do adotado pelos ministros e auxiliares do Sultão, a meros 5 km de distância, na Sublime Porta propriamente dita.[4]

Finalmente, Abdulhamid se recusou a assinar o tratado. O momento para aquela iniciativa parecia impróprio. A hesitação do Sultão – ou, como acreditam alguns, o generoso suborno do adivinho sírio – fez com que o Sultão perdesse o controle sobre o Egito. Um alto comissário otomano fixou-se no Cairo de 1887 a 1914, assegurando que todos os anos um tributo de cerca de 665 mil libras (cerca de 4% da renda nacional) fosse passado para o tesouro otomano. Todavia, embora da boca para fora fosse respeitada a suserania do Sultão, desde que o mundo continuasse em paz, de 1883 a 1922 o Egito ficou ligado ao Império Britânico tão intimamente quanto o principado da Índia. Abdulhamid nada lucrou ao se recusar obstinadamente a ratificar a Convenção, pois sucessivos governos ingleses não tiveram a menor consideração pelas suscetibilidades turcas. Logo o

Egito superaria os Estreitos no planejamento estratégico de Whitehall. "O Cairo é (...) o portão de passagem entre a Europa e a Ásia e a Austrália," explicou pacientemente um funcionário do Foreign Office a seus colegas do Tesouro em novembro de 1898. E acrescentou: "Acontecimentos recentes também o fazem porta de entrada para substancial parcela da África."[5]

Por duas vezes, Abdulhamid tentou consertar seu erro político, tentando, sem sucesso, assegurar firme controle sobre esse portão de passagem. Em agosto de 1894, seu embaixador levantou a possibilidade de negociar com o governo liberal de Lord Rosebery uma versão revisada do acordo de Drummond Wolff. Dezoito meses após, o Sultão persistiu nos esforços para persuadir Salisbury a reabrir negociações sobre o Egito, apesar das negativas do Foreign Office e da embaixada em Pera. No íntimo, ele preferia Salisbury e os conservadores aos liberais, pois entre estes estava o formidável Gladstone, que continuou defendendo os direitos de cristãos que viviam sob domínio otomano até o outono de 1896 (quando se aproximava seu 87º aniversário). Lord Salisbury, porém, nunca escondeu sua falta de confiança na capacidade de sobrevivência otomana. Isso também acontecia com a maioria dos estadistas europeus de sua geração. Todos pareciam ansiosos – tomando emprestada a metáfora de Bismarck – por "colher fruta madura" do pomar otomano. Os franceses, que, no auge da crise egípcia em 1881, colheram a "pera" da Tunísia, mantinham suas ambições políticas sobre a Síria. Apesar de a política czarista estar menos comprometida com o pan-eslavismo do que na década de 1870, os russos continuavam sendo uma ameaça no Cáucaso. O mesmo ocorria com os interesses comerciais austríacos nos Bálcãs ocidentais. Até os italianos, que tinham cobiçado a Tunísia antes de os franceses estabelecerem seu protetorado, manifestavam interesse na Tripolitânia e nas ilhas do Dodecaneso. Apenas os alemães permaneciam sem predisposição de reclamar antecipadamente uma parcela do espólio otomano e foi absolutamente lógico que Abdulhamid estabelecesse cerradas relações com a Alemanha.

"Um fator novo na política do Oriente, o alemão, merece nossa mais atenta vigilância," relatou Layard a Disraeli em 1877, logo após sua chegada a Constantinopla.[6] Essa singular advertência foi pouco mais do que uma conjectura perspicaz. Embora oficiais prussianos tivessem servido no exército otomano por breves períodos desde os últimos anos do reinado de Mahmud II, raramente as relações entre Constantinopla e Berlim durante a era de Bismarck tinham sido tão próximas. O consulado prussiano em Jerusalém, instalado em 1842, muitas vezes se mostrou mais ativo do que a embaixada, protegendo os direitos dos religiosos luteranos e fomentando a criação de colônias agrícolas na Palestina por protestantes de raiz. Mesmo depois de Wilhelm von Pressel, em 1872, pôr em execução seu plano-mestre para a rede ferroviária da Anatólia, pouco foi feito na busca de apoio em sua terra natal para o empreendimento.[7] As instituições financeiras alemãs pareciam esquivas à expansão. O prestigioso Deutsche Bank, embora querendo se aliar ao Stuttgart Bank no levantamento de recursos para uma ferrovia na Anatólia em setembro de 1888, ainda não abrira até o fim do reinado do Sultão uma agência sequer em algum ponto do Império. Quando, em 1899, o primeiro banco alemão, o Deutsche Palästinanbank, foi por fim instalado, teve de atuar especificamente como instituição regional, com agências que iam de Damasco para o sul, até Gaza. Passaram-se mais sete anos até que o Deutsche Orientbank começasse a promover os interesses alemães em todo o Levante e no Egito.

Quando os súditos do Sultão pensavam na Alemanha, viam-na como potência militar, e não como agência financeira. Tradicionalmente, os banqueiros vinham de Paris, Londres e Viena. Moltke, o mais famoso oficial prussiano que servira ao sultão Mahmud, continuava vendo os turcos com menosprezo em anos posteriores, como Chefe do Estado-Maior Alemão. Quando, em 1882, Abdulhamid procurou um novo grupo de assessores militares, Moltke encarregou da missão um obscuro oficial do estado-maior, o general Otto Kaehler, e não um soldado enérgico e com iniciativa. Kaehler morreu dois anos depois de chegar a Constantinopla, onde se revelou como o primeiro vendedor de primeira categoria para os Krupps de Essen. Foi o coronel Colmar von der Goltz, subchefe de Kaehler e seu sucessor, que transmitiu ao exército do Sultão as lições colhidas nas três "guerras de Bismarck" e conquistou fama na Europa – e, por fim, o bastão de marechal. Centenas de canhões de grosso calibre e leves de campanha foram embarcados de Hamburgo para o Chifre Dourado, uma vez que Goltz garantira que os Dardanelos fossem defendidos com artilharia moderna. Enquanto isso, especialistas da Krupp modernizaram velhos fortes ao longo da linha de Chatalja a oeste da capital. As memórias de Goltz revelam que, pessoalmente, desdenhava Abdulhamid, que o achava demasiadamente desconfiado da influência estrangeira na Academia de Guerra e temia tanto ser assassinado que impunha severos limites a exercícios de tiro com revólver na capital. Como outros observadores, Goltz notou, à medida que os anos passavam, como o Sultão saía cada vez menos das muralhas de Yildiz. Sua missão na Turquia continuou frustrante. Tentativas de criar um estado-maior bem organizado e eficiente foram obstruídas pela intensa rivalidade dentro do alto-comando otomano, mas Goltz conseguiu, pelo menos, convencer o Sultão a reorganizar a estrutura militar e, por conseguinte, a acelerar a mobilização e a transmissão de ordens do alto-comando para as tropas combatentes e guarnições distantes.[8]

Com paciência, Goltz, membro habilidoso de família refinada, venceu objeções da *ulema* e levou Abdulhamid a enviar oficiais para treinamento prussiano. Nos últimos dias do reinado de Mahmud II, um grupo de cadetes turcos já tivera instrução na Inglaterra, em Woolwich, mas a conexão alemã criada por Goltz foi, em geral, mais organizada do que a experiência anterior – um tanto fortuita – e se manteve até a Primeira Guerra Mundial. Embora raramente houvesse mais do que vinte oficiais otomanos na Alemanha em um ano qualquer, alguns permaneceram por longos períodos. Em 1889, quando o Kaiser Wilhelm II fez a primeira de duas aparatosas visitas ao Sultão, a influência militar alemã já despertava vivo interesse nas embaixadas de outros governos. Em maio de 1890, um relatório de inteligência enviado de Pera para o Foreign Office inglês informou, com alguma surpresa (e certa dose de exagero), que a maior parte das unidades de infantaria turcas já estava equipada com fuzis Mauser de alta qualidade.[9]

A utilização de especialistas estrangeiros para modernizar o exército era, obviamente, uma iniciativa familiar, adotada por todos os sultões reformistas, inclusive Abdulhamid I e Selim III, tanto quanto Mahmud II. Entretanto, de maneira singular, Abdulhamid II organizou um novo corpo de cavalaria, adotando uma concepção que, em alguns aspectos, era obsoleta. Em março de 1891, criou uma força irregular de cavaleiros reminiscente dos bandoleiros *akinji* do século XVII, ou, mais recentemente, dos *basi bozuka*, os famosos "bashi-bazouks," cuja crueldade foi comentada em todos os relatos que circularam na Europa e na América sobre as atrocidades na Bulgária. Essas novas unidades – *hamidiye*, como eram chamadas – foram recrutadas entre os povos nômades do Curdistão e do Turcomenistão, na Anatólia oriental. Eram comandadas pelos líderes tribais, que tinham ao lado oficiais otomanos, na condição de inspetores. Admitia-se que seus inimigos naturais eram os russos, que pareciam inclinados a atacar na direção sul, partindo de suas possessões transcaucasianas.[10]

De início, os *hamidiye* foram organizados em 30 regimentos teoricamente disciplinados, com 600 homens cada um, embora a força rapidamente se expandisse. No fim do século, havia 63 regimentos com efetivo que variava entre 800 e 1150 homens. Em linhas gerais, lembravam as unidades de cossacos mantidas pelos russos por mais de duzentos anos. Todavia, enquanto os cossacos eram famosos como horda combatente antes de se tornarem soldados dos czares, as tribos curdas e turcomanas havia muito tempo se destacavam pelo banditismo, com seis ou sete líderes que apenas episodicamente se uniam em uma frágil confederação, particularmente para se defender de expedições punitivas. Velhos hábitos custam a desaparecer, e as circunstâncias em que os comandantes locais empregaram a "gendarmeria tribal" do Sultão não estimulavam o abandono das práticas tradicionais, especialmente nas montanhas em torno de Erzerum. Essa evolução gerou desânimo entre os cônsules das Grandes Potências e fortaleceu a generalizada aversão a "Abdul, o Maldito." Se os curdos empregassem os regimentos *hamidiye* e seu armamento para castigar cristãos armênios em seu entorno na Anatólia oriental, seu Sultão e Califa não estaria disposto a reprimir essas manifestações sangrentas de zelo fanático. Os curdos, muçulmanos militantes, não confiavam na ocidentalização da reforma *Tanzimat* e serviam com orgulho nos *hamidiye*, que encaravam como forma de reconhecimento de sua identidade como nação a eles conferida pelo soberano otomano. Tragicamente, os *hamidyie* – como os "Black and Tans" na Irlanda – deixaram um legado de ódio racial e religioso que sobreviveu aos otomanos e seus sucessores imediatos.

A criação dos *hamidiye* foi uma característica do reinado como um todo. Governantes anteriores tinham ocidentalizado a vida otomana. Abdulhamid procurou islamizar as instituições que importara da Europa. Ao mesmo tempo, se tornou defensor das causas árabes que tinham sido negligenciadas. Nunca antes os árabes do Líbano e da Síria receberam tanta consideração do governo otomano quanto na primeira metade de seu reinado. Fortaleceram a premissa de que, como Califa, ele tinha o dever de proteger os muçulmanos que viviam sob governo imperial inglês, francês ou russo. Ele selecionava e aprovava pessoalmente os dignitários religiosos convocados para exercer autoridade espiritual na Crimeia e em Chipre, nas províncias tributárias da Bulgária e do Egito, e nos Bálcãs ocidentais ocupados pelos austríacos. Pode-se dizer que estimulou e efetivamente desenvolveu o extraordinário sentimento pan-islâmico que se espalhou por boa parte da Ásia e pelo norte da África, em reação contra o imperialismo.

A religiosidade de Abdulhamid não era fingida. Ao contrário de seus mais recentes antecessores, deixava patente a sinceridade de sua fé, observando escrupulosamente os dias santos muçulmanos e usando seus próprios recursos para restaurar mesquitas, criar novas escolas muçulmanas e aumentar os fundos da *ulema*. Seus súditos o tratavam com profundo respeito, quase com reverência. Sir Charles Eliot, um terceiro-secretário da embaixada inglesa entre 1893 e 1898, descreveu as orações *namaz* na mesquita de Yildiz, no vigésimo segundo ano do reinado de Abdulhamid:

> Na sexta-feira, muito antes do meio-dia, soldados e espectadores, entre eles centenas de mulheres turcas, ocupavam todos os lugares disponíveis (...) Finalmente, soa uma trombeta (...) Uma carruagem com capota desce lentamente a estrada íngreme. Um velho de uniforme, o marechal Osman Pasha, herói de Plevna, sentado de costas para os cavalos, fala respeitosamente com alguém que não se pode divisar bem sob a capota. A carruagem para diante de um lance de escada que leva à porta de entrada particular da mesquita. A capota é baixada por

> uma mola e quem estava sentado sob ela desce, sobe os degraus e, em momento de profundo silêncio, volta-se e acena para a multidão. Não chegou como o chefe de uma raça militarizada, imponente, no dorso de um belo cavalo e ostentando grandeza. Sua vestimenta e seu porte não revelavam brilho especial, mas no momento em que lá ficou, em pé, um ar solene dominou a cena (...) E estamos diante de uma grande nação e uma grande religião encarnados em um só homem.[11]

Os ensinamentos fundamentais do Islã inevitavelmente reforçaram a feição autocrática do sultanato. Mas não houve uma contrarrevolução hamidiana em oposição à reestruturação *Tanzimat*. O ciclo de reformas continuou: melhor educação pública, um banco de crédito agrícola para a atividade mais difundida e menos progressista, mais comunidades urbanas, mais estradas pavimentadas e iluminação urbana a gás, e a padronização de procedimentos nos tribunais criminais e civis, embora, para sua grande irritação, o Sultão não conseguisse abolir os privilégios legais de residentes estrangeiros amparados por antigos tratados que estabeleceram as "Capitulações." De certo modo, com a finalização do trecho da ferrovia no interior da Sérvia, a cargo do Barão Hirsch, o império hamidiano ficou mais intimamente ligado à Europa. Em 12 de agosto de 1888, o primeiro trem atravessando toda a Europa chegou a Constantinopla. A partir de novembro, já era possível um viajante deixar Paris no Expresso do Oriente às 7h30 da noite de quarta-feira e, depois de uma jornada de 3.000km sem baldeação, passando por Munique, Viena, Budapest e Belgrado, desembarcar em Istambul, em "um telheiro alongado no meio do nada," no horário previsto, 5h35 da tarde do sábado. O terminal de Sirkeci foi construído logo depois e, no outro lado do Chifre Dourado, a companhia Wagons-Lits abriu um luxuoso hotel, o Pera Palace, "em situação absolutamente privilegiada, alta e isolada por todos os lados." A chegada de um tronco ferroviário e um hotel elegante evidentemente não abriram as praias do Bórforo para o turismo, mas fortaleceram os contatos comerciais com a Europa ocidental e central, para o bem e para o mal. O embaixador inglês achava que pessoalmente Abdulhamid era contrário às ligações ferroviárias. A chegada do primeiro trem vindo do Ocidente passou praticamente despercebida: "As autoridades turcas na noite anterior removeram todas as bandeiras e outros símbolos de comemoração e nenhum representante otomano foi autorizado a participar da importante ocasião," relatou o embaixador.[12] As reações do Sultão continuaram intrigando os observadores estrangeiros, que prematuramente acreditaram que a adoção de trajes europeus ocidentais tornara os otomanos mais ocidentalizados em pensamento e comportamento.

Mais do que nunca, o sultanato hamidiano continuou sendo o império das contradições. As ruas de Pera e Istambul iluminadas a gás proporcionavam aos viajantes uma visão próxima e extremamente variada de um cenário em parte europeu, em parte norte-africano, mas, sobretudo, de feição ricamente asiática, em cultura e colorido. Alguns forasteiros não ficavam à vontade diante do espetáculo, perturbados tanto pelo que lhes ficava oculto quanto pelo que se descortinava diante de seus olhos. Um perspicaz e experiente diplomata inglês, voltando a Constantinopla em 1893, após uma ausência de dez anos, ficou espantado com a degeneração de um "sistema corrupto até a raiz." Reclamou da obsessão por "fazer dinheiro e especulação" no meio dos "homens com os quais temos que tratar hoje (...) produto de uma educação francesa corrompida que sufocava as velhas raízes (turcas)." Salientou o contraste entre o "esplendor espalhafatoso das festividades em Yildiz" e "os verdadeiros palacianos que não vemos – os *sheiks*, os astrólogos, a intriga por baixo do pano e todos os atos e declarações maldosos."[13]

Não obstante as dúvidas de estrangeiros céticos, a índole religiosa islâmica existia, não muito abaixo da superfície. Se, por exemplo, um visitante estrangeiro se dispusesse a relaxar num banho turco (*hamam*), descobriria que se trata de um "fundamento religioso" (*vakif*): a tradição do *hamam* exige a limpeza da alma e do corpo. De feição mais especificamente hamidiana era o estímulo do Sultão ao santo idioma do Corão sagrado. O árabe clássico poderia ter status oficial idêntico ao turco otomano, não fosse o Grão-Vizir ter persuadido o Sultão de que reconhecer o arábico, ainda que fosse o mais puro, provocaria ressentimentos em Istambul, onde já ocorrera a primeira manifestação de um sentimento nacionalista estritamente turco.

Foi um argumento convincente, pois Abdulhamid era profundamente sensível ao que pensava seu povo. Ficou cada vez mais relutante em cavalgar pelas ruas da capital, sempre temendo atentados contra sua vida. Era tão obcecado com notícias de assassinatos que os jornais otomanos eram proibidos de informar seus leitores sobre o assassínio de um governante ou estadista estrangeiro: nenhuma notícia saiu sobre a morte violenta do czar Alexandre II, do presidente Garfield, do presidente Sadi Carnot, de Shah Nasr-ed-Din ou da Imperatriz Elizabeth. Uma ou duas vezes por semana, Abdulhamid ousava emergir do parque de Yildiz. Vez ou outra, ia até o Bósforo atravessando para a praia da Anatólia, mas não gostava de se aventurar pelo interior do Império, e menos ainda pela Europa. Embora pudesse crer em conceitos visionários da autoridade imperial e espiritual, o Califa era um prisioneiro de seu palácio, tanto quanto o Papa era em Roma. Os diretores da Oriental Railway Company presentearam Abdulhamid com um suntuoso vagão real. Permaneceu sem uso até 1909, quando o levou para o exílio.

12

Armênia, Creta e a Guerra dos Trinta Dias

NA ÚLTIMA DÉCADA DO SÉCULO XIX, TRÊS CRISES – na Armênia, em Creta e na Macedônia – mais uma vez alertaram as chancelarias europeias para o que consideravam ser o colapso iminente do Império Otomano. Vendo pelo ângulo da história, fica evidente que os três problemas estavam intimamente relacionados no tempo e em natureza. Mas isso não estava claro para os contemporâneos. Os massacres de armênios alimentaram sentimentos humanitários nos dois lados do Atlântico com intensidade maior do que ocorrera com as crueldades na Bulgária vinte anos antes. Em comparação com os sofrimentos por que passou o povo armênio, a luta de Creta por união com a Grécia e a confusão entre nacionalidades na Macedônia eram apenas variantes importunas de um tema sobejamente familiar.

Muitos armênios tinham sido súditos otomanos por cerca de quinhentos anos.[1] Tal como gregos e persas, eram um povo antigo, a primeira nação que abraçou coletivamente a fé cristã. Gregório, o Iluminador, batizou seu rei Tiridates III, cerca de trezentos anos antes de Agostinho introduzir o cristianismo como religião em Kent. Entretanto, no ano 430, a monarquia armênia desapareceu e suas terras foram divididas entre os Impérios Bizantino e Persa. As cadeias de montanhas e os planaltos onde viviam os armênios desde os tempos antigos passaram ao domínio otomano nos séculos XIV e XV, mas grandes comunidades armênias continuaram submetidas à Pérsia até 1828, quando suas terras foram cedidas à Rússia. A despeito dos golpes infligidos pela história, laços linguísticos, literatura e religião lhes permitiram preservar um espírito de identidade nacional. Quando aconteceu a conquista otomana, sua "Igreja Gregoriana Armênia" já estava, havia mais de século e meio, unida à de Roma. Embora mais adiante aceitasse a maioria dos dogmas e preceitos litúrgicos ortodoxos, a hierarquia armênia revelou mais independência do que as outras igrejas cristãs do Oriente, numericamente maiores. Por exemplo, os armênios faziam o sinal da cruz como a igreja latina, e não como a grega. Como súditos do Sultão, os armênios desfrutaram status próprio como *millet* gregoriano, com um patriarca gregoriano em Constantinopla.

Esses líderes espirituais não desempenharam nenhum papel político até janeiro de 1878, quando o Patriarca Nerses Varjabedian foi convencido por alguns membros de sua comunidade na capital, educados no Ocidente, a se dirigir ao quartel-general russo em San Stefano para conseguir o apoio do Czar para um governo armênio autônomo na Anatólia oriental. Porém, Alexandre II – e mais ainda seu sucessor, Alexandre III – desconfiava das ambições políticas armênias. Nem em San Stefano e tampouco no Congresso que se seguiu, os russos abraçaram sua causa. Em 1878, a preocupação de Lord Salisbury com os armênios levou à designação de oito "cônsules militares" ingleses com a missão de assegurar que o Sultão realizasse reformas na Anatólia oriental, mas suas iniciativas – como as próprias reformas – produziram resultados mínimos. Sua breve presença encorajou agitadores armênios a exagerarem no interesse de sucessivos governos ingleses em sua causa. Apesar da decepção gerada pelo Acordo de Berlim, houve entre os armênios, a partir de 1878, um ativo movimento nacional pela independência, embora quem impulsionasse o movimento fossem exilados, e não súditos do Czar ou do Sultão.

Ao contrário dos povos eslavos que viviam dentro do Império Otomano, os armênios continuaram sendo minoria em todas as províncias em que se instalaram. Havia uma forte concentração na Cilícia e em torno de Adana, mas a maioria vivia nos seis *vilayets* orientais, Erzerum, Van, Diyarbekir, Sivas e Mamuret, formando uma população agrícola constantemente em conflito com os curdos nômades muçulmanos que viviam em torno. Armênios espertos e ambiciosos migraram para Constantinopla, Smyrna e Aleppo. No fim da década de 1880, havia cerca de 150 mil membros da igreja armênia vivendo na capital, em comparação com 153 mil gregos ortodoxos e 385 mil muçulmanos. Muitos armênios se tornaram pequenos lojistas. Alguns rapidamente prosperaram e passaram a ser comerciantes ou banqueiros, muitas vezes com notável sucesso. Hakop Zarifi era um acatado e confiável agente financeiro de Abdulhamid desde antes da acessão ao trono. Em 1890, o Sultão ficou tão impressionado com um relatório sobre o potencial de petróleo de Bagdá e *vilayets* de Mosul, submetido ao ministro de Minas por um armênio de vinte e um anos, originário de Usküdar, que decidiu expedir um decreto ordenando que toda a renda proveniente do petróleo fosse, a partir de então, encaminhada para os cofres pessoais do Sultão, e não para o tesouro otomano. O perceptivo moço armênio era Calouste Gulbenkian.[2]

Nem todos pertenciam à Igreja Gregoriana Armênia. Em Sivas e Diyarbekir, muitos eram católicos romanos, tradicionalmente ligados à França. A partir de 1839, missionários protestantes americanos atuaram ativamente em torno de Erzerum, conseguindo conversões e proporcionando um bom ensino aos convertidos. É curioso constatar que, enquanto unionistas e confederados americanos lutavam em defesa de suas causas, um grupo de compatriotas a 8.000km dos campos de batalha da Guerra Civil americana defendia uma missão em Bitlis contra os bandoleiros curdos, cujos *sheiks* continuaram hostilizando todos os cristãos armênios, fossem protestantes, católicos ou gregorianos. Trinta anos mais tarde, quando a Questão Armênia foi ventilada pela primeira vez, havia na Armênia quase uma centena de postos missionários com diversas denominações. Nenhum presidente dos Estados Unidos antes de Woodrow Wilson dedicou muita atenção aos relatos enviados pelas missões sobre a luta na Armênia, mas a presença delas na Anatólia despertou o interesse de leitores de jornais nos dois lados do Atlântico pela causa armênia. No início da década de 1890, os armênios contavam no exterior com mais publicidade que qualquer outro povo súdito, desde a guerra de independência grega.

Ao longo de toda a década anterior, a tensão fora aumentando nos *vilayets* do leste da Anatólia. Estimulados pela doutrinação de seus compatriotas exilados, os armênios se recusavam a fazer o pagamento legal aos curdos por sua segurança e reclamavam da ganância dos representantes locais do Sultão. Cônsules estrangeiros informaram a ocorrência de sequestros e assassinatos. Essas mortes começaram em 1890, em Erzerum, onde igrejas, casas e lojas de armênios foram destruídas em explosão espontânea de ódio recíproco. Em seguida, vieram os massacres nas aldeias locais e o endurecimento de posições em ambos os lados. Em 1891, o Sultão organizou os regimentos *hamidiye* com efetivos curdos. Dois grupos de exilados abraçaram a causa armênia: o movimento semimarxista Hunchaks ("Sino"), criado em Genebra em 1887, e um igualmente radical, mas menos marxista, a Federação Revolucionária Armênia (Dashnagtzoutiun, ou Dashnaks) fundada em Tbilisi. Nenhum dos dois grupos tinha ligações com o governo russo, como alegam os apologistas dos otomanos. Por sete anos as autoridades czaristas vinham tentando "russificar" suas minorias nacionais e estavam menos inclinadas a tolerar um movimento pela autonomia armênia do que por ocasião da grande Crise Oriental no fim dos anos 70. Porém não há dúvida de que os fanáticos agentes *hunchak* alimentaram a expectativa de uma "revolução armênia" nas aldeias onde era maior o ressentimento pela tributação discriminatória que favorecia os curdos. Ademais, é difícil entender o objetivo de um levante no distrito de Sassun, a sudoeste de Mus, durante o outono de 1894, a menos que quisessem provocar "duras represálias" e se tornar mártires, a fim de "chamar a atenção da Europa." Se foi esse cálculo político que desencadeou o levante em Sassun, os cínicos planejadores realmente atingiram seu tenebroso objetivo. Os *hamidiye*, bem preparados desde antes do início do levante, desencadearam terrível vingança: naquele outono, vinte e cinco aldeias foram arrasadas e mais de 10 mil armênios massacrados. Funcionários consulares ingleses tinham quase certeza de que os massacres foram ordenados pelas autoridades otomanas locais.[3]

Ao longo do inverno 1894-95, a campanha antiturca de protestos ganhou vulto no exterior. Na Inglaterra, a campanha transcendeu as divisões partidárias, com liberais, conservadores, radicais e unionistas aparecendo no mesmo palanque para defender os sentimentos humanitários e a fé cristã de um povo martirizado. As informações sobre os massacres de armênios levaram oradores e mais oradores na Inglaterra a exigir punição de "Abdul, o Maldito," por permitir que, ao longo da década anterior, a situação de seus súditos cristãos piorasse, em vez de melhorar. Nenhum político inglês contaria com apoio dos eleitores se ousasse lembrar a aliança da Crimeia ou os compromissos jingoístas para salvar Constantinopla. Em meados de abril de 1895, sob pressão de Lord Rosebery em Londres, os embaixadores inglês, russo e francês apresentaram proposta para aperfeiçoamentos administrativos nos seis *vilayets* da Anatólia oriental.[4] Abdulhamid, admitindo corretamente que Paris e São Petersburgo não respaldariam seus representantes locais adotando medidas coercitivas, simplesmente ignorou a proposta.

Nesse ponto – últimos dias de junho de 1895 – o frágil governo liberal de Lord Rosebery foi substituído por forte gabinete conservador-unionista. Mais uma vez, Lord Salisbury se tornou primeiro-ministro e ministro do Exterior e, um mês mais tarde, reforçou sua autoridade com um arrasador triunfo eleitoral. Imediatamente a Questão Oriental mereceu sua atenção. Afirmou a seu embaixador que a Turquia estava "podre demais" para durar muito mais tempo e acrescentou que "hoje em dia, a situação não estaria tão difícil se a Inglaterra não tivesse cometido o erro de rejeitar a proposta apresentada pelo Czar aos representantes ingleses antes da Guerra da Crimeia." Salisbury repetiu esse entendimento em outras oportunidades. Não há dúvida de que estava convicto de que o Império Otomano desmoronaria em poucos anos. Porém, seria incorreto supor que já tinha em mente algum plano definido de partilha. Durante os meses seguintes, ele se aproximou de alemães, franceses e russos em busca de uma política comum, mas esbarrou em desconfiança e falsidade.[5]

Inicialmente, Salisbury acreditou que conseguiria coagir o Sultão "falando alto e grosso" – e contando com o apoio de um esquadrão de belonaves nas rotas de aproximação dos Dardanelos. Falava-se que os ingleses planejavam a tomada de Lemnos ou uma incursão naval diante de Smyrna ou Iskenderun. O rumor alarmou a Porta e trouxe intranquilidade às ruas de Istambul. "Deixe o Sultão avaliar o efeito que a esquadra produzirá em outros portos do Império pela impressão causada em Constantinopla," telegrafou Salisbury para Currie, o embaixador inglês.[6] Essa posição dura logo deu resultado. Abdulhamid trocou ministros e nomeou Mehmed Kamil Grão-Vizir em um governo de "ocidentalizantes" e anunciou que aceitaria o programa de reformas proposto pelos embaixadores, ao qual resistira por seis meses. Porém, crescentes evidências de um atrito entre Inglaterra e Rússia – além de uma suspeita, não sem razão, de que Kamil estaria trabalhando em sintonia com embaixadas estrangeiras para sabotar as políticas de Yildiz – levaram o Sultão a mudar de ideia, e Mehmed Kamil foi demitido após apenas cinco semanas no cargo. Pouco se fez. Informações de cônsules descreveram um reino de terror nos seis *vilayets* da Anatólia oriental. No fim do inverno de 1895-96, soube-se que mais de 30 mil armênios tinham morrido no banho de sangue dos últimos dois anos. Esses números foram contestados por uma comissão de investigação otomana. Sem causar surpresa, são questionados por historiadores que consultaram os arquivos do palácio de Yildiz.[7]

Como já acontecera antes com Palmerston no mesmo século, Salisbury queria conceder ao embaixador, em caso de emergência, "poderes discricionários" para requerer a presença da esquadra em Constantinopla, sem prévia consulta a Londres. Esta proposta recebeu firme oposição do Primeiro Lord do Almirantado, George Goschen, que já fora embaixador junto ao Sultão em 1880-1881, alegando que a esquadra correria o risco de cair em uma armadilha nos Estreitos, entre um esquadrão russo "convidado" pelo Sultão para penetrar no Bósforo e um outro, francês, que zarpasse de Salônica no rumo leste. O Primeiro Lord do Almirantado considerou essa estratégia tão arriscada que se recusou a discuti-la. Embora especulando sarcasticamente se os navios de Sua Majestade eram feitos de porcelana, Lord Salisbury acatou o veredicto dos profissionais.[8] Mas fez pressão para um plano de contingência em caso de necessidade de emprego de força contra o Sultão e, na segunda semana de fevereiro de 1896, recebeu um memorando secreto do coronel Chermside, adido militar em Constantinopla, analisando, pela primeira vez, a possibilidade de desembarcar tropas para se apoderar "da extremidade sudoeste da península de Gallipoli." Chermside achava – e o comandante da esquadra do Mediterrâneo concordava com ele – que fuzileiros navais em transportes apoiados pelo fogo dos canhões da esquadra ocupariam rapidamente a península. Tanto o diretor da inteligência naval quanto o da inteligência do exército alertaram veementemente o Gabinete contra tal ação, para a qual seriam necessários pelo menos 20 mil homens. A proposta foi rejeitada, mas, curiosamente, o relatório secreto de Chermside permaneceu ultrassecreto, guardado para referência futura. Meio século mais tarde, quando foi aberta a maior parte dos arquivos ingleses do século XIX, o documento ainda não estava disponível para consulta pública.[9]

Em 11 de fevereiro de 1896, o Primeiro Lord do Almirantado disse ao Parlamento que, se o Sultão falhasse em implementar na Anatólia as reformas prometidas, "estamos liberados de qualquer compromisso com a manutenção do Império Otomano."[10] Essa declaração não tencionava advertir diretamente a Porta, mas acalmar a opinião pública inglesa, revoltada com os constantes relatos de massacres de armênios. O ministro do Exterior, Ahmed Tevfik, manifestou certo desejo de reconciliação, mas a Questão Oriental cresceu de complexidade rapidamente durante os primeiros meses do ano. Na terceira semana de janeiro de 1896, o cônsul-geral em Salônica enviou ao Foreign Office provas indiscutíveis de que revolucionários armênios alimentavam a intranquilidade entre os gregos da Macedônia.[11] No fim de fevereiro, a comunidade grega em Creta, ardorosamente patriótica, se revoltou contra o domínio otomano. No fim da primavera correram rumores em Constantinopla de que agentes ingleses estavam fomentando distúrbios na ilha, como se pretendessem dar a Salisbury pretexto para ocupá-la e efetivamente incorporá-la ao Império Britânico. No entanto, isso não fazia sentido. Os problemas em Creta constrangeram os ingleses, especialmente por coincidirem com um período de tensão entre americanos e ingleses a propósito da Venezuela, e entre ingleses e alemães, em face do telegrama inoportuno do Kaiser ao presidente Kruger. Porém, a Convenção de Chipre e a ocupação do Egito irritaram outros governos, que perceberam o valor estratégico de Creta para uma grande potência naval.

A notícia da rebelião em Creta não causou muita surpresa no exterior. As insurreições de 1770, 1821, 1866-68, 1879 e 1889 deixaram os habitantes da ilha ressentidos com a repressão otomana e cada vez mais revoltados com a insensível administração de Mahmud Jellaledin, um *vali* de mente conservadora. A tensão ficou aguda no fim do verão de 1894, depois que Jellaledin enforcou quatro membros proeminentes da igreja ortodoxa na ilha. Embora ele fosse substituído por um *vali* de origem grega, nos dezoito meses seguintes ocorreram atos de terrorismo e contraterrorismo em aldeias isoladas. A perturbação mais grave aconteceu depois dos distúrbios em Khania, na última semana de maio de 1896. Simultaneamente, circularam informações em Pera e Istambul sobre negociações secretas em Atenas, entre revolucionários armênios, insurgentes cretenses e membros do movimento patriótico e radical nacionalista grego *Ethnike Hetairia*. Dizia-se (acertadamente) que três grupos guerrilheiros gregos tinham atravessado a fronteira na Tessália e no Épiro. Os governadores dos *vilayets* de Salônica, Monastir e Kosovo mobilizaram os *redif* (reservistas), antecipando-se a uma rebelião do *Ethnike Hetairia* em todas as restantes províncias gregas do Império Otomano.[12]

No verão de 1896, temporariamente, a iniciativa diplomática passou para o Conde Goluchowski, ministro do Exterior austro-húngaro. O Barão Calice, embaixador de Franz Joseph junto à Porta, era também *doyen* (o decano) do corpo diplomático em Constantinopla. Na primeira semana de julho, Calice advertiu as autoridades otomanas que, a menos que fosse concedida autonomia à maioria grega em Creta, haveria agitação tão grave na Tessália, no Épiro e na Macedônia que as Potências se veriam forçadas a convocar outro congresso e restaurar a ordem nos territórios otomanos. Ao mesmo tempo, Goluchowski pediu a Salisbury que a Royal Navy se juntasse aos navios de guerra austríacos, russos, franceses e italianos em um bloqueio internacional preventivo de Creta, a fim de impedir que gregos acorressem em socorro de seus compatriotas. Salisbury recusou. "Tendo em vista o sentimento que a crueldade do governo otomano despertou na Inglaterra, devemos ter muito cuidado em adotar qualquer medida que nos coloque na posição de aliados do Sultão contra uma população cristã insurgente," explicou ao subsecretário permanente do Foreign Office, em nota que fundamentava sua resposta a Goluchowski.[13] Os ingleses não abandonaram esse princípio enquanto existiu o Império Otomano.

Na segunda semana de agosto de 1896, o Sultão tinha 420 mil homens permanentemente prontos para a guerra, onerando de forma terrível o governo ainda dependente de empréstimos externos. Seus ministros o pressionaram para resolver a questão cretense. Mais uma vez houve o confronto Porta *versus* Yildiz, com o "segundo escriba," Ahmed Izzet, insistindo com o Sultão para resistir a todas as tentativas de reforma. Porém, apesar de os diplomatas considerarem Izzet, de trinta e dois anos, o "poder por trás do trono," Abdulhamid naquele momento estava mais sensível à pressão imparcial exercida pelos embaixadores alemão, francês e russo. Em 25 de agosto, aceitou um programa de reformas para Creta, preparado por uma comissão formada por todos os embaixadores em Pera: os cretenses teriam um governador cristão, uma assembleia-geral com ampla autonomia e ocupariam dois terços dos cargos públicos, enquanto a polícia seria reorganizada sob a supervisão de representantes europeus. Embora circulassem informações originárias do *vilayet* de Van sobre nova onda de terrorismo e assassinatos de armênios, foi como se uma profunda injustiça estivesse finalmente superada em Creta.[14]

Abdulhamid aprovou o programa de reformas em Creta na manhã de uma terça-feira. No começo da tarde da quarta-feira – 26 de agosto de 1896 – extremistas *dashnak* armênios ocuparam a sede do Ottoman Bank em Gálata (Beyoglu). Seu ato foi uma antecipação dos métodos empregados por numerosas organizações terroristas no Oriente Próximo durante o século seguinte. Montaram explosivos no prédio, fizeram reféns e exigiram reformas imediatas nos seis *vilayets* orientais. Queriam que os direitos dos armênios fossem os mesmos prometidos aos cretenses, ainda que, ao contrário dos gregos em Creta, em nenhuma parte os armênios formassem a maioria da população. Por duas horas houve tiroteios em volta e dentro do banco. As negociações entre funcionários do banco, o intérprete da embaixada russa e os terroristas deixou claro que o principal objetivo *dashnak* era sensibilizar a Europa sobre a situação dos armênios. Nesse ponto, foram totalmente bem-sucedidos. Nas primeiras horas da manhã da quinta-feira, os terroristas sobreviventes, de posse de salvo-condutos, foram levados do prédio para o iate do diretor do banco no Bósforo e encaminhados para o exílio.[15]

Tiveram sorte. Em trinta e seis horas a onda de vingança causou a morte de cerca de cinco a seis mil armênios na capital. Durante a noite da quarta-feira e nas primeiras horas da quinta-feira, as tropas otomanas nada fizeram para conter a violência. Fuzileiros navais ingleses e marinheiros russos desembarcaram de navios de guerra ancorados, sob as ordens das respectivas embaixadas. Na manhã da quinta-feira os embaixadores, em conjunto, pediram ao Sultão para "expedir ordens precisas e categóricas, capazes de pôr um fim imediato a essa inusitada situação, que pode vir a acarretar as mais sérias consequências para o Império de Sua Majestade." Quando protestou afirmando que "jamais ouvira tais expressões em seus vinte anos no trono," Abdulhamid teve que ouvir palavras ainda mais duras do Barão Calice e do general Nelidov, embaixador do Czar. Disseram-lhe que as Potências teriam de analisar "qual seria o remédio para males tão graves": o fracasso no esforço para acabar com os massacres poria em perigo tanto o trono quanto a dinastia. Após as preces *semalik* da sexta-feira, finalmente o Sultão agiu: a partir daquele momento, os fiéis estavam "proibidos de matar."[16]

A rebelião em Creta despertara pouco interesse na Europa Ocidental e nos Estados Unidos, mas a carnificina nas ruas de Constantinopla era outra questão. Notícias sobre o massacre reavivaram as manifestações contra "Abdul, o Maldito," ou "O Grande Assassino," ou ainda, como Clemenceau preferia chamá-lo em Paris, "o monstro de Yildiz, o Sultão sanguinário." Aos olhos dos políticos ingleses, conservadores ou liberais, e para os radicais franceses, o Império Otomano tinha pouca probabilidade de se manter estável, próspero e bem governado enquanto Abdulhamid estivesse no trono. Até mesmo o Kaiser Wilhelm II, que sete anos antes fora recebido em Constantinopla com admiração e muita festa, escreveu à margem de um relatório de seu embaixador, "O Sultão deve ser deposto." O Kaiser autorizou o embaixador inglês em Berlim a discutir com seu ministro do Exterior a questão de um substituto para o Sultão, mas talvez não estivesse falando sério. Apenas três dias depois os "três imperadores" (alemão, russo e austríaco) admitiram que, "deixado livre de interferência externa," o Império Otomano ainda poderia durar por muitos anos. Como era sua característica, logo em seguida o Kaiser enviou a Abdulhamid a mais recente fotografia da família Hohenzollern devidamente autografada, como gesto pessoal de boa vontade.

O Sultão não deveu sua sobrevivência somente ao clima de profunda desconfiança mútua que reinava entre as potências europeias, mas continuou a tirar proveito dessa suspeita em torno dos objetivos políticos de cada uma. Os armênios mal tinham atacado o Ottoman Bank, e os diplomatas rivais já levantavam indagações para as quais não havia resposta definida. Quem tomara conhecimento do ataque com antecedência? Por que tantos armênios abastados deixaram a capital em um vapor na terça-feira e na manhã da quarta-feira? Outras embaixadas especularam: por que, na semana do massacre na capital, os italianos enviaram em "sigilo" navios de guerra para Salônica e Smyrna? Por que a esquadra inglesa do Mediterrâneo saiu de Malta para Lemnos, de acordo com planos traçados alguns meses antes? Na embaixada inglesa se suspeitava que os russos estivessem por trás do ataque, pois "a situação atual oferece excelente oportunidade para um *coup de main* russo em Constantinopla."[18]

Realmente, o embaixador Nelidov voltou para São Petersburgo dois meses depois. Lá, procurou conseguir apoio do jovem czar Nicolau II para um projeto que defendera nos últimos quatro anos – um assalto de surpresa no Bósforo, com tropas desembarcando em Kilyos, Sariyer e Büyükdere para um avanço-relâmpago para o Chifre Dourado. Nelidov argumentou que os inimigos tradicionais da Rússia nos Estreitos não ousariam apoiar o Sultão nessa ocasião. "Transformar o Bósforo em uma Gibraltar russa," insistiu com o Conselho da Coroa. No momento, o Czar Nicolau ficou atraído pela ideia de tropas russas dominando os Estreitos "para sempre." Porém, os assessores mais próximos de Nicolau estavam mais interessados no Extremo Oriente e o aconselharam a pôr o Oriente Próximo "na geladeira." O episódio intrigou Londres, embora não implicasse reajustamento de políticas. Relatórios de inteligência partidos de Odessa mantiveram o Foreign Office bem informado a respeito dos planos russos e dos movimentos de tropas, mas Salisbury, que em setembro discutira a Questão Oriental com Nicolau II em Balmoral, com razão descartou a possibilidade de qualquer ação precipitada russa. A principal consequência da febril atividade de Nelidov naquele inverno foi enfraquecer o peso da coerção coletiva sobre o Sultão para a execução das reformas. A despeito da profunda desconfiança recíproca, os embaixadores em Constantinopla, respondendo à iniciativa inglesa, começaram seis semanas de discussão no fim de dezembro de 1896 e, em meados de fevereiro, completaram um amplo programa de reformas a ser apresentado a Abdulhamid. Porém, não havia razão para o Sultão se curvar ao que ele poderia, com toda a legitimidade, encarar como mais um exemplo de "interferência estrangeira."[19]

Também poderia, entrementes, apontar o fracasso da última série de reformas que lhe tinham sido impostas. Embora os cretenses tivessem aceitado o acordo proposto em agosto, ocorreram na ilha choques frequentes entre cristãos e muçulmanos durante os meses de inverno e, no começo de fevereiro de 1897, o cônsul grego em Khania telegrafou para Atenas insistindo que era iminente um massacre de famílias ortodoxas, informação que nunca se concretizou. Nas montanhas, um comitê de revolucionários cretenses proclamou a junção da ilha ao reino dos helenos e, em 11 de fevereiro, uma flotilha de barcos torpedeiros comandada pelo segundo filho do rei da Grécia, o Príncipe George, partiu de Salamis para se apossar da ilha. Atividade diplomática frenética, inclusive forte pressão do Czar, dois dias após persuadiu o Rei grego a chamar a flotilha de volta. Todavia, nenhuma ordem restritiva de seu soberano conseguiu deter o *Ethnike Hetairia*. Mil e quinhentos voluntários armados embarcaram no Pireu e navegaram rumo a Creta, decididos a repetir o feito dos "Mil de Garibaldi," os patriotas de camisa vermelha que, em 1860, conseguiram a rápida unificação da Itália. Mais ao norte, bandos irregulares armados lançaram ataques de provocação cruzando a fronteira com a Tessália.

Apelos urgentes ao Rei e à Rainha dos helenos por seus parentes da Europa Ocidental e da Rússia não foram capazes de evitar a caminhada para a guerra. Naquela primavera, liberais helenistas da Inglaterra também recomendaram cautela em Atenas, pois se admitia que, com a convocação de reservistas, o Sultão poderia mobilizar um exército de um milhão de homens. Seus esforços fracassaram. Canon MacColl, tenaz defensor das nacionalidades cristãs sob domínio otomano, ouviu do Rei dos Helenos que, em caso de guerra, os gregos se levantariam contra seus opressores turcos em todo o Império do Sultão. Outras nacionalidades seguiriam o exemplo grego. Irritado com as ações dos "bandidos," o Sultão Abdulhamid declarou guerra à Grécia na segunda semana de abril. Nenhuma onda de insurreições abalou a estrutura do Império.[20]

Os planos de mobilização aperfeiçoados pelo general von der Goltz funcionaram muito bem. Um ataque inicial do exército grego no Passo

Meluna foi contido pelo efetivo superior de turcos baseados em Ellasona. Logo em seguida, o exército turco começou a avançar na direção do quartel-general das forças gregas em Larissa. "Em poucos minutos, o exército se transformou de força organizada e disciplinada em massa de fugitivos desorientados em caótica fuga pela planície rumo a Larissa, a quase 65km de distância," escreveu anos depois o Príncipe Nicolau, recordando seu batismo de fogo como comandante de uma bateria de artilharia em 23 de abril, o quarto dia da guerra.[21] Os gregos se reagruparam o suficiente para deter a invasão nas proximidades das Termópilas, enquanto o general Smolensky bloqueava a incursão otomana em heroica batalha defensiva em Valestino. Todavia, após trinta dias de combates, o rei George I da Grécia aceitou, com relutância, um armistício obtido por mediação russa junto aos comandantes otomanos. Todos os combatentes gregos se retiraram de Creta, que passou a ser policiada por uma força internacional constituída de navios austro-húngaros, franceses, alemães, ingleses, italianos e russos. Um delicado cessar-fogo foi imposto no principal campo de batalha nas planícies de Farsala e no Épiro, enquanto os embaixadores tentavam improvisar um acordo de paz.

A vitória otomana elevou o prestígio do Sultão e as expectativas da Porta. Em Londres, porém, Salisbury manteve-se inflexível, afirmando que as cidades cristãs não deveriam ser devolvidas ao domínio otomano, e acreditava que o Czar, como o mais importante dos soberanos ortodoxos, compartilhava dessa convicção. Quatro meses antes, Salisbury levantara com o embaixador austro-húngaro a possibilidade de uma demonstração de força naval conjunta nos Estreitos, mas Viena rejeitou a sugestão. Agora, queria propor ao tradicional rival da Inglaterra nos Estreitos, a Rússia, uma ação naval conjunta para coagir a Porta. Telegrama enviado a Sir Nicholas O'Connor, embaixador em São Petersburgo, revelava a convicção de Salisbury de que Abdulhamid, a despeito da vitória de seu exército no campo de batalha, devia aceitar um acordo ditado pela Europa em concerto:

> Se o Sultão continuar insistindo obstinadamente em exigir a restituição da Tessália, a questão deverá merecer a mais séria análise pelas potências (...) Não existe forma de coagi-lo por via terrestre, exceto ao preço de difícil e extensiva campanha. Há meios muito mais fáceis para pressioná-lo por mar (...) Chegou a hora de Inglaterra e Rússia examinarem se não é possível chegar a alguma forma de acordo que permita, em sintonia com outras potências que queiram cooperar, enviar um número limitado de navios para ancorar diante de Yildiz.[22]

Nenhuma demonstração naval dessa natureza foi tentada, pois os russos estavam convencidos – acertadamente – de que Abdulhamid trataria os gregos com leniência, eliminando a necessidade de pressioná-lo. O plano de Salisbury é de interesse apenas como evidência histórica do que poderia ter acontecido e indica que ele abandonara a tradicional política de manter o Império Otomano como barreira contra a expansão russa no Mediterrâneo. A partir de então, os otomanos teriam de ficar por sua própria conta, empregando o exército e o Califado para se concentrar na destinação asiática da dinastia, ou descobrir, entre as Potências Europeias, outro aliado natural. O sucesso das armas alemãs na Guerra dos Trinta Dias não deixou dúvidas quanto à direção que Abdulhamid escolheria na busca de apoio externo.

Antes, contudo, foi acertada uma paz nos Bálcãs. A Grécia, perto da bancarrota, teria de pagar uma indenização ao Império Otomano e liberar a migração de muçulmanos que quisessem se refugiar na Anatólia. Não houve reconfiguração de fronteiras nacionais. Os gregos conservaram a Tessália, com exceção de umas vinte aldeias devolvidas em uma "racionalização" de fronteiras entre o Monte Ossa e os contrafortes do Pindus. Em Creta, foi estabelecida uma autonomia legítima, e a ilha retornou à suserania otomana, mas com um governador indicado pelo Sultão após consultar Atenas. Em setembro de 1898, as últimas tropas otomanas deixaram a ilha, após um tumulto perto de Khania em que os militares mataram muitos cristãos gregos e oito fuzileiros navais ingleses. Dois meses depois, o príncipe George da Grécia foi designado Alto Comissário em Creta, onde, por oito anos, serviu como representante especial de seu pai. Tropas russas, inglesas, francesas e italianas ocuparam as cidades principais – uma experiência precoce e bem-sucedida de força policial internacional em região problemática.[23]

Visto de fora, o domínio otomano na Macedônia pareceu fortalecido com a derrota dos gregos na Guerra dos Trinta Dias. O movimento subversivo *Ethnike Hetairia* foi extinto, embora o ressentimento antiotomano permanecesse latente. Outros estados balcânicos, prontos para reclamar partes da Macedônia se o exército otomano fracassasse, silenciaram e, por dois ou três anos, houve relativa calma na província. Porém, a Macedônia continuava sendo um problema potencial mais perigoso do que Creta ou Armênia, pois a mistura de etnias atraía interferências de governos vizinhos. Os gregos constituíam a minoria cristã mais educada e organizada na província em geral, mas, tal como os turcos genuínos, eram largamente superados em número pelos eslavos do sul. Estes eram sensíveis à propaganda oriunda da Bulgária e da Sérvia, enquanto havia também grande concentração de judeus em Salônica e, em vários distritos, uma minoria *kutzo-vlach*, geograficamente dispersa e apenas ocasionalmente lembrada por seus consanguíneos em Bucarest.

Informações de consulados ingleses salientaram a ameaça da sociedade secreta terrorista búlgara IMRO (Internal Macedonian Revolutionary Organization), ativa a partir de 1893, embora o Sultão explorasse a rivalidade da IMRO com os fanáticos nacionalistas búlgaros "supremacistas" (EMRO), controlados diretamente por Sofia. Os muçulmanos albaneses eram defensores ardorosos da soberania de Abdulhamid. Seu ressentimento pela interferência estrangeira e pelo proselitismo cristão era tão forte que, no começo de 1899, realizaram uma reunião de clãs notáveis em Ipek (hoje Pec, em Montenegro), quando concordaram em criar uma Liga Albanesa, com a finalidade de defender os territórios do Sultão e preservar a autoridade do Califa perante o infiel.

Não obstante Abdulhamid ter tomado a iniciativa ao criar uma Comissão de Reforma das Províncias da Rumélia e reunir Salônica, Kosovo e Monastir em uma única província, o *Vilayet-i Selase* ("Três Vilayets"), era preciso mais do que simples ordens do governo para a realização de reformas, se o objetivo era manter a Macedônia sob domínio otomano.[24] Entre as exigências prioritárias estava a modificação da organização fundiária. Com exceção das vizinhanças imediatas de Salônica e Serres, onde os cristãos gregos possuíam grandes propriedades, o campo predominantemente eslavo permanecia em sujeição quase feudal a extravagâncias, caprichos e métodos agrícolas dos *beys* muçulmanos.

O embaixador inglês em Constantinopla reconheceu de imediato a importância da Guerra dos Trinta Dias para o reinado de Abdulhamid. No começo de julho, disse a Salisbury:

> O movimento de reforma tem progredido entre os turcos, levando o Sultão a adotar medidas firmes de repressão, mas a insatisfação com as arbitrariedades determinadas pelo palácio está ganhando força. Os embaixadores estão esperando apenas instruções de seus governos para pressionar o Sultão e forçá-lo à realização das reformas. Hoje em dia, a situação mudou completamente, em consequência da guerra com os gregos. A pronta mobilização e a boa organização repercutiram positivamente. As vitórias na Tessália restauraram o prestígio do Sultão e de seus súditos muçulmanos e, até certo ponto, repararam a brecha que havia entre eles.[25]

Tudo isto era verdade, embora assessores militares estrangeiros comentassem que a guerra não fora suficientemente longa para mostrar se os comandantes militares possuíam a capacidade de improvisar e modificar planos feitos, caso surgissem resistências que ameaçassem o sucesso. A guerra deu a perceber às chancelarias europeias que o Império Otomano não estava tão próximo da desintegração como tinham avaliado dez meses antes, quando os tumultos na capital faziam prever uma intervenção estrangeira iminente.

A Guerra dos Trinta Dias teve uma consequência curiosa que, na época, passou despercebida. Em fevereiro de 1897, quando voluntários gregos zarparam de Salamis e do Pireu para se aliar aos insurgentes cretenses, os embaixadores em Constantinopla estavam em reunião para discutir formas de proteger da repressão e dos massacres os súditos armênios do Sultão. De repente, a crise desencadeada pela guerra encerrou essas reuniões, e a questão armênia, causa recente de profundo ressentimento no exterior, ficou sem solução. O incidente dos assassinatos nos seis *vilayets* foi esquecido à medida que os grupos nacionalistas armênios brigavam entre si. Prevaleceu uma paz frágil e, até 1909, continuaram surgindo relatos de massacres em torno de Adana. Na época, alguns armênios ocupavam cargos na administração, especialmente no Ministério das Finanças. Muitos armênios mais ricos da capital e dos maiores entrepostos comerciais consideraram-se com sorte por estarem vivos e poderem emigrar. Levaram suas fortunas e talentos para a Inglaterra, os Estados Unidos, o Egito e a França, enquanto seus compatriotas que permaneceram em terras do Sultão se transformaram outra vez num povo histórico semiesquecido pelo Ocidente.

Semiesquecido, mas meio lembrado também. Quando a crise armênia perdeu força, uma figura folclórica permaneceu firmemente gravada no imaginário popular. Em janeiro de 1896, o cartunista do *Punch*, Lindsay Sandemann, criou um personagem assustador chamado "The Unspeakable Turk"(O Terrível Turco): um sultão sinistro, acariciando a lâmina da cimitarra desembainhada, em pé diante da casa da morte em ruínas, lança um olhar diabólico para um caminho deserto e exclama: "Ha, ha, ha! Não sobrou ninguém. Posso voltar ao trabalho." Cada novo desafio enfrentado pelo governo otomano devolvia o "Terrível Turco" às páginas dos jornais populares. O sultanato nunca conseguiu livrar-se da repulsa pelos massacres de armênios.[26]

13

Povos Antigos e Jovens Turcos

Apesar do desdém com que era visto em tantas capitais no exterior, Abdulhamid ainda podia contar com o apoio do mais vociferante dos soberanos europeus. Resumidamente, em agosto de 1896 o Kaiser Wilhelm II considerava necessária a deposição do Sultão, mas logo em seguida acorreu em seu apoio e foi recompensado pelo sucesso das tropas treinadas pelos alemães na guerra contra a Grécia. Em dois anos, Wilhelm considerava uma segunda visita ao Império Otomano, "uma expedição ao Oriente," que seria mais extensa do que os cruzeiros habituais do iate imperial.[1] Nenhum governante cristão entrara em Jerusalém desde que o imperador Hohenstaufen, Frederick II, conquistara a Cidade Santa durante a 6ª cruzada. Agora, seis séculos e meio depois, um imperador Hohenzollern iria a Jerusalém e a Damasco como emissário da paz e da boa vontade cristã, um peregrino contando com a proteção benevolente do Sultão-Califa. Porém admitiu que antes era preciso fazer uma visita de cortesia a Abdulhamid em sua capital.

Em 18 de outubro de 1898, o iate a vapor *Hohenzollern*, branco e brilhante sob o frescor do sol de outono, ancorou diante do Palácio Dolmabahche, iniciando a segunda visita oficial do Kaiser com uma demonstração de pompa naval assistida por milhares de súditos de seu anfitrião. Em 1889, quando um *Hohenzollern* mais antigo levou pela primeira vez o casal imperial alemão a Constantinopla, e os germânicos consolidavam sua influência na Turquia, os convidados do Sultão reagiram entusiasticamente à hospitalidade otomana. "Parece coisa das *Mil e Uma Noites*," comentou a Kaiserin na oportunidade. Dessa vez, o prêmio da Alemanha estava na Ásia Menor, e não no Bósforo. Ainda se esperava a decisão final do Sultão sobre a vital ligação ferroviária de Konya para leste, atravessando a Mesopotâmia até o golfo. Como as primeiras informações sobre ricas reservas petrolíferas em torno de Mosul naquele momento agitavam companhias inglesas e holandesas, para a Alemanha era essencial garantir um acordo que completasse esse derradeiro trecho do tão alardeado projeto ferroviário Berlim-Bagdá. Havia muito tempo, os governos europeus reconheciam o valor estratégico de tal ferrovia através da Ásia Menor, que reduziria o tempo da jornada entre Constantinopla e Bagdá de vinte e três dias para quarenta e oito horas. As notícias sobre petróleo renovaram o interesse pelo projeto, pois admitia-se que a concessão da ferrovia asseguraria direitos exclusivos sobre óleo e minerais em várias milhas em cada lado da linha férrea. Um "Mapa do Comércio e dos Recursos da Ásia Menor," produzido por ativos editores de Halle, foi posto à venda na Alemanha enquanto o *Hohenzollern* ainda estava no Egeu. Esgotou com rapidez impressionante.[2]

Em 1897, Wilhelm II já deixara patente a importância de sua embaixada em Pera ao nomear embaixador o Barão Marschall von Bieberstein, ministro do Exterior desde o afastamento de Bismarck, sete anos antes. Na oportunidade dessa nova visita, o Kaiser incluiu em sua comitiva a bordo do *Hohenzollern* o sucessor de Marschall como ministro do Exterior, o Conde von Bülow, futuro chanceler. Com Bülow e Marschall, procurou os ministros e favoritos do Sultão, determinado a consolidar o domínio comercial alemão na Anatólia. Sólidos argumentos foram persuasivamente apoiados por generosos subornos. Ahmed Izzet, em particular, deu-se muito bem.

Abdulhamid era muito astuto, muito orgulhoso e muito desconfiado para ceder a essa tentação. Precisava do apoio diplomático alemão, dos recursos financeiros alemães e da capacidade técnica alemã. Mas sem pressa. Não queria transformar seu Império numa dependência Hohenzollern. Embora fosse avarento por natureza quando se tratava de assuntos de menor importância, e já que deveria haver troca de presentes pelos imperadores, também soube ser generoso e não poupou gastos em sua determinação de impressionar os visitantes. Estimativa modesta de um diplomata francês concluiu, no fim do ano, que a visita do Kaiser custou ao tesouro otomano cerca de trinta milhões de francos, seis milhões dos quais gastos com presentes.[3] Apesar disso, enquanto os visitantes alemães permaneceram no Império Otomano, não foram assinados tratados de concessões. Em gesto simbólico, o Sultão e o Kaiser atravessaram o Bósforo para a margem da Anatólia e inauguraram com toda a pompa um terminal ferroviário em Haydarpasha. Simultaneamente, Abdulhamid anunciou estar disposto a conceder facilidades portuárias em torno do terminal aos diretores alemães da Anatolian Railways. Em novembro de 1899, finalmente, o Sultão deixou clara sua disposição de fazer novas concessões à Alemanha, mas passaram-se quase três anos e meio até ser formalmente assinada e ratificada uma concessão. Na primeira semana de março de 1903, uma empresa controlada pelos alemães foi autorizada a completar a construção da ferrovia de Bagdá, cobrindo 2.000km de

Konya a Basra. Ao mesmo tempo a empresa obteve, como se previa, os direitos sobre o petróleo nas faixas de vinte quilômetros adjacentes a cada margem da ferrovia.[4]

O Kaiser estava convencido de que sua "viagem ao Oriente" fomentara significantemente o comércio e os investimentos alemães no Império Otomano. Talvez estivesse certo. Em Berlim, o projeto da ferrovia de Bagdá se tornou questão de honra nacional, e não apenas um negócio. Entretanto, as concessões nunca foram plenamente aproveitadas. Problemas de engenharia, aliados a pressões políticas de russos, franceses e ingleses, atrasaram a construção da ferrovia através das montanhas Taurus e Amanus. A linha ainda não estava terminada quando, em outubro de 1917, Wilhelm fez uma derradeira visita à capital otomana.

Fossem quais fossem suas opiniões posteriores, em 1898 o Kaiser ficou ressentido com insinuações de que fora ao Império Otomano como principal representante de vendas alemão. Reconhecia que a necessidade política ditara sua visita a Constantinopla, mas alegava que sua intenção era reforçar o exercício efetivo do governo nos territórios otomanos, em tempos em que a autoridade do Sultão estava desgastada pela propaganda de terroristas financiados por estrangeiros. Mais de trinta anos depois, exilado na Holanda, Wilhelm II fez uma crítica na margem de uma edição alemã de *Lord Carnock*, de Harold Nicolson, defendendo Abdulhamid e procurando explicar "por que o Sultão agiu com tanta severidade" contra os armênios quando o Ottoman Bank foi ocupado.[5] Mencionou "as novas bombas que vi com meus próprios olhos" apreendidas com os "armênios presos pela polícia," além de "libras-ouro inglesas novinhas em folha." Também apresentou alentada argumentação sustentando que os armênios na capital tinham recebido ordem de exilados em Londres para "encenar uma insurreição, de modo que o governo inglês pudesse usá-la como pretexto para uma intervenção militar." Entretanto, segundo o que afirmou o ex-Kaiser, "os casacos vermelhos" ficaram de fora, e os armênios que os esperavam foram mortos. Portanto, os ingleses traíram os armênios que tinham agido sob sua instigação. O que vira em Pera e Istambul o convencera de que as acusações feitas pelo Ocidente a "Abdul, o Maldito" eram hipócritas. Ao contrário, o governante alemão estenderia a mão amiga não apenas a Abdulhamid, mas a todos os otomanos leais, sem restrição de credo e nacionalidade.

Durante sua viagem como peregrino a Jerusalém, o Kaiser voltou repetidamente a esse tema da amizade protetora. O itinerário planejado previu a jornada do *Hohenzollern* para o sul até Haifa, permitindo que o imperador pudesse viajar pelo interior da Palestina, Síria e Líbano, fazendo um roteiro organizado e dirigido por Thomas Cook and Son. Se o *Hohenzollern* tivesse atracado em Jaffa em vez de Haifa, o Kaiser poderia ter viajado de trem para Jerusalém, pois, em 1892, a linha férrea já funcionava até a costa. Todavia, "A jornada de Haifa para Jerusalém foi (...) a cavalo ou em carruagem, e isso nos deixou contentes," explicou mais tarde o Conde Bülow. "Uma ferrovia (...) realmente não se encaixava no cenário."[6] Bülow não acrescentou que a linha Jaffa-Jerusalém estava terminada e era administrada por uma empresa que não era alemã, mas francesa.

A razão ostensiva dessa excursão imperial da Thomas Cook era permitir que o imperador alemão estivesse presente à comemoração do Dia da Reforma (31 de outubro) numa nova igreja luterana, a Erlöserkirche (Igreja do Redentor). Mas os católicos romanos alemães também foram lembrados. Wilhelm recebera de seu amigo Sultão a posse do templo da Dormição, local tradicional onde a Virgem Maria permaneceu entre sua morte e sua assunção, que foi entregue à católica "Associação Germânica na Terra Santa." O Kaiser quis, sobretudo, impressionar os súditos do Sultão com sua estatura de governante de expressão mundial. Sua entrada em Jerusalém, no dorso de um belo cavalo negro e em uniforme de gala branco, o capacete com uma águia dourada bem polida, projetou o poder e a grandeza do Império Alemão, como se reverenciasse uma cidade problemática que Abdulhamid muito temia visitar.

Como Bonaparte no Egito, Wilhelm tinha atração pelo Islã. "Se eu fosse lá sem qualquer religião, certamente teria me tornado maometano," escreveu para o Czar.[7] Também sofreu a influência dos relatórios de consulados que informavam como o crescimento do movimento pan-islâmico podia ser impulsionado para fortalecer interesses alemães. Assim pensando, em Damasco, uma semana após sua entrada em Jerusalém, Wilhelm depositou uma coroa de flores no túmulo de Saladino e foi lá que respondeu às boas-vindas da *ulema*, oferecendo "a Sua Majestade o Sultão e aos trezentos milhões de muçulmanos que (...) na pessoa do Sultão reverenciam o Califa" a garantia de que "o Imperador alemão será seu amigo para sempre." O Kaiser podia fazer tal promessa, sabendo que, ao contrário dos outros impérios do mundo, suas colônias abrigavam poucos fiéis muçulmanos.[8]

Os alemães obtiveram vantagens culturais e materiais com a expedição de seu soberano por aqueles "povos antigos," como preferia chamá-los. Em termos materiais, as importações de artigos alemães pela Turquia passaram de 6% em 1897 para 21% em 1910, em prejuízo de Inglaterra e França, em particular. Com exceção de ocasionais meses de desconfianças e tensões (notadamente em 1908-09), as relações oficiais entre Berlim e a Porta continuaram cordiais. Grupos de religiosos e educadores disseminaram o idioma e ideias alemãs na Ásia Menor e na Terra Santa. Uma organização protestante, a *Jerusalems-Verein*, mantinha oito escolas na Judeia, enquanto a católica *Palästinaverein* atuava em uma região mais ampla e a *Deutsche Orientmission* se "infiltrava" nos distritos armênios onde antes atuavam os americanos. Porém, os três principais agentes da influência alemã na Turquia eram os vendedores de armamento, os banqueiros e os engenheiros ferroviários. Em dezesseis anos, a indústria alemã forneceu 200 locomotivas e cerca de 3.500 vagões de passageiros e de carga para a Anatolian Railways e seu ramal para Bagdá, assim como trilhos de aço para as ferrovias. Um engenheiro saxão, Heinrich Meissner, foi encarregado da construção da ferrovia do Hejaz, de Damasco para o sul, até Medina, concretizada entre 1900 e 1908. Novos pedidos de compra foram feitos à Alemanha, englobando mais cem locomotivas e cerca de 1.100 vagões, construídos especificamente para estrada de bitola estreita, a "ferrovia dos peregrinos."[9] A concessão de Haydarpasha para construção de docas na costa da Anatólia no Bósforo atraiu mais investimentos alemães, embora firmas francesas continuassem controlando serviços portuários na margem europeia, como também em Smyrna, Salônica e Beirut, os portos mais lucrativos do Império Otomano.

Na época em que o Kaiser Wilhelm II visitou os três *vilayets* que geograficamente constituíam a Palestina, a população árabe superava a judia na proporção de dez para um. Todavia, Jerusalém era, obviamente, sagrada para os povos bíblicos mais antigos e, também, para cristãos e muçulmanos, e o Kaiser conhecia muito bem o sentimento despertado pelo problema judeu, tanto na Europa quanto no Levante. No dia seguinte à sua chegada a Constantinopla, recebeu uma delegação de cinco judeus não otomanos, chefiada por Theodor Herzl, que lançara oficialmente o sionismo em um congresso mundial realizado na Basileia um ano antes. A possibilidade de oferecer a proteção imperial alemã às colônias sionistas na Palestina despertou o interesse do Kaiser, pois um em dez de seus súditos era judeu, muitos deles ricos e influentes nos negócios. "Vosso movimento, com o qual estou perfeitamente familiarizado, tem base numa ideia válida e saudável," disse a Herzl. Porém, quando, nove dias após, Herzl tentou uma segunda audiência – dessa vez fora de Jerusalém –, encontrou o Kaiser muito menos receptivo. Representantes de Abdulhamid que integravam a comitiva imperial deixaram claro a seus convidados que o Sultão ficara alarmadíssimo com a alegação de Herzl de que os judeus precisavam "ter a posse de sua própria terra na Palestina, pública e legalmente assegurada," e que a presença de Herzl e seus companheiros em Jerusalém era constrangedora. Em 1901, quando concordou em receber Herzl em audiência em Yildiz, Abdulhamid não tentou esconder sua hostilidade ao incipiente sionismo.[10]

Aspirações judias nunca tinham constituído problema grave para os otomanos. Na virada do século, os crentes judeus somavam cerca de 230 mil em uma população estimada de vinte milhões de homens e mulheres governados pelo Sultão, dos quais quase três quartos eram muçulmanos. Os judeus desfrutavam melhor situação no Império Otomano do que na Rússia e em muitas outras regiões da Europa oriental. A partir de 1868, pelo menos dois judeus eram membros regulares do Conselho de Estado da *Tanzimat*, cooperando na elaboração de leis para o Império todo. O *millet* judeu havia muito usufruía status semelhante ao dos gregos ortodoxos e dos armênios. O rabino-chefe de Constantinopla tinha a mesma expressão usufruída pelos dois patriarcas cristãos na estrutura social, embora a maior concentração de judeus ficasse distante da capital otomana, em Salônica, na costa noroeste do Mar da Galileia e na própria Jerusalém. As perseguições pelos russos no reinado do czar Alexandre III geraram um problema para o governo otomano, tanto quanto para muitos outros governos que lidavam com o êxodo dos povos perseguidos. Na Palestina, a população judia cresceu de apenas 24 mil em 1880 (quase metade do número de judeus em Londres) para 49 mil em 1903 e 90 mil na eclosão da Primeira Guerra Mundial, quando, na mesma região, se admitia existirem 500 mil árabes. Em 1882, tão logo começou a imigração em larga escala, as autoridades otomanas adotaram medidas para impedir a entrada de judeus vindos da Rússia e doutras partes da Europa Oriental pelos portos de Latakia, Beirut, Haifa e Jaffa. Seis anos depois, Jerusalém – sob domínio otomano desde 1516 – se tornou sede de uma unidade administrativa especial, a *Mutassarriflik*, que se estendia do Mar Morto a Jaffa e Gaza, governada diretamente pela Porta.[11]

O controle da imigração ao longo da costa palestina fazia sentido política e economicamente para os otomanos e, sem dúvida, para os cônsules estrangeiros da região. Em contraste com outras terras árabes no Levante e a despeito do perfil cosmopolita de Jerusalém, na virada do século, a Palestina era invulgarmente homogênea, o povo com esmagadora maioria de fé sunita. De modo geral, eram bons e leais otomanos, e o Sultão Abdulhamid se dispunha a ouvir seus representantes com especial simpatia, admitindo alguns árabes mais preparados em cargos de confiança em Yildiz. Na Terra Santa, os árabes também eram um povo antigo, como os judeus. Podiam alegar a descendência de comunidades que lá viviam por dez ou mais séculos, remontando, talvez, aos cananeus da Bíblia. O governo otomano temia que, se milhares de aldeões judeus pobres da Rússia convergissem para aquela região tão sensível, provocariam um conflito permanente com os árabes e seriam um ônus para as colônias judias já existentes, algumas lá instaladas havia mais de trinta anos. Portanto, quando, em 1891, Abdulhamid recebeu o primeiro pedido de notáveis árabes de Jerusalém para que acabasse com a imigração judia e a compra de terras, dispensou ao pedido atenta consideração. Mesmo antes de Herzl começar sua campanha por um lar nacional judeu, a censura otomana já decidira que não haveria em jornais ou livros referências à Terra Prometida dos judeus, às fronteiras da Palestina e tampouco ao Pacto de Abraão. Assaltantes árabes, que tinham começado a atacar colônias agrícolas pioneiras dos judeus entre Jaffa e Jerusalém em 1886, aumentaram suas atividades enquanto as atenções no exterior estavam voltadas para outra direção: o apoio aos súditos armênios do Sultão. É um tributo à tenacidade dos colonos – muitos deles anteriores a Herzl e não envolvidos com a política sionista – que, embora muitas vezes em conflito com um rabinato socialmente conservador e com os muçulmanos locais, perseveraram e, confiantes, buscaram recursos estrangeiros para construir sua vida em uma terra que tristemente relutava em prover leite e mel.

A despeito da evidente hostilidade do Sultão à penetração judia na Terra Santa, as autoridades alemãs eventualmente apoiavam organizações judaicas alemãs de caridade dentro do Império Otomano, pelo menos até a eclosão da Primeira Guerra Mundial. Em 1904, a WZO (World Zionist Organization) estabeleceu sua sede na Renânia, mudando-se para Berlim sete anos mais tarde, mas, com o crescimento do antissemitismo na Alemanha e na Europa central, a Organizaçao Sionista Mundial não influía no processo decisório de Wilhelmstrasse. Enquanto alimentavam total desconfiança em Herzl e seus sucessores na WZO, os otomanos toleravam a ajuda do Barão Edmond de Rothschild, presidente da filial francesa da dinastia bancária, financiando colônias pioneiras de judeus poloneses e do sul da Rússia. A partir de 1884, o trabalho desenvolvido nessas colônias-modelo passou a ser supervisionado por especialistas em agricultura, a maior parte vinda da França, e o sucesso desses empreendimentos fez surgir uma expectativa de prosperidade e mais investimentos em uma região pobre e retrógrada do Império Otomano. O próprio Barão Edmond estimulou muitos aperfeiçoamentos, tal como o plantio de vinhedos e a introdução do cultivo de toranja. Em 1900, criou a Associação da Colonização Judia, da qual foi presidente até a morte, trinta e quatro anos depois. Enquanto alimentaram esperança no fluxo de investimentos vindo de Paris, as autoridades otomanas não ousaram impor controles rígidos às atividades da Associação.[12]

Entretanto, todas as iniciativas judias se chocavam com a óbvia determinação de Abdulhamid de fomentar a unidade islâmica e integrar mais estreitamente os territórios árabes ao núcleo turco de seus domínios. Além disso, como constatou o governo otomano, o problema dos refugiados atingia o Império em geral. A fuga de muçulmanos dos Bálcãs, da Rússia e do Magreb sob domínio francês gerou grande intranquilidade social na capital e nas vizinhanças de Smyrna. O projeto da ferrovia do Hejaz, criação de Ahmed Izzet, de certo modo era uma contrapartida às colônias judias. Aliou vantagens materiais e religiosas ao coletar milhões de libras em doações voluntárias em todo o mundo muçulmano para melhorar o transporte de Damasco a Medina e, por fim, a Meca. Porém, tanto quanto peregrinos, tropas também podiam ser deslocadas para o coração da Arábia e, com os distritos de Amman e Maan ligados às cidades sírias e Beirut, abria-se a perspectiva de colonização do *vilayet* de Suriyya tão ao sul quamto Aqaba, com refugiados muçulmanos sem posses. A ferrovia do Hejaz e as linhas telegráficas que corriam ao lado de seu leito proporcionaram ao Sultão a oportunidade de reafirmar o governo otomano em províncias que havia muito tempo vinham escapando de seu controle.

Seria, entretanto, possível os otomanos aproveitarem "perspectivas" e "oportunidades" se o governo continuava prejudicado pelas suspeitas sombrias de Abdulhamid, por sua paranoica incoerência e a consequente recusa em delegar poder? O Sultão era dotado de viva inteligência, que lhe permitia tirar vantagem de ideias que apreendera apenas parcialmente. Assim, procurava explorar – muitas vezes simultaneamente – a propaganda pan-islâmica, o espírito do Otomano Maior e o "turquismo," um movimento intelectual que transformava o elemento túrquico (tradicionalmente rude) em herança cultural de seu Império. Todavia, seu apoio era inconstante. Informações enigmáticas de espiões inventivos jogavam água fria no entusiasmo de ontem, deixando incompletas muitas coisas que o Sultão parecia defender. Sir Philip Currie relatou ao Foreign Office, em diversas ocasiões, a "insatisfação generalizada com o governo arbitrário do palácio," encorajando o crescimento de um movimento secreto por reformas.[13] Na gestão do sucessor de Currie em Pera, Sir Nicholas O'Conor, logo depois da virada do século, o movimento de protesto passou a identificar-se como "Jovens Turcos."

Historiadores turcos afirmam, com certa razão, que a primeira célula Jovem Turca foi criada em maio de 1889 por estudantes de medicina do exército em Istambul e, no verão de 1896, mais de setenta oficiais e cadetes Jovens Turcos já tinham sido exilados para Trípoli, depois de serem submetidos à corte marcial por conspiração.[14] Todavia, restam três problemas fundamentais a esclarecer na história do movimento em seus primórdios: a existência, na mesma época, de células em guarnições otomanas, necessariamente secretas, e de grupos de moços turcos exilados em Genebra, Paris e Cairo, ativos a ponto de atraírem publicidade; a rivalidade e a apostasia de supostos líderes no exterior; e a tendência dos grupos de conspiradores a aceitar classificações genéricas como "Jovens Turcos," embora se diferenciando de outros grupos na tática e nos objetivos de longo prazo. Boa parte da inspiração dos Jovens Turcos veio dos Jovens Otomanos da era *Tanzimat*, mas o novo movimento de protesto contava com base social mais ampla. Seus seguidores se beneficiaram das reformas na educação, especialmente do renascimento da universidade em Istambul e do sólido ensino nos *lycées* e nos colégios militares. Além do mais, em 1900 a escola de Serviço Público (*Mekteb-i Mulkiye*), inaugurada em 1859, propiciava ao governo cem graduados por ano. Dos vinte Jovens Turcos que se destacaram na primeira década do século, seis tinham cursado a Escola Militar e outros sete, o *Mulkiye*.[15]

Ademais, o chefe mais revolucionário dessa ala do movimento podia invocar sua linhagem dinástica quase impecável. O Príncipe Sabaheddin, que em 1899 se exilara voluntariamente com o pai e o irmão, era bisneto de Mahmud II, neto de Abdulhamid e filho da meia-irmã de Abdulhamid, a Princesa Seniha. Foi Sabaheddin quem, em fevereiro de 1902, presidiu um congresso do movimento Jovem Turco em Paris, que aprovou resolução apelando às Grandes Potências, "no interesse geral da humanidade," para que pressionassem a Porta a cumprir os compromissos assumidos em tratados, de "beneficiar todas as partes do Império Otomano." Contudo, essa resolução foi combatida por uma minoria influente que declarou que as Grandes Potências eram orientadas por "interesses nem sempre de acordo com os de nossa nação." Como tantas vezes acontece com congressos de exilados políticos, prevaleceu a vontade da minoria. Por mais que os Jovens Turcos declarassem o desejo de ver "a civilização europeia disseminada em nosso país," na prática tornaram-se defensores nacionalistas da independência do Império. O aristocrático Sabaheddin foi deixado na chefia de um grupo dissidente, o movimento otomano "Liga pela Iniciativa Privada e Descentralização." Era um nome complicado, mas, como declaração de intenções, admiravelmente específico.

O crescimento do movimento Jovem Turco acompanhou de perto a crescente anarquia no interior da maior província europeia que restava sob governo otomano direto. À breve calmaria na atividade terrorista na Macedônia depois da derrota grega na Guerra dos Trinta Dias seguiu-se, na virada do século, uma onda de terrorismo inspirado nos grupos rivais que lutavam por uma Gran Bulgária. O mais espetacular golpe de estado realizado pela IMRO ocorreu em 1901, o sequestro de uma missionária americana, Helen Stone, mantida refém nas montanhas em volta do Lago Doiran e finalmente libertada em Strumica, mediante o pagamento do resgate pelo governo dos Estados Unidos, no valor de 66 mil dólares. Miss Stone foi tão bem tratada por seus sequestradores *comitadji* que, ao regressar a Boston, Massachusetts, se tornou firme defensora das reivindicações da IMRO.[16]

Esse episódio em si não teve maior importância, mas o sequestro de uma missionária inevitavelmente foi alvo de muita publicidade nas imprensas americana, inglesa, francesa e italiana, e os jornalistas ressaltaram a evidente incapacidade dos turcos de impedir que os chefes dos "supremacistas" e da IMRO aterrorizassem líderes das aldeias para conseguir apoios. Logo após a libertação de Helen Stone, as potências europeias iniciaram o lento processo diplomático junto à Porta envolvendo a necessidade de ampliar as reformas na Macedônia e na Trácia. Os diplomatas logo se deram conta da urgência do problema. Na primavera de 1903, uma série de atentados a bomba abalou Salônica: o Ottoman Bank da cidade foi explodido e, poucos meses depois, houve intensa campanha de guerrilhas nas montanhas efetuada pelos *comitadji* búlgaros. Gregos moradores em Salônica morreram nas explosões de bombas. O *vali* otomano, Hassan Fehmi Pasha, manteve a ordem na província com firmeza e imparcialidade lembradas pelos gregos muito tempo depois. Porém, em 1903, a consequência imediata da atividade da IMRO foi o renascimento de grupos de patriotas gregos em Salônica e nas cidades e aldeias vizinhas. O consulado grego se transformou no centro do movimento. Um historiador grego registra como "reuniões e mais reuniões (...) aconteciam na catedral, e que muitas vezes lá foram elaborados planos para missões a serem cumpridas pelos diversos grupos de homens armados."[17]

Não apenas búlgaros e gregos ameaçavam explodir o barril de pólvora balcânico. O novo e agressivo espírito nacionalista que surgiu após a restauração da dinastia Karadjordjevic em Belgrado, em junho de 1903, provocou o ressurgimento das células revolucionárias sérvias, especialmente em Üsküb (Skopje) e em Monastir (Bitolj). Oito meses depois, um "pequeno exército" de *chetniks* treinados em Belgrado e em Nis começou a atuar no Vaddar superior e em torno do Lago Ochrid, lutando contra tropas regulares otomanas apenas quando atacado, mas mantendo sempre bem vivas as reivindicações sérvias para quando os turcos se retirassem. O mapa racial, cultural e religioso de toda a região era notavelmente variado. Em Üsküb, por exemplo, onde a *ulema* continuava poderosa e havia um bispado ortodoxo sérvio, o primeiro teatro da cidade foi aberto por dois negociantes católicos romanos, um italiano e o outro, Kole Bojaxhiu, um albanês que usava "fez," casado com uma sérvia. Essa família macedônia tipicamente cosmopolita teve uma filha no fim dessa década tumultuada. Sua vocação foi desenvolvida muito longe dos Bálcãs, entre os pobres da Índia: Ganxhe Agnes Bojaxhiu, súdita otomana por berço, que se tornou famosa como Madre Teresa de Calcutá.[18]

Seria totalmente fora de propósito imaginar que uma futura laureada com o Prêmio Nobel da Paz recentemente criado pudesse nascer em meio à complexidade daquele conflito. Em 1903, as Grandes Potências, já divididas por rivalidades imperiais, estavam assustadas diante da perspectiva de novas crises nos Bálcãs. Os eventos eram desagradáveis reminiscências da Bulgária dos anos 1870 ou, mais recentemente, da Armênia. Governo nenhum desejava novo ciclo de agitações populares contra "o Terrível Turco." Entre os liberais ingleses ainda restava um poderoso *lobby* pró-búlgaros, e tanto em Londres quanto em Paris havia certa dose de apoio à ideia de uma Macedônia autônoma, mas a maioria dos governos estava disposta a admitir a continuidade do domínio turco na província sob controle externo exercido por uma força internacional realmente eficiente. Somente os ingleses queriam ver as tropas otomanas fora da Macedônia (como também de Creta). Em outubro de 1903, o czar Nicolau II e o Imperador Franz Joseph, acompanhados por seus ministros do Exterior, reuniram-se no Mürzteg, um pavilhão imperial de caça cerca de 160km ao sul de Viena. Concordaram em um programa de reformas que os dois soberanos recomendariam ao Sultão: dois "representantes civis," um russo e outro austríaco, assessorando o governador turco; um chefe de polícia europeu; e a divisão da província em "zonas de policiamento," cada uma sob a responsabilidade de uma Grande Potência.

Na última semana de novembro de 1903, o Sultão, influenciado por uma demonstração de poder naval das Grandes Potências, aceitou as propostas de Mürzsteg, que aconselhavam um programa que ele sabidamente detestava.[19] Acontece que Abdulhamid era um mestre em dissimulação e protelação, e pouco foi feito para implementar as propostas, extremamente complexas. Um italiano assumiu o comando da polícia e oficiais das cinco Grandes Potências adotaram medidas provisórias para o policiamento da região. Dois anos mais tarde – após mais uma demonstração de poder naval de Inglaterra, França, Itália e Rússia – o Sultão fez mais uma concessão: uma comissão internacional seria instalada para supervisionar receitas e despesas na Macedônia. Apenas o Kaiser e Marschall von Bieberstein, seu competente embaixador, se abstiveram dessa ação intimidatória. "Os alemães me ajudam o mais que podem, enquanto o restante da Europa me incomoda o quanto pode," comentou amargamente o Sultão em conversa privada.[20] O que não percebeu foi que a geração mais nova de oficiais do exército não fazia muita distinção entre franceses, ingleses, italianos ou russos, aos quais o Sultão parecia nitidamente subserviente, e os alemães que lucravam visivelmente com as concessões comerciais obtidas. Ademais, os instrutores militares alemães, como tantos outros especialistas vindos do exterior, não escondiam a arrogante condescendência que era intolerável para os moços orgulhosos e ambiciosos. Esse forte ressentimento contra qualquer influência estrangeira, que tanto alimentara os movimentos de oposição otomanos, por volta de 1905-06 começou a ressurgir perigosamente, mas, dessa vez, com uma diferença.

Na Sérvia, na Bulgária e na Grécia, modernos oficiais do exército, de famílias sem tradição de prestação de serviço militar a seu soberano, já integravam perigosos grupos de pressão que ameaçavam impor a seus respectivos governos políticas nacionalistas que eles próprios imaginavam. Evolução semelhante se podia notar na mudança de visão do movimento dos Jovens Turcos entre seu primeiro congresso, de fevereiro de 1902, e o segundo, também realizado em Paris, em dezembro de 1907. Para consternação dos agentes da polícia secreta de Abdulhamid, em 1906-1907 havia provas de existência de células dissidentes em várias unidades do exército do Sultão. Uma dita Sociedade Otomana para a Liberdade (*Osmanli Hürriyet Cemiyeti*), fundada em Salônica em setembro de 1906 pelo funcionário dos correios Mehmed Talaat, conseguiu o apoio dos oficiais do 3º Corpo de Exército. Dois meses após, Mustafa Kemal, um capitão de estado-maior de 25 anos, nascido em Salônica e educado principalmente em Monastir, fundou o movimento secreto Pátria (*Vatan*) entre os oficiais do 5º Corpo de Exército em Damasco. Logo o *Vatan* criou células em Jaffa, Jerusalém e Beirut. Em setembro seguinte, estabeleceu ligações com Jovens Turcos exilados em Genebra e, logo depois do segundo congresso em Paris, os líderes desse movimento combinado Jovem Turco adotaram o nome Comitê de União e Progresso (CUP – *Ittihad ve Terakki Cemiyeti*), cuja estrutura também absorveu o *Vatan* de Kemal e diversas outras organizações.[21] O elemento de ligação entre as associações filiadas ao CUP era a Macedônia. Muitos membros estavam servindo ou tinham servido na agitada província, ou nela tinham nascido. Em 1908, Salônica, segunda cidade da Grécia moderna, foi a casa de força da Revolução dos Jovens Turcos.

Os eventos daquele verão seguiram um padrão desconhecido, os episódios mais dramáticos acontecendo em um canto tão remoto do Império que parecia impossível poder abalar o trono otomano. O *mufti* militar da guarnição do 3º Corpo de Exército em Monastir era agente da polícia, um espião a serviço do palácio de Yildiz. Acidentalmente, no começo de junho tropeçou em uma conspiração do CUP envolvendo o major ajudante Ahmed Niyazi, oficial de lealdade suspeita que servia em Reane (hoje Resen), entre Monastir e Ochrid. O *mufti* foi alvejado e ferido, para impedir que voltasse à capital e relatasse o que descobrira, mas Niyazi resolveu precipitar a revolta, apoderando-se de armas e munição durante as preces da sexta-feira, 3 de julho, e seguindo para as montanhas em torno de Ochrid, em flagrante rebelião armada. O CUP, temendo contramedidas, apoiou Niyazi, e muitos oficiais moços juntaram-se a ele nas montanhas, o mais conhecido deles o major Enver, que servia no estado-maior do inspetor-geral da Rumélia, Hüseyin Hilmi, ele próprio simpático à causa dos Jovens Turcos. Pressionado por Niyazi, o CUP entrou em contato com cônsules estrangeiros em Salônica e enviou emissários a todas as principais cidades da Macedônia, proclamando o restabelecimento da constituição de 1876. Inicialmente, Abdulhamid subestimou a insurreição. Mas ficou abalado pelo assassinato de um de seus mais leais generais em Monastir e, posteriormente, pela disposição rebelde das tropas enviadas às pressas da Anatólia para reprimir a rebelião na Macedônia. Informações chegadas à capital revelaram que as guarnições na Rumélia estavam rapidamente se pronunciando a favor da constituição. Não se sabia exatamente o que desejavam, embora estivesse claro que, em vários distritos, os insurgentes contavam com o apoio dos albaneses e de algumas comunidades búlgaras e gregas. Também ressoaram nas maiores cidades ecos de outras lutas: "*La Patrie, Liberté, Egalité, Fraternité*," proclamado em francês por um jovem oficial do CUP na pequena cidade de Drama e ouvido pelo vice-cônsul inglês.[22]

Vendo o moral declinar no palácio de Yildiz, o sultão Abdulhamid fez um derradeiro esforço para recuperar a iniciativa política. Como já ocorrera outras vezes em seu reinado, resolveu se antecipar à oposição. Demitiu Mehmed Ferid, Grão-Vizir nos últimos cinco anos e meio, e chamou de volta para esse cargo, pela sétima vez, Küchük Mehmed Said, que lera o discurso do Sultão para o *Meclis-i Mebusan* (Senado) no ilusório alvorecer do constitucionalismo otomano trinta e um anos antes. Em quarenta e oito horas, Said Pasha e seu mestre concordaram em atender à primeira demanda dos revolucionários macedônios. O Sultão – assim explicou cinco meses mais tarde – acreditava que os povos de seu império estavam, naquele momento, suficientemente educados para aceitar o sistema de governo parlamentar. Um *irade* (ordem) imperial, publicado em 24 de julho de 1908, anunciou que a constituição de 1876, cuja vigência fora suspensa, voltaria a vigorar imediatamente. Poucos dias depois, foi anunciada uma anistia geral para prisioneiros políticos e exilados. Em 1º de agosto, um *hatt-i hümayun* (decreto imperial) confirmou a abolição da polícia secreta, o fim de prisões arbitrárias, permissão para viajar para o exterior, igualdade de raça e religião e a reorganização dos governos existentes. O decreto também prometeu a convocação de um parlamento eleito no prazo de três meses. Manifestações populares entusiasmadas, com o apoio de mais de uma dúzia de nacionalidades, se espalharam por cidades e aldeias na Europa e na Ásia.[23]

A era hamidiana estava encerrada. Os Jovens Turcos destruíram a autocracia sem disparar um só tiro mais próximo de Yildiz do que os disparados em Salônica, mas sem troca do Sultão-Califa. Em 31 de agosto, o reinante que, em três séculos, foi o mais astuto e que sobreviveu por mais tempo começou o trigésimo terceiro ano de seu reinado sob o estranho manto de uma monarquia constitucional pesando desconfortavelmente sobre seus ombros arqueados.

14

Em Busca de União e Progresso

O SÚBITO REVIGORAMENTO DA CONSTITUIÇÃO surpreendeu inteiramente o Comitê de União e Progresso. Seus membros fundadores esperavam uma longa campanha até persuadirem o Sultão a acelerar a tentativa de implantar um governo representativo após um lapso de trinta e dois anos. Tudo indicava que, em parceria com dignitários da *ulema* simpáticos a sua causa, os Jovens Turcos precisariam, inicialmente, encontrar uma forma de depor o soberano reinante. Mas, em vez disso, logo ficou evidente que o *irade* imperial transformara as relações entre governante e governados. Em 31 de julho, a sexta-feira após sua proclamação, Abdulhamid se aventurou a ir até a mesquita Ayasofya para a *selamlik* semanal, revelando, pela primeira vez em um quarto de século, coragem suficiente para cruzar o Chifre Dourado e fazer suas orações na antiga basílica de Bizâncio. A viagem em carruagem foi um pequeno triunfo pessoal. Ele chegou mesmo a ser aclamado no percurso das ruas estreitas em que tanto temia ser assassinado.[1] Foi com certa relutância que, no princípio de agosto, admitiu que era preciso receber uma delegação do CUP para discutir os méritos de seu programa de reformas.

O acesso afável a um Sultão não impopular criou problemas para os aspirantes a revolucionários: quem iria a Yildiz como representante do comitê? O CUP não era um partido político, nem mesmo um movimento de protesto com expressão nacional. Fora da Macedônia faltava-lhe esquema capaz de assegurar coordenação e, além disso, não havia um único membro que se apresentasse como líder. Para o major Niyazi, o major Cemal, o major Enver ou qualquer dos oficiais mais modernos, viajar para a capital era perigoso. Poderiam legitimamente ser tomados como amotinados revoltosos. O membro mais experiente do CUP na Macedônia era o Dr Nazim, diretor do hospital municipal de Salônica e principal contato entre os conspiradores Jovens Turcos e os exilados em Paris. Porém, embora dois meses depois se tornasse secretário-geral do comitê central do CUP, Nazim sempre preferiu permanecer nos bastidores. Também havia Hüseyin Hilmi, figura respeitada em toda a Rumélia, que anunciara publicamente o *irade* do Sultão em Salônica, em meio a entusiásticas manifestações. Todavia, Hilmi também não era a pessoa adequada. Embora simpatizasse com o objetivo dos Jovens Turcos, era leal ao liberalismo perdido de uma geração mais antiga. Dificilmente Hilmi, aos cinquenta e cinco anos, poderia ser o representante de oficiais e funcionários civis mais de vinte anos mais novos.[2]

Finalmente, o Comitê escolheu três burocratas competentes: Mehemed Cavit (muitas vezes escrito "Djavid"), filho de um comerciante de Salônica com queda para economia; Mustafa Rahmi, de uma das mais ricas famílias proprietárias de terras na Rumélia; e Mehmed Talaat, que ajudara na organização da Sociedade Otomana para a Liberdade em Salônica, quase dois anos antes. Talaat, nascido em família de camponeses de Edirne, era de inteligência privilegiada. Sendo um político que cresceu por esforço próprio e não lhe convindo correr o risco de se ver isolado em consequência de um compromisso apressado, também era ambicioso e não lhe convinha limitar suas opções aderindo cegamente a um fanatismo doutrinário. Ao longo dos dez anos seguintes, foi Talaat, e não algum de seus colegas mais brilhantes, que efetivamente transformou as decisões do CUP em ação política. O major Ahmed Cemal (ou "Djemal") e o major Enver, os dois implacáveis oficiais do estado-maior do 3º Exército, ficaram mais conhecidos no exterior.

Logo na primeira audiência com Abdulhamid, Mehmed Talaat impôs sua personalidade. Ao chegar à capital, a delegação fora tratada com desprezo pelo Grão-Vizir Said Pasha. Talaat e seus dois companheiros imediatamente pediram ao Sultão para demitir Said e nomear um ministério mais liberal. Em quatro dias Said foi afastado do cargo, e o anglófilo Mehmed Kamil Pasha se tornou Grão-Vizir pela terceira vez e organizou um ministério de reformistas em que apenas o *seyhülislam* e o ministro do Exterior tinham tido alguma experiência prévia. A confiança agora despertada pelo CUP levou à chegada à capital de quatro outros membros do comitê, inclusive Cemal e Enver. Esse comitê decidiu não procurar a derrubada do governo, preferindo se manter como grupo de pressão, influenciando as tomadas de decisões no palácio, na Porta e, por fim, no parlamento. No fim de agosto, Sir Gerard Lowther, embaixador inglês recentemente chegado, informou Londres em tom complacente e superior: "Considerando que o país está sendo dirigido pelo Comitê da Liga, um monte de crianças bem-intencionadas, as coisas estão andando bastante bem."[3]

Como outros reformistas no passado, tanto o governo de Kamil quanto o CUP deixaram claro ser preciso transformar o Império Otomano em um estado moderno e centralizado. Tal projeto já fora anunciado pelo menos quatro vezes no século anterior e, em cada ocasião, as realizações sempre ficaram muito aquém das boas intenções que Lowther mais uma vez percebia à sua volta. Enquanto as reformas propostas por Kamil pareciam bastante familiares, o CUP perseguia medidas mais drásticas. Para o Comitê, o ideal era uma sociedade burguesa capitalista, orgulhosa de suas origens turcas anatolianas. Todos os súditos, independentemente de raça e religião, deveriam desfrutar os mesmos direitos e aceitar deveres iguais perante um estado centralizador. Não haveria quaisquer diferenças de legislação sob o sistema *millet* e ninguém mais poderia recorrer às Capitulações, o status privilegiado comercial e legal até então usufruído pelos estrangeiros. O CUP também era a favor da reforma na agricultura e de um sistema tributário mais justo. Porém, nem mesmo esse novo e enérgico programa de mudanças proporcionou um modelo interessante de continuidade com o passado: os Jovens Turcos pediram que fosse ampliado e completado o *Mecelle*, o código civil que a comissão de Ahmed Cevdet tinha elaborado quarenta anos antes.

A recente concessão de liberdade de imprensa e direitos de associação política favoreceram o crescimento de um sistema multipartidário.[4] Todavia, embora havendo um núcleo radical de tradicionalistas islâmicos e um pequeno Partido Democrático Otomano, na eleição de 1908 só concorreram dois grupos principais: o CUP, embora ainda não organizado como partido e apresentado na campanha como "Unionistas" (*Ittihatçilar*); e o partido descentralista liberal, o Ottoman Liberal Union (*Osmanli Ahrar Firkasi*), criado em meados de setembro e tendo entre seus membros o Grão-Vizir e o Príncipe Sabaheddin, que regressou apressadamente de Paris para ingressar na arena política. As eleições, realizadas em novembro e começo de dezembro, mais uma vez adotando o sistema indireto, através de um colégio eleitoral, resultou em apoio esmagador aos Unionistas. Todavia, por algum tempo foi mantido o governo de Mehmed Kamil. Em 17 de dezembro de 1908, o Sultão Abdulhamid mais uma vez enfrentou os perigos das ruas estreitas de Istambul para abrir o terceiro parlamento de seu reinado nas instalações do governo atrás da mesquita Ayasofya. Alguns meses depois, o palácio Ciragan foi reformado para ser sede das duas câmaras do parlamento. O palácio estivera desocupado desde agosto de 1904, quando o aprisionamento do infeliz ex-Sultão Murad V terminou com sua morte por diabetes.

A evolução da monarquia constitucional otomana foi dificultada por uma série de crises no exterior. Notícias sobre a Revolução dos Jovens Turcos causaram alarme em Viena e Budapest. Havia trinta anos, os ministros de Franz Joseph tratavam as províncias da Bósnia -Herzegovina, formalmente otomanas, praticamente como colônias. O que aconteceria se o novo regime de Constantinopla desafiasse a autoridade dos Habsburgos e exigisse a presença de representantes da Bósnia e da Herzegovina no Parlamento? E se o parlamento otomano também exigisse representantes de estados tributários como a Bulgária? Os vizinhos do Sultão estavam interessados em esclarecer e definir os limites de sua autoridade nos Bálcãs. Antes da revolução Jovens Turcos, o Barão von Aehrenthal, ministro do Exterior austro-húngaro, já despertara o fantasma dos tradicionais antagonismos balcânicos, ao apoiar o projeto de uma ferrovia ligando Sarajevo ao porto de Salônica, passando pelo *sanjak* de Novibazar a Mitrovica e abrindo o acesso à Croácia dos Habsburgos, às expensas da independente Sérvia. As atividades do CUP forçaram Aehrenthal e o governante da Bulgária a agir. Na primeira semana de outubro de 1908, a Áustria-Hungria anexou formalmente a Bósnia-Herzegovina e, em Sofia, o Príncipe Ferdinando foi proclamado "Czar dos Búlgaros," em uma Bulgária independente (título que foi reduzido para "Rei" quando a independência foi reconhecida pelas Potências, seis meses mais tarde). Logo adiante, os cretenses buscaram o reconhecimento formal de sua libertação da soberania otomana e a união com a Grécia.[5]

A primeira consequência da crise para o Império Otomano foi o fortalecimento dos anglófilos. Dois membros proeminentes do CUP, Dr. Nazim e Ahmed Riza, viajaram para Londres na segunda semana de novembro de 1908 em busca de uma aliança anglo-otomana, sendo recebidos pelo ministro do Exterior, Sir Edward Grey. Explicaram que o CUP desejava mudar o perfil do Império Otomano. Alegaram que, potencialmente, a "Turquia era o Japão do Oriente Próximo." Grey lhes assegurou "total simpatia pelo bom trabalho que estavam realizando na Turquia" e ofereceu-lhes "homens para organizar a alfândega, a polícia e assim por diante, se assim desejassem." Contudo, explicou que não poderia haver uma estreita parceria anglo-otomana porque, exceto no Extremo Oriente, a Inglaterra se mantinha firmemente fora de qualquer sistema de alianças. Foi uma entrevista amistosa, mas improdutiva.[6] Embora Grey e seus principais assessores reconhecessem a importância dos dois visitantes, o Foreign Office tinha perfeita consciência de que, tecnicamente, não eram emissários do governo otomano e viajavam em caráter pessoal. Não resta dúvida de que o próprio ministro considerava mínima a probabilidade de um governo civil Jovem Turco que durasse. "Pode ser que o hábito de governo cruel e corrupto seja muito forte para ser reformado," já escrevera Grey para Lowther dez semanas antes do encontro com Nazim e Ahmed Riza. "Da atual sublevação pode resultar um forte e eficiente despotismo militar."[7]

É difícil não ver as oportunidades perdidas pelos ingleses na crise da Bósnia. Com a Alemanha, a mais firme aliada da Áustria-Hungria, temporariamente desacreditada em Constantinopla, Grey deveria ter aproveitado para recuperar a influência inglesa perdida junto à Porta. Claro que os interesses tinham mudado nos últimos vinte anos. Nenhum ministro do Exterior gostaria de ter a paz na Europa ameaçada por uma disputa de terras quando a maré otomana começou a refluir nos Bálcãs. Desde a virada do século, o Foreign Office – e, mais ainda, o Ministério das Índias – manifestara maior preocupação com o Golfo Pérsico e o futuro da Mesopotâmia do que com os Estreitos, mas o CUP era tão atento aos territórios na Ásia quanto o próprio Sultão. Em 1899, hábeis negociações locais por representantes do vice-rei da Índia garantiram que os pequenos domínios dos sheiks no Golfo Pérsico, inclusive o Kuwait, se tornassem, na prática, protetorados ingleses, ainda que sob a soberania do Sultão. Além disso, a Companhia de Navegação a Vapor Eufrates e Tigris, registrada em Londres, tinha o monopólio dos direitos portuários em Bagdá e Basra, incontestado até o tratado otomano que fez concessões a Berlim, em acordos envolvendo a ferrovia de Bagdá. A frustração alemã no inverno de 1908-9 seria, para Grey, uma oportunidade para defender os interesses comerciais em uma região onde a tradicional predominância comercial anglo-indiana estava ameaçada. Estava em jogo mais do que a construção da ferrovia. Naquele momento, a política petrolífera também influenciou o processo decisório no Foreign Office e na Porta. Em 26 de maio de 1908 – exatamente nove semanas antes da Revolução dos Jovens Turcos – chegou de Masjid-i--Sulaiman, no outro lado da fronteira persa e a quase 250km de Basra, a notícia da primeira significativa extração de petróleo na região no Golfo. Não causou surpresa o fato de uma das primeiras iniciativas do governo de Kamil Pasha, sob pressão do CUP, ter sido a expedição de um decreto que transferia a receita do petróleo e sua propriedade do tesouro particular do Sultão para o do estado otomano, contrariando a pronta iniciativa de Abdulhamid dezoito anos antes. Propostas estrangeiras envolvendo concessões de exploração e desenvolvimento de petróleo, provisoriamente aprovadas ou sujeitas a tentativas de barganha sob o antigo regime, agora tinham que ser mais uma vez submetidas ao Ministério das Finanças. Tratando desses assuntos, as "crianças bem-intencionadas do Embaixador Lowther" eram dotadas de inteligência precoce.[8]

A crise bósnia atraiu a atenção das chancelarias europeias por uns seis meses e, durante todo esse período, o governo otomano continuou a manifestar seu desejo de estreitar laços de amizade com a Inglaterra. Em certa medida a diplomacia inglesa proporcionou alguma compensação aos Jovens Turcos. Grey persuadiu seus parceiros da Entente Russa a adiarem as discussões para rever a Convenção dos Estreitos, alegando que o momento impróprio vivido pelas "questões turcas" contraindicava o debate de tema de tão amplo interesse. A presença de um esquadrão naval inglês nas proximidades de Creta reforçou a insistência de Grey em descartar a possibilidade de transferência imediata da soberania da ilha para a Grécia. Mais ainda, nas negociações entre ingleses e russos, foi feita uma curiosa barganha pela qual o reconhecimento da independência da Bulgária pelos turcos foi compensado pela renúncia russa a quarenta pagamentos otomanos relativos às indenizações de guerra de 1878.[9] Ao mesmo tempo, uma missão naval inglesa, chefiada pelo almirante Sir Douglas Gamble, foi enviada a Constantinopla para pôr em ordem a marinha do Sultão.

Os gestos para salvar as aparências não escondiam a triste realidade de que a chegada de um governo constitucional coincidia com a retomada da velha e melancólica sequência de perdas territoriais, após vinte anos de orgulho hamidiano no Império. Os puristas muçulmanos, já sacudidos pela visão de esposas e filhas modernas e sem véu pelas ruas mais movimentadas das cidades, começaram a agir contra os reformistas: foi criada uma associação conservadora, a Sociedade pela Unidade Islâmica, da qual era membro o quarto filho do Sultão, Mehmed Burhaneddin, correndo rumores de que era apoiada financeiramente pelo palácio. Em fevereiro de 1909, o CUP maquinou a queda do liberal Kamil Pasha e sua substituição como Grão-Vizir pelo indicado pelo comitê, Hüseyin Hilmi. Essa manobra política deu corpo à alegação da Unidade Islâmica de que o pessoal da Macedônia estava criando uma nova autocracia. Surgiram atritos entre o I Exército, sediado na capital, e os oficiais politizados do III Exército que tinham ido a Salônica para comandar a revolução constitucional. Na noite de 12 para 13 de abril de 1909, soldados saídos dos quartéis do I Exército se misturaram a estudantes religiosos em Istambul, exigindo a renúncia do governo e o estabelecimento de um regime fundamentalista muçulmano que obedecesse fielmente ao código *seriat* e respeitasse a autoridade do Sultão como Califa. Na manhã seguinte uma turba irrompeu no prédio do Parlamento e matou dois deputados. Abdulhamid prontamente cedeu às exigências dos manifestantes, e Ahmed Tevfik improvisou uma coalizão de elementos leais, que poderia ser descrita como um "governo dos amigos de Yildiz." Diplomatas estrangeiros se apressaram em informar a restauração da autocracia imperial.[10]

Essa avaliação foi prematura. O golpe contrarrevolucionário não seguiu o padrão habitual: os manifestantes não prenderam os líderes do CUP e nem mesmo detiveram – ou mataram – mais do que um punhado de membros do Parlamento. Ademais, havia oficiais dissidentes que, embora criticassem muitas reformas modernizantes, preferiam a ideologia nacionalista dos Unionistas às incertezas da autocracia de Yildiz. Entre estes oficiais estava o general Mahmud Shevket Pasha, de cinquenta e três anos, que passara nove anos na Prússia coordenando o estágio de oficiais otomanos no exército alemão e governava Kosovo quando começou a Revolução dos Jovens Turcos. O Pasha nunca aderiu ao CUP, mas o novo regime lhe confiou a vital responsabilidade de comandar o III Exército, na Macedônia. Quando chegaram a Salônica notícias sobre o que acontecia na capital, Shevket Pasha mandou seu chefe de estado-maior divisional, major Mustafa Kemal, deslocar o III Exército para as vizinhanças da capital. Em 22 de abril, o planejamento logístico de Kemal, aliado às vantagens oferecidas pela estratégica ferrovia, permitiu que tropas e canhões fossem concentrados em San Stefano. Desse local, o formidável exército de Shevket pôde assegurar proteção a uma assembleia de parlamentares que expediu um manifesto condenando as ações do Sultão. No dia seguinte, após combates episódicos do lado de fora dos prédios administrativos da Porta e dos quartéis em Taskim, Abdulhamid cedeu e demitiu o ministério de Tevfik. Dessa vez, porém, a súbita mudança de posição do Sultão não o salvou. O CUP estava decidido a acabar com seu reinado.[11]

Para efeito externo, o estabelecido pela lei foi obedecido. Sob forte pressão de Talaat, o *seyhülislam* sancionou um *fetva* determinando que o Sultão fosse removido do trono. Em 27 de abril de 1909, Abdulhamid, aos sessenta e seis anos, foi substituído por seu meio-irmão de sessenta e cinco anos, Mehmed V. Todavia, essa deposição diferiu significativamente das treze deposições precedentes. O pedido ao *seyhülislam* veio não de um conselho de vizires, e sim de membros do parlamento insultados por um governante que "jurou retomar o caminho da honradez, mas quebrou seu juramento e provocou uma guerra civil." O Sultão foi informado sobre seu destino por uma delegação de parlamentares constituída por dois senadores e dois deputados que lhe declararam: "A *Nação* o depôs."[12] Em segundo lugar, não permitiram que Abdulhamid fosse confinado no *kafe* de algum palácio otomano. Afirmaram a Abdulhamid que o parlamento decidira que devia ser exilado em uma das províncias e lhe destinariam uma residência em Salônica. Ao tomar conhecimento de seu destino, Abdulhamid desmaiou nos braços do eunuco-chefe (um infeliz que logo sofreria sorte pior, enforcado publicamente na ponte Gálata, punido pelas crueldades perpetradas em nome de seu chefe nas masmorras de Yildiz). Os apelos e protestos de Abdulhamid foram em vão. Mais tarde, na mesma noite, o ex-Sultão, duas princesas, três esposas, quatro concubinas, cinco eunucos e quatorze empregados embarcaram em um trem para uma viagem de vinte e quatro horas rumo à cidade onde os problemas tinham começado.[13]

Com exceção dos odiados empregados de Abdulhamid em Yildiz, não houve depuração sangrenta de políticos do passado, pois o novo regime precisava de seus serviços em diversas situações. Ahmed Tevfik foi para Londres como embaixador e se manteve fora da política pelos dez anos seguintes, descartando todas as tentativas de convencê-lo a ocupar cargos enquanto os Unionistas controlassem as rédeas do poder. Em 5 de maio, Hüseyin Hilmi voltou a ocupar o cargo de Grão-Vizir, chefiando o governo até os últimos dias do ano, quando foi substituído pelo jurista e antigo diplomata Ibrahim Hakki Pasha. Dois destacados Unionistas ocuparam postos no ministério tanto de Hilmi quanto de Hakki: Tallat como ministro do Interior e Cavit (Djavid) como ministro das Finanças. Dos outros líderes do CUP, o coronel Cemal foi, sucessivamente, governador militar de Üsküdar e Adana, enquanto o major Enver foi para Berlim como adido militar. Quatro meses após a deposição de Abdulhamid, Enver acompanhou manobras militares alemãs em Würzburg, onde causou considerável impressão inclusive no convidado principal, Winston Churchill.[14] Se, durante os anos seguintes, estadistas e militares da Europa ocidental se dispunham a admitir que o jovem major era o virtual governante do Império Otomano, não seria a personalidade de Enver que iria contradizê-los. Houve momentos em que ele próprio acreditou nisso.

Então, quem *foi* o "Senhor do Chifre Dourado" depois da deposição de Abdulhamid? Nunca mais o Império Otomano voltou a ter um soberano com pretensões de governar e reinar ao mesmo tempo. Mehmed V era um fracote inofensivo. Subiu ao trono física e moralmente enfraquecido pelos excessos em bebida e mulheres, hábitos que por mais de trinta anos foram estimulados por seu meio-irmão, acreditando que isso afastaria o herdeiro presuntivo da intriga política. Mesmo que fosse um monarca asceta e de viva inteligência, teria encontrado seus poderes reduzidos pelas amplas emendas na constituição de 1876 decididas pelo parlamento em agosto.[15] No futuro, apenas o Grão-Vizir e o *seyhülislam* poderiam ser escolhidos pelo Sultão. Por conseguinte, não mais designaria ministros ou os presidentes das duas câmaras (a partir de então eleitos pelos próprios parlamentares). Mesmo os auxiliares pessoais do Sultão seriam designados pelo parlamento, providência destinada a evitar a criação de outro governo paralelo como o de Yildiz. O Parlamento se reuniria de novembro a maio em cada ano e a responsabilidade dos ministros era devida aos deputados, e não mais ao Grão-Vizir. O Sultão passaria a contar apenas com o veto suspensivo, de adiamento, em leis iniciadas por uma das câmaras do parlamento. Ponto fundamental nessas inovações revolucionárias foi a emenda ao artigo 3º da constituição: a soberania repousa sobre o chefe da dinastia Osmanli somente enquanto for fiel ao juramento de lealdade à Pátria e à Nação, se comprometendo a obedecer ao *seriat* e à Constituição. Portanto, o parlamento garantia o direito inalienável de depor qualquer Sultão que violasse as leis básicas do império.

No papel, essas emendas constitucionais de agosto de 1909 prometiam aos povos otomanos um sistema de governo parlamentar de base mais ampla que o da Rússia czarista ou da Alemanha Hohenzollern. Na prática, ficou muito aquém das aspirações dos reformistas. A produção legislativa dos Jovens Turcos no primeiro ano do reinado de Mehmed V foi lamentavelmente repressora. A Lei dos Vagabundos (8 de maio de 1909) tratou mendigos crônicos e sem "meios visíveis de subsistência" com muito menos generosidade do que as leis da Inglaterra dos Tudors. A Lei de Associações (16 de agosto de 1909) proibiu a formação de grupos políticos com o nome de nacionalidades ou raças. Essa medida provocou o fechamento de clubes albaneses, gregos e búlgaros, mas não impôs restrições à *Turk Denegli* (Sociedade Turca), criada em janeiro anterior, sob a alegação de que a palavra "turca" se referia a uma língua falada ou cultura popular e, portanto, não possuía conotação política. A Lei de Combate ao Banditismo e à Sedição (27 de setembro de 1909) permitiu a criação de "batalhões de caçadores" que deviam identificar e reprimir grupos armados, em especial os *comitadji* dos Bálcãs. Ao mesmo tempo, uma Lei de Conscrição introduziu um novo conceito de obrigações militares para não muçulmanos. Essa demonstração do visível empenho do CUP na "distinção de raças e credos" fez com que os Unionistas rapidamente perdessem o apoio de cristãos e judeus. Outras leis proibiram a publicação de livros e artigos de jornais que pudessem incitar à desordem. Exigia-se dos organizadores de reuniões públicas autorização da polícia e a garantia de que apenas temas previamente informados seriam discutidos nas reuniões.[16]

A administração municipal foi aperfeiçoada, surgiram mais escolas, particularmente para meninas, e começou a tarefa de terminar com irregularidades na propriedade de terras e erradicar os últimos vestígios do sistema *iltizam* (impostos da agricultura). Contudo, não obstante os Unionistas deixarem evidente sua oposição ao desfrute de direitos especiais por estrangeiros, assegurados por tratados, as Capitulações não foram abolidas. A despeito de o novo regime defender a autossuficiência otomana, continuaram os incentivos para que peritos estrangeiros fossem para Constantinopla a fim de apresentar ideias para a modernização administrativa: Sir Richard Crawford pôs a visão experiente de um funcionário civil inglês à disposição do serviço aduaneiro otomano; M. Sterpin foi levado de Bruxelas para dirigir os Correios e Telégrafos, pois

Talaat não tinha em boa conta a eficiência de seu velho departamento; e o Conde Leon Ostrorog, que já trabalhava como assessor nos processos judiciais, recebeu nova responsabilidade como conselheiro encarregado de conciliar a legislação otomana com as principais leis da Europa. Dois anos depois, renunciou a esse cargo, desgostoso com a pressão exercida pelos grupos religiosos tradicionalistas, cujo obscurantismo havia muito fora repudiado pelos esclarecidos Jovens Turcos.

Admitia-se, na capital e no exterior, que as reformas eram dirigidas por uma liderança coletiva do CUP, agindo por intermédio do Grão-Vizir e de seus ministros, tal como estabelecia a constituição. Era uma visão equivocada. Na capital não se confiava no CUP, e seus representantes eram acusados de egoístas e hereges, envolvidos com a maçonaria ou com o sionismo. Interessante notar que até 1912 a sede do CUP permaneceu em Salônica. Ademais, embora Hilmi e Hakki fossem tecnicamente Unionistas durante seus períodos no cargo, não tinham a última palavra na formulação de políticas. O poder real por trás do trono e do parlamento era o general Shevket, que permaneceu fora do Movimento União e Progresso.[17] Seu prestígio como comandante do III Exército e mentor da marcha sobre Istambul permitiu a Shevket Pasha impor uma ditadura militar velada ao Império constitucional nos quatro anos após a queda de Abdulhamid. Em maio de 1909, Shevket foi confirmado como Inspetor-Geral dos três Exércitos. Poucos dias depois recebeu poderes mais amplos como administrador da lei marcial e, a partir de então, por dois anos vigorou um virtual estado de sítio nas cidades em que havia o risco de atos desleais. No começo de 1910, ele ingressou no ministério de Hakki como ministro da Guerra, mantendo absoluta reserva sobre o dispositivo das tropas e os objetivos do orçamento militar, de modo que nem Talaat e tampouco Cavit sabiam ao certo se ele era amigo ou inimigo. Finalmente, Shevket emergiu das sombras e, nos primeiros seis meses de 1913, foi o próprio Grão-Vizir.

A desilusão com o CUP e, em especial, uma crescente insatisfação com a forma como encorajava pequenos grupos nacionalistas turcos, gerou oposição em diversas regiões do Império, muito distantes umas das outras. O ressentimento contra a Lei das Associações intensificou o crescimento de sociedades secretas de conspiradores, em particular entre os árabes do Levante. Muçulmanos educados com patrocínio francês na Síria e no Líbano fundaram em Paris, em 1911, uma "Sociedade Jovem Árabe," desafiando diretamente as políticas centralizadoras dos Jovens Turcos. Mais grave era a intranquilidade na Albânia. Ocorreram choques no distrito de Lyuma, em maio de 1909, quando houve tentativas de impor novos impostos, mas uma rebelião no começo da primavera de 1910 causou forte impressão nas autoridades, sobretudo porque se concentrou no Kosovo, a região em que Shevket Pasha tinha servido tão recentemente como governador militar. Considerando o fato uma afronta pessoal, ele teve uma reação exagerada e enviou 50 mil homens para restaurar a ordem, autorizando o açoite em público de chefes de clãs como forma de intimidar um povo obstinado e orgulhoso. A rebelião se espalhou e envolveu grupos cristãos e muçulmanos, obrigando Shevket a assumir pessoalmente o comando de nova força expedicionária em abril de 1911 e, dois meses depois, a incentivar uma visita oficial do Sultão-Califa às províncias albanesas. Mesmo assim a luta continuou.[18]

Enquanto o exército estava engajado no limite noroeste do Império, os *dashnaks* armênios novamente criaram problemas no nordeste. Ao mesmo tempo, nos distantes territórios do Sultão no sudeste do império, eclodiram duas revoltas árabes, sob a liderança de Sheik Muhammad al-Idrisi na região de Asir, ao sul de Jeddah, e do Iman Yahya Hamid-al-Din mais ao sul, junto à fronteira com Aden, protetorado inglês. Para enfrentar essas emergências militares em pontos tão distantes do império do Sultão, seu ministro da Guerra enviou para a Arábia mais 30 mil homens, retirados das províncias onde as reformas dos Jovens Turcos ainda não eram questionadas. Assim, rumo ao Mar Vermelho partiram os navios não apenas de Üsküdar e Smyrna, mas também de Trípoli e Derna, na atual Líbia, então situada na extremidade sudoeste do Império Otomano. Em meados do verão de 1911, as guarnições do *vilayet* de Trípoli e do *sanjak* de Benghazi – derradeiros territórios ainda sob o governo direto do Sultão – não ultrapassavam 3.400 soldados regulares. Essa débil força de defesa se estendia por mil milhas de costa bérbere, a pouco menos de uma noite de navegação de portos do sul da Itália.[19]

Desde que os franceses tinham ocupado a Tunísia, as sociedades de colonização italianas vinham pressionando sucessivos governos para manifestarem interesse em adquirir e desenvolver a Líbia. Nos primeiros anos do século XX, uma nova onda de atividade colonizadora francesa, partida do Marrocos na direção leste, convenceu os homens de negócios em Roma e Milão de que, se seu governo não anexasse de imediato a Tripolitânia e a Cirenaica, a oportunidade estaria perdida para sempre. Havia entre seus compatriotas, segundo escreveu mais tarde o ministro do Exterior, "um vago e generalizado desejo de fazer algo."[20] No início de fevereiro de 1911, o embaixador otomano em Roma transmitiu à Porta seus temores de que a Itália estivesse planejando um ataque e, em junho, enviou mais um alerta, que, nessa ocasião, foi repassado ao próprio Shevket Pasha. Mas pouco havia que Shevket pudesse fazer, a não ser o envio de 20 mil fuzis Mauser e dois milhões de cartuchos para Trípoli, a bordo de um navio ligeiro, com ordem para distribuí-los aos integrantes das tribos árabes em caso de guerra. Apesar dos dissidentes Jovens Árabes em Paris e de rebeliões ao longo do litoral do Mar Vermelho, Shevket sabia que a invasão do território muçulmano por católicos italianos incitaria as tribos a apoiar seu Sultão-Califa na luta contra os *giaours* (infiéis) cristãos.

Em 27 de setembro de 1911, alegando mau tratamento dispensado pelos otomanos aos negociantes e comerciantes na Líbia, os italianos apresentaram à Porta um ultimato totalmente inaceitável. A guerra começou no dia seguinte, com uma incursão naval abrindo caminho para desembarques em Trípoli, Benghazi, Derna e Tobruk. As reduzidas forças otomanas pouca resistência puderam oferecer a um ataque que, além do bombardeio desfechado por modernos navios de guerra, também empregou, pela primeira vez, aviões com pequenas bombas lançadas manualmente de biplanos primitivos. Entretanto, o improvisado plano estratégico otomano funcionou bem. Embora se apoderassem das cidades costeiras, os invasores não conseguiram penetrar no interior. Suas tropas não estavam preparadas para combater no deserto contra habilidosos cavaleiros árabes e, em consequência, a rápida vitória esperada por Roma e Milão não se concretizou. Um bloqueio naval impediu que reforços otomanos vindos do Levante e do Egeu chegassem à Líbia, mas, agindo por conta própria, oficiais muçulmanos atravessaram o Egito controlado pelos ingleses e se infiltraram pela fronteira para ajudar a resistência na Cirenaica. Entre estes oficiais estavam Enver Bey e Mustafa Kemal, que se juntaram aos regulares otomanos e às tribos árabes sanussi, observando a guarnição italiana em Tobruk. Em seguida, Enver Bey atravessou o deserto para a Tripolitânia, enquanto Kemal permanecia nas imediações de Benghazi e Derna. No começo de novembro, quando a Líbia foi formalmente anexada pelo Reino da Itália, a guerra chegara a um impasse, com os "conquistadores" de posse de não mais do que uma faixa litorânea.[21]

Quando chegaram as notícias sobre a queda de Trípoli, Benghazi e Derna, houve fúria generalizada em Constantinopla. Hakki Pasha imediatamente renunciou ao cargo de Grão-Vizir, e o CUP foi acusado de ter enfraquecido o exército ao tentar doutrinar o corpo de oficiais. Alguns meses mais tarde, Shevket renunciou ao cargo de ministro da Guerra, alegando ser impossível modernizar as forças militares turcas com facções divergentes de Jovens Turcos e liberais insistindo em fazer política nos quartéis da guarnição de cada cidade.[22]

Com a chegada da primavera de 1912, os italianos ampliaram o teatro de operações. Em 18 e 19 de abril, o esquadrão de doze navios de guerra comandado pelo almirante Leone Viale bombardeou as fortalezas dos Dardanelos, mas Viale foi obrigado a abandonar o plano de escoltar uma flotilha de torpedeiros que subiria os Estreitos para atacar navios fundeados na Garganta. O fogo dos canhões otomanos se mostrou muito preciso, porém a iniciativa de Viale gerou inquietação entre as Grandes Potências. Não causou surpresa os turcos fecharem imediatamente os Estreitos a todo o comércio, sério golpe para o fluxo comercial russo pelo Mar Negro. Detido nos Dardanelos, Viale retornou para o Egeu e, juntando-se aos transportes de tropas em Stampalia, prosseguiu para se apossar de Rhodes e, durante o mês de maio, das ilhas restantes do Dodecaneso.

Militarmente, as sucessivas e inesperadas situações surgidas na guerra ítalo-turca mostraram aos observadores estrangeiros pontos fortes e vulnerabilidades do Império Otomano. Fora da Europa, beduínos bem armados apoiando tropas regulares do Sultão poderiam, sob comando competente, desgastar uma força inimiga por meio de rápidos ataques e emboscadas, e evitar a derrota. Perto da capital otomana, a artilharia de origem estrangeira em fortalezas repeliriam qualquer ataque inimigo. Embora a marinha otomana tivesse três cruzadores modernos, oito destróieres e quatorze torpedeiros, além de navios mais velhos, pouco significava como esquadra. O almirante Williams, que, em 1910, sucedeu Sir Douglas Gamble na missão inglesa, viu que os oficiais turcos se opunham a qualquer reforma. Por questão de prestígio, se preocupavam mais em bem equipar dois encouraçados alemães de vinte anos recentemente comprados do que em preparar as tripulações de seus navios de guerra menores.[23] Não havia problema de efetivos no exército recentemente aumentados com os conscritos, mas a maioria dos recrutas não possuía treinamento em armas modernas. Ademais, enquanto o trabalho de estado-maior se mostrava eficiente em operações limitadas de uma campanha específica, era incapaz de resolver os problemas logísticos de uma grande guerra travada em várias frentes simultaneamente. Se os Jovens Turcos dispusessem de cinco ou seis anos de paz para de fato implantar "União e Progresso" no Império, o estado otomano poderia ser de novo uma formidável força militar. Na forma como ocorreram os fatos, 1911 e 1912, os anos de crise, surpreenderam o Império constitucional no momento mais frágil da transição parcial que executava, quando era pequena a esperança de vitória em guerras defensivas de que nenhum súdito fiel do Sultão-Califa queria participar.

O pior estava por vir. As evidentes dificuldades vividas por seu outrora poderoso vizinho encorajaram os estados balcânicos a se unirem sob os auspícios da Rússia para um esforço decisivo de expulsar os otomanos da Europa, depois de cinco séculos e meio de presença. No verão de 1912, apesar das ambições antagônicas na Macedônia e nos territórios albaneses, aliaram-se Sérvia, Bulgária, Grécia e Montenegro em uma Liga Balcânica, seguindo-se, no princípio do outono, uma aliança militar secreta mais específica. As Guerras Balcânicas começaram em 8 de outubro, quando as tropas montenegrinas invadiram o norte da Albânia e o *sanjak* de Novibazar.[24] Os três maiores reinos dos Bálcãs abriram a campa no dia seguinte, em operações coordenadas de um ataque à Macedônia, um assalto búlgaro na Trácia (que logo cercou Edirne) e operações navais gregas no Egeu. Os aliados balcânicos conseguiram empregar mais de 700 mil homens nas operações. Nazim Pasha, o ambicioso general que arrebatou de Shevket o cargo de ministro da Guerra no começo de junho, não podia esperar reunir mais de 325 mil homens para enfrentá-los.

Em 15 de outubro, a paz foi celebrada às pressas com a Itália. Pelo Tratado de Ouchy, o Sultão aceitava a perda da Líbia, recebendo, em troca, o reconhecimento de seu status religioso nas províncias cedidas e o compromisso italiano – nunca cumprido – de evacuar as ilhas do Dodecaneso e restituí-las ao governo otomano. Entretanto, não havia como retirar rapidamente as tropas otomanas da Líbia e concentrá-las na Rumélia. Kemal e Enver levaram mais de um mês para regressar à capital. No caso de Kemal, por vapor de Alexandria a Marselha, por trem até Bucarest e, novamente em vapor, de Constanza ao Bósforo. Quando Kemal completou sua viagem em meados de novembro, a Trácia já fora perdida para os búlgaros; Kosovo, Monastir, Ochrid e Skopje estavam em mãos sérvias, e os gregos tinham vencido a corrida para se apoderar do mais valioso dos prêmios macedônios, o porto de Salônica. O ex-Sultão Abdulhamid foi levado apressadamente de volta para o palácio Beylerbey a bordo de um navio leve de escolta alemão, o *SMS Lorelei*, quando as forças gregas e búlgaras convergiam sobre a cidade em que estava exilado.

Naquele momento, Constantinopla estava tomada de refugiados de menor importância, em patética fuga de cidades e aldeias que sucessivas gerações de suas famílias consideravam seus verdadeiros lares. O exército búlgaro, embora ainda sitiando Edirna, também atacava as defesas principais da capital, as Linhas Chatalja, a pouco menos de 32km das antigas muralhas de Bizâncio. Mehmed Kamil, nomeado Grão-Vizir em 29 de outubro, na esperança de que sua fama de anglófilo conseguisse obter o apoio do governo inglês, apelou às Grandes Potências para enviar suas belonaves pelos Estreitos a fim de evitar que a cidade fosse capturada. Ao mesmo tempo, ordenou à polícia que prendesse diversos ativistas do CUP, suspeitando que estivessem organizando um golpe de estado. No fim da terceira semana de novembro, a tensão já tinha declinado, tanto na capital quanto na frente de combate. As Linhas Chatalja se mantiveram firmes, e o moral se elevou com os êxitos do cruzador leve *Hamidiye*, cujo comandante, Hüseyin Rauf, passou pelos Dardanelos e ameaçou o domínio grego do Egeu. Quando a primeira nevada soprou de leste na direção da Anatólia e invadiu a Rumélia, os aliados balcânicos concordaram com um cessar-fogo. Os canhões silenciaram em 3 de dezembro. Em uma semana começaram as negociações de paz em Londres, sob a presidência de Sir Edward Grey.

Rumores de que Kamil Pasha estava disposto a aceitar termos humilhantes para acalmar seus amigos ingleses permitiram que o CUP recobrasse a iniciativa política.[25] O grão-vizir estava certo ao temer um golpe de estado. Talaat tentou, num primeiro momento, conseguir o apoio do general Nazim, mas este continuava suspeitando tanto do CUP que se recusou a participar de qualquer conspiração. Em 23 de janeiro de 1913, informações de que Kamil estava disposto a permitir que Edirne se tornasse cidade búlgara estimularam os Unionistas a desfechar o golpe que vinham planejando havia semanas. O coronel Enver, à testa de um grupo de oficiais, invadiu o principal recinto do conselho no prédio da Sublime Porta e forçou Kamil a renunciar sob a ameaça de armas, enquanto um de seus companheiros matou o general Nazim, que provavelmente sabia demais sobre as atividades públicas do CUP. Enquanto Ahmed Cemal, general Jovem Turco, assumia em caráter de emergência o cargo de governador da capital, Enver foi ao palácio e coagiu o Sultão a nomear Shevket Grão-Vizir. Logo depois, um vapor egípcio partiu de Alexandria com Kamil a bordo, de posse de um salvo-conduto fornecido por um diplomata inglês.[26]

"O *Raid* da Sublime Porta," dramático episódio de destaque na história dos Jovens Turcos, aconteceu quando as negociações de paz em Londres estavam a ponto de desmoronar, sobretudo devido à intransigência búlgara. Os combates recomeçaram em 3 de fevereiro, mas as esperanças de que o novo governo de Shevket saísse vitorioso no campo de batalha logo se dissiparam. Em 6 de março, os gregos finalmente capturaram Ioánnina, onde Essad Pasha sustentara valente resistência durante todo o inverno no velho covil de Ali Pasha. Ao mesmo tempo, ficou impossível resistir ao cerco búlgaro em Edirne. A escassez de alimentos forçou a rendição da cidade em 26 de março, depois de renhidos combates e pesadas baixas. Em 14 de abril, foi imposto novo cessar-fogo. As negociações de paz foram retomadas e, no início de junho, o governo otomano teve que aceitar termos que reconheciam a perda de Creta, Macedônia, Trácia, Albânia e da maioria das ilhas do Egeu. A partir de então, a "Turquia Europeia" ficaria limitada ao entorno de Constantinopla, com a fronteira correndo quase em linha reta de Enez (Enos) até Midye (Media) e, portanto, deixando Edirne 50km dentro da Bulgária.

Mesmo antes do colapso final do exército, os relatórios do embaixador Lowther para o Foreign Office em Londres já previam mais um golpe de estado nos meses de verão.[27] Não há dúvida de que as autoridades inglesas no Egito queriam o retorno de Kamil, um "defensor experiente e convicto da tradicional amizade entre a Turquia e a Inglaterra." Mas, embora fosse levado clandestinamente de sua Chipre natal para Constantinopla, Kamil foi rapidamente despachado de volta, e o CUP foi o beneficiário da manobra seguinte no jogo duro pelo poder. Em 11 de junho, Mahmud Shevket foi morto na Praça Beyazit quando seu carro deixava o Ministério da Guerra com destino ao prédio da Sublime Porta. Cemal, como governador militar, reagiu rapidamente. O assassinato foi atribuído à oposição política, o Partido da União Liberal, e muitos de seus membros foram presos e despachados para Sinope. Cortes marciais condenaram vários líderes liberais à morte, muitas vezes *in absentia*, como no caso do Príncipe Sabaheddin. Finalmente, os Jovens Turcos do CUP assumiram o poder. O secretário-geral do Comitê, Mehmed Said Halim Pasha – um dos muitos netos de Muhammad Ali – sucedeu a Shevket como Grão-Vizir e se manteria no cargo por mais de três anos e meio. Todavia, os verdadeiros governantes do Império compunham o famoso triunvirato: Talaat, como ministro do Interior; Cemal, como governador militar da capital; e Enver, que, naquela oportunidade, declinou de qualquer cargo ministerial, preferindo afirmar sua autoridade como soldado na linha de frente e casando-se com a sobrinha do Sultão, a Princesa Emine Naciye. Quando Shevket foi assassinado, a princesa ainda não tinha completado quinze anos.

A insensatez búlgara e a própria ousadia dele completaram a ascendência de Enver e consolidaram o poder do CUP.[28] Ressentidos com ganhos territoriais da Grécia e da Sérvia, especialmente em áreas da Macedônia que consideravam suas, os búlgaros lançaram um ataque de surpresa contra seus antigos aliados na noite de 29 para 30 de junho de 1913. Após seis dias de pesados combates, as tropas do rei Ferdinand estavam em situação desesperadora, que piorou em 11 de julho com a decisão romena de sitiar Dobrudja, resultando na abertura de nova frente no norte. Dois dias mais tarde, o exército otomano atacou na direção oeste partindo da linha Enez-Midye, enfrentando pouca resistência. Quando o exército se aproximou de Edirne, o coronel Enver comandou uma carga de cavalaria à frente das colunas que se deslocavam a pé e se transformou no herói libertador da cidade. Partiu imediatamente para a obra-prima de Sinan, a mesquita Selimiye, e, como bom muçulmano que sempre levava um exemplar do Corão na túnica do uniforme, ofereceu suas preces a Allah pela libertação da cidade. Embora estivesse longe de ser popular entre muitos de seus colegas oficiais, seu pendor instintivo para o sensacionalismo o transformou em herói e protetor de cerca de 200 mil confusos refugiados das províncias balcânicas que naquele verão permaneciam no interior ou nas imediações da capital.

Os novos termos de paz acertados em Bucarest avançaram a fronteira Enez-Midye, restituindo Edirne à soberania otomana. Assim, o CUP pôde colher frutos palpáveis da vitória na Segunda Guerra dos Bálcãs, requisito vital para que sua propaganda pudesse reacender o entusiasmo Jovem Turco da revolução de 1908. No papel, as realizações nos cinco anos de governo constitucional pareciam escassas. Os poderes do Sultão continuavam reduzidos, havia mais escolas, policiamento mais eficiente e melhor sistema urbano de esgoto (particularmente na capital) e, nas cidades mais esclarecidas, a condição profissional das mulheres melhorou, permitindo que, pela primeira vez, tivessem a oportunidade de se formarem em medicina, direito ou serem funcionárias públicas. A esse respeito, por meio de experiências no exercício de uma economia nacionalista, os Jovens Turcos continuaram o trabalho da era *Tanzimat*, orientando os reformistas republicanos da geração seguinte sobre o que podiam levar adiante e o que devia ser deixado como estava. Esses sucessos foram ofuscados pela legislação repressiva aprovada nos primeiros meses do reinado de Mehmed V e, a partir de então, por acelerada redução da influência parlamentar. Houve certo simbolismo no incêndio de janeiro de 1910 que, causado por uma falha elétrica, rapidamente destruiu as câmaras do parlamento recentemente instaladas no palácio Ciragan, obrigando os deputados a exercerem suas atividades políticas nas limitadas galerias da Academia de Belas-Artes. Apesar de os súditos masculinos do Sultão poderem exercer o direito de voto no inverno de 1913-14, a repressão militar deixou o CUP como único partido político organizado para concorrer na eleição. Nessa ocasião, os candidatos Unionistas eram, em termos ideológicos, estritamente turcos, em vez de defender uma comunidade otomana racialmente igualitária, como pensavam muitos dos primeiros Jovens Turcos. Inevitavelmente, na ausência de um partido alternativo, a oposição (na medida em que era praticamente inexistente em 1913) também estava organizada segundo um critério nacionalista, com um grande grupo árabe e pequenas células representando comunidades gregas, armênias e judias. A maior parte dos deputados fora vetada pelo CUP mesmo antes de se candidatarem.[29]

O orgulho pela língua e pela cultura turcas já se manifestavam antes da virada do século. Mas intensificou-se com as desastrosas perdas de territórios nos cinco anos após a Revolução dos Jovens Turcos. Em 1878-1879, Abdulhamid perdera dois quintos de suas terras. Entre 1908 e 1913, mais de um terço do que restava do império escapou da soberania do Sultão. Mesmo após a recuperação de Edirne, em 1914 o território do Sultão na Europa englobava apenas um pequeno pedaço restante da Rumélia, que fora, por tanto tempo, a grande fonte de recrutamento do Império. Se o triunvirato do CUP quisesse impedir que prosseguisse o desmoronamento do império, era essencial incutir o orgulho nacional turco na única instituição que conhecia bem, o exército otomano. Imediatamente antes de seu assassinato, Shevket afirmara ao embaixador alemão que seu país devia desempenhar papel preponderante na reorganização do estado otomano, acrescentando que o exército seria reorganizado "sob controle quase ditatorial de um general alemão," declarou ele. [30] Enver viu na declarada intenção do Grão-Vizir assassinado um legado de confiança em dois exércitos pelos quais ele, como Shevket, tinha grande respeito. Em 30 de junho de 1913, o Kaiser Wilhelm II designou o general Liman von Sanders para chefiar uma nova missão militar em Constantinopla.[31]

15

Aliado da Alemanha

A familiaridade com episódios épicos como os de Gallipoli e da Revolta Árabe de Lawrence torna difícil apreciar que até meados do verão de 1914 o Império Otomano se manteve fora da rede de alianças e livre para escolher entre as Potências Centrais e a Entente ou preservar sua neutralidade. Durante a Crise de Julho ainda não havia certeza quanto ao rumo que o governo de Said Halim adotaria. As relações com a Inglaterra e a França tinham melhorado consideravelmente nos últimos doze meses e, de modo geral, esses dois países eram melhores parceiros comerciais do Império do que a Alemanha e a Áustria-Hungria. Muito se progredira no sentido da cooperação internacional na administração da Turkish Petroleum Company, registrada em Londres em 1911-12 e destinada a explorar reservas petrolíferas nos *vilayets* de Mosul e Bagdá (Iraque). As relações anglo-turcas estavam tão tranquilas que, quinze dias depois dos assassinatos de Sarajevo, o embaixador inglês regressou a seu país em férias. Em 21 de julho, títulos otomanos eram vendidos em Londres para financiar empresas inglesas no Bósforo.[1]

Mas ninguém podia negar que a influência política alemã era considerável. O Kaiser Wilhelm II acreditava que seu Império ainda desfrutava uma predominância que ele, pessoalmente, estava decidido a preservar. Em dezembro de 1913, incitou os quarenta oficiais da nova missão militar do general Liman von Sanders a "trabalhar discreta (...) incansável e harmoniosamente" para "a germanização do exército turco."[2] Com pragmatismo realista lembrou que, enquanto von der Goltz contara com 30 mil marcos por ano para gastar em subornos, o orçamento de Liman, "para ser usado como lhe convier," poderia chegar a um milhão de marcos anualmente, em um mercado que estava se tornando altamente competitivo e inflacionado.

Poucos ministros ou funcionários em Berlim compartilhavam o confiante entusiasmo do Kaiser pelo misterioso Oriente. Em conversas privadas, o embaixador alemão via a Turquia como "aliada inútil."[3] A ferrovia Berlim-Bagdá, ainda um interesse obsessivo do Kaiser, nunca poderia servir de motivação política, pois em 1913-14 o projeto estava ameaçado. A conclusão da linha dependia da injeção de mais capital, da concessão de novos privilégios aos acionistas alemães e da desistência de restrições ao traçado mais ao sul, sustentadas pelos ingleses (que tinham resolvido as disputas com autoridades otomanas em agosto de 1913, mas, até junho seguinte, não conseguiram completar negociações paralelas com a Alemanha). Berlim tampouco podia confiar no apoio constante dos "pró-Alemanha" em Constantinopla. Embora o Kaiser visse com bons olhos a nomeação de Enver para ministro da Guerra em janeiro de 1914, em dez semanas a "derradeira esperança da Turquia" (como Wilhelm o chamara) estava em sério conflito com Liman: o herói libertador de Edirne furioso com as tentativas alemãs de assegurar os comandos-chave nas fortalezas do Bósforo para especialistas em artilharia prussianos. A crer no que afirmavam fontes russas, em março de 1914 a "tirania alemã" já despertava tão profundo ressentimento no corpo de oficiais otomanos na capital que alguns achavam que se podia pensar em uma forma de afastar Liman assassinando-o.[4]

Os líderes do CUP não aprovariam ato tão irrefletido, embora nunca agissem como títeres dos alemães, como foi espalhado pela propaganda de guerra da Entente. Entre 1913 e 1918, Talaat, a figura mais influente no núcleo do governo otomano, a princípio defendeu relações mais próximas com a Rússia, acreditando que poderia permitir uma barganha melhor com os ministros do Czar, assustados com a crescente presença militar alemã nos Estreitos. Em fevereiro de 1914, Talaat aceitou proposta russa para um tratado que proporcionaria alguma proteção às comunidades cristãs nos *vilayets* da Armênia oriental e, em maio, chefiou uma delegação otomana que foi à Crimeia, onde foi recebido pelo czar Nicolau II no Livadia e tentou celebrar uma aliança com Sazonov, ministro do Exterior russo.[5] O colega de Talaat no Ministério das Finanças, Mehmed Cavit, era a favor da melhoria de relações com a França. Elementos indicados por Paris ainda dominavam a Comissão de Débito Público otomana e estavam dispostos a autorizar um novo empréstimo, no momento em que o Império se encontrava mais uma vez à beira da bancarrota. Dividiam o controle do Ottoman Bank com os ingleses e assessoravam com competência o ministro das Finanças. Especialistas franceses também eram encarregados de organizar a polícia na capital e em várias outras cidades e portos. Cavit não era o único líder do CUP a se voltar para Paris. Na segunda semana de julho de 1914, Ahmed Cemal visitou o Quai d'Orsay, onde deixou patente que, em condições normais, o governo otomano "orientaria sua política na direção da Tríplice

Entente."[6] Nem a Rússia e tampouco a França reagiram positivamente a essas iniciativas dos Jovens Turcos.

Enquanto Enver recebeu de herança da política de Shevket uma nova e forte missão militar alemã, Cemal, ministro da Marinha, herdou o compromisso igualmente sério de buscar mais e mais ajuda inglesa para a esquadra otomana. Na primavera de 1912, o almirante Arthur Limpus foi o terceiro comandante da Royal Navy em cinco anos a ser designado chefe da missão de assessoramento aos turcos e, em agosto de 1914, dispunha de mais de setenta oficiais da marinha inglesa adidos à sua missão (quase o mesmo número de oficiais do exército que acompanhavam Liman von Sanders, embora o efetivo da missão alemã aumentasse rapidamente com a eclosão da guerra na Europa). O sucessor imediato de Limpus, o almirante Williams, já incentivara a compra de um encouraçado, o *Reshadieh*, construído na Inglaterra e lançado em setembro de 1913, embora levasse alguns meses até poder partir para a Turquia. Antes do fim do ano, o almirante Limpus obteve dois notáveis êxitos: a Armstrong Whitworth e a Vickers receberam contratos para construção de novos estaleiros navais, e a Armstrong também conseguiu a encomenda de um segundo encouraçado ainda maior, o *Sultan Osman I*. Cavit e Cemal tinham a certeza de que conseguiriam levantar os três milhões e meio de libras necessários para financiar a construção dos dois encouraçados, símbolos tão eloquentes do poder imperial.

Nos anos finais do reinado de Abdulhamid, o entusiasmo público pelo novo projeto naval se equiparou à igualmente orquestrada exaltação da "ferrovia dos peregrinos," no Hejaz. As agências do CUP, criadas em cidades grandes e pequenas ao longo dos dois anos anteriores, supervisionaram nas comunidades locais o levantamento de recursos para a construção dos encouraçados, salientando, em relatórios para difusão no exterior, como os escolares contribuiriam para causa tão patriótica. Foi planejada a famosa "Semana da Marinha" no Chifre Dourado, quando se propôs que toda a esquadra do Sultão escoltasse os novos encouraçados através dos Dardanelos, inaugurando a era do Poder Naval Otomano.[7]

A construção das belonaves nos estaleiros ingleses foi tão rápida que quatrocentos oficiais e marinheiros turcos chegaram ao Tyneside em julho de 1914, a fim de levá-los para Gibraltar e pelo Mediterrâneo, na viagem inaugural rumo aos Estreitos. A chegada das tripulações coincidiu com a mobilização inglesa para a guerra: em 1º de agosto, antes que a bandeira do crescente fosse hasteada, os dois navios de guerra foram requisitados pelo Almirantado e "temporariamente" incorporados à Royal Navy. A notícia sobre a atitude do Almirantado, imediatamente telegrafada para Constantinopla, causou surpresa e consternação.[8] O descontentamento dos turcos foi reforçado por uma campanha antibritânica financiada pela embaixada alemã que, compreensivelmente, aproveitou a falta inglesa para oferecer compensação imediata. A requisição dos navios desacreditou os simpatizantes da Entente que integravam o ministério de Said Halim. Por várias semanas, os "pró-Alemanha" vinham sustentando que, se a Alemanha e a Áustria-Hungria vencessem uma guerra em que os otomanos ficassem de fora, os vitoriosos repartiriam implacavelmente o Império. Naquele momento, o cinismo das potências da Entente era equivalente: não apenas continuavam surdas às propostas para uma aliança, como também desprezavam visivelmente os esforços do CUP no sentido de recuperar o orgulho otomano no Império. Em 2 de agosto, Said Halim e Enver concluíram uma aliança formal com a Alemanha, tão secreta que Cavit, Cemal e a maioria de seus colegas do ministério não tiveram conhecimento de sua existência por várias semanas. O tratado que celebrou essa aliança versou apenas sobre ações militares contra a Rússia. Nesse caso, ficava estabelecido que Liman von Sanders exerceria "influência efetiva na direção geral do exército (otomano)."

Comentou-se que o acordo secreto "foi um erro monumental, que provocou a derrocada do Império otomano."[9] Entretanto, os termos da aliança deram à Porta espaço para manobra. Enver e Halim continuaram empenhados em conseguir compromissos bem definidos que assegurassem a revisão dos tratados sobre os Bálcãs, antes de se comprometerem com ações militares. Insistiram que a Alemanha pressionasse a Bulgária e a Grécia para recuarem em partes da Trácia e das ilhas do Egeu, mas Berlim não respondeu. Em meados de agosto, o embaixador inglês ainda ressaltava a posição favorável à Entente de Ahmed Cemal e do Dr Nazim, insistindo para que o Primeiro Lord do Almirantado (Winston Churchill) enviasse uma "mensagem simpática e amistosa ao ministro da Marinha." Churchil já fizera, por telegrama, um apelo a Enver, que ele conhecia e admirava, aconselhando-o a evitar o envolvimento com a Alemanha. Enviou, então, nova mensagem, definindo claramente como a Inglaterra compensaria a requisição dos dois encouraçados. Propôs o pagamento de mil libras por dia, feito semanalmente, enquanto a Turquia permanecesse neutra. Enver se negou formalmente a aceitar uma comunicação que, embora redigida com elegância, encerrava clara insinuação de reles barganha.[10]

Os alemães podiam oferecer mais do que um aluguel e "sentidas desculpas." Capitalizaram em cima do ressentimento turco diante do malogro naval inglês. Na noite de 10 de agosto, o cruzador pesado *SMS Goeben* e o cruzador leve *SMS Breslau* penetraram nos Dardanelos, depois de escapar da perseguição pela Royal Navy desde o estreito de Messina. Meses antes, o *Goeben* despertara interesse e inveja como a maior belonave que jamais lançou âncora ao largo do Chifre Dourado.

Agora, o magnífico prêmio estava ao alcance do Sultão. Em 12 de agosto, Berlim anunciou que a Alemanha vendera os dois navios de guerra aos turcos: o *Goeben* passou a ser o *Jawuz Sultan Selim*, e o *Breslau* recebeu o novo nome *Midilli*. Embora não fossem tão poderosos quanto os dois encouraçados requisitados pelos ingleses, levavam uma vantagem inestimável: podiam atuar de imediato sob a bandeira turca, com tripulações e oficiais alemães a bordo, prontos para entrar em ação. A missão naval inglesa deixou oficialmente de funcionar em 15 de agosto, embora o almirante Limpus ficasse em Constantinopla até 9 de setembro, quando recebeu ordem do Almirantado para se deslocar para Malta.[11] Nessa ocasião, o almirante Wilhelm Souchon, o "homenzinho decidido de queixo caído, vestindo uma sobrecasaca longa e desajustada" que comandava os marinheiros que conduziram o *Goeben* e o *Breslau* até os Dardanelos, hasteou no mastro sua insígnia de comandante em chefe da esquadra otomana, enquanto o número de trabalhadores, marujos e artilheiros de costa alemães nos Estreitos aumentava para cerca de oitocentos.[12]

Em Londres, esperava-se que o Império Otomano logo entrasse na guerra como aliado da Alemanha. Mas ainda havia certa hesitação no ministério de Said Halim, e os jornais subsidiados pelos alemães continuaram salientando as virtudes do patriotismo e do autossacrifício a serviço do estado, como se quisessem lembrar os ministros de seus deveres. Os resultados dessa campanha nem sempre agradaram aos alemães. O intenso nacionalismo turco, ativo durante as guerras nos Bálcãs e na Líbia, agora particularmente associados às ideias do escritor secularista e sociólogo Ziya Gökalp, atingiu o auge naquele outono. No início de setembro, o entusiasmo popular estimulou os Jovens Turcos a abolirem as Capitulações. A partir de então, todos os estrangeiros no Império estariam sujeitos às leis civis, criminais e comerciais otomanas.[13] Entretanto, embora essa medida visasse, em primeira instância, penalizar ingleses e franceses, provocou protestos de Berlim, uma vez que também ameaçava a posição do número cada vez maior de alemães em serviço no Império. Os ardorosos turcos nem sempre se preocupavam em fazer distinção entre um *giaour* e outro. Em 1914, para os Jovens Turcos, neutralidade e reformas teriam sido um programa mais sábio do que o cumprimento do tratado de aliança celebrado por Enver.

A dimensão da vitória alemã em Tannenberg convenceu o Grão-Vizir e Enver de que, não importando o que acontecesse em outras frentes na Europa, a Rússia nunca mais teria meios para montar uma ofensiva prolongada em fronteiras remotas do império do Czar. A tentação de recuperar os territórios perdidos no Cáucaso foi, portanto, irresistível. Simultaneamente, a pressão naval exercida pela Inglaterra, aliada da Rússia, se tornava intolerável; melhor procurar uma decisão rápida pela força das armas do que correr o risco de um lento estrangulamento. Em 27 de setembro, as belonaves da Royal Navy que patrulhavam ao largo dos Dardanelos interceptaram e fizeram voltar um torpedeiro turco que tentava entrar no Egeu, ação menos arbitrária do que parece, pois havia vários alemães na tripulação.[14] Os turcos reagiram fechando imediatamente os Estreitos e lançando minas ao longo do canal principal. O comércio entre o Mar Negro e o mundo exterior acabou praticamente fechando os portos de Bulgária, Romênia, Rússia e Turquia, com exceção do tráfego costeiro. Assim, não obstante Odessa e Constanza sofrerem com o bloqueio que a Turquia se autoimpôs, o mesmo aconteceu com Trebizonda, Samsun e a própria Constantinopla. Para amenizar o prejuízo financeiro, a Alemanha pôs à disposição do Império, em 21 de outubro, ouro e prata no valor de 200 milhões de libras, que seriam do tesouro otomano tão logo o Sultão declarasse guerra. Em 28 de outubro, o almirante Souchon, com sua insígnia de comando no alto do mastro do *Jawuz Sultan Selim*, entrou no Mar Negro com seus navios e bombardeou Odessa, Nikolaiev e Sebastopol. O ataque desfechado por Souchon foi decisivo. Um ultimato russo em 1º de novembro foi rejeitado. O mesmo aconteceu com ultimatos da Inglaterra e da França quatro dias após. No fim da primeira semana de novembro, o Império Otomano estava em guerra. A despeito do crescente secularismo entre os intelectuais da capital, Mehmed V obedeceu às responsabilidades tradicionais de um Sultão-Califa. Em 11 de novembro proclamou uma *jihad*, a guerra santa, apelando para que todos os muçulmanos vivendo em territórios inglês, russo e francês se rebelassem e castigassem o infiel.[15]

Um soberano logo respondeu. No verão de 1914, Abbas Hilmi II, *khediva* do Egito desde 1892, fixara residência no palácio de sua família no Bósforo. Lá estava quando foi declarada a guerra e imediatamente apoiou a declaração de *jihad* do Califa: todo egípcio tinha o dever de se revoltar contra o governo inglês.[16] Ninguém o fez, mas o apelo do *khediva* gerou consequências de longo alcance. Cortou o último elo constitucional entre Cairo e Constantinopla, uma vez que, em 18 de dezembro, a Inglaterra estabeleceu um protetorado no Egito, depôs o infeliz Abbas Hilmi II e proclamou seu tio Hussein Kamil "Sultão do Egito." Sabiamente, Londres não chegou a anexar o Egito, embora a ilha de Chipre fosse praticamente incorporada ao Império Britânico no dia em que se concretizou a guerra contra a Turquia. Também o sheikado do Kuwait, cujas relações otomanas sempre foram mal definidas, passou a ser um governo independente sob proteção inglesa.

Em Londres, dúvidas porventura existentes sobre a importância de preservar o Império Otomano foram desfeitas tão logo o *Goeben* e o *Breslau* ancoraram diante do Chifre Dourado. Os interesses estratégicos mudavam rapidamente. Agora, era melhor "Constantinopla ficar com os russos" que com os alemães. O império do Czar dependia cada vez mais de investimentos ingleses, e a possibilidade de satisfazer históricas ambições russas nos Estreitos reduziam o risco de choques anglo-russos na Ásia central ou envolvendo os campos petrolíferos da Pérsia. "É claro que Constantinopla deve ser de vocês," disse o rei George V ao embaixador russo, uma semana depois que a Turquia entrou na guerra. Ao mesmo tempo, seu ministro do Exterior prometeu à Rússia um acordo conciliatório sobre a questão dos Estreitos, tão logo o Império Otomano pedisse a paz.[17] Mas no gabinete inglês predominava uma forte percepção de que ainda era melhor a presença naval anglo-francesa diante do Dolmabahche e de Yildiz, permitindo a Londres e Paris elaborarem o plano de divisão final de um Império arruinado, sempre lembrando, claro, das necessidades de "nosso aliado russo."

No começo de setembro de 1914, Winston Churchill, Primeiro Lord do Almirantado, Lord Kitchener, ministro da Guerra, e seus principais assessores do exército e da marinha debateram uma grande estratégia para a guerra que, segundo admitiam, logo haveria com a Turquia. Em sua lista de prováveis operações figurava com prioridade forçar a passagem pelos Dardanelos com a poderosa esquadra já no norte do Mar Egeu. Se necessário, tomar a península de Gallipoli, a fim de facilitar a passagem dos navios. A complexidade dessa operação foi subestimada. Um bombardeio preparatório das fortalezas no Cabo Helles no começo de novembro, por navios ingleses e franceses, silenciou os canhões de Sedd-el-Bahr, principalmente porque uma granada atingiu o paiol de munição, provocando imensa explosão. Seis semanas depois, um submarino inglês torpedeou e afundou um encouraçado de quarenta anos ancorado na Garganta. Até o Ano-Novo não houve novas ações nessa águas. Na ocasião, tubos torpedeiros defensivos, recomendados pelo almirante Limpus muitos meses antes, estavam em posição em Kilid Bahr, na Garganta. Antes da chegada da primavera, Limpus planejou ter seis das cinquenta divisões do exército otomano nas praias dos Dardanelos na defesa de uma tentativa de invasão.[18]

Kitchener, com sua vasta experiência no Egito e no Levante, era a favor de uma ação em algum outro ponto, de preferência a ferrovia de Bagdá. Uma semana antes do Natal, um destacamento do *HMS Doris* desembarcou na praia ao norte de Iskenderun, sob a proteção dos onze canhões de seis polegadas do cruzador leve. Longe de enfrentarem resistência, os atacantes descobriram que a soldadesca local não se opunha à destruição de locomotivas, depósitos e material rodante, chegando a ajudar oficiais da marinha a pôr as cargas para as explosões que gostaram de ver iluminando o céu noturno. O episódio, admitiu Churchill dois anos depois, fortaleceu a suposição de que o inimigo seria presa fácil.

"Que tipo de turco é esse que estamos combatendo?" – especulava o Almirantado.[19]

A pergunta foi respondida nas terríveis batalhas da península de Gallipoli. Em 15 de janeiro de 1915, o Conselho de Guerra em Londres finalmente concordou com uma expedição naval, "tendo por objetivo Constantinopla," para abrir uma rota de suprimentos para a Rússia, fortemente pressionada no Front Oriental. Mas em 18 de março, quando um terço dos principais navios que tentaram passar na Garganta foi afundado, todo o conceito da operação mudou: a "Força Expedicionária Constantinopla" – como se chamou enquanto se concentrava no Egito e alimentava certo desprezo pela segurança – foi transportada para Mudros, na ilha de Lemnos, no Egeu. Cinco semanas depois do bombardeio naval realizado por ingleses, australianos e neozelandezes, as tropas efetuaram uma série de desembarques na península, enquanto um corpo de exército francês invadia o que fora outrora a praia de Troia. Porém, naquele momento, a maior parte do exército otomano – cerca de 84 mil homens – estava à espera. Planejamento inadequado, desencontros entre as forças armadas, liderança vacilante e todos os problemas inesperados envolvendo a primeira operação anfíbia da guerra moderna se juntaram para transformá-la em episódio épico, concebido com criatividade e executado com valentia, mas que resultou na tragédia de um triunfo frustrado. Em 9 de janeiro de 1916, quase um ano após a decisão do Conselho de Guerra, as últimas tropas inglesas se retiraram subrepticiamente do Cabo Helles, deixando para trás uma rede de trincheiras repletas de munição, além de alimentos e equipamentos suficientes para abastecer quatro divisões turcas por mais quatro meses. Deixaram também, no outro lado dos Dardanelos, os restos mortais de 34 mil soldados do Império Britânico e 10 mil mortos da França metropolitana e de além-mar. Apenas um em cada quatro dos que pereceram estão em sepulturas identificadas.[20]

Gallipoli foi a maior vitória defensiva da história otomana. A tenacidade do "Mehmedchik" – o pracinha, contrapartida turca do "Tommy" inglês – ganhou para o Império dos sultões um alívio de seis anos. Porém o custo foi assustador. Não se sabia o número de baixas turcas, mas foram duas vezes maiores que as das forças invasoras. Enver, ministro da Guerra, assumiu o crédito pela vitória. Para ser mais preciso, as orientações estratégicas foram expedidas por Liman von Sanders, enquanto, na ponta da península, Essad Pasha e seu estado-maior detinham as sucessivas investidas terrestres dos *anzacs* australianos e neozelandeses. Se surgiu um herói, foi Mustafa Kemal, o coronel que inspirou ou induziu os fugitivos e indecisos de sua 19ª Divisão a defender valentemente as cristas rochosas de Sari Bair e Anafarta. A revista oficial de propaganda do Ministério da Guerra otomano quis pôr o retrato de Kemal na capa, mas Enver interveio pessoalmente. Não poderia haver alarde destacando um contemporâneo cujos feitos militares começavam a suplantar os seus. Kemal recebeu o comando do XVI Exército e foi enviado para lutar contra os russos na Anatólia. Quatorze anos depois, um oficial de estado-maior inglês, escrevendo a história militar de Gallipoli, avaliou objetivamente o papel de Kemal na defesa da península: "Poucas vezes na história a atuação de um único comandante de divisão teve influência tão profunda no curso de uma batalha, talvez no desfecho de uma campanha e até no destino de uma nação."[21]

O combate nos Dardanelos foi imposto aos otomanos por seus inimigos. O mesmo aconteceu durante boa parte de 1915 e 1916 na terrível campanha ao longo da antiga fronteira russa na Transcaucásia, onde, em meados de fevereiro de 1916, a histórica fortaleza de Erzerum caiu subitamente diante de um ataque-surpresa do inimigo, quase certamente graças à informação recebida pelos comandantes das tropas do Czar, transmitida por oficiais otomanos árabes, ressentidos com o "turquismo" agressivo que prevalecia em todo o exército do Sultão. Contrastando com essas campanhas defensivas nos Dardanelos e na Anatólia oriental, a Alemanha e o Império Otomano tentavam disseminar a *jihad* fomentando a rebelião. "Nossos cônsules (...) devem incendiar o mundo maometano todo em uma revolta implacável," declarou o Kaiser Wilhelm. "Finalmente, a Inglaterra deverá perder a Índia."[22] Ao que parece, Enver pensava do mesmo modo. Antes de Gallipoli, ele convidara Kemal para assumir o comando de três regimentos e conduzi-los através da Pérsia para rebelar os muçulmanos de Baluchistão, Sind e Punjab contra o *raj* inglês, oferecimento que Kemal sabiamente rejeitou. Os muçulmanos da Índia pouca atenção deram à proclamação do Califa, e as tropas indianas que lutaram ao lado dos ingleses e *anzacs* em Gallipoli não atenderam aos apelos turcos para se amotinar.

Enver também apoiou planos para sabotadores cruzarem a fronteira na Mesopotâmia e penetrarem na Pérsia a fim de explodirem a refinaria da Anglo-Persian Oil Company recentemente construída em Abadan. Rápida ação militar inglesa frustrou esse objetivo específico, embora o agente alemão Wilhelm Wassmuss mais tarde conseguisse fomentar uma rebelião antibritânica em extensa área no sul da Pérsia.[23] Como último recurso, Enver enviou oficiais Jovens Turcos para a Líbia a fim de incitar os puritanos muçulmanos sanussi a atacar postos avançados ingleses e, se a Itália voltasse a entrar em guerra contra a Turquia, a retomar os ataques no deserto contra cidades costeiras da Cirenaica. Neste ponto, Enver teve mais sucesso. Sob o comando de Sayed Ahmed, os sanussis lutaram lealmente por seu Califa no deserto ocidental, até a queda final do Império. Por outro lado, um destacado agente otomano, Jafar Pasha Al-Askiri, capturado pelos ingleses em uma escaramuça de cavalaria no deserto ocidental, posteriormente apoiou uma rebelião árabe na Mesopotâmia em que nascera e ajudou na organização do exército iraquiano.[24]

A pedido da Alemanha, o alto-comando otomano tentou um projeto de "destruição do domínio inglês no Egito," plano que teve origem em Berlim, três meses antes de a Turquia assumir a condição de beligerante. O general Ahmed Cemal, abandonando o cargo ministerial para retornar ao serviço ativo, em 4 de novembro de 1914 foi designado comandante do IV Exército otomano em Damasco. Dois meses depois, concentrou em Beersheba 20 mil homens com apoio de artilharia, que deveriam realizar um ataque ao Canal de Suez, "a jugular do Império Britânico." Ao lado dos turcos estavam tropas especiais alemãs, e Cemal contava com um coronel bávaro, o barão Franz von Kress von Kresseinstein, como chefe de seu estado-maior. Pontões construídos na Alemanha e trazidos clandestinamente através da neutra Bulgária destinavam-se a permitir aos invasores transporem o Canal para sua margem ocidental. Cemal e Kress acreditavam que um ataque frontal e de surpresa sobre as posições inglesas induziria os nacionalistas egípcios a se voltarem contra os "colonialistas" que ocupavam seu território e acolherem de volta o *khediva* Abbas Hilmi II. Ernst Jaeckh, especialista em Oriente preferido do alto-comando alemão, predisse que os atacantes poderiam contar com "a adesão de uns 70 mil árabes nômades."[25]

O ataque de Cemal, ao contrário do que se costuma afirmar, não surpreendeu os ingleses. Uma aeronave francesa de reconhecimento localizara as colunas avançando através do deserto do Sinai. De 3 a 10 de fevereiro de 1915, ocorreram combates ao norte de Ismaília. Apenas um pelotão otomano conseguiu atravessar o canal antes que Cemal ordenasse o recuo de seus homens, decepcionado com o fato de os egípcios não acolherem a libertação pelos otomanos. Enquanto Cemal se retirava para Beersheba, o coronel Kress continuou no deserto do Sinai com alguns batalhões de infantaria e um esquadrão de cavalaria, constituindo ameaça permanente ao Egito. Engenheiros alemães supervisionaram a construção de uma ferrovia estratégica ligando Jaffa a Beersheba. Vez ou outra, soldados de Kress lançavam minas no canal, até que, no fim do verão de 1916, cavalarianos *anzac* finalmente afastaram essa ameaça no deserto. Apenas no fim do ano os ingleses resolveram abrir uma nova – e finalmente decisiva – frente de combate na Palestina.[26]

No começo de agosto de 1914 a inteligência inglesa no Cairo já fizera algum contato com árabes dissidentes servindo no exército otomano na Mesopotâmia. O emissário principal era o major Abdul Aziz Al-Masri, que criara em Bagdá uma sociedade secreta conhecida como al-Ahd (O Pacto), em que oficiais iraquianos se comprometiam a apoiar qualquer causa que promovesse a independência árabe do domínio turco.[27] A eclosão da guerra intensificou os esforços ingleses para fomentar revoltas nas províncias otomanas periféricas. Porém, nessa questão havia conflitos de interesses em Londres, entre o Ministério do Exterior e o das Índias, e entre Cairo e Simla, o quartel-general do exército inglês na Índia. As autoridades do vice-reinado se opunham a qualquer incentivo à rebelião no Império Otomano. Temiam que a inquietação contagiasse o subcontinente indiano, onde havia sociedades secretas semelhantes às dos territórios árabes.

Essa controvérsia de esferas de responsabilidade inglesa no Oriente Médio ajudou o alto-comando otomano. Enquanto o Cairo mantinha contato político com tribos do Hejaz e do sul da Síria, o Ministério das Índias concluiu o tratado de dezembro de 1915, reconhecendo o ambicioso Abdulaziz Ibn Saud, de trinta e cinco anos, como governador de Nejd.[28] O governo do vice-rei em Bombaim encarava o Golfo, a Mesopotâmia e os campos petrolíferos recentemente instalados como incluídos em sua esfera de interesse, assim como boa parte da Arábia e de Aden, onde o porto carbonífero inglês foi administrado de 1839 a 1937 por funcionários coloniais políticos que eram militares designados pelo governo da Índia. Foi o QG em Simla que começou as operações na Mesopotâmia ao enviar a "Força D" para a região mais importante do Golfo Pérsico. A expedição desembarcou em Fao no segundo dia da guerra, ignorou as guarnições otomanas locais e, quinze dias mais tarde, se apoderou de Basra sem muita dificuldade, protegendo, dessa forma, as instalações petrolíferas em Shatt-al-Arab. Mas, em vez de valer-se dos árabes para fustigar os otomanos, os ingleses trataram a Mesopotâmia meridional como território conquistado, e o nacionalista árabe iraquiano Nuri as-Said, de vinte e seis anos, foi deportado às pressas para a Índia.

A hostilidade da Força D para com o nacionalismo árabe, aliada à chegada a Bagdá do marechal von der Goltz com uma missão militar alemã, fortaleceu a resistência otomana. Finalmente, o general Townshend ocupou a estratégica localidade de Kut-al-Amarah, 400km ao norte de Basra, no fim de setembro de 1915, e o quartel-general de Simla imediatamente insistiu para que prosseguisse seu avanço até Bagdá. Townshend tentou conscientemente cumprir tudo o que dele se esperava, mas, sem apoio árabe, penetrar mais profundamente na Mesopotâmia era tarefa temerária e, em 22 de novembro, uma improvisada força de Goltz, reforçada por uma desgastada divisão anatoliana, derrotou os invasores em Ctesiphon, menos de 35km ao sul de Bagdá. Em 3 de dezembro, os 17 mil homens de Townshend foram cercados em Kut, ao lado de 6 mil árabes colhidos na armadilha durante os combates. Quatro tentativas de romper o cerco fracassaram. O confiante ardil de Kitchener, ao oferecer a Khalil Pasha, comandante otomano, pelo menos um milhão de libras para permitir a libertação da guarnição de Kut, foi rejeitado – e, para fins de propaganda, aproveitado com imensa alegria por Enver (que era sobrinho de Khalil). Em 29 de abril de 1926, a guarnição de Kut foi rispidamente aprisionada. Tal como acontecera depois da evacuação de Gallipoli três meses e meio antes, os otomanos se vangloriaram por ter derrotado o invasor infiel. Momentaneamente, a façanha elevou o moral em casa.[29]

Como outros governos em 1914, as autoridades otomanas supunham que a guerra em que estavam se envolvendo acabaria rapidamente. A economia não suportaria o esforço de longas campanhas em diversas frentes de combate. Embora muitas cidades e aldeias das províncias estivessem acostumadas a prover sua própria subsistência, Constantinopla sempre dependera da importação de grãos da Rússia e, em menor grau, da França e da Itália. Houve, em consequência, severa escassez de alimentos na capital, mesmo durante o primeiro inverno da guerra. Seus efeitos foram agravados pelo fluxo de refugiados e pela disseminação do tifo. Outras regiões, normalmente autossuficientes, sofreram com o recrutamento de trabalhadores na agricultura para servirem ao exército e, na Anatólia oriental, com a devastação causada pela invasão. Na Síria e no Líbano, a fome resultou, em parte, da seca prolongada, mas também de um sistema de distribuição desequilibrado, que se tornou pior com a mobilização do material rodante e de linhas ferroviárias para fins militares. A partir de outubro de 1915, quando a Bulgária entrou na guerra aliada à Alemanha, à Áustria-Hungria e aos otomanos, novamente funcionou uma linha de trem direta com a Europa central, abrindo para os turcos os mercados de algodão, lã, couro, petróleo do *vilayet* de Mosul e outros minerais. Sem o apoio material alemão, o Sultão teria sido obrigado a buscar a paz mais cedo. Dados oficiais indicam que, em tais circunstâncias, o custo de vida na capital quadruplicou nos primeiros vinte e cinco meses da guerra. A Alemanha efetivamente subsidiou seu aliado com o equivalente a duzentos e cinquenta milhões de libras esterlinas, a fim de sustentar o exército otomano em operações durante quatro anos.[30]

Politicamente, não houve mudança no perfil do governo otomano, embora fosse inevitável a intensificação da censura e do controle policial. Os Jovens Turcos ditaram a política até as últimas semanas de guerra.[31] Said Halim continuou Grão-Vizir até fevereiro de 1917, quando Talaat, desde muito o verdadeiro ministro-chefe, lhe sucedeu formalmente. Paralelamente, Mehmed V continuou cumprindo seus deveres de Sultão constitucional. Recebeu o Kaiser Wilhelm II em sua terceira visita oficial, quando presidiu um banquete no Dolmabahche em 16 de outubro de 1917. Na terceira semana de maio de 1918, foi o anfitrião da única visita oficial dos Habsburgos à capital otomana, quando recebeu o Rei-Imperador Karl e sua esposa Zita com esplendor que onerou os recursos de um Império ameaçado por uma inflação fora de controle. Sete semanas depois – em 3 de julho – Mehmed V morreu e foi substituído pelo filho mais novo de Abdulmecid, Mehmed VI Vahideddin, de cinquenta e sete anos, último dos trinta e seis sultões otomanos. Cinco meses antes, quase esquecido em meio à tensão da guerra, seu meio-irmão Abdulhamid também morreu, não pela faca ou pelo veneno de um assassino como tanto temera, mas na cama, em Beylerbey, de colapso cardíaco.

Embora em alguns aspectos possa parecer surpreendente, os Jovens Turcos procuraram manter o *momentum* de sua revolução durante os três primeiros meses de guerra. Em abril de 1913, decretos permitindo que julgamentos de tribunais religiosos fossem submetidos ao *Mahkrme-i Temyiz* (Tribunal de Apelação leigo) asseguraram a primazia do judiciário secular sobre a *ulema*, e essa gradual depreciação da cadeia hierárquica muçulmana chegou ao auge no fim do período de Said Halim como Grão-Vizir. A partir de abril de 1916, o *seyhülislam* já não era membro automático do gabinete e, poucos meses depois, foi privado de quaisquer funções executivas agora entendidas como assuntos leigos, tais como a administração de fundações religiosas e educação. Quando Mehmed VI Vahideddin chegou ao poder, o *seyhülislam* era aceito unicamente como dignitário religioso, alguém a ser consultado e respeitado como intérprete dos ensinamentos islâmicos. Também foi tomada uma série de medidas que cautelosamente avançaram no terreno da emancipação geral das mulheres. Assim, pela revisão efetuada em 1917 na legislação pertinente à família, a lei estabeleceu que o casamento era um contrato secular e reconheceu que a esposa tinha o direito ao divórcio se o marido fosse comprovadamente adúltero. Todavia, muitos tabus sociais continuaram sendo observados com rigidez, em especial nas áreas rurais. Em todos os teatros, restaurantes e salas de leitura das grandes e pequenas cidades ainda se exigia setores isolados para mulheres.

A desaprovação dos conservadores à secularização diminuiu com o fim das restrições ao fanatismo muçulmano que os Jovens Turcos tinham imposto enquanto precisavam angariar apoio no exterior. Já não havia a possibilidade de inspetores-gerais estrangeiros atuando nas províncias onde as minorias cristãs se queixavam de perseguição. O ressurgimento da atividade dos *dashnak* na cidade de Van, com o ostensivo apoio russo a alguma forma de autonomia armênia nos dois lados da antiga fronteira, despertou temores dos otomanos de que os súditos armênios do Sultão encarassem os invasores czaristas como libertadores e, por conseguinte, apoiassem sua penetração na Anatólia. Em decorrência, em maio de 1915, as autoridades otomanas organizaram uma deportação em massa de armênios das províncias orientais para povoações vigiadas no norte da Mesopotâmia. Nessa ocasião, meio milhão de armênios podem ter morrido de fome, em consequência do sofrimento imposto pelas longas marchas, sobretudo por território curdo, ou pelos massacres realizados pelos próprios curdos, com a conivência das autoridades locais. Logo depois, comunidades armênias que viviam em áreas rurais da Síria e da Cilícia foram retiradas de suas terras do mesmo modo e concentradas na Síria central. Ninguém sabe quantos armênios morreram durante a guerra. Estimativas oficiais turcas apresentam um total de cerca de 300 mil. As avaliações dos armênios indicam um máximo de dois milhões, mortos durante o que consideram uma campanha sistemática de genocídio.[32] Lamentavelmente, tudo indica que 1,3 milhão de armênios morreram. Comparativamente, essa estimativa, se estiver correta, significa que, na guerra e no pós-guerra, tantos armênios foram sacrificados quanto soldados morreram a serviço da República da França.

Inevitavelmente, à medida que o conflito começou a se estender mais do que o previsto, líderes do CUP começaram a revelar, individualmente, uma crescente independência da Porta. Mustafa Rahmi, um dos três membros da primeira delegação Jovem Turca recebida pelo Sultão Abdulhamid em julho de 1908, foi designado *vali* de Ismir em 1915 e se tornou chefe militar tão poderoso na província que foi capaz de proteger armênios e gregos da fúria muçulmana, vez ou outra mandando fazer sondagens de paz junto a agentes aliados em Atenas. Em outro momento posterior da guerra, o comandante militar na Síria, Ahmed Cemal Pasha, também mostrou tendência a negociar acordos em separado com aliados da Entente, mas, no verão de 1915, ainda era um pilar no triunvirato que governava, convencido de que o inimigo logo efetuaria uma invasão anfíbia a fim de apoiar uma rebelião árabe em algum ponto entre Iskenderun e Haifa. Por conseguinte, Cemal recorreu a drásticas medidas repressivas, a fim de liquidar as sociedades secretas árabes e outros grupos dissidentes. Onze árabes foram enforcados em Beirut em 28 de agosto de 1915 e, durante os dezoito meses seguintes, continuaram as prisões, execuções e deportações no Líbano. Toda a comunidade sofreu. Cemal não via razão para fazer distinção precisa entre árabes, judeus e cristãos. Como escreveu Lawrence poucos anos depois, Cemal "uniu todas as classes, condições e credos na Síria, pressionados pelo perigo e pelo sofrimento comuns, criando, portanto, condições para uma revolta coordenada."[33]

Cemal estava certo ao prever que era iminente uma rebelião árabe. Havia tempos fermentava. Pouco antes da eclosão da guerra, o Emir Abdullah, segundo filho do Sherif de Meca, Hussein ibn Ali el-Aun, por duas vezes sondou as autoridades inglesas no Egito para ver se conseguia o apoio de Londres para uma revolta contra o domínio otomano. Abdullah conhecia bem a vida política em Constantinopla, pois tanto ele quanto seu irmão, o Emir Feisal, eram membros do parlamento otomano. Lord

Kitchener, agente inglês e cônsul-geral no Egito de 1911 até o início da guerra, conheceu Abdullah no Cairo e ficou impressionado com as demonstrações de crescente hostilidade árabe contra o regime Jovem Turco. O pai do Emir não era um revoltoso por natureza, mas um conservador idoso, assustado com a possibilidade de um governo otomano ocidentalizado no Hejaz. Como chefe da dinastia hashemita e trigésimo sétimo descendente direto do Profeta, o Sherif de Meca merecia toda a consideração com que ele e seus emissários eram tratados por Kitchener. Todavia, os ingleses podem ter exagerado no status do sherif dentro do Islã. Podem, também, ter lhe atribuído a intenção de ver o Império Otomano varrido da região, desejo que nunca teve. Depois de se tornar ministro da Guerra em agosto de 1914, Kitchener se manteve em contato com os príncipes hashemitas. "Pode ser que um árabe legítimo venha a assumir o califado em Meca ou Medina e talvez, com a ajuda de Deus, pode ser que resulte alguma coisa boa de tudo de ruim que está acontecendo," escreveu Kitchener para Abdullah seis dias antes de a Inglaterra declarar guerra ao Sultão.[34]

A proclamação da *jihad* levou a Inglaterra a reviver a ideia de um califado hashemita. Nessa ocasião, Hussein pensava numa coroa. Durante o verão de 1915, Hussein trocou cartas com Sir Henry McMahon, alto-comissário inglês no Egito, em busca do apoio do Cairo para o califado e também para um reino hashemita na Arábia. Esse reino se estenderia da Cilícia (em termos gerais a fronteira atual da Turquia com a Síria) para o sul até o Iêmen, e do Mediterrâneo até os limites orientais da Mesopotâmia. Finalmente, em carta a Hussein datada de 24 de outubro de 1915, Sir Henry McMahon admitiu que a Inglaterra "reconheceria e apoiaria a independência dos árabes dentro do território incluído nos limites e fronteiras propostos pelo Sherif de Meca," mas fez importantes restrições, particularmente a exclusão de regiões consideradas não inteiramente árabes em sua composição e características. Ao norte, Mesin e Iskenderun se enquadravam nesse caso. O mesmo acontecia com "porções da Síria a oeste dos distritos de Damasco, Hama, Homs e Aleppo" (na verdade, o litoral leste do Mediterrâneo). Outras limitações incluíam a insistência na aceitação de "medidas especiais de controle administrativo" no *vilayet* de Bagdá e no de Basra para proteger interesses ingleses, a satisfação de exigências para proteção de outros governantes árabes e um lembrete de que esse compromisso abrangia apenas "as parcelas de territórios em que a Inglaterra pode agir com liberdade, sem prejuízo para sua aliada, a França."[35]

A carta de McMahon permanece sendo um dos documentos mais discutidos da diplomacia do século XX. A fraqueza de sua mensagem reside não tanto nos termos, imprecisos conforme exigiam os tempos de guerra, mas em suas prudentes omissões, em particular na ausência de menção à Palestina, a Jerusalém e aos judeus. Por vários meses o Sherif Hussein continuou se correspondendo com McMahon, esperando esclarecer a proposta inglesa e o significado da emotiva palavra "independência." Não teve sucesso. Porém, em dezembro recebeu mais um gesto de encorajamento: disseram a Hussein que o ministro do Exterior, Sir Edward Grey, era a favor da "independência árabe da dominação turca," desde que, claro, os árabes a conquistassem por meio de uma revolta.[36]

Bom motivo havia para a posição evasiva do Foreign Office: dúvidas sobre o que o "aliado francês" julgaria prejudicial ou não a seus interesses. Em novembro de 1915, François Georges-Picot, que fora cônsul-geral da França em Beirut, chegou a Londres. Durante o mês de dezembro e prosseguindo no ano seguinte, Georges-Picot manteve conversas com um respeitado arabista, o coronel Sir Mark Sykes. Juntos, os dois especialistas em Oriente Médio chegaram a uma proposta para a divisão do Império Otomano no Levante que foi aceita em maio de 1916 como o "acordo Sykes-Picot."[37] Previa a criação de dois estados árabes, um sob a proteção francesa, em torno de Damasco, e outro sob a proteção inglesa, de Bagdá a Aqaba. Os franceses administrariam o Líbano desde o norte de Beirut até o sul de Tiro e os ingleses controlariam Acre e Haifa. A Palestina ficaria sob a responsabilidade conjunta da França, da Inglaterra e da Rússia (czarista). O acordo tem sido repetidamente criticado como incompatível com as promessas anteriormente feitas ao Sherif de Meca. Entretanto se poderia alegar que o acordo Sykes-Picot ampliou, esclareceu e complementou as propostas de McMahon e não as invalidou; as disputas posteriores resultaram muito mais das obrigações assumidas pelos ingleses em 1917 com o movimento sionista. Porém, seja qual for a relevância que teve nas décadas seguintes, o significado histórico das cartas de McMahon e das discussões de Sykes-Picot no contexto da Primeira Guerra Mundial é claro e inequívoco: mostram que em 1915 os aliados da Entente concordavam com a desintegração do Império Otomano com a ajuda de uma explosão controlada do nacionalismo árabe.

Em 5 de junho de 1916, o Sherif Hussein desencadeou a revolta árabe com um tiro simbólico de fuzil contra o quartel otomano em Meca e uma proclamação que serviria como manifesto árabe no mundo islâmico. Denunciava, em particular, a forma impiedosa como os turcos tinham refreado as prerrogativas religiosas do Califa-Sultão ao "considerar a religião de Deus um divertimento ou um esporte."[38] Inicialmente, a retórica foi acompanhada por uma façanha nas armas, pelo menos no Hejaz. Logo os turcos foram expulsos de Meca. O porto de Jeddah foi atacado em 9 de junho e, com apoio naval da Royal Navy, passou ao controle dos árabes. A cidade de Taif, um oásis 60km a sudeste de Meca, foi rapidamente tomada pelo Emir Abdullah, embora tropas turcas continuassem resistindo sob a proteção das sólidas muralhas do forte ao lado. Medina, contudo, não foi capturada. Na cidade estava não somente o túmulo sagrado do Profeta, mas também o quartel-general do 12º Corpo de Exército, comandado pelo temível e devotado Fakhri en-din Pasha. Em vez de ficar assistindo a rebeldes árabes pagos pelos infiéis entrarem em Medina, Fakhri preferiu submeter sua guarnição a um cerco de trinta meses. Continuou resistindo até janeiro de 1919, dez semanas depois de todos os outros exércitos otomanos aceitarem um armistício.

Kitchener, que morreu afogado quando seu navio em viagem para a Rússia afundou no dia em que começou a revolta árabe, sempre insistira na necessidade de preparar uma insurreição geral, e não simplesmente um levante num específico *vilayet*. Porém, a reação de outros árabes ao apelo hashemita foi lenta, e durante vários meses era incerto se a luta no Hejaz constituía um verdadeiro desafio militar ao Império Otomano. Somente no fim do ano os ingleses que apoiavam Hussein, o "*Bureau* Árabe" no Cairo, começaram a coordenar seriamente a revolta. O capitão T.E. Lawrence, como chefe da missão inglesa no Hejaz, garantiu a aceitação do Emir Frisal como real comandante dos guerrilheiros beduínos, enquanto o veterano major otomano Aziz Al-Masri treinava tropas árabes regulares em Rabegh, onde era auxiliado por seu colega, oficial iraquiano e conspirador, Nuri as-Said, cujo regresso da Índia fora autorizado.[39] Mesmo durante esses meses essencialmente de preparativos, Enver, Talaat e Cemal não podiam ignorar a ameaça ao flanco sul do Império, para o incompreensivo desapontamento de seus assessores alemães. Enquanto as forças hashemitas rebeldes se lançavam ao combate no campo – ou, mais precisamente, no deserto – pelo menos 30 mil turcos ficavam retidos ao longo do leito da ferrovia do Hejaz, em Medina e no Yêmen.

No verão de 1917, os hashemitas passaram à ofensiva. Em 6 de julho os árabes se apoderaram do importante porto de Aqaba, que, com a ajuda inglesa, se transformou em base do Emir Feisal para ataques à ferrovia, 110km no interior, e para o avanço sobre a Síria. Mesmo antes da queda de Aqaba, a indiferença otomana foi abalada por um ataque beduíno a Baalbeck, 80km ao *norte* de Damasco, onde, em 11 de junho, uma ponte na ferrovia estrategicamente importante que ligava a Síria ao coração do Império foi danificada. Informação do serviço de inteligência inglês, transmitida da Suíça para Londres cerca de cinco semanas após, cita fonte turca relatando que a intranquilidade entre as tribos no norte tinha provocado a imediata transferência de seis batalhões regulares para Baalbeck, com o objetivo de liquidar os focos revoltosos em região tão sensível.[40]

A preocupação turca era compreensível, pois a feição da guerra no Oriente Médio mudava rapidamente. Transformando com cuidado Basra em base militar e modernizando o porto, em janeiro de 1917, o general Maude conseguiu concentrar um exército quatro vezes maior do que as forças de seu inimigo otomano e, em 11 de março, Bagdá foi tomada, pelo menos a trigésima vez na longa história da cidade. Enver, contudo, naquele momento não estava disposto a desistir da Mesopotâmia. Com apoio alemão, um novo e poderoso grupamento de forças – codinome *Yildirim* (Raio) – foi concentrado no sul da Anatólia durante os meses do verão. O general Erich von Falkenhayn, que fora chefe do estado-maior geral alemão e, mais recentemente, vencedor da Romênia, foi a Constantinopla e planejou uma ofensiva destinada a recuperar Bagdá e levar o exército germano-turco ao interior da Pérsia e mais além, revivendo o simplista objetivo estratégico de privar a "Inglaterra" da Índia. Entretanto, "Raio" logo foi obrigado a cair em outra frente. Enquanto Falkenhayn e Enver em Constantinopla planejavam o emprego do *Yildirim*, o general Allenby (recentemente chegado do Front Ocidental) completava os preparativos para uma ofensiva no Sinai, onde, em março e abril, as duas primeiras batalhas em Gaza não conseguiram romper o principal sistema defensivo turco-germânico. No outono de 1917, Falkenhayn reconheceu que a Palestina, e não a Mesopotâmia e a Pérsia, era o teatro de operações adequado ao *Yildirim*.[41]

Falkenhayn podia enfrentar Allenby com quatorze divisões otomanas e o núcleo do Asia Korps alemão, cerca de 6.500 homens especializados e oficiais de estado-maior. Todavia, o exército de Falkenhayn era muito menos poderoso do que parecia no papel. Mustafa Kemal – designado comandante do VII Exército na Síria em 7 de julho – em setembro informou que em uma de suas divisões 50% dos soldados estavam tão enfraquecidos fisicamente que não conseguiam sequer entrar em forma, muito menos marchar contra o inimigo. Ademais, a chegada do Asia Korps à Síria foi atrasada pela sabotagem em Haydarpasha, onde, dia 6 de setembro, uma enorme explosão num ramal da ferrovia destruíra material rodante, depósitos e armamento. Também havia uma brecha fundamental na estrutura de comando: o próprio Falkenhayn menosprezava todos os turcos e deles desconfiava. "Tinha uma personalidade teimosa e egoísta," recordaria mais tarde o mais conhecido de seus oficiais de estado-maior, Franz von Papen.[42] O general era tão arrogante que Enver teve de ir a Damasco como mediador entre Falkenhayn e os dois experientes comandantes de exército otomanos, Cemal e Kemal. Enver fracassou. Em vez de executar o plano de batalha alemão, Mustafa Kemal conseguiu autorização para entrar em longa dispensa de saúde no começo de outubro. Ahmed Cemal reteve seu comando na Síria, mas continuou enfurecido com Falkenhayn.

Allenby, com duas vezes mais infantaria e dez vezes mais cavalaria do que seus oponentes, lançou a ofensiva no Sinai no último dia de outubro de 1917 e logo conquistou seus objetivos imediatos.[43] A base avançada otomana em Beersheba caiu diante de um ataque-surpresa no primeiro dia da ofensiva. Jaffa caiu uma quinzena depois e, em 3 de dezembro, Jerusalém foi capturada. A vitória de Allenby encerrou quase setecentos anos de domínio otomano sobre a única cidade no mundo igualmente sagrada para judeus, cristãos e muçulmanos. A chegada do inverno impediu novos avanços, mas no fim do ano tudo indicava, tanto em Constantinopla quanto em Londres, que os territórios do Sultão logo estariam perdidos para sempre. A menos, claro, que nova onda de sentimento pan-islâmico levasse a rebelião árabe a se voltar contra seus patrocinadores infiéis.

Essa possibilidade, descartada pelos ingleses, alimentou as esperanças de Ahmed Cemal em Damasco. Logo após a revolução bolchevique de novembro de 1917, foram publicados tratados secretos do tempo de guerra encontrados nos arquivos do Ministério do Exterior russo. Por eles, os súditos do Sultão souberam, pela primeira vez, do Acordo de Constantinopla de março de 1915, pelo qual a capital otomana e os Estreitos seriam incorporados ao Império Russo, enquanto Inglaterra e França "alcançariam seus objetivos no Oriente Próximo e em outras regiões." Também tomaram conhecimento da exigência aliada de confirmação da soberania italiana sobre o Dodecaneso e o compromisso de permitir que a Itália tomasse pé na Ásia Menor por meio de extensos ganhos territoriais no *vilayet* de Adana. Mas as autoridades otomanas tiraram maior proveito da publicação pelos bolcheviques do acordo Sykes-Picot, vendo nele uma forma de convencer e atrair os árabes. O *khedivu* deposto, Abbas II, foi enviado a Damasco, onde os alemães instalaram um "*Bureau* Árabe" para se contrapor ao que fora criado com o mesmo nome pelos ingleses no Cairo cerca de um ano antes. Quando as propostas feitas a Hussein não produziram efeito, Cemal Pasha fez um discurso em Beirut, em 6 de dezembro de 1917, citando as revelações bolcheviques como prova, para todo o Islã, de que o Sherif de Meca estava conspirando com os imperialistas cristãos do Ocidente.[44]

Um mês antes, em 2 de novembro, antes de os bolcheviques vazarem detalhes do acordo Sykes-Picot, a famosa Declaração de Balfour anunciou que o governo inglês "via com bons olhos a criação de um lar para o povo judeu na Palestina." Cemal já se opusera, com sucesso, a propostas do ministro do Exterior alemão no sentido de conquistar o apoio sionista para uma declaração conjunta germano-otomana. Defendia que qualquer favorecimento aos judeus levaria os árabes a uma dependência maior da Entente. Cemal pôde, então, citar as negociações Sykes-Picot e a Declaração de Balfour como "prova" para o mundo islâmico de que os árabes, a serviço dos ingleses, estavam abrindo mão de sua herança muçulmana em favor dos imperialistas sionistas.[45]

Durante o último inverno da guerra, Cemal era o único membro do governo secularista de Talaat a demonstrar o que hoje pode ser descrito como um "revivido" fervor muçulmano. Outros colegas, porém, estavam dispostos a aceitar extensas concessões nos territórios árabes, desde que alguma forma de autoridade otomana fosse preservada. Dessa maneira, o ministro do Exterior, parente de Enver, em fevereiro de 1918, deu conhecimento aos americanos que a Porta não rejeitava o 12º dos "Quatorze Pontos" do presidente Wilson, que recomendava uma evolução rumo à autonomia das nacionalidades otomanas não turcas. Paralelamente, o influente jornalista Ziya Gökalp defendeu um império federalizado, que ligaria estados turco e árabe na prática independentes.[46] Foi inevitável os hashemitas sentirem-se tentados diante dessa aparente mudança de disposição do Chifre Dourado, redundando em novas negociações (quase) secretas entre o Emir Feisal e Cemal, e, sem dúvida, em ligações mais confidenciais entre Feisal e Mustafa Kemal quando, no verão, este último regressou à frente palestina.[47] Lawrence pode ter encorajado Feisal, na dupla esperança de disseminar a discórdia entre facções de Jovens Turcos e de saber mais a respeito das intenções otomanas. Nesse caso, porém, o jogo era arriscado. Em junho de 1918, o Foreign Office descobriu que Feisal chegara a ponto de botar no papel concessões básicas a serem feitas pela Porta para que os exércitos árabe e turco pudessem novamente lutar "lado a lado." Como Lawrence mencionou discretamente em *Os Sete Pilares da Sabedoria*: "Por fim, os acontecimentos abortaram estas complicadas negociações."[48]

Enver já não estava muito interessado no destino dos territórios árabes do Império. O Turquistão o atraía para leste. O colapso da Rússia permitiu que os exércitos otomanos reocupassem Erzerum, a Anatólia oriental e os históricos *vilayets* "armênios" perdidos nos três anos de guerra. Desde que lhe fosse concedida mão livre para concentrar tropas turcas na Transcaucásia e, por conseguinte garantir a Ásia Central, Enver estava disposto a deixar a Europa e a Ásia Menor à missão alemã que por tanto tempo estimulara. Em poucos meses, a desconfiança entre Enver e as unidades alemãs em torno do Mar Negro cresceu a tal ponto que os mapas produzidos por seu estado-maior assinalavam postos avançados alemães no Cáucaso como "guarnecidos pelo inimigo."[49] Mas, em janeiro de 1918, não demonstrava o mínimo desagrado com a supremacia alemã mais forte do que nunca nos Estreitos: o Almirante Souchon ainda comandava a esquadra; o chefe do estado-maior geral otomano era um talentoso estrategista prussiano, o general Hans von Seeckt; oficiais alemães comandavam o V Exército otomano (Liman von Sanders) e, no Levante, o VIII Exército (Kress Von Kressenstein) e o "Grupo de Exércitos F" (Falkenhayn). Nenhum comandante otomano conseguia trabalhar em harmonia com Falkenhayn, e houve satisfação generalizada quando Seeckt persuadiu Berlim a chamá-lo e substituí-lo por Liman em Damasco. Enver via esses especialistas alemães como para-choques capazes de conter o aguardado ataque esmagador aliado na Palestina, enquanto ele se dedicava ao Cáucaso. Graças à iniciativa de Enver, naquele outono a bandeira do Crescente tremulou em territórios que nenhum sultão possuíra havia mais de três séculos. Enquanto Enver empregava os melhores regimentos turcos para satisfazer suas fantasias caucasianas, seus colegas no governo especulavam por quanto tempo a bandeira do Crescente continuaria tremulando em Istambul.

Nessa ocasião, os ingleses tinham aperfeiçoado seus planos para um ataque em três eixos, que tiraria os otomanos da guerra antes do inverno seguinte.[50] A ofensiva principal começaria na Palestina, com Alleby seguindo a rota tradicional de Bonaparte e Ibrahim Pasha na direção da Síria e, se necessário, através da Cilícia e da Anatólia. Tão logo o exército de Allenby chegasse a Aleppo, a ele se juntaria a cavalaria, subindo o Eufrates a partir de Ramadi. Os árabes de Feisal apoiariam a leste do vale do Jordão, tendo Damasco como objetivo principal. Enquanto isso, no *front* de Salônica, nos Bálcãs, as divisões inglesas que integravam a força multinacional do general Franchet d'Esperey ajudariam a derrotar a Bulgária, aliada da Alemanha, e, em seguida, infletiriam para leste, seguindo outra rota familiar no rumo de Constantinopla, através das montanhas da Trácia. Neste setor dos Bálcãs estavam as tropas otomanas mais fracas; mesmo na primavera de 1917, no auge da campanha, apenas dezoito batalhões otomanos lutavam ao lado de alemães, austríacos, húngaros e búlgaros contra os aliados da Entente na Macedônia. Em 30 de setembro de 1918, quando os búlgaros concluíram seu armistício em separado com os aliados, era improvável que esse minguado contingente na Europa oferecesse séria resistência.

Realmente tudo indicava, no fim do verão de 1918, que o regime Jovem Turco estava desmoronando. A censura política sobre a imprensa fora relaxada em junho e, embora Talaat continuasse Grão-Vizir, em julho nomeou um ministro do Interior liberal. Poucas semanas depois, exilados políticos foram incentivados a voltar para a capital, onde começavam a surgir novos partidos e associações políticas.[51] Entre elas, chamava a atenção a "Liga Wilsoniana Turca," de liberais intelectuais. Como os EUA em nenhum momento estivessem em guerra com a Turquia, essa associação não poderia ser considerada, de forma alguma, traidora. Ressuscitando o parlamentarismo otomano, políticos em Constantinopla com vontade de se projetar esperavam conquistar a simpatia do grande profeta da democracia em Washington.

Apenas na Palestina – e na distante Medina – os comandantes otomanos ainda revelaram alguma real determinação de conter o violento ataque aliado. Mustafa Kemal retornara à Palestina na segunda semana de agosto para comandar o VII Exército, um dos três que compunham o Grupo de Exércitos de Liman von Sanders. Achava que a guerra não duraria muito mais tempo, mas queria evitar que o verdadeiro coração do território turco fosse invadido, ocupado pelo inimigo e repartido. Portanto, foi principalmente como nacionalistas turcos, e não como bons otomanos, que os soldados do VII Exército resistiram ao furioso ataque de Allenby, quando, em 18 de setembro, o avanço aliado começou ao longo do litoral norte de Jaffa. O emprego constante de aviões e o desdobramento criativo da cavalaria permitiram que os ingleses derrotassem os dois exércitos otomanos da Jordânia em três dias, enquanto os árabes de Feisal cortavam as ligações ferroviárias ao norte de Deraa.

Damasco caiu em 1º de outubro.[52] A histórica cidade foi oficialmente libertada pelos árabes, ansiosos por obter apoio para sua reivindicação de governar a capital síria. Na verdade, porém, os primeiros soldados que chegaram ao centro de Damasco – às seis da manhã – foram os australianos da 3ª Brigada de Cavalaria Ligeira. Os franceses, desejosos de assumir o controle dos portos sírios, alcançaram Beirut no dia seguinte, embora, nessa cidade, as "primeiras a chegar" fossem unidades da 7ª Divisão Indiana. A perda de Damasco e Beirut gerou consequências dramáticas em Constantinopla, e as más notícias finalmente derrubaram o governo. Talaat renunciou em 8 de outubro, mas a confusão era tamanha na capital que o Sultão demorou seis dias para encontrar um sucessor em que pudesse confiar. Finalmente, em 14 de outubro, o general Ahmed Izzet conseguiu formar um "Ministério de Paz." Nesse momento, na Trácia, a vanguarda do exército inglês de Salônica, sob o comando do General Milne, se aproximava de Dedeagatch, enquanto na Mesopotâmia, tropas inglesas e indianas abriam caminho resolutamente subindo o Tigris, rumo aos campos petrolíferos de Mosul (só finalmente tomados em 3 de novembro).[53]

As negociações de paz começaram em 26 de outubro a bordo do navio-capitânia da esquadra do Mediterrâneo, o *HMS Agamemnon*, ancorado ao largo de Mudros. Duraram cinco dias. Houve confusão sobre o delineamento de fronteiras de províncias. O almirante Calthorpe, chefe da representação aliada, teve a difícil tarefa de conciliar suas próprias necessidades com as exigências de um grupo de pressão anglo-indiano em Londres e também com os linhas-duras de Paris e Roma.[54] A delegação otomana não percebeu a ameaça velada contida em cláusulas que davam aos aliados o direito de ocupar pontos estratégicos "em caso de desordem." Quando um armistício foi assinado, em 20 de outubro, não se mostrou tão severo quanto temiam os turcos. Não haveria ocupação obrigatória de Constantinopla. As guarnições otomanas na Palestina, Síria, Mesopotâmia e Arábia deveriam se render aos aliados, que organizariam governos militares enquanto se concluía um tratado de paz; os armênios internados seriam libertados; tropas aliadas ocupariam as fortalezas nos Dardanelos e no Bósforo; seria feita a limpeza de minas nos Estreitos, permitindo que navios de guerra chegassem ao Mar Negro; comissários aliados controlariam as ferrovias; o exército seria desmobilizado, com exceção das unidades necessárias à preservação da ordem interna.

O Armistício de Mudros foi um documento prático de negócios que não impôs restrições formais à soberania do Sultão, embora Mehmed VI logo constatasse pessoalmente a realidade da derrota. Em 13 de novembro, uma linha de navios de guerra aliados se estendia por dezesseis milhas do Chifre Dourado para oeste, até o Mar de Mármara. "Não posso olhar pela janela. Detesto vê-los," consta que o Sultão disse a uma delegação de parlamentares turcos que o visitou no Dolmabahche.[55] Estava dolorosamente ciente de que possuía apenas um resquício de autoridade, que, no entanto, era maior que a do Kaiser Wilhelm, do Rei-Imperador Karl e do Rei Ferdinand da Bulgária. Em meados de novembro, dos quatro soberanos derrotados somente o Sultão preservava seu trono.

16

Soberania e Sultanato

No início do inverno de 1918-1919, Constantinopla era uma cidade terrivelmente desmoralizada, abarrotada de refugiados, muitos deles debilitados por tifo e outras doenças. Por toda parte faltava alimento e era quase impossível conseguir carvão para aquecimento. Os bondes não circulavam, e poucos barcos faziam a travessia entre a Europa e a Ásia. Os otomanos tinham perdido nove guerras no último século e meio, mas nunca antes a população da capital sentira tão amargamente o impacto da derrota. A "proteção aliada" mal se distinguia de uma ocupação inimiga. Na prática, pouco se podia fazer sem autorização do chefe do Alto Comissário aliado, o almirante Calthorpe, que atuava ao lado de seus colegas francês e italiano. Embora pessoalmente os comissários trabalhassem em harmonia, as políticas divergentes de seus respectivos governos impediam a colaboração íntima e o planejamento do futuro do Império em geral. Nas províncias mais remotas do nordeste da Turquia, o terreno montanhoso muitas vezes deixou os "pontos estratégicos" ocupados pelos aliados em distante e inútil isolamento. A incerteza quanto ao futuro da Rússia intensificou a virtual anarquia nesses *vilayets*.[1]

No Chifre Dourado, pelo menos havia alguma aparência de governo organizado. O general Sir Henry Maitland Wilson instalou seu quartel-general em Pera, enquanto os destacamentos inglês, francês e italiano guarneciam pontos estratégicos. Porém, as unidades turcas conservaram suas armas. Em fevereiro, o vitorioso general francês Franchet d'Esperey chegou de Salônica à cidade coberta de neve, e oficiais otomanos, ao lado de gregos e italianos, o acompanharam na revista à guarda de honra inglesa. Quando surgiram notícias de que os gregos estavam na iminência de restaurar os símbolos cristãos na mesquita de Ayasofya, gerando o pânico que tomou conta de Istambul, foram os guardas otomanos que contiveram uma multidão furiosa de manifestantes muçulmanos. Naquele inverno, tais rumores eram frequentes: falou-se que os aliados estavam permitindo que gregos e armênios massacrassem muçulmanos e destruíssem suas casas nos *vilayets* objeto de disputa; alegava-se que sacerdotes cristãos estavam se apoderando de escolas e orfanatos muçulmanos, inclusive na capital; e que não turcos recebiam do governo militar aliado tratamento reconhecidamente preferencial em todas as regiões. Ocorreram diversos exemplos de discriminação justificando tais rumores, por mais exagerados que, em muitos casos, fossem os relatos. Obrigado a optar entre os súditos do Império otomano conforme suas origens, o almirante Calthorpe simplificava: no que lhe dizia respeito, os turcos eram os "bandidos." "Nossa firme diretriz tem sido não ter contemplação com qualquer turco," assegurou ao ministro do Exterior, sete meses depois de assumir seu cargo.[2]

As dúvidas e desconfianças dificultaram a evolução da incipiente democracia otomana. Durante o mês de novembro e o começo de dezembro de 1918, parecia que o regime parlamentar, adotado dez anos antes, sobreviveria ao eclipse dos Jovens Turcos. Com o triunvirato do CUP no exílio, houve um ressurgimento imediato da União Liberal Otomana, chefiada pelo cunhado e amigo íntimo do Sultão, Damat Ferid Pasha. Na ausência de uma liderança política forte, muitas decisões políticas dependiam mais das preferências pessoais do Sultão do que se esperara à medida que a guerra se estendia. Mehmed VI Vahideddin – como o Sultão era citado oficialmente – não era um autocrata por natureza. Possuía toda a desagradável teimosia própria de um governante fraco, inconsistente e de visão curta. Um incidente comum logo após sua acessão mostrou bem sua personalidade. Os sultões tradicionalmente usavam barba, e qualquer príncipe de face barbeada rapidamente providenciava uma barba hirsuta semanas antes de subir ao trono. Todavia, isso não aconteceu com Mehmed VI: aos cinquenta e sete anos, não via razão para observar a regra. A despeito de protestos da *ulema*, estava disposto a lançar uma nota de modernidade. Reinaria como "o Sultão sem barba." Havia uma percepção geral de que, por alguma razão estranha, a inovação reduzia o status do soberano.[3]

Para Mehmed Vahideddin foi uma atitude infeliz, já que estava disposto a reinar e também governar. O Sultão não tinha a mínima simpatia pela instituição parlamentar e não procurava esconder seus preconceitos, não tentando fazer o jogo político como fizera seu meio-irmão mais velho após a humilhação de San Stefano. Mehmed não tinha a malícia de Abdulhamid e contava com menos cartas para botar na mesa. Todavia, sucessivos Altos Comissários reconheceram sua utilidade, por mais limitada que fosse sua autocracia. Para efeito externo, o Sultão e os Altos Comissários pareciam compartilhar objetivos comuns, mas estes últimos preferiam governar por decretos, sem respeitar os desejos de um fórum político, especialmente quando detectavam um socialismo nascente.

Não houve protesto dos Altos Comissários quando, em 21 de dezembro, Mehmed VI dissolveu o parlamento e, após esse golpe político, retomou a forma mais tradicional de governo.[4] A autoridade do *seyhülislam* foi restaurada, tanto na área da educação quanto na de interpretação do direito de família. Na primeira semana de março de 1919, quando Mehmed VI designou Damat Ferid Grão-Vizir, alguns dos partidários mais leais do Sultão manifestaram dúvidas sobre a probidade e a boa-fé de seu cunhado. Mas Mehmed insistiu em fazer valer suas prerrogativas. Poderia, lembrou a seus críticos, designar quem bem entendesse – "mesmo o patriarca grego ou o armênio, ou o rabino-chefe," insistiu.[5] Logo ficou claro que o "liberalismo" de Damat Ferid era pouco. Ele acedia à maioria das exigências aliadas, enquanto salientava para os Altos Comissários a importância da *ulema* como garante da ordem e da disciplina. Funcionários ingleses com experiência da Índia tendiam a concordar com Damat: achavam um *mullah* melhor do que um revolucionário vermelho.

Quando chegou o inverno de 1918-19, nenhum dos ministérios otomanos era exageradamente repressor. A censura era seletiva. "Sociedades pela Defesa dos Direitos dos Turcos" eram toleradas pelos ministros do Sultão, apesar dos protestos dos Altos Comissários. É provável que o sultão Mehmed soubesse da existência da "*Outpost Society*," grupo secreto de oficiais que contrabandeavam armas da costa do Mar Negro para a Anatólia oriental ou através dos Dardanelos para Smyrna. Quase certamente, sabia que seu mais respeitado "general -agora-à-paisana," Mustafa Kemal, encorajava a disseminação de um nacionalismo especificamente turco. Mas nada dizia. Tinha o curioso hábito de vez ou outra fechar os olhos na presença de ministros e oficiais a quem concedia audiência, como notou o próprio Kemal quando o Sultão entabulou conversa depois de uma *selamlik*.[6] Seria o gesto de Vahideddin inconscientemente simbólico? De qualquer forma, com ou sem a conivência do Sultão, um movimento embrionário de resistência unia as cidades turcas, mesmo antes de janeiro de 1919, quando foi aberta a Conferência de Paz em Paris. Kemal era um dos três generais da lista dos que estavam na reserva que sabia da extensão dos grupos de milícias voluntárias, que aguardavam um sinal para defender seus lares do governo estrangeiro.

O curso dos eventos era determinado pelo que acontecia – ou não – em Paris. Os estadistas, diplomatas e peritos negociadores davam prioridade à conclusão da paz com a Alemanha para, em seguida, se concentrarem na definição do destino de Áustria e Hungria, antes de tratarem das necessidades dos povos otomanos. Somente em 17 de junho de 1919, uma delegação otomana foi recebida pelo Conselho dos Dez, principal órgão realmente executivo da Conferência. Outros onze meses se passaram antes de os termos finais da paz chegarem à Sublime Porta. Ao longo de todo esse tempo, uma combinação de orgulho, ressentimento e desilusão alimentou entre os turcos uma nova percepção de identidade nacional.

Quando foi assinado o Armistício de Mudros, os liberais autênticos em Constantinopla esperavam confiantes que os negociadores da paz redesenhassem o mapa da Europa e da Ásia segundo os princípios do presidente americano Woodrow Wilson, com ênfase na autodeterminação como cura da *malaise* internacional. Supunha-se que a cruzada idealista de Wilson de alguma forma expurgaria os tratados secretos da guerra para a divisão da Turquia, as iscas que tinham levado a Itália à guerra, as barganhas entre Sir Mark Sykes e Georges-Picot e todos os outros artifícios de uma diplomacia desacreditada que chegaram ao conhecimento público através dos bolcheviques. Em sua maioria, essas esperanças malograram. A autodeterminação de Wilson favoreceu os armênios, em parte porque imigrantes ricos tinham conseguido montar uma campanha bem organizada nos dois lados do Atlântico, mas também porque missionários americanos tinham sido muito ativos nos *vilayets* de predominância armênia. A Conferência de Paz recomendou a cessão temporária dos territórios otomanos disputados às Grandes Potências vitoriosas, sob a forma de "mandatos" da Liga das Nações. Quando a Liga começou a funcionar, o Iraque, a Palestina e, mais tarde, a Transjordânia se tornaram mandatos ingleses, enquanto, após renhida discussão entre Paris e Londres, a França recebeu o mandato da Síria e do Líbano. Em maio de 1919, rompendo totalmente com a tradição da diplomacia americana, o presidente Wilson concordou em buscar a aprovação de seu congresso para mandatos americanos na Armênia e na própria Constantinopla.[7]

Como esperavam os liberais, Woodrow Wilson continuou se opondo às ambições de certos governos. Opôs-se firmemente às tentativas italianas de tomar pé na Ásia Menor, principalmente porque não havia comunidades italianas naquela região. Entretanto, nesse aspecto os princípios de Wilson se revelaram desastrosos para os turcos. Os argumentos com que reprovou os "colonialistas" em Roma foram deturpados por Venizelos, chefe da delegação grega, a fim de satisfazer suas próprias ambições. Em Smyrna, o porto otomano mais importante no Egeu, permanecia uma grande comunidade grega, facilitando a Venizelos convencer Wilson da necessidade de tropas gregas para ocupar o porto e seu interior, a fim de proteger seus compatriotas dos turcos e conter o salto italiano do Dodecaneso para o continente asiático. Havia muito Venizelos contava com o apoio caloroso do primeiro-ministro inglês, Lloyd George. Dois meses depois da abertura da Conferência de Paz de Paris, já contava com o apoio das delegações inglesa e americana. Informações sobre violentos ataques de milícias turcas a comunidades gregas na Anatólia ocidental ofereceram a Venizelos o pretexto. Uma divisão completa do exército grego foi transportada para Smyrna em 15 de maio de 1919, onde desembarcou sob a proteção de navios de guerra ingleses, franceses e americanos ao largo do porto.[8]

Seguiram-se a essa manobra decisiva três semanas em que tudo indicava que os aliados logo ocupariam todos os portos e cidades relativamente grandes ainda integrando o Império Otomano. A desordem rapidamente tomava conta das províncias periféricas. Os Altos Comissários expediram firme advertência ao Sultão, alertando, em particular, para a anarquia que dominava a costa do Mar Negro, onde o IX Exército otomano parecia incapaz de manter a ordem na turbulenta região.[9] Mehmed VI Vahideddin tentou ao máximo conciliar: imediatamente seria enviada uma missão militar com plenos poderes, sob a chefia de um vigoroso Inspetor-Geral, a fim de impor disciplina no IX Exército; e, nos últimos dias de abril, assegurou às autoridades inglesas que tinha toda a confiança na capacidade do general Mustafa Kemal Pasha para cumprir essa missão. Com alguma hesitação, os ingleses acreditaram na palavra do Sultão, e logo foi expedido um visto autorizando Kemal, como Inspetor-Geral do IX Exército, a partir de Constantinopla para o pequeno porto de Samsun. Assim, no dia em que os gregos desembarcaram em Smyrna, Kemal embarcou em um navio de cabotagem construído na Inglaterra, o *Bandirma*, e partiu pelo Bósforo, com o compromisso de restaurar a ordem ao longo da costa do Mar Negro. "Pasha, você pode salvar o país," disse-lhe o Sultão na audiência de despedida, com aquele ar enigmático que considerava mais apropriado do que expedir diretrizes bem definidas. Poucas horas mais tarde, um oficial inglês localizou o nome de Kemal na lista de perigosos criadores de problemas. Imediatamente o adido militar inglês se dirigiu à Porta com ordens para falar com o Grão-Vizir e providenciar para que o Inspetor-Geral permanecesse em Constantinopla. "Muito tarde, excelência," disse-lhe Damat suavemente. "O pássaro voou."[10]

Na moderna República Turca, a chegada de Kemal a Samsun em 19 de maio ainda se comemora anualmente em feriado nacional, como começo da revolução que aboliria o sultanato e o Sultão. Mas o desembarque de Kemal em Samsun não foi, em si, um evento notável. Por mais de uma semana, Kemal agiu com cautela. Só quando rumou para o planalto anatoliano, oficialmente para impor a ordem nas cidades onde tinham ocorrido choques entre turcos e minorias nacionais, começou a se manifestar sua independência. O primeiro ato de fato revolucionário aconteceu em Amasya, a antiga fortaleza hitita debruçada sobre a garganta do rio Yesirlimak. Lá, em 21 de junho, Kemal expediu uma Declaração de Independência, conclamando o povo turco a enviar delegados a um congresso nacional que seria realizado em Sivas, na Anatólia, tendo em vista que o Sultão, a capital e seu governo estavam submetidos aos grilhões estrangeiros. O Inspetor-Geral foi categoricamente chamado a Constantinopla, mas se recusou a cumprir a ordem. Em 8 de julho, renunciou ao cargo.

Seguiram-se oito meses de confusão política. Kemal não foi o primeiro comandante militar a estimular a resistência em uma já então chamada "Guerra de Independência," mas certamente foi o general mais competente a se dirigir para as montanhas. Ademais, sua ascendência foi reconhecida em um congresso realizado em Erzerum, como também na reunião em Sivas. Em certos aspectos, o congresso em Sivas foi uma decepção. Apenas trinta e seis representantes compareceram, mas, em ambas as reuniões, os delegados endossaram um manifesto cujos princípios foram mais bem definidos e organizados posteriormente, no que ficou conhecido como "Pacto Nacional."[11] O manifesto defendia que os de etnia turca tinham o direito à autodeterminação, que a Anatólia e toda a Turquia europeia constituíam uma entidade indivisível em que não poderia existir estado armênio ou grego e que os aliados deviam abandonar seus planos de dividir o império e controlar o governo em Constantinopla. De Sivas também partiu um apelo para eleição de um novo parlamento, a se reunir em uma cidade onde os deputados não pudessem ser intimidados pela presença militar ou naval aliada.

Nesse programa havia muito pouco a que o Sultão e seu Grão-Vizir pudessem objetar. Embora o Sultão confirmasse a ordem para prender Kemal, Constantinopla mantinha contato com os nacionalistas. Onze dias depois do fim do Congresso de Sivas, uma equipe de investigação americana, organizada pelo Presidente para avaliar se um mandato americano era uma proposta viável, visitou Sivas e discutiu a questão da autodeterminação com Mustafa Kemal. Quatro semanas depois, o general rebelde recebeu o ministro da Marinha otomano em Amasya e o mandou de volta a Constantinopla com uma versão do Pacto Nacional. Como presidente do NRC, Comitê Representativo Nacionalista, Kemal exigiu eleições para um parlamento que se reuniria em uma cidade livre da dominação estrangeira e também quis que o NRC tivesse a oportunidade de vetar a designação de delegados otomanos para a Conferência de Paz. Esses termos foram rejeitados por Ali Riza Pasha, que sucedera a Damat Ferid como Grão-Vizir em 2 de outubro.[12] Um parlamento que se reuniria em alguma cidade onde seu trabalho não fosse supervisionado pelo Sultão era algo impensável para Mehmed VI.

Não pretendia trocar a confortável segurança dos palácios do Bósforo por alguma remota e improvisada capital na Anatólia. As eleições foram realizadas como previsto. Os nacionalistas de Kemal conquistaram mais assentos na Câmara baixa do que qualquer outro partido, mas, quando se reuniram na segunda semana de janeiro de 1920, os deputados ainda o fizeram em Istambul.

Cartas encontradas mais tarde mostram que as autoridades inglesas não conseguiam se definir sobre Kemal.[13] Para alguns, era um fora da lei; para outros, um bandoleiro, com uma diferença sutil. Ninguém o via como representante legítimo do povo turco. Fora eleito para representar Erzerum, mas ficava longe da cidade, onde quase certamente seria preso ou morto. Como deputado ausente, podia exercer sobre o parlamento um impacto maior do que conseguiria se estivesse presente na Câmara. Logo após o discurso formal de abertura do Sultão, foi lida para os deputados uma mensagem de boas-vindas enviada de Ankara por Kemal e, durante todas as nove semanas da sessão do parlamento, os nacionalistas ditaram o trabalho diário da Câmara. Um grupo de deputados tentou secretamente elegê-lo Presidente da Câmara, na esperança de que esse status oficial lhe assegurasse imunidade contra a prisão. A proposta foi derrubada por medo de que o Sultão dissolvesse a assembleia. Mantendo o parlamento em funcionamento, os deputados conseguiram aprovar o Pacto Nacional de Kemal na segunda semana de fevereiro, assegurando, dessa forma, reconhecimento constitucional do manifesto de Sivas.

A postura desafiadora do parlamento otomano alarmou o Alto Comissário inglês, o almirante Sir John de Robeck, que substituíra o almirante Calthorpe poucos meses antes. Já estava preocupado com os substanciais estoques de armas que chegavam a Kemal, alguns vindos da França e da Itália. Contra quem seriam empregadas? Em Londres, detalhadas discussões sobre os termos do tratado que seria proposto ao Sultão continuaram durante todas as semanas em que o parlamento otomano esteve em sessão. Sir John de Robeck previu que, se as exigências conflitassem com o Pacto Nacional, haveria longa resistência dos turcos. Buscou autorização dos Altos Comissários para adotar medidas preventivas que fortalecessem o controle aliado sobre o Sultão e o governo em Constantinopla.[14]

Esse pedido criou problemas constrangedores nos mais altos níveis. Os Estados Unidos estavam se isolando rapidamente. A grave doença de Wilson e a hostilidade de muitos democratas e de todos os republicanos à Liga das Nações fizeram com que os propostos mandatos americanos já sendo redigidos fossem abandonados como aberrações históricas, embora somente em junho o Congresso declinasse formalmente de aceitá-los. As três Potências Aliadas tinham dificuldade para harmonizar políticas e objetivos. Atritos entre a Inglaterra e a França envolvendo o Levante vinham de antes da Guerra Mundial: "Quanto à Síria, o inimigo é a França, e não a Turquia," escrevera T.E. Lawrence em fevereiro de 1915 (embora o tenha feito em carta particular para casa, e não em relatório oficial).[15] Os franceses, por seu lado, ficaram profundamente ressentidos pela rapidez com que os ingleses se apossaram de Mosul nos derradeiros dias da guerra, pois Sykes e Picot tinham concluído que esse rico distrito produtor de petróleo estava dentro da esfera de influência francesa. As relações anglo-italianas não eram melhores. Por quatro anos, a Itália se opusera ao apoio inglês à Grécia venizelista, fosse na Macedônia, na Albânia ou no Egeu, e ao governo em Roma não agradava o apoio inglês à aventura grega na Anatólia. As ações de ambos os aliados continuavam confundindo os ingleses. François Georges-Picot viajou para a Anatólia para um encontro pessoal com Kemal no fim de 1919 e, embora as tropas de Kemal posteriormente atirassem em forças francesas que ocupavam distritos predominantemente armênios em volta de Marash, na primavera seguinte ficou evidente que os franceses se preparavam para se retirar de sua linha avançada na Cilícia, a fim de garantir seu domínio sobre a Síria. Os italianos também pareciam buscar um entendimento com Kemal, desde que conservassem o Dodecaneso. Porém, a despeito da desunião e da desconfiança entre os aliados, o Conselho Supremo respondeu favoravelmente ao pedido de de Robeck: os Altos Comissários podiam completar a ocupação da capital otomana, prender dissidentes perigosos e enviá-los para Malta, onde seriam internados.[16]

A ocupação militar de Constantinopla não foi uma operação aliada conjunta. No primeiro dia, nem os franceses e tampouco os italianos tomaram qualquer medida. No começo da manhã de 16 de março de 1920, soldados, fuzileiros navais e marinheiros ingleses ocuparam os prédios principais de Istambul e Pera, enquanto seus carros blindados patrulhavam as ruas. O Ministério da Guerra turco foi ocupado e revistado por oficiais ingleses e, a partir desse momento, ficou sob o controle conjunto dos três aliados. Oitenta e cinco parlamentares e cerca de sessenta oficiais e burocratas de maior nível foram presos. O parlamento otomano foi dissolvido em 18 de março e nunca mais se reuniu. A lei marcial foi aplicada em toda a capital do Sultão. O ódio por tão drástica interferência nos assuntos internos da Turquia se voltou contra os ingleses.

Poucas semanas antes, Lord Curzon, ministro do Exterior inglês, pressionara seus colegas do Gabinete para dissolver o governo otomano de Constantinopla e, por conseguinte, "resolver de uma vez por todas uma questão que, mais do que qualquer outra causa, vinha corrompendo a vida pública da Europa por quase quinhentos anos."[17] Seu memorando, que tem mais de oito páginas impressas nos documentos ingleses publicados, foi desconsiderado em consequência de dois acontecimentos: uma visita a Downing Street do primeiro-ministro francês, Clemenceau, que era a favor da preservação do governo otomano na cidade; e as alegações do ministro para a Índia, Edwin Montagu, de que a expulsão do Sultão-Califa de seus palácios na Europa provocaria grave intranquilidade entre os muçulmanos do subcontinente indiano. "Pelo menos até os últimos dois ou três anos, não se percebeu, entre os muçulmanos indianos, nenhum sentimento acentuado em defesa de Constantinopla como sede do califado e capital do Islã," declarou Curzon com sua autoridade de notável ex-Vice-Rei. "Pessoalmente, acho que, se tirarmos os turcos de Smyrna, estaremos fazendo mais para avivar a chama da animosidade religiosa na Turquia asiática do que com medidas que possamos adotar em relação a Constantinopla."[18] Em consequência, recomendou alguma forma de status internacional para a cidade e os Estreitos. Porém, Curzon não conseguiu o apoio do Gabinete. Prevaleceram os temores de Montagu quanto ao que poderia acontecer na Índia muçulmana se o Califa fosse friamente despachado para o outro lado do Bósforo. Sentiram que muito melhor seria ocupar temporariamente a cidade, com a posterior designação de um diplomata de carreira para Alto Comissário, alguém que convencesse o Sultão da conveniência da "amizade com a Inglaterra." Em novembro, o almirante de Robeck foi substituído por Sir Horace Rumbold.

Os encargos assumidos pelos Altos Comissários ingleses eram consideráveis. Passaram a ser responsáveis pelo policiamento e pela administração de uma cidade à beira da bancarrota e perturbada pela chegada constante de refugiados que fugiam dos atos vingativos dos bolcheviques no Mar Negro. Sessenta navios com 12 mil russos a bordo estavam atracados nas águas abarrotadas do Mar de Mármara na semana em que Rumbold chegou a Constantinopla. Durante quase três anos, um coronel inglês, Colin Ballard, chefiou a Comissão Interaliada de Polícia na capital do Sultão e, quando as autoridades otomanas não podiam mais pagar seus policiais, foi o Alto Comissário que teve de prover seus salários mensais. O sultão Mehmed VI, que novamente designara Damat Ferid Grão-Vizir no começo de abril de 1920, tentava, inutilmente, governar o que restara de seu Império. Um sultão forte teria escapado da capital e se posto à testa dos nacionalistas turcos na Anatólia. Um sultão esperto teria adotado uma política de desobediência passiva. Porém, Mehmed e Damat eram tão fracos de caráter que colaboraram o mais que puderam com os Altos Comissários. Mesmo o pusilânime *seyhülislam* declarou que Kemal e seu Comitê Representativo eram traidores infiéis do *seriat* e deviam ser imediatamente fuzilados.[19]

Tais invectivas não perturbavam Kemal. Em Ankara, estabeleceu uma Suprema Assembleia Nacional para dar prosseguimento ao trabalho do parlamento otomano. Em 23 de abril, a assembleia confirmou a posição de Kemal como presidente executivo do Conselho de Estado, embora, nos nove meses seguintes, nenhum ato constitucional fosse apresentado. Como ambiguamente propôs Kemal, "o Sultão-Califa deve assumir seu lugar no sistema constitucional na forma que for decidida pela assembleia, tão logo esteja livre da coerção a que está submetido."[20] Nenhum membro da assembleia discordou.

Enquanto a Suprema Assembleia Nacional se mantinha em sessão, os aliados se reuniram em uma conferência em San Remo para decidir os termos finais do tratado de paz. Fora redigido por especialistas ingleses, franceses e italianos, alguns dos quais conheciam bem o Oriente Médio. Houve barganhas, sobretudo concessões da Inglaterra à França envolvendo os campos petrolíferos de Mosul, em acordo que concedeu tratamento privilegiado à França e direito de utilizar a renda proveniente do petróleo no desenvolvimento da Síria. Os colegas de gabinete de Lloyd George e assessores especializados tentaram repetidamente dissuadir o primeiro-ministro de apoiar a reivindicação de Venizelos de uma zona grega permanente em torno de Smyrna. "Seria um câncer nos anos futuros, uma perturbação constante que provavelmente perpetuará por gerações o derramamento de sangue na Ásia Menor," escreveu o almirante de Robeck a Curzon na segunda semana de março.[21] O ministro do Exterior concordava com ele, mesmo sendo simpático à causa grega. Gostaria de ver a Grécia com o domínio da península de Gallipoli, transformando os Dardanelos em fronteira e canal entre Europa e Ásia. Não houve argumento capaz de convencer Lloyd George a mudar sua política. Continuou defensor inflexível de Venizelos.

Os termos da paz foram apresentados aos representantes do Sultão na segunda semana de junho de 1920.[22]

Logo depois foram conhecidos pelo público através de vazamento ocorrido em Atenas. O tratado foi mais rigoroso do que os turcos previam. Resignaram-se com a perda dos territórios árabes do Sultão, mas ficaram estarrecidos com a proposta dos limites na Europa. Avançando a fronteira grega para leste, de modo a incluir Edirne e toda a Trácia até as Linhas de Chatalja, o novo mapa deixaria Constantinopla com apenas 40km de *hinterland* na Europa. Ao mesmo tempo, a Grécia ficaria com oito ilhas no Egeu, enquanto Smyrna seria posta sob controle grego, apesar de conservar a soberania nominal otomana por cinco anos, após os quais haveria um plebiscito para decidir se a região permaneceria grega ou turca. Rhodes e o Dodecaneso foram cedidos à Itália. Um estado armênio independente, com acesso ao Mar Negro, incluiria a maior parte dos *vilayets* disputados, junto com províncias russas de população armênia. Woodrow Wilson – ou os americanos que atuavam em nome do presidente doente – aceitaram uma proposta de arbitragem para determinar as fronteiras desse estado e espantaram até o turcófobo Lloyd George ao atribuir a posse da fortaleza de Erzerum e do porto de Trebizonda aos armênios. O tratado também propôs um Curdistão autônomo a leste do Eufrates, dando aos curdos o direito de reivindicar sua independência um ano mais tarde. Os Estreitos seriam desmilitarizados e controlados por uma comissão internacional. O exército otomano ficaria limitado a 50 mil homens, e a marinha se restringiria a navios para defesa costeira. As Capitulações foram revalidadas, a fim de beneficiar os comerciantes. Inglaterra, França e Itália controlariam em conjunto o orçamento do estado e os empréstimos públicos otomanos.

O marechal Foch considerou o tratado proposto uma ameaça à paz. Impor tais termos a uma Turquia relutante exigiria dos aliados um exército de 27 divisões (cerca de 325 mil homens), alertou ele em abril.[23] Nenhum governo esgotado pela guerra gostaria de assumir tal compromisso. Poucos meses mais tarde, quando Sir Charles ("Tim") Harington assumiu o pomposo cargo de "General Comandante das Forças Aliadas na Turquia," descobriu que contaria com não mais de 8 mil soldados ingleses para guarnecer Constantinopla e os Estreitos. Somente Venizelos estava disposto a autorizar uma campanha na Anatólia com o objetivo de esmagar os nacionalistas. Por enquanto, os aliados procuravam contê-lo, à espera da reação dos turcos, que, quando chegou, foi ruim. As fronteiras propostas despertaram tal ressentimento entre os soldados turcos, até então leais ao Sultão, que desertaram e se aliaram a Kemal, cujas tropas avançaram na direção do Mar de Mármara. Foram detidas pelo fogo dos navios aliados e recuaram para o interior, ficando fora do alcance dos canhões navais.

Nesse ponto, os aliados retiraram seu veto à campanha grega. Venizelos propôs que uma coluna grega avançasse pela Trácia e destruísse todas as forças guerrilheiras kemalistas atuando na Europa, enquanto a principal força expedicionária grega baseada em Smyrna seria empregada para varrer os nacionalistas de Kemal da Anatólia ocidental. Em 22 de junho, os regimentos gregos se puseram em movimento e encontraram resistência apenas esporádica. Em duas semanas e meia forçaram os kemalistas a recuar para as montanhas e limparam todo o sudoeste da Anatólia. Um mês após, representantes do Sultão, depois de fracassarem na tentativa de rever o acordo, assinaram o tratado de paz no subúrbio parisiense de Sèvres. Todavia, embora assinando, protestaram firmemente contra os duros termos impostos pelos aliados. Vários meses se passariam até a Porta ratificar o tratado e, desta forma, dar-lhe vigência.

Até então, os ministros do Sultão alimentavam a esperança de conseguir a anulação dos termos mais vingativos do tratado.

Longas negociações, barganha constante, cuidadosas conversas entre vizires e embaixadores, jogar uma grande potência contra outra – a diplomacia otomana estava familiarizada com todos esses artifícios. Documentos publicados confirmam que Ahmed Tevfik, o último Grão-Vizir, e seus ministros eram habilidosos praticantes desse jogo tradicional.[24] O enfrentamento decisivo, porém, ocorreu não nos Estreitos, mas na Anatólia, e seguiu regras diferentes. Kemal, por exemplo, se limitou a protestar contra a proposta de criação de um estado armênio. Sete semanas após a assinatura do Tratado de Sèvres, forças nacionalistas avançaram através dos *vilayets* armênios e se apossaram de Kars, e, logo depois, o Exército Vermelho soviético criou uma república armênia títere em Erivan. Na primeira semana de dezembro, o governo de Ankara e as autoridades soviéticas assinaram o Tratado de Gümrü, definindo, através da Armênia dividida, uma fronteira russo-turca que sobreviveria mais do que a própria União Soviética. Kemal não só protegeu seu flanco leste, mas passou a contar com armas e equipamentos russos em sua luta contra o "imperialismo ocidental." Em janeiro de 1921, suas condições para enfrentar a ofensiva grega eram melhores do que no verão anterior. Nesse mês, quatro divisões de infantaria gregas avançaram a partir de Bursa, ao longo da principal ferrovia da Anatólia e atravessando difícil terreno montanhoso, na direção da importante junção de Eskisehir. Foram detidas perto da pequena cidade de Inönü, no último contraforte antes de a estrada e a ferrovia descerem para a planície de Eskisehir. Dois meses mais tarde, foi travada uma segunda batalha em Inönü, coincidindo com um ataque grego partindo de Smyrna para o interior. Mais uma vez os kemalistas não cederam terreno, e os gregos não conseguiram ir adiante.[25]

Franceses e italianos nunca se sentiram tão fortemente comprometidos com o Tratado de Sèvres e a manutenção do governo do Sultão quanto os ingleses. Em março, França e Itália concluíram acordos em separado com representantes de Kemal. Ironicamente, essas negociações foram conduzidas em Londres, para onde Curzon convidara delegações tanto do governo do Sultão quanto dos nacionalistas de Ankara, para se reunirem com as três Potências Aliadas e discutir a possibilidade de modificações no tratado. Nessa época, os ingleses estavam indecisos em seu apoio aos gregos, pois Venizelos já não estava no cargo, e a morte inesperada do Rei dos Gregos, Alexandre, trouxe de volta ao trono seu pai, o rei Constantino I, exilado pelos ingleses e franceses em 1917 por ser supostamente "pró-germânico." Todavia, embora não confiasse em Constantino, Lloyd George estava tão profundamente comprometido com a aventura anatoliana que não se dispôs a seguir o exemplo de franceses e italianos.[26]

Cada vez mais, o Sultão era obrigado a se comportar como marionete dos ingleses, demonstrando um servilismo que o Foreign Office jamais desejara. Muito melhor seria que ele fosse visto reinando como um autocrata esclarecido. Logo após sua chegada a Constantinopla, Sir Horace Rumbold lançou-se à tradicional tarefa de fortalecer o governo otomano por meio do sultanato. Como disse em telegrama a Curzon, isso envolvia o "uso do Sultão como alicerce (...) oferecendo-lhe clara e sincera ajuda, a fim de reconstruir o governo sobre sólida base financeira."[27] Porém, Mehmed VI Vahideddin era muito inseguro para assumir essa responsabilidade. A primeira audiência de Rumbold com o Sultão o deixou desconcertado e decepcionado. "Ele permaneceu absolutamente calado por um bom tempo, sua boca tremendo nervosamente," informou Rumbold ao rei George V uma semana depois.[28]

Havia momentos em que Mehmed impressionava representantes estrangeiros em sua capital com súbitas reiterações da soberania islâmica que herdara. O general Tim Harington lembrava como, no fim de sua vida, na noite sagrada do Ramadan, a *Leilat al-Kadir*, o Sultão chegou à mesquita Ayasofya resplandecente em seu cavalo branco, enquanto dez mil fiéis se curvavam e rezavam sob a imensa cúpula da antiga basílica.[29] Mas essas ocasiões eram raras. Durante boa parte de setembro de 1921, período crítico na guerra entre os nacionalistas de Kemal e os gregos, nenhum ministro ou diplomata estrangeiro pôde tratar assuntos com o Sultão. No primeiro dia desse mês, como lembrou Serih Ali Hayder, amigo de Mehmed, "ele tomara nova esposa, que lhe exigia tanta atenção que o Sultão se recusou a receber visitantes." Mehemed estava com sessenta anos. Sua nova esposa, Nevzad, tinha dezenove.[30]

Sem causar surpresa, os relatórios de Rumbold para Londres se detinham cada vez mais detalhadamente nas qualidades dos líderes nacionalistas, embora não pudesse viajar a Ankara a fim de encontrá-los. Tanto o Alto Comissário quanto o comandante militar estavam impressionados com as informações sobre a disposição dos turcos na Anatólia. Harington irritou Lloyd George ao reiterar sua convicção de que, embora o exército grego causasse boa impressão na ofensiva, haveria pouca resistência se Kemal acabasse rompendo as linhas gregas. Na primeira semana de abril de 1921, Harington estava avaliando a perspectiva de defender as vias de acesso a Üsküdar e ao Mar de Mármara se os kemalistas perseguissem os gregos em retirada ao longo da ferrovia de Eskisehir para Haydarpasha.[31]

Quatro meses mais tarde, travou-se uma batalha que durou vinte e dois dias ao longo do rio Sakarya, a pouco menos de 80km de Ankara.

Rumbold esperava que gregos e kemalistas se desgastassem mutuamente, permitindo que os ingleses e o Sultão atuassem como mediadores. Os gregos estavam realmente exaustos, mas não os turcos, que conheciam o terreno e o clima. Ao longo do inverno seguinte, Kemal pôde conseguir novos recursos e organizar um formidável exército com os desesperados defensores que tinham colhido vitórias ao longo do Sakarya. Em 26 de agosto de 1922, Kemal lançou, pessoalmente, um ataque-surpresa contra as posições gregas nas montanhas do interior, a 300km de Smyrna. As advertências do general Harington para Londres estavam certas. Em quinze dias, Kemal conquistou um triunfo total. Em 13 de setembro, uma cortina de fogo com 5km de comprimento consumia os quarteirões gregos e armênios em Smyrna. Quase 250 mil cristãos e judeus se refugiaram a bordo de navios estrangeiros ao largo da cidade em chamas.[32]

A magnitude da vitória de Kemal deixou o destino dos otomanos em suas mãos. Seu objetivo imediato era a substituição do Tratado de Sèvres por um novo acordo que restituísse ao povo turco as cidades que conheciam como Istambul e Edirne. Suas tropas marcharam para os Dardanelos, entrando na zona neutra estabelecida pelo Tratado de Sèvres, com cerca de 80km de profundidade e base em Shanakkale, "Chanak," como foi usualmente mencionada durante aquelas semanas críticas. As bandeiras dos três aliados – Inglaterra, França e Itália – tremulavam sobre o cais de Chanak, mas, na verdade, apenas uma força inglesa simbólica estava desdobrada em torno da cidade. Um único batalhão de infantaria, um esquadrão de hussardos e uma bateria de artilharia defendiam a base inglesa na Ásia menor, a "Zona dos Estreitos," com 20km de profundidade, embora essa modesta guarnição contasse com o apoio de três encouraçados na Garganta dos Dardanelos. Dez dias depois do grande incêndio de Smyrna, as tropas inglesas e turcas encaravam-se ameaçadoras, entrincheiradas atrás de arame farpado perto das escavações da antiga Troia. Durante a terceira e a quarta semanas de setembro de 1922, surgiram manchetes alarmistas na imprensa inglesa. A guerra entre a Inglaterra e a Turquia kemalista parecia iminente.[33]

Foi evitada pelo bom-senso e pela moderação do general Tim Harington e de Sir Horace Rumbold. Harington não se dispôs a apresentar um ultimato do gabinete de Lloyd George aos nacionalistas, pois achava que "botaria fogo" na crise, e Rumbold convenceu os representantes turcos a ir a Mundanya a fim de discutirem o futuro dos Estreitos e da Trácia Oriental, além da necessidade de os kemalistas respeitarem a zona neutra. Depois de dez dias de negociações em Mundanya, em 11 de outubro foi assinado um acordo formal, estabelecendo a retirada das tropas de Kemal da Zona Neutra e deixando os aliados na ocupação de Constantinopla, de Chanak e da península de Gallipoli, enquanto se negociava um novo tratado de paz que substituiria o de Sèvres. Inicialmente se achou que as negociações se realizariam em Veneza, mas a Itália estava conturbada pela crise política que no fim de outubro levou Mussolini ao poder e inaugurou a "Era Fascista." Concordou-se, então, que a conferência de paz seria realizada em Lausanne.[34]

Durante as conversações em Mundanya, tecnicamente ainda vigorava a soberania do Sultão sobre o Império Otomano. Todavia, naquele momento, os domínios do Sultão estavam reduzidos ao que Mehmed VI Vahideddin podia ver em torno de si quando passeava pelo parque de Yildiz. Mustafa Kemal, sempre realista, encarava o sultanato como instituição anacrônica a ser varrida com as folhas do outono. Todavia, embora nenhum membro do núcleo nacionalista desejasse manter Vahideddin no trono, muitos ainda respeitavam as tradições do sultanato e do califado. Temiam que uma drástica mudança constitucional favorecendo o crescimento dos defensores da república afastasse os fiéis. Em 1922, em todo o mundo só se falava em uma república islâmica. Naquele momento, Kemal estava disposto a não "forçar a barra." Designou seu amigo íntimo coronel Refet Pasha governador militar da Trácia oriental, com quartel-general em Istambul. Em 19 de outubro, Refet atravessou o Mar de Mármara, vindo de Mundanya no vapor *Gulnihal*, e desembarcou no cais de Eminonü, ao lado da ponte Gálata. Arcos de grinalda cobriam as ruas mais estreitas de Istambul, bandeiras tremulavam nos minaretes, cartazes festejavam a grandeza do povo turco, revigorada pelas vitórias do exército do *Ghazi* Mustafa Kemal. Em toda parte o triunfo da Revolução Turca foi comemorado nos três dias seguintes.[35]

Em toda parte, exceto Yildiz. Refet deixou claro que não reconhecia o governo do Sultão, embora respeitasse a "elevada missão do califado." Quando foi recebido em audiência por Mehmed VI, insistiu para que abdicasse. Como sempre, o Sultão procurou ganhar tempo. Seu destino foi definido pela insistência dos aliados em obedecer ao protocolo diplomático. Convidaram para a conferência em Lausanne uma delegação da Suprema Assembleia Nacional de Ankara e outra da Sublime Porta. Essa cortesia mal avaliada enfureceu de tal forma os deputados em Ankara que Kemal redigiu uma moção conclamando a Assembleia a abolir o sultanato. Um príncipe otomano permaneceria no cargo como Califa, pois o secularista Kemal não queria ofender os "Santos Homens" que o apoiavam. Porém, a partir de então o poder temporal estaria investido na soberania do povo turco.[36]

A Suprema Assembleia Nacional não era uma instituição indolente. Quando a moção foi votada, em 1º de novembro, muitos membros não se sentiram à vontade. O rompimento com o passado era bastante drástico. O próprio Kemal fez o discurso decisivo:

> Senhores, soberania e Sultanato não são coisas que se concede a qualquer um apenas porque a sabedoria assim recomenda, ou por meio de conversas e debates. Soberania e Sultanato são conquistados pelo vigor, pelo poder, pela força. Foi pela força que os filhos de Osman confiscaram a soberania e o Sultanato da nação turca e mantiveram essa usurpação por seis séculos. Agora, a nação turca se rebelou, deu um basta a esses usurpadores e efetivamente tomou a soberania e o Sultanato em suas próprias mãos. Trata-se de um fato consumado. O que se discute não é se deixamos ou não a soberania e o Sultanato com a nação. O fato já se consumou, restando decidir como fazê-lo valer.[37]

Cinco anos mais tarde, Kemal recordou como "finalmente o presidente da assembleia pôs a moção em votação e anunciou que fora aprovada por unanimidade. Ouviu-se apenas uma voz discordante dizendo 'Sou contra' (...) Desta forma, senhores, completaram-se as exéquias do declínio e queda do Sultanato Otomano."

Em 4 de novembro, Tevfik devolveu ao Sultão-Califa os selos representativos do último governo do Império Otomano e, na sexta-feira seguinte, Mehmed VI ouviu o *muezzin* fazendo preces por ele como Califa, não mais como soberano. A experiência o desanimou, e ele não quis estar em Constantinopla outra sexta-feira de *selamlik*. Com a maior parte de seus auxiliares pessoais desertando, procurou ajuda do general Harington: "Considerando que minha vida corre perigo em Constantinopla, apelo ao governo inglês e solicito minha transferência, o mais rápido possível, de Constantinopla para outro local," escreveu em nota para o General em 16 de novembro de 1922, assinando, sugestivamente, "Mehmed Vahideddin, Califa dos Muçulmanos."[38] Recebida a aprovação de Londres, o estado-maior de Harington elaborou cuidadoso plano para retirar secretamente o último dos sultões de Yildiz na manhã da sexta-feira, bem antes da *selamlik*.

Nada indicava que Mehmed VI fosse capaz de protagonizar uma partida digna, compatível com a condição de herdeiro de seis séculos de soberania. Mas ninguém poderia prever que a saída seria tão chapliniana.[39] Em si, o plano era perfeito. Na noite da quinta-feira, Mehemed disse a seus auxiliares que dormiria na mesquita Kiosk, no complexo de Yildiz, próxima do portão que ficava ao lado do quartel adjacente onde Harington alojava os Guardas Granadeiros. O tempo estava úmido e tempestuoso. Na manhã da sexta-feira, se estivessem acordados, os espiões plantados por Refet Pasha para vigiar o governante deposto teriam estranhado um destacamento de granadeiros treinando ordem unida sob chuva torrencial, mais de uma hora antes do alvorecer. Também teriam estranhado as duas ambulâncias esperando na beira do campo de parada. Um grupo de onze homens passou pelo portão de Yildiz sem ser notado, mas um oficial de marinha sob as ordens de Refet reconheceu o sexagenário entrando na primeira ambulância, que partiu tão logo o guarda-chuva do importante passageiro pôde ser retirado pela porta em que ficara entalado. A maior parte do grupo e algumas malas pesadas foram embarcadas na segunda ambulância, que partiu dez minutos depois.

O oficial de marinha turco rapidamente se vestiu e, ainda de chinelos de feltro, correu pelas ruas sob forte chuva na direção da ponte de Gálata e do quartel-general de Refet em Istambul. Parece que não notou o pequeno grupo à espera no cais perto do Dolmabahche, no qual se destacavam o general Harington e o encarregado de negócios inglês, Nevile Henderson (que viria a ser embaixador em Berlim quando eclodiu a Segunda Guerra Mundial). A segunda ambulância chegou em segurança, mas, para consternação dos dignitários, a primeira, com o Sultão deposto a bordo, estava perdida. Quando, para alívio de Harington e Henderson, finalmente apareceu, o motorista explicou que com um pneu furado tivera de trocar a roda numa rua lateral escura sob a chuva torrencial. Uma lancha da marinha transportou o Sultão e seu grupo com toda a dignidade para o *HMS Malaya*, ancorado ao largo do Chifre Dourado e pronto para partir. Quando a lancha se aproximava do encouraçado, Mehmed Vahededdin fez um pedido final ao general Harington: poderia ele, por favor, tomar conta das cinco esposas que deixara para trás em Yildiz e enviá-las depois? Às nove da manhã, enquanto Refet tentava tranquilizar seu perturbado agente com chinelos ensopados, o *Malaya* navegava rumo ao Mar de Mármara. "Vossa Majestade Imperial ficaria satisfeita se fosse levada para Malta?" – perguntou Henderson. Não houve objeção. Quando, ao meio-dia, o *muezzin* convocou os fiéis para as preces *selamlik*, o encouraçado singrava mares revoltos rumo aos Dardanelos. Mais uma vez, "o pássaro voou." Para esse migrante, não haveria retorno.

Epílogo

Otomanos Moribundos

A SOBERANIA IMPERIAL OTOMANA ESTAVA MORTA. O restolho da autoridade da dinastia, embora em declínio, não. Arrastou-se por quinze meses num mundo em transformação, atrasando o surgimento da República Turca, enquanto Kemal procurava um meio-termo que preservasse um califado otomano sob medida para simbolizar a coesão e a unidade espiritual no estado estritamente secularizado que ele estava criando. Esse objetivo se revelou inatingível, pois contrariava toda a natureza do Islã.

Tão logo a notícia da fuga de Mehmed VI foi confirmada em Ankara, o ministro de Assuntos Religiosos expediu um *fetva* de deposição. Mehmed foi acusado de abandonar o Califado em conluio com inimigos da Turquia às vésperas da abertura da Conferência de Lausanne, quando seria revisto o acordo de paz.[1] No dia seguinte, a Suprema Assembleia Nacional elegeu o mais velho filho vivo de Abdulaziz, Abdulmecid II, para suceder ao primo como Califa. O novo líder dos fiéis era um esteta afável com cinquenta e poucos anos. Vinte e dois anos antes, realizara um feito inédito para um príncipe otomano, quando uma de suas pinturas foi exposta no Salão de Paris. A política não o atraía. Rejeitara abordagens de Talaat no verão de 1918 e de Mustafa Kemal dois anos mais tarde. Em 24 de novembro, quando foi investido como Califa, não houve *kiliç kusanmaci* em Eyüp, com toda a pompa da entrega de espada. George Young, o único observador inglês dessa investidura no Topkapi Sarayi, considerou a cerimônia uma caricatura: "uma delegação de deputados de Ankara notificando aquele diletante idoso de que fora eleito por uma maioria de votos, como qualquer líder do Partido Trabalhista," escreveu Young. Quanto ao novo Califa, Abdulmecid cortava "uma figura imponente, de fez, sobrecasaca e faixa verde." Young reparou que Refet Pasha, representante de Kemal na cerimômia, observava Abdulmecid "como um gavião comedor de pardal," e comentou: "Negaram ao Califa sua espada otomana, mas ele recebeu a espada de Dâmocles."[2] Talvez tenha sido assim, porém Abdulmecid parecia de acordo com o papel de Refet. Apesar do tradicional tabu muçulmano de pinturas que mostrassem coisas vivas, ele até pintou o retrato de Refet.

A investidura realçou muito bem a feição anacrônica do status internacional turco durante as negociações em Lausanne. Estados islâmicos eram teocráticos, e seus soberanos recebiam de Deus o poder temporal – em tais circunstâncias, pois, reinavam como Seu enviado na Terra. Já uma república, por outro lado, era uma instituição secular criada pelos infiéis ímpios e ainda inteiramente desconhecida no mundo islâmico. Como o sultanato otomano deixara de existir, os puristas muçulmanos podiam alegar que o chefe de estado era o Califa, um príncipe com a missão de defender a fé em uma comunidade onde a tarefa de governar era deixada em outras mãos. Quando o novo Califa adotou o estilo imperial de vida e passou a assinar "Abdulmecid Bin Han," como se quisesse realçar sua hereditariedade otomana, a *ulema* deu pleno apoio espiritual a seu líder, mesmo além de algumas fronteiras da nova Turquia. Por tradição, o nome do governante era invocado toda sexta-feira na peroração das preces do meio-dia e, a partir do fim de novembro de 1922, essa cortesia religiosa foi concedida ao Califa Abdulmecid II, não apenas nas mesquitas turcas, mas também em Bagdá e em todos os antigos *vilayets* otomanos do Iraque. O Califado era uma instituição supranacional, e os deputados mais conservadores da Suprema Assembleia Nacional sustentavam que sua preservação atribuía à Turquia o status de líder do Islã perante o mundo. Abolir o Califado, afirmavam, "seria um ato totalmente incompatível com a razão, a fidelidade e o sentimento nacional."[3]

Mustafa Kemal estava decidido a cultivar o espírito nacionalista, mas desejava que ele tivesse feição patrioticamente turca, em vez de islâmica. Sob sua orientação, Ismet Pasha – mais tarde Presidente Ismet Inönü – tentou convencer os delegados ingleses, franceses e italianos na Conferência de Lausanne de que o governo de Ankara era a favor de um estado nacional turco homogêneo, livre de interferências externas e sem intenção de se lançar a aventuras no estrangeiro. Portanto, aqueles deputados da Assembleia Nacional que defendiam o Califado ameaçavam dificultar a missão de Ismet, e não causou surpresa a delegação turca na conferência se concentrar em assuntos puramente seculares. Naquele momento, o mesmo fizeram os velhos aliados do tempo da guerra. O apoio inglês ao califado árabe desapareceu com Kitchener no afundamento do *HMS Hampshire*, pois especialistas que conheciam melhor os assuntos árabes convenceram Whitehall de que um Califa jamais seria apenas um líder espiritual como um papa pós-1870 (como, ao que parece, Kitchener acreditava). Nenhum poder imperial exercendo soberania no subcontinente indiano veria com bons olhos a associação de povos muçulmanos sob um único Califa, não importa em que país residisse. Ao longo dos sete meses de negociações em Lausanne, tanto Ankara quanto Londres preferiram ignorar a existência do Califado.

Por fim, os esforços de Ismet foram surpreendentemente bem-sucedidos.[4] A principal finalidade da conferência era substituir o Tratado de Sèvres por um acordo negociado que ao mesmo tempo reconhecesse a transição do governo otomano para uma soberania nacional no Oriente Médio e protegesse a nova base turca na Europa. O Tratado de Lausanne – assinado em 24 de julho de 1923 – aceitou a divisão da Trácia, com o rio Maritsa assinalando a fronteira entre Grécia e Turquia, e confirmando Edirne como cidade turca. A trágica desventura grega na Ásia Menor chegava ao fim: os turcos ficaram com Smyrna, as ilhas de Tenedos e Imbros e as costas dos Dardanelos e do Bósforo, embora houvesse zonas desmilitarizadas nos Estreitos e ao longo da fronteira com a Trácia. Nenhum território árabe foi reclamado pela delegação turca, mas foi feita uma tentativa de recuperar alguns dos distritos predominantemente curdos em torno de Mosul. Somente em 1926 a Liga das Nações por fim decidiu que Mosul permaneceria como mandato inglês no Iraque, e a Turquia recebeu a promessa de dez por cento da renda dos campos petrolíferos dos ingleses na região. Os maiores problemas em Lausanne foram causados pelas tentativas de ingleses e franceses e, em menor grau, de italianos, de novamente impor as Capitulações e outras formas de controle financeiro e supervisão econômica. O conflito envolvendo essa questão foi tão grave que a conferência foi interrompida na primeira semana de fevereiro de 1923 e voltou a se reunir apenas na última semana de abril. Finalmente prevaleceram os pontos de vista de Ismet. As Capitulações foram descartadas para sempre e, a não ser uma limitação temporária do valor das tarifas turcas, o governo de Ankara ficou com liberdade para elaborar seus próprios planos econômicos. Ao contrário do que aconteceu com Alemanha, Áustria, Hungria e Bulgária, a Turquia de Kemal não precisaria pagar indenizações aos aliados vitoriosos.

Algumas questões ficaram sem solução em Lausanne. As conversações sobre o destino das minorias turcas e gregas começaram antes da primeira sessão da Conferência, mas somente após o Tratado de Lausanne foram ratificadas mediante acordos bilaterais entre Ankara e Atenas, que estipularam uma troca de populações. Mais de um milhão de gregos deixaram a Ásia Menor e cerca de 350 mil turcos emigraram da Macedônia em busca de vida nova na Anatólia. Ambas as comunidades deslocadas sofreram muito com o redesenho da fronteira.

O mesmo sucedeu, embora por diferente via, com duas outras nacionalidades, velhas inimigas entre si. As reivindicações dos armênios e dos curdos foram praticamente ignoradas na Conferência. Não se ouviu mais falar de uma Armênia independente e tampouco de um Curdistão autônomo.[5] Foram apresentadas propostas para a criação de um "Lar Nacional" armênio, mas os turcos se recusaram a discutir o assunto, que não mais foi ventilado por franceses e ingleses. Assim, os armênios continuaram um povo dividido, alguns na União Soviética, muitos se estabelecendo na Síria e no Líbano e outros vivendo submissos na cidade agora conhecida como Istambul. Os curdos, por outro lado, tecnicamente passaram a inexistir no estado nacional de Kemal, onde eram identificados simplesmente como "turcos das montanhas." Uma rebelião curda, dois anos após a assinatura do Tratado, foi brutalmente reprimida. Houve novos levantes em 1929 e 1930, e, em 1987, a campanha guerrilheira desencadeada pelo PKK (Partido dos Trabalhadores Curdos) no sudeste da Turquia levou à imposição da lei marcial em oito das 71 províncias da atual Turquia. O terrível ciclo de terrorismo e repressão continuou ao longo da última década do século. Como os armênios, os curdos são um povo francamente dividido pelas fronteiras do mapa do Oriente Médio pós-otomano. Seus sofrimentos aumentaram com os trinta anos de lutas no Iraque (onde, em 1961, a minoria curda constituía um quinto da população).

Em três aspectos os termos de Lausanne desagradaram à Suprema Assembleia Nacional em Ankara. Houve alguma insatisfação com a criação de uma Comissão Internacional dos Estreitos, com sede em Istambul e destinada a assegurar a livre navegação ao longo do grande canal que liga o Mar Negro e o Mediterrâneo. Outros deputados lamentaram o fracasso na tentativa de preservar Mosul e criticaram a inclusão, no mandato francês sobre a Síria, do distrito de Hatay, com o porto de Iskwndern e a histórica cidade de Antióquia (Antakya). Porém, na Assembleia de duzentos e cinquenta delegados, apenas quatorze votaram contra a ratificação do Tratado de Lausanne.[6]

O êxito de Ismet em Lausanne permitiu a Kemal consolidar sua revolução. Dez semanas após a assinatura do Tratado, terminou a ocupação da capital otomana pelos aliados, e o general Harington deixou a cidade em que desfrutava espantosa popularidade. Em 2 de outubro de 1923, um batalhão dos Coldstream Guards desfilou na praça em frente à residência do Califa, o Palácio Dolmabahche, antes de embarcar no transporte de tropas *Arabic*, ancorado no Bósforo.[7] As tropas turcas voltaram para Istambul quatro dias depois. Sua recepção, entretanto, não foi tão calorosa quanto tinham previsto os nacionalistas, possivelmente porque Kemal nunca escondeu a falta de confiança na capital otomana, com seu conhecido passado de corrupção e intriga política. Menos de uma quinzena depois, Constantinopla perdeu a condição de capital imperial. Em 13 de outubro, a Suprema Assembleia Nacional aprovou uma emenda constitucional, proposta quatro dias antes por Ismet Pasha, declarando que "Ankara é a sede do governo do Estado Turco." Finalmente, na noite de 29 de outubro, a Assembleia decidiu que "a forma de governo do Estado Turco é uma República." Em apenas quinze minutos elegeu Mustafa Kemal primeiro Presidente da Turquia, confirmando, portanto, a liderança nacional que ele exercera nos quatro últimos anos.[8]

Talvez Abdulmecid II imaginasse um sistema dual, tendo Istambul como sede do califado e os assuntos políticos sendo tratados na Anatólia central. Se pensou isso, rapidamente se desiludiu. A república tinha apenas onze semanas de existência quando uma firme censura presidencial o advertiu para não seguir "o caminho de seus antecessores sultões." Como explicou Kemal: "Não podemos sacrificar a República da Turquia por mera cortesia e subterfúgios. O califa deve ficar satisfeito em saber quem ele é e qual é sua função."[9] Mas qual era exatamente sua função? Esse problema deixou perplexos dois renomados muçulmanos do subcontinente indiano, Ameer Ali e Aga Khan, que escreveram para Ismet, agora primeiro-ministro da Turquia, recomendando que a república devia conferir um status internacional especial ao Califa, já que ele "contava com a confiança e estima dos povos muçulmanos." A carta, que vazou para a imprensa antes de chegar a Ankara, foi explorada pelo Presidente. A Assembleia foi informada de que, enquanto o Califado fosse conservado em Istambul, daria a intrusos a oportunidade de interferir em assuntos internos da Turquia. Ao contrário, a abolição do Califado "enriqueceria a religião islâmica," permitindo que a república depurasse a *ulema*. Obedientemente, a Assembleia Nacional aprovou o rompimento final com o passado otomano: em 3 de março de 1924, o Califado foi abolido, Abdulmecid II oficialmente deposto, e todos os membros da antiga dinastia governante foram expulsos da República Turca.[10]

Abdulmecid foi retirado apressadamente do Dolmabahche na manhã seguinte, antes que os jornais anunciando sua deposição estivessem à venda nas ruas. Um carro o levou para Chatalja, bem afastada da cidade em expansão. Lá esperou durante toda a quinta-feira, enquanto outros membros da família eram trazidos para a pequena localidade. À noite, o mais famoso trem dos Bálcãs fez breve parada em Chatalja e foi a bordo do Expresso do Oriente que os otomanos partiram com armas e bagagens para a Europa.[11]

Nenhum político de destaque permaneceu a serviço da nova república.

Tampouco um só ministro que tivesse integrado o regime dos Jovens Turcos. Muitos já estavam mortos. Enver, ainda apegado a seu ideal de um Turquistão independente na Ásia central, foi morto em 1922 durante uma obscura escaramuça de cavalaria com o Exército Vermelho. Nessa ocasião, Cemal, Said Halim e Talaat já tinham sido assassinados no exílio por extremistas armênios em busca de vingança pelos sofrimentos de seus compatriotas. Dois proeminentes Jovens Turcos do período pré-guerra, Mehmed Cavit e o Dr Nazim, preferiram continuar na república e, em 1926, acusados por provas sem qualquer consistência, foram considerados culpados de suposta conspiração para matar o Presidente Kemal. Foram enforcados em público no centro de Ankara. Mais de uma dúzia de membros de menor destaque do velho CUP foram deputados na Suprema Assembleia Nacional. Com exceção de Ismet, nenhum alcançou realce particular na Câmara.[12]

Entretanto, a dinastia otomana deixou no Oriente Médio uma herança superior à que a República Turca e os estados que lhe sucederam se dispõem a admitir.[13] A reestruturação proporcionada pela *Tanzimat* possibilitou o surgimento de uma burocracia bem preparada, com experiência de serviço público no *Mulkiye*, e um corpo de oficiais altamente profissionais, graduados na Escola Militar, o *Harbiye*. O notável programa de modernização desenvolvido pela Turquia de Kemal não teria sido possível não fosse a competência dos servidores administrativos do *Mulkiye*. Pode-se afirmar que a comprovação final da qualidade do ensino no *Harbiye* surgiu em novembro de 1950, quando uma brigada turca na Guerra da Coreia enfrentou com galhardia violento ataque do Exército Vermelho Chinês. Pessoal otomano bem preparado governou a Síria, o Líbano e a Transjordânia e, em menor grau, o Iraque entre as duas guerras mundiais, muitas vezes em conflito com as potências dominantes, França e Inglaterra. A tradição militar otomana continuou forte em todos os exércitos de países do Oriente Médio, considerando inclusive o Comitê de Oficiais Independentes que foi a usina da revolução nacional no Egito. O *Mecelle*, código legal aprovado no começo da década de 1870 para apoiar a modernização do Império, proporcionou a moldura para a República Turca, embora o código civil promulgado em 1926 adotasse amplamente a experiência suíça. Fora da República Turca, o *Mecelle* permaneceu como modelo para todas as comunidades que procuraram conciliar as tradições islâmicas com os conceitos legais ocidentais. Em muitas partes do antigo Império Otomano, os governos locais pouco mudaram até a metade do século. Pouco mudou, também, na influência da omissa elite política dos proprietários de terras, que simplesmente deixaram de servir aos otomanos para servir aos governos seguintes. Esses "notáveis" puderam, portanto, assegurar surpreendente estabilidade ao que no mapa parecia ser uma região fragmentada. Mantiveram um delicado equilíbrio de poder até que a nova geração os substituísse ao longo dos anos em que realmente cessou o domínio dos antigos governos europeus sobre a região. A sombra do paternalismo otomano sobreviveu por muito tempo ao Império dos Sultões.

Por que, então, o Império Otomano, que vencera tantas ameaças ao longo de sua existência, finalmente desmoronou logo após a Primeira Guerra Mundial? Os kemalistas adotaram uma teoria histórica determinista, quase tão mecânica quanto a obra da dialética marxista. Gabavam-se da origem asiática do povo turco e alegavam que, atravessando para a Europa e aceitando o papel de herdeiros dos imperadores bizantinos, os sultões caíram na armadilha de suas novas conquistas. A herança fatalmente enfraqueceu o que era essencialmente um império guerreiro e, a partir do momento em que se instalou à margem do Bósforo, a Casa de Osman estava condenada. Existe certa dose de verdade nessa tese muito simplista. Enquanto o Império se expandia, Constantinopla serviu como base de penetração na península dos Bálcãs e na bacia do Danúbio, mas, à medida que as terras otomanas recuaram, a cidade ficou perigosamente exposta em um continente estranho. Alguns dos últimos sultões, sobretudo Abdulhamid II, reconheceram que o Império ainda tinha uma missão a cumprir na Ásia e, em segunda prioridade, no norte da África, mas não conseguiram cortar os laços com a Rumélia. Se não estivessem comprometidos com sua herança europeia, esses últimos sultões poderiam ter desenvolvido os recursos da Anatólia, da Mesopotâmia e do Levante, beneficiando seu Império. Um sultão mais esclarecido poderia, portanto, ter assegurado um governo estável e eficiente naquelas regiões do Oriente Médio em que, mesmo sem desfrutar os benefícios de um improvável governo inteligente, os hábitos e as tradições otomanas sobreviveram por quase um século depois da queda da dinastia.

Teorizações desse tipo obviamente não passam de mera especulação. Mais importante do que essa questão é a relação entre Sultanato e Islã. A base essencialmente religiosa do estado otomano originou tanto a força quanto a fraqueza do Império. O "firme apego à forte expressão da Lei de Maomé," conforme escreveu Mustafa Koshi no início do século XVII,[14] permitiu que os Sultões se valessem da lealdade de seus súditos em sucessivas guerras contra os cristãos infiéis e, enquanto seus governos puderam se apoiar no *seriat*, a *ulema* se constituiu no firme pilar do estado. Porém, os anos revolucionários da Europa ocidental no fim do século XVIII permitiram que novos conceitos de governo centralizado se infiltrassem no Império Otomano. A partir de então, a política laica progressivamente usurpou as prerrogativas tenazmente defendidas pela hierarquia religiosa, levantando dúvida sobre a viabilidade de um estado otomano com instituições tão ocidentalizadas, como um exército por conscrição e um parlamento. Contudo, assim como procuravam preservar igualmente seus territórios europeus e asiáticos, os sultões buscaram o melhor de ambos os mundos, nos aspectos seculares e espirituais. As pretensões do Califado otomano nunca foram tão fortemente justificadas como no fim do século XIX e começo do XX, embora fossem as décadas em que uma intelectualidade cética e um nacionalismo turco de feição popular mais progrediram nas formas tradicionais de pensamento e comportamento. A incompleta Revolução dos Jovens Turcos destruiu a autocracia do Sultão e defendeu o conceito de separação da religião, sem apresentar alternativa política e espiritual adequada, antes de mergulhar o Império em uma guerra desastrosa que, com conselheiros inteligentes, teria sido evitada, como fez o governo de Ismet Inönü um quarto de século mais tarde. O medo do laicismo velado de Mustafa Kemal provocou, em abril de 1920, a proscrição do movimento nacional pelo Sultão-Califa e pelo *seyhülislam*, salientando, dessa forma, o quanto o soberano e líder espiritual estava distante de seus povos. Quando, quatro meses após, Mehmed autorizou a assinatura do Tratado de Sèvres, afastou-se ainda mais de seus súditos.

"Que Deus nos livre de um Sultão assim fraco e submisso," escreveu em seu diário Ali Hayder, príncipe árabe leal à dinastia, quando soube da fuga de Mehmed VI. "A família imperial turca é a maior responsável pela 'desintegração' " do mundo muçulmano, acrescentou Ali numa entrada posterior de seu diário.[15] Embora continue sendo fora de moda ressaltar a influência pessoal de governantes em grandes acontecimentos, não há dúvida de que os otomanos foram mal servidos pelos assessores de Abdulhamid. Significativamente, a partir do instante em que partiu para Malta, o último Sultão ficou contente por poder sair das páginas da história. Instalou-se em San Remo, na Riviera italiana, e não fez qualquer tentativa de estabelecer uma corte no exílio. Apenas uma vez seus movimentos despertaram interesse passageiro quando, logo após sua deposição, decidiu fazer uma peregrinação a Meca. Assim, acreditava ele, cumpriria a obrigação de todo muçulmano, lamentavelmente negligenciada por todos os seus trinta e cinco antecessores no trono.

Todavia, embora já não governasse como Sultão e Califa, continuou pateticamente fraco. Mehmed VI atravessou devidamente o Canal de Suez e desembarcou em Jeddah. Cumpriu a jornada de 90km da costa até os vales estéreis entre as colinas calcárias e viu pessoalmente a Grande Mesquita em torno da Kaaba sagrada. Porém, não esperou para participar da grande peregrinação na "Casa Sagrada," com as sete voltas em torno da Kaaba e o beijo contrito na Pedra Negra. Durante a permanência em Meca, Mehmed soube que seu outrora vassalo rebelde, o Rei Hussein, do Hejaz, estava novamente postulando o título de Califa. Para não correr o risco de se envolver nas intrigas da política árabe, voltou rapidamente para seu santuário na Itália de Mussolini. Lá morreu em 15 de maio de 1926, três meses depois do sexagésimo quinto aniversário. Desde a queda de Constantinopla, foi o primeiro sultão que não pôde ser enterrado na cidade que seu homônimo conquistara. Todavia, a burocracia francesa foi complacente e permitiu que seu corpo fosse levado para o território que governara, embora brevemente. Seu túmulo está em Damasco.[16]

Estranho destino estava reservado ao último califa otomano. Enquanto Mehmed VI viveu apenas quarenta e dois meses após sua deposição, Abdulmecid sobreviveu mais de vinte anos no exílio depois de desembarcar do Expresso do Oriente. Como homem de cultura mais refinada, preferiu passar seus últimos dias em Paris, cidade em que sua arte fora exibida. Viveu tranquilamente, quase esquecido no mundo entre as guerras de ditadores prepotentes, e viveu mais do que qualquer outro chefe da dinastia otomana. Quando a morte o colheu em seu septuagésimo sétimo ano de vida, seu falecimento passou despercebido no mundo exterior e nem mesmo um breve obituário chegou ao *The Times* de Londres.[17] Mas isso não causa surpresa: Abdulmecid morreu em 23 de agosto de 1944, dia incomum na história de Paris, com o Grand Palais em chamas quando os tanques dos Franceses Livres e a infantaria americana atacaram para libertar da ocupação názi a cidade que ele escolhera para seu exílio. Como se desejassem resgatar a grandeza da derradeira partida de Abdulmecid, as autoridades aliadas permitiram que seu corpo fosse transportado para a segunda Cidade Santa do Islã. Ao contrário de tantos outros governantes otomanos, o último califa foi sepultado em Medina.

Finis

Sultões desde a Conquista de Constantinopla pelos Otomanos

Mehmed II	reinou de 1444 a 1481
Bayazed II	1481 a 1512
Selim I	1512 a 1520
Suleiman I, o Magnífico	1520 a 1566
Selim II, o Beberrão	1566 a 1574
Murad III	1574 a 1595
Mehmed III	1595 a 1603
Ahmed I	1603 a 1617
Mustafa I	1617 a 1618 e 1622 a 1623
Osman II	1618 a 1622
Murad IV	1623 a 1640
Ibrahim	1640 a 1649
Mehmed IV	1649 a 1687
Suleiman II	1687 a 1691
Ahmed II	1691 a 1695
Mustafa II	1695 a 1703
Ahmed III	1703 a 1730
Mahmud I	1730 a 1754
Osman III	1754 a 1757
Mustafa III	1757 a 1774
Abdulhamid I	1774 a 1788
Selim III	1788 a 1807
Mustafa IV	1807 a 1808
Mahmud II	1808 a 1839
Abdulmecid I	1839 a 1861
Abdulaziz	1861 a 1876
Murad V	1876
Abdulhamid II	1876 a 1909
Mehmed V	1909 a 1918
Mehmed VI Vahideddin	1918 a 1922
Califa Abdulmecid (II)	1922 a 1924

Nomes Alternativos de Lugares

Os nomes da esquerda são os que geralmente constam do livro.

Aleppo	Halab
Ankara	Angora
Brusa	Bursa
Chanak	Çanakkale
Constantinopla	Istambul
Dedeagatch	Alexandrópolis
Edirne	Adrianople
Gallipoli	Gelibolu
Ioánnina	Janinà
Iskenderun	Alexandretta
Jassy	Iaşi
Karlowitz	Sremski Karlovici
Kuchuk	Kainardji Kainardzhi
Lepanto	Návpaktos
Monastir	Bitola
Mudanya	Mundanya
Peloponeso	A Morea
Pera/Gálata	Beyoglu
Plovdiv	Phlippopolis
Prinkipo	Büyükada
Ruschuk	Ruse
Salônica	Tessaloniki
San Stefano	Yesilköy
Scutari (Albânia)	Shkodra
Smyrna	Izmir
Tenedos	Bozcaada
Trebizond	Trabzon
Üsküb	Skopje
Üsküdar	Scutari (Turquia)

Glossário

aga: funcionário-chefe do palácio; comandante.
akinji: cavaleiros de tropa irregular nos antigos exércitos otomanos.
Bab-i Âli: "o portão alto," "Sublime Porta," sede do governo do grão-vizir.
bailo: embaixador da República de Veneza.
basi bozuka: "bashibazooks"; soldados voluntários irregulares empregados nos Bálcãs no fim do século XIX.
bayrakdar: porta-estandarte.
bey: governante vassalo no início do Império Otomano; mais tarde, governador de um *sanjak*.
beylerbey: governador de província (de uma *beylerbik*).
califa: (em árabe, *khalifa*), "Sucessor do Profeta."
Capitulações: sistema de jurisdição extraterritorial e tarifas de comércio protecionistas estabelecidas por tratados bilaterais.
cesme: fonte.
devsirme: imposto pago pela conversão de meninos cristãos ao Islã e ao serviço do Sultão, recolhido em territórios balcânicos conquistados, em meados do século XVII.
Divan: conselho imperial do Sultão e tribunal de justiça.
dragoman: intérprete de um representante estrangeiro.
Effendi: título turco de respeito.
Ethnike Hetairia: associação nacionalista grega no fim do século XIX.
evkaf (singular *vakif*): doações religiosas muçulmanas de caridade.
firman: édito imperial (mais tarde substituído pelo *irade*).
fetva: parecer legal de um mufti especializado na Santa Lei Muçulmana.
Galatasaray: *lycée* imperial; escola inaugurada em 1869, também conhecida como *Mekteb-i Sultani*.
Ghazi: título honorífico identificando um herói de guerra do Islã.
giaour: estrangeiro infiel, especialmente cristão.
Grão-Vizir: ministro-chefe do Sultão.
haiduk (hajduk): bandido dos Bálcãs, em geral búlgaro ou sérvio.
hamidiye: polícia auxiliar preponderantemente de curdos, organizada por Abdulhamid II.
hafiye: polícia secreta.
hamam: banho.
Harbiye: Academia Militar em Pera.

harém: mulheres na casa do Sultão; dependência que ocupavam.
hatt-i hümayun: édito imperial (decreto).
hospodar: governador da Valáquia-Moldávia.
Hümbaraciyan: corpo de artilharia.
ilmiye: instituição cultural religiosa, o "establishment" muçulmano.
iltizam: imposto agrícola.
imam: condutor das orações na mesquita.
irade: ordem imperial (sucessor do *firman*)
Janízaros: *Yeni Çeri*, exército regular do Sultão, corpo de elite até 1826.
jihad: guerra santa contra os infiéis.
jurnalcis: informantes da polícia.
kafe: "cela," apartamentos vigiados no palácio onde moravam os príncipes otomanos como virtuais prisioneiros.
kaimakan: vice-grão-vizir.
kaime: papel-moeda.
kapetanate: muçulmano poderoso que governava uma casta militar na Bósnia.
Kapudan Pasha: almirante do mais alto posto.
Khediva: governante no Egito, 1867-1914, vassalo dos otomanos.
kiliç kusanmaci: cerimônia de entrega da espada, a coroação do Sultão.
klephts: bandidos gregos.
Lale Devri: "Era das Tulipas" (1718-1730).
madresse: colégio muçulmano de elevado nível de educação.
mamelukes: originalmente escravos, que se tornaram casta dominante no Egito.
Mecelle: código otomano de lei civil, vigente em 1869-1878.
Meclis-i Ayan: Câmara de Notáveis; senado (câmara alta do parlamento otomano).
Meclis-i Mebusan: Câmara dos Deputados (câmara baixa do parlamento otomano).
"*Mehmedchik*": apelido dado à soldadesca otomana (como "Tommy Atkins," "*poilu*") etc.
millet: status legal atribuído a uma seita religiosa reconhecida (cristãos ortodoxos, judeus, etc.); mais tarde significa uma nação.
mufti: intérprete da Santa Lei Muçulmana.
Mulkiye: escola de serviço público otomano (*Mekteb-i Mulkiye*)
mullah: alto juiz muçulmano e membro da *ulema*.
namaz: oferta de orações.
Nizam-i Cedid: "Nova Ordem" do Sultão Selim III, em especial seu reformado exército.
orta: batalhão de janízaros.
pasha: título honorífico de uma grande autoridade.

Philike Hetairia: Associação de Amigos, movimento nacionalista grego.
Porta: referência abreviada à "Sublime Porta"; ver *Bab-i Âli*.
redif: reservistas militares.
rusdiye: escolas secundárias.
sancaci serif: estandarte sagrado do Islã.
sanjak: unidade administrativa local, distrito.
sarayi (*sarai*): palácio.
segban-i cedit: escolta militar; unidade de "caçadores".
selamlik: concentração de homens para a cerimônia das preces do meio-dia na sexta-feira.
serdengeçi: tropa janízara de infantaria de assalto.
seriat: Santa Lei Islâmica, que estabelece o código muçulmano de comportamento. A *sharia* árabe.
seyhülislam: Grão Mufti; chefe da hierarquia muçulmana no Império Otomano.
silahtar: escolta imperial de dragões janízaros.
sipahi: cavalarianos, originalmente detentores de um *timar*, ou cavalariano guarda-costa do Sultão.
Sublime Porta: ver *Bab-i Âli*.
sunitas: crentes muçulmanos ortodoxos.
Tanzimat: reestruturação do governo, período da reforma no século XIX.
timar: renda proveniente de terras particulares (mas não a propriedade da terra).
turbe: mausoléu.
ulema: hierarquia muçulmana.
vakif: singular de *evkaf*.
vali: governador da unidade administrativa *vilayet*.
Valide Sultana: mãe do Sultão reinante.
vladika: Príncipe-Bispo montenegrino.
vilayet: província.
xiitas: crentes islâmicos fundamentalistas; praticantes da crença Shi'a.
yamak: jovens mercenários janízaros.

Notas

Abreviaturas usadas nas Notas

Add. MSS: manuscritos adicionais na British Library
Ahmad: Feroz Ahmad, *The Young Turks*
Alderson: A.D. Alderson, *The Structure of the Ottoman Dynasty*
Anderson: M.S. Anderson, *The Eastern Question*
Barker: T.M. Barker, *Double Eagle and Crescent*
BDD: G. Gooch e H. Temperley, *British Documents on the Origins of the War, 1898-1914*
Corr. Nap.: *Correspondance de Napoléon I*
Davison, *Essays*: R. Davison, *Essays in Ottoman and Turkish History.*
Davison, *Reform*: R. Davison, *Reform in the Ottoman Empire, 1856-1876*
DBF: *Documents of British Foreign Policy, Series I*
DDF: *Documents Diplomatiques Françaises, serie 2 or 3*
DDI: *I Documenti Diplomatici italiani*
Djemal: Djemal Pasha, *Memoirs of a Turkish Statesman*
EI i: *The Encyclopaedia of Islam*, primeira edição, 1913-1938
EI ii: *The Encyclopaedia of Islam*, segunda edição, 1954
FO: Documentos do Foreign Office no Arquivo Público
Gibb e Bowen: Sir Hamilton Gibb e H. Bowen, *Islamic Society and the West*
GP: J. Lepsius, A. Mendelssohn Bartholdy, F. Thimme, *Die Grosse Politik der Europäischen Kabinette*
HJ: *Historical Journal* (Cambridge)
Hinsley: F.H. Hinsley (ed.), *British Foreign Policy under Sir Edward Grey*
Hurewitz: J.C. Hurewitz, *Diplomacy in the Near and Middle East, A Documentary Record*
IJMES: *International Journal of Middle East Studies*
JMH: *Journal of Modern History*
Kedourie: E. Kedourie, *England and the Middle East*
Kemal *Sp*: M.K. Atatürk, *Speech delivered by Ghazi Mustapha Kemal, October 1927*

Kent: Marian Kent (ed.), *The Great Powers and the End of the Ottoman Empire*
Langer: W.L. Langer, *The Diplomacy of Imperialism* (edição revista, volume único)
Lewis: Bernard Lewis, *The Emergence of Modern Turkey*
L-P: Stanley Lane-Poole, *Life ... of Viscount Stratford de Redcliffe*
PRO: Arquivo Público, Kew.
SEER: Revista Eslava e da Europeia Oriental
Shaw, *Between*: S.J. Shaw, *Between Old and New: The Ottoman Empire under Sultan Selim III*
Shaw, *Gazis*: S.J. Shaw, *History of the Ottoman Empire and Modern Turkey*, vol. l, *Empire of the Gazis*
Shaws: S.J. Shaw and E.K. Shaw, *History of the Ottoman Empire and Modern Turkey*, vol. 2, *The Rise of Modern Turkey*.
Sumner: B.H. Sumner, *Russia and the Balkans*
Temp: H.W.V. Temperley, *Britain and the Near East; The Crimea*
Trump: Ulrich Trumpener, *Germany and the Ottoman Empire, 1914-1918*

Prólogo — Otomanos triunfantes

1. "Acontecimento terrível," citação do código do mosteiro, por Steven Runciman em *The Fall of Constantinople 1453*, p. 160. O relato de Runciman ainda é a melhor apreciação do evento e faz interessante contraste com o capítulo 68 de *Decline and Fall of the Roman Empire*, de Gibbon. Ver também Halil Inalcik, "A Política de Mehmed II e a População Grega de Istambul e as Construções Bizantinas da Cidade," *Dumbarton Oaks Papers*, nº 23, pp. 213-49; e, de modo geral, sua obra *The Ottoman Empire,1300-1600*.
2. Lewis, pp. 317-18; Shaw, *Gazis*, p. 78.
3. N. Machiavelli, *O Príncipe*, quarto parágrafo do Capítulo IV.
4. Lewis, pp. 89-92; Shaw, *Gazis*, pp. 159-63; ver também observações em *El* i sobre *limar* e *wakf* (grafia de *vakif* em árabe).
5. Shaw, *Gazis*, pp. 132-49.
6. Alderson, pp. 74-6.
7. Davison, *Essays*, pp. 16-17. Halil Inalcik, "The Heyday and Decline of the Ottoman Empire" em *Cambridge History of Islam*, I, pp. 324-53. M. A. Cooke (ed.), em *A History of the Ottoman Empire to 1730*, é uma útil seleção de capítulos importantes das histórias

de Cambridge. Andrina Stiles, *The Ottoman Empire 1450-1700,* constitui excelente e estimulante introdução, modelo de concisão.

1. A maré alta do Islã

1. Barker, pp. 244-5. O livro de Thomas M. Barker é menos conhecido do que a narrativa dramática de John Stoye em *The Siege of Vienna*, mas põe, com toda a clareza, a campanha e suas consequências em uma perspectiva histórica geral.
2. *Ibid.*, pp. 68-71. O eminente acadêmico alemão Franz Babinger contribuiu com detalhado registro biográfico sobre Kara Mustafa em *EI* i.
3. Cartas do Conde Frosaco, originalmente publicadas em *Revue de Hongrie,* III, são citadas por Barker neste resumo na p. 257.
4. Stoye, op. cit., e cf. E. Crankshaw, *Maria Theresa,* pp. 121-3.
5. O relato contemporâneo e mais preciso da batalha de Kahlenberg está em Barker, pp. 321-34.
6. Para o diplomata (Benetti) e seu relatório, ver N. Barber, *Lords of the Golden Horn,* p. 105.
7. Richard Kreutel, *Kara Mustafa vor Wien,* pp. 121-4 e 184, uma tradução de entrada do diário de um funcionário otomano anônimo. A obra de Kreutel é analisada e criticada por Barker, p. 403 (e cf. p. 364).

2. O desafio do Ocidente

1. Barker, pp. 369-70; Lord Kinross, *The Ottoman Centuries,* p. 349.
2. M.A. Cooke (ed.), *Ottoman Empire to 1730,* p. 190; N. Cheetham, *Mediaeval Greece,* pp.300-1.
3. Shaw, *Gazis,* p. 219; Alderson, pp. 65-6.
4. *Ibid.*, pp. 32-6.
5. Selim I, biografia em *EI* i; Barber, p. 108.
6. Gibb e Bowen I, pp. 314-28; Nahsom Weissmann, *Les Janissaries,* pp. 30-48.
7. Gibb e Bowen II, pp. 191-2.
8. Shaw, *Gazis,* p. 223; Kinross, op. cit., p. 353; Cooke, op. cit., p. 193.
9. Lord Acton, *Lectures on Modern History,* p. 259.
10. Rifat Abou El-Haj, "Ottoman Diplomacy at Karlowitz," *Journal of American Oriental Society,* vol. 87 (1967), pp. 498-512; Barker, pp.

373-4; Davison, *Essays,* p. 20; Shaw, *Gazis,* pp. 223-5; Kinross, op. cit., pp. 356-7, 373-6.

11. Alderson, p. 66; Shaw, *Gazis,* p. 228. Ver também registro biográfico por Bowen em Ahmed III in *EI* ii.
12. Gibb and Bowen II, p. 216 e pp. 233-4; C.A. Frazee, *Christians and Sultans,* pp. 6-7; G.G. Arnakis, "The Greek Church of Constantinople and the Ottoman Empire," *JMH,* vol. 24, setembro de 1952, especialmente pp. 242-50.
13. A. de la Moutraye, *Travels,* vol. 1, p. 333.
14. Davison, *Essays,* p. 20; Kinross, op. cit., pp. 376 e 383. O ditado sobre o turbante parece ter origem no historiador bizantino Michael Ducas.

3. *A Era das Tulipas e o que veio depois*

1. Lewis, p. 437; a Koçi Bey, ver a observação de C.H. Imbers a seu respeito em *EI* ii, vol. 5.
2. M.L. Shay, *Ottoman Empire from 1720 to 1734,* pp. 17-27; Kinross, *Ottoman Centuries,* pp. 378, 380-2.
3. Lewis, pp. 45-6; Shaw, *Gazis,* p. 235.
4. Shay, op. cit., p. 19.
5. Carta a Lady Bristol, 10 de abril de 1718, E. Halsband, *Complete Letters of Lady Mary Wortley Montagu,* vol. l, p. 397.
6. L. Cassels, *The Struggle for the Ottoman Empire,* p. 52; L.A. Vandal, *Une ambassade française en Orient sous Louis XV,* p. 88.
7. *Ibid.*, p. 85.
8. Shay, op. cit., p. 22.
9. Kinross, *Ottoman Centuries*, p. 380; Shaw, Gazis, pp. 234, 293-4.
10. *Ibid.*, pp. 236-7; N. Berkes, *The Development of Secularization in Turkey*, pp. 42-5; M.Daley, *The Turkish Legacy*, pp. 17-24; Lewis, pp. 50-1.
11. Jean-Claude Flachat, *Observations sur le Commerce et sur les Arts... même des Indes Orientales*, p. 111.
12. Shay, op. cit. (14 de janeiro de 1724), p. 22.
13. *Ibid.*, p. 23.
14. *Ibid.*, pp. 27-8; Vandal, op. cit., pp. 27-8.
15. Lewis, p. 47.
16. Vandal, op. cit., pp. 116-46. Os parágrafos seguintes se baseiam em H. Benedikt, *Der Pascha-Graf Alexander von Bonneval*, especialmente pp. 82-160.

17. Shaws, Gazis, pp. 246-7.
18. Anderson, p. xv; P.M. Holt, *Egypt and the Fertile Crescent*, p. 111; A. Hourani, "The Changing Face of the Fertile Crescent in the Eighteenth Century," *Studia Islamica*, 8(1953), pp. 89-122.
19. Para o relato mais moderno e completo do Tratado de Kuchuk Kainardji, ver Davison, *Essays*, pp. 29-44. Texto em inglês, Hurewitz, I, pp. 54-61. Relatório de Franz Thugut a Viena em 17 de agosto de 1774, ver Davison, *Essays*, p. 32, com comentários nas pp. 43-4.
20. As diversas versões do tratado são discutidas com mais profundidade pelo professor Davison em seu trabalho "The Dosografa Church in the Treaty of Kuchuk Kainardji," (*Essays*, pp. 51-9), do qual me aproveitei nos parágrafos finais deste capítulo. Ver também seu artigo "The Treaty of Kuchuk Kainardji, a Notee on the Italian text," *International History Review*, vol. 10, nº 4 (1988), pp. 611-21.

4. Aproximação com o Ocidente

1. L. Cassels, *Struggle for the Ottoman Empire,* p. 110; Vandal, *Une ambassade française,* pp. 197 e 291; Kinross, *Ottoman Centuries*, p. 396.
2. W.R. Polk, *The Opening of South Lebanon,* pp. 10-18; P. Holt, *Egypt and the Fertile Crescent,* pp. 120-3.
3. Para Ali Pasha em geral, ver: artigo de D.N. Skiotis, "From Bandit to Pasha" em *IJMES*, vol. 2 (1971), pp. 219-44; biografia por William Plomer, *Ali the Lion*; e o estudo mais acadêmico de G. Remerland, *Ali de Tekelen, Pasha de Janina*, em grande parte baseado nos arquivos diplomáticos franceses; Shaw, pp. 253-4.
4. Kinross, op. cit., pp. 410-13; G.S. Thomson, *Catherine the Great and the Expansion of Russia*, pp. 170-93.
5. Anderson, p. 20; Shaw, *Between,* pp. 64-8.
6. *Ibid.*, pp. 14-17, com a carta completa de Luís XVI (pp. 16-17).
7. B. Lewis, "The Impact of the French Revolution on Turkey," *Journal of World History,* vol. l (1953), pp. 105-25, resumo de Lewis, p. 63.
8. Lewis, p. 65.
9. Lewis, p. 59.
10. Alderson, p. 87 e sua tábua genealógica XLIV; ver também artigo de Deny em *El* i sob o título "Valide Sultanlar." Para suposições mais

românticas, ver N. Barber, *Lords of the Golden Horn,* pp. 118-19, e, com mais profundidade, B.A. Morton, *The Veiled Empress,* and Lesley Blanch, *The Wilder Shores of Love.*
11. *Corr. Nap.* vol. l, nos 61 e 65.
12. Miot, *Mémoires I,* p. 235; J.F. Bernard, *Talleyrand,* pp. 201-4; C. Herold, *Bonaparte in Egypt,* pp. 127-9; D. Chandler, *The Campaigns of Napoleon,* pp. 211-12.
13. *Corr. Nap.* vol. 4, pp. 191-2; reações otomanas: Shaw, *Between,* pp. 258-71.
14. Herold, op. Cit., pp. 286-99.
15. Shaw, *Between,* pp. 278-81; Anderson, p. 33.

5. O estranho destino do sultão Selim

1. P. Holt, *Egypt and the Fertile Crescent,* pp. 176-92; Shaw, *Between,* pp. 286-91.
2. *Ibid.*, pp. 317-27. Sobre a revolta sérvia e seus antecedentes, M. Boro Petrovich, *History of Modern Serbia,* vol. l, pp. 23-81; Temperley, *History of Serbia,* capítulo 10.
3. V. Puryear, *Napoleon and the Dardanelles,* pp. 2-39.
4. Pode ter sido um número maior de navios; cf. C. Issawi, *Economic History of Turkey,* pp. 80 e 83-4, e Anderson, p. 60.
5. Napoleão a Selim III, 30 de janeiro de 1805, *Corr. Nap.* vol. 10, nº 8298.
6. Napoleão a Talleyrand, 9 de junho de 1806, *Corr. Nap.* vol. 12, nº 10339.
7. Napoleão a Caulaincourt, 31 de maio de 1808, L. Lecaistre, *Lettres inédites de Napoleon I,* vol. l, p. 198; e ver A. Palmer, *Alexander I,* pp. 143 e 155.
8. M.P. Coquelle, "Sébastiani, ambassadeur à Constantinople," *Revue Historique Diplomatique,* vol. 18 (1904), pp. 574-611.
9. P. Mackesy, *The War in the Mediterranean, 1803-10,* p. 161.
10. *Ibid.*, pp. 166-7.
11. *Ibid.*, pp. 170-4, complementada por relatórios de Arbuthnot em FO 78/55.
12. Mackesy, pp. 176-7; C. Frazee, *Orthodox Church and Independent Greece,* p. 8.
13. Mackesy, op. cit., pp. 186-94.
14. Shaw, *Between,* pp. 373-5.

15. *Ibid.*, pp. 378-95.
16. Puryear, op. cit., pp. 207-27; Mackesy, op. cit., pp. 206-11.
17. Shaw, *Between,* pp. 403-4.
18. Temp., pp. 6, 401.
19. A. Juchereau de St Denys, *Les Révolutions de Constantinople en 1807-08,* vol. 2, pp. 217-392; Shaws, pp. 2 e 3; Lewis, pp. 74-5.
20. Juchereau, op. cit., vol. 2, pp. 199-208.

6. Mahmud II, o enigma

1. C. Macfarlane, *Constantinople in 1828,* p. 111; L. A. Marchand, (ed.) Byron *Letters,* vol. l, pp. 241-56; J.C. Hobhouse, *Journey through Albania ... to Constantinople,* vol. l, p. 365.
2. Temperley, *Hist. of Serbia,* p. 190: O livro foi publicado em 1917, e esta seção provavelmente foi escrita durante as guerras dos Bálcãs; Shaws, p. 6; Davison, *Essays,* p. 23.
3. L-P, vol. l, pp 49-53, 513; Slade, *Travels in Turkey, etc.*, capítulos 8 e 9.
4. L-P, vol. l, p. 49.
5. S. Canning a R. Wellesley, 9 de novembro de 1809, L-P, vol. l, p. 71.
6. *Ibid.*, p. 63; C.W. Crawley, *The Question of Greek Independence,* pp. 55-6.
7. Kinross, *Ottoman Centuries,* pp. 443-4 e trabalhos citados no capítulo 4, nota 3, acima.
8. H. Holland, *Travels in Ionian Islands, Albania, etc.*, vol. l, p. 204.
9. Para os parágrafos seguintes: D. Dakin, *Unification of Greece,* pp. 39-43; C.W. Crawley, op. cit., pp. 18-20; R. Clogg (ed.), *The Movement for Greek Independence,* pp. 175-200.
10. Exortação de 1798 traduzida, *ibid.*, pp. 56-64.
11. Palmer, *Alexander I,* pp. 377-80; C.M. Woodhouse, *Capodistria,* pp. 267-70
12. Chabert a Strangford, 31 de março de 1821, Add. MSS 36299, nº 59
13. Chabert a Strangford, 16 de abril de 1821, Add MSS 36299, nº 88; memorando de Pisani, de mesma data, Add. MSS. 36301, nº 4.13.
14. Anátema de março de 1821, Clogg, op. cit. 203-6; cf. C.A.Frazee, *Orthodox Church and Independent Greece,* pp. 28-9
15. Morte do Patriarca: relato de testemunhas, R. Walsh, *A Residence at Constantinople,* pp. 314-17; memorando de Pisani, 25 de abril de 1821, Add MSS 36301, nº 5; relatório formal, Strangford a

Castlereagh (25?) de abril de 1821, FO 78/98/27; relatório posterior de Strangford a Castlereagh, 12 de junho de 1821, FO 78/99/47; Frazee, op. cit., pp. 32-3; Crawley, op. cit., pp. 17-18.
16. Strangford a Castlereagh, 23 de julho de 1821, FO 78/99/71.
17. Frazee, op. cit., pp. 36-9.
18. Walsh, op. cit. I, pp. 316-17; memorando de Pisani, lº de junho de 1821, Add. MSS 36301, nº 54.
19. Temperley, *Foreign Policy of Canning*, pp. 336-8; Ibrahim na Grécia, Crawley, op. cit., pp. 38-59.
20. G. Canning a S. Canning, 9 de janeiro de 1826, L-P, vol. l, p. 396; A. Palmer, *The Chancelleries of Europe*, p. 46.
21. Hobhouse, op. cit. I, p. 213.
22. Para "The Turkish Court Chronicler" ver Temp., pp. 16, 402.
23. S. Canning to G. Canning, 19 April 1826, L-P, vol. l, p. 401.
24. L-P, vol. l, p. 417; O relato de Stratford foi escrito cerca de 40 anos depois.
25. *Ibid.*, pp. 418-20; Walsh, op. cit. vol. 2, pp. 264-6 e seu Apêndice VII, pp. 502-25; ver também Temp., pp. 18-22 e o relato francês traduzido em Istambul, de Laurence Kelly, pp. 266-71.
26. S. Canning a G. Canning, 12 de agosto de 1821, L-P, vol. l, p. 424.

7. À moda egípcia

1. Reformas de Mahmud: Lewis, pp. 75-103; Shaws, pp. 21-9, 35-40, 46-8.
2. Lewis, pp. 89-92.
3. C. Issawi, *Economic History of Turkey*, p. 161.
4. Anderson, pp. 67-74; Crawley, *Question of Greek Independence*, pp. 86-112; Palmer, *Chancelleries of Europe*, pp. 48-9.
5. Para os antecedentes diplomáticos e os eventos navais, ver *The Battle of Navarino*, de C.M. Woodhouse.
6. Crawley, op. cit., pp. 164-75; Shaws, pp. 31-2; Hurst, *Key Treaties*, vol. l, pp. 188-203.
7. N. Shilder, *Imperator Nikolaus I*, vol. 2, pp. 250-1.
8. Palmerston a Granville, 6 de novembro de 1832, C. Webster, *Foreign Policy of Palmerston*, vol. l, p. 282. O capítulo 4 de Webster é fonte valiosa sobre as políticas das grandes potências nessa crise; P. Holt, *Egypt and the Fertile Crescent*, pp. 232-5; P. Vatikiotis, *History of Modern Egypt*, p. 65; Temp., pp. 89-136.

9. Anderson, pp. 81-6; P. E. Moseley, *Russian Diplomacy and the Opening of the Eastern Question,* p. 21.
10. Palmer, *Chancelleries,* pp. 64-5; J. Norris, *The First Afghan War,* pp. 214-6.
11. Carta de Moltke, de 12 de julho de 1839, H. von Moltke, *Briefe aus dem Turkei,* pp. 377-400 (sobre as batalhas e seus preparativos)

8. O doente?

1. Temp., p. 242.
2. Shaws, pp. 58-9; Temp. pp. 98-9, 157, 163, 243-7; L-P, vol. 2, pp. 101-14.
3. Temp., pp. 158-61. O texto oficial em francês do decreto Gülhane está em Young, *Coup de Droit Ottoman,* vol. l, pp. 257-61. Extensas cotações em Shaws, pp. 58-9.
4. Comentários de diplomatas, Temp., p. 162. Ver também o artigo de Temperley "British Policy towards Parliamentary Reform and Constitutionalism in Turkey," *Cambridge Historical Journal,* 1933, especialmente pp. 150-60.
5. Ver discussão em Palmer, *Chancelleries of Europe,* pp. 65-7.
6. Hurst, *Key Treaties,* vol. l, pp. 252-8; C. Webster, *Foreign Policy of Palmerston,* vol. 2, p. 644-737; Anderson, pp. 100-4.
7. Hurst, *Key Treaties,* vol. l, pp. 259-60.
8. Para um relato da visita de Nicholas a Londres, baseado em fontes russas e nos documentos de Aberdeen, ver A. Palmer, *The Banner of Battle,* pp. 1-7.
9. Para as reformas Tanzimat em geral: Lewis, pp. 75-125; Shaws, pp. 61-118; Davison, *Essays,* pp. 114-28.
10. Temp., pp. 242-3. Essa opinião, provavelmente escrita em 1934, aparece em estranho parágrafo que compara os métodos usados por Stratford de Redcliffe e T. E. Lawrence in "Reforming Orientals."
11. Ver o artigo "The First Ottoman Experiment with Paper Money" em Davison, *Essays,* pp. 60-72.
12. Dados detalhados citados por Shaws, p. 107, extraídos de fontes em Istambul.
13. Stratford de Redcliffe a Palmerston, 5 de abril de 1851, Temp., p. 242.
14. Temp., pp. 188-97 e 446, pode ser complementado pelo diário do coronel Rose em documentos de Strathnair, Add. MSS 42834.

15. Sobre maronitas no Líbano, ver Yapp, *Making of the Modern Near East,* p. 136; P.M. Holt, *Egypt and the Fertile Crescent 1576-1922,* pp. 236-41.
16. A fonte principal de Omer é uma memória de seu médico publicada em Sarajevo quando a Bósnia estava sob administração austro-húngara: J. Koetscheck, *Aus dem Leben Serdar Ekrem Omer pasha.*
17. Lord Cowley (em Viena) a Palmerston, 3 de janeiro de 1849, FO 30/122/10 menciona duas ocasiões, baseando seu relatório em conversas com o Arquiduque John. A outra ocasião é citada abaixo (Nota 18).
18. Visita a Viena em Dezembro de 1845: T. Schiemann, *Geschichte Russlands unter Kaiser Nikolaus I,* vol. 4, p. 377; A. Palmer, *Metternich,* pp. 290-1.
19. Temp., pp. 259-65. Um relatório oficial do governo inglês, "Correspondence Respecting Refugees Within the Turkish Dominions," foi publicado em 1851 (nº 1324, no volume 50 de Accounts and Papers).
20. Temp., pp. 265-66, 502-6.
21. Temp., pp. 292-5.
22. H. Rose a Clarendon, 28 de dezembro de 1852, FO 78/894/170.
23. A.A. Zaionchkovskii, *Vostochnaia voina v suiazi s sovremennoi i politeschkoi obstanovki,* vol. l, pp. 356-7.
24. A abordagem mais completa dessas negociações está em G.H. Bolsover, "Nicholas I and the Partition of Turkey," *SEER,* vol. 27 (1948-9) pp. 139-43. Porém, esse artigo deve ser complementado por Seymour's Journal, Add. MSS 60306. Para esta referência, ver o exemplar de 9 de janeiro de 1853.
25. Palmer, *Banner of Battle,* pp. 14-15.
26. Russell a Seymour, 9 de fevereiro de 1853, FO 65/649/38; Temp., pp. 274-5.
27. *Ibid.*, Palmer, op. cit., p. 16.
28. H. Rose ao almirante Dundas, 5 de março de 1853, Add. MSS 42801; Rose a Clarendon, 6 de março, FO 78/930/73.
29. Stratford a Clarendon, 11 de abril de 1853, FO 78/931/12. Ver também valioso artigo de J.L. Herkless, "Stratford, the Cabinet and the Outbreak of the Crimean War," *HJ,* vol. 18 iii (1975), pp. 497-523.
30. Relatório de Blakely, 23 de abril de 1853, Stratford de Redcliffe Papers, FO 352/36; o relatório de Slade, 21 de maio, está incluído em Stratford a Clarendon, 28 de maio FO 78/932/70.
31. Herkless, loc. cit., pp. 498, 501, 522.

32. Palmer, *Banner of Battle,* p. 20.
33. Stratford a Clarendon, 14 de agosto de 1853, FO 78/939/220.
34. Palmer, op. cit., p. 23.
35. Vatikiotis, *History of Modern Egypt,* p. 72; Temp., p. 346.
36.Temp., p. 475; Herkless, loc. cit., p. 517.
37 Temp., p. 363

9. Dolmabahche

1. J. Curtiss, *Russia's Crimean War,* pp. 186-8.
2. Palmer, *Banner of Battle,* pp. 30-2.
3. Diário de Rose, 25 de outubro de 1854, Add. MSS 42837.
4. Sobre Kars: A.J. Barker, *The Vainglorious War,* pp. 274-9.
5. Shaws, p. 140; Lewis, p. 115; ver também registros biográficos em *EI* i e *EI* ii.
6. Textos de tratados, Hurst, *Key Treaties*, vol. l, pp. 317-37. Para os comentários de Palmerston, ver sua carta a Clarendon, 26 de setembro de 1855, Add. MSS 48579. Quanto ao recibo, ver também Shaws, pp. 87, 124-5, 140; Lewis, pp. 113-15 e 131; Davison, Reform, pp. 52-80.
7. Anderson, pp. 156-7.
8. Lewis, p. 339; Shaws, pp. 116 e 141.
9. R.G. Richardson, Nurse Sarah Anne, p. 80; Cook; Florence Nightingale, p. 85.
10. Charles Gordon a Lord Aberdeen, 10 de maio de 1854, Add. MSS 43225.
11. *Dolmabahche*, de Celik Gulbersoy's, é um livro maravilhosamente ilustrado que, embora escrito em turco, dá aos leitores não turcos uma nítida impressão da magnificência do palácio.
12. Shaws, pp. 63, 82-3.
13. Para estudo detalhado dos efeitos do telégrafo elétrico no Império Otomano, ver Davison, *Essays*, pp. 133-65.
14. Vatikiotis, *History of Modern Egypt*, pp. 71-4, 84.
15. Ver Sumner, p. 140.
16. Assentamento no Líbano: Holt, *Egypt and the Fertile Crescent*, p. 241; texto de estatuto do Líbano, de 1861, Hurewitz, I, pp. 165-68; Hurst, *Key Treaties*, vol. l, pp. 408-10.
17. Rainha Victoria à Princesa-Herdeira da Prússia, 13 de julho de 1867, R. Fulford (ed.), *Your Dear Letter*, p. 143.

18. Shaws, pp. 83-91, 106-11, 119.
19. Lewis, pp. 145-51; Shaws, pp. 130-3.
20. Edward Hornby, *Autobiography*, p. 74, citada por Davison, *Essays*, p. 111.
21. Sumner, p. 101; H. Feis, *Europe, The World's Banker*, pp. 312-4; C. Issawi, *Economic History of Turkey*, pp. 321-4.
22. Rainha Victoria à Princesa-Herdeira da Prússia, 20 de julho de 1867, Fulford, op. cit., p. 145; *The Times*, 19 de julho de 1867.
23. Sumner, p. 103.
24. C. Issawi, *Economic History of the Middle East*, pp. 90-1.
25. Shaws, p. 153.
26. Sumner, p. 101; Shaws, pp. 154-6.
27. R. W. Seton-Watson, *Disraeli, Gladstone and the Eastern Question*, pp. 32 e 37; A.P. Vacalopoulos, *History of Thessaloniki*, pp. 116-20.
28. Sir Henry Elliot, *Some Revolutions and Other Diplomatic Experiences*, p. 231; Lewis, pp. 156-8; Shaws, p. 163.
29. Davison, *Reform*, pp. 330-9; Alderson, pg 69; J. Haslip, *The Sultan*, pp. 70-2.
30. Davison, *Reform*, pp. 317-49, enquanto o Apêndice D (p. 418) aborda o destino de Abdulaziz. Para o caso Çerkes Hasan, ver também: Shaws, p. 164; Lewis, p. 159; Alderson, p. 70.
31. H. Elliot a Lord Derby, 17 de agosto de 1876, FO 78/2462/867; Seton-Watson, op. cit., p. 36.
32. *The Times*, 3 de agosto de 1876, publicando relatório de Therapia datado de 26 de julho.
33. Elliot a Derby, 25 de setembro de 1876, FO 78/2464/1079.

10. Yildiz

1. J.Haslip, *The Sultan*, p. 84; cf. extrato de *Azyiade*, de Pierre Loti *Istanbul*, de L. Kelly (ed.), pp. 208-10. Ver também R. Devereux, *The First Ottoman Constitutional Period*, pp. 41-6.
2. H.Elliot a Derby, 15 de setembro de 1876, FO 78/2463/1016.
3. Haslip, op. cit., pp. 76-8; Shaws, p. 172; a Sir Henry Elliot e "the Englishman," ver seu relatório a Lord Derby, 27 de agosto de 1876, FO 78/2462/915.
4. Constituição de 1876: R. Devereux, op. cit., p. 80; Davison, *Reform*, pp. 358-408; e o artigo "Dustur," de Bernard Lewis em *EI* ii. Ver também Shaws, pp. 174-8.

5. Sumner, pp. 198-234; Seton-Watson, *Disraeli, Gladstone, etc.*, pp. 51-105.
6. Kenneth Rose, *The Later Cecils,* p. 62, citando carta particular de Salisbury a Lord Robert Cecil, dos arquivos Hatfield (C51/1-2), 25 de dezembro de 1876.
7. Kennedy, *Salisbury,* p. 100; Seton-Watson, op. cit., pp. 133-7; Sumner, pp. 235-51. Ver também diário redigido durante a reunião de embaixadores pelo diplomata alemão C.A. Busch e editado por um de seus colegas, Leopold Raschdau, para publicação no *Deutsche Rundschau,* vol. 141 (Berlim, 1909), especialmente pp. 22-7.
8. Ali Haydar Midhat, *Midhat Pasha,* p. 145; Devereux, op. cit., p. 110; Davison, *Reforms,* pp. 400-2.
9. Para as eleições e a composição do parlamento, ver Devereux, op. cit., pp. 123-45; cerimônia de abertura, *ibid.*, pp. 108-13.
10. Sumner, p. 271; Anderson, p. 193.
11. Sumner, pp. 319-33 e 339.
12. Devereux, op. cit., pp. 186-7.
13. Layard a Derby, 30 de abril e 18 de maio de 1877, extraído de Add. MSS por Seton-Watson, op. cit., p. 207.
14. Layard to Beaconsfield, 5 de fevereiro de 1878, *ibid.*, p. 354.
15. Devereux, op. cit., pp. 236-48.
16. Sumner, p. 373; Seton-Watson, op. cit., p. 311.
17. Layard a Derby, 15 de fevereiro de 1878, cópia em Add. MSS 39131; cf. Seton-Watson, op. cit., p. 317.
18. Derby a Layard, 14 de fevereiro de 1878, Add. MSS 39137; cf. Seton-Watson, op. cit., pp. 331-2.
19. E. Corti, *The Downfall of Three Dynasties,* p. 241.
20. Joan Haslip, *The Sultan,* p. 131.
21. Texto do Tratado de San Stefano: Sumner, pp. 627-37; Hurst, *Key Treaties,* vol. 2, pp. 528-46.
22. Anderson, pp. 210-16; Sumner, pp. 434-8.
23. Layard a Derby, 13 de março de 1878, FO 195/1176/343. Para propostas de "place of arms" (base inglesa), Seton-Watson, op. cit., pp. 324-5.
24. Sumner, pp. 475-95 e 637-51.
25. Seton-Watson, op. cit., pp. 325 e 423.
26. Sumner, p. 510, citando o diário do coronel Dmitri Anuchin, de *Russkaya Starina,* vol. 150.
27. Lewis, p. 172; Shaws, p. 189.

28. Seton-Watson, op. cit., pp. 427-9.
29. Shaws, pp. 213-25, usando os arquivos do palácio Yildiz; Haslip, op. cit., p. 184; Kinross, *Ottoman Centuries,* pp. 533-5.
30. Haslip, op. cit., pp. 152-3. Sir Edwin Pears's *Life of Abdul-Hamid* foi escrito por um diplomata com sólido conhecimento pessoal de Yildiz e complementa seu *Forty Years at Constantinople.* G. Dorys, *Abdul Hamid Intime,* e Paul Regla, *Les Secrets de Yildiz,* são boas fontes para especulação; foram escritos durante os últimos anos de Abdulhamid.
31. Layard a Sir Henry Elliot, 5 de julho de 1878, Add. MSS 39138. Ver também Sumner, p. 506 e Seton-Watson, op. cit., pp. 419-20 e 509-12.
32. Texto do Tratado de Berlim: Sumner, pp. 658-69; Hurst, *Key Treaties,* vol. 2, pp. 551-77.
33. Stratford de Redcliffe, *The Eastern Question,* p. 49.
34. Lewis, p. 447; C. Issawi, *Economic History of Turkey,* pp. 361-5; D. C. Blaisdell, *European Financial Control in the Ottoman Empire,* pp. 88-93; Shaws, pp. 223 e 225.

11. O Império Hamidiano

1. Sumner, pp. 563-8; Anderson, p. 227-31; C. Jelavich, *Tsarist Russia and Balkan Nationalism,* pp. 215-43; R. Crampton, *A History of Bulgaria 1878-1918,* pp. 85-114.
2. P.J. Vatikiotis, *History of Modern Egypt*, p. 73
3. Para Ismail: P. Holt, *Egypt and the Fertile Crescent*, pp. 195-210. Ver também Anderson, p. 242-3, e M.E. Yapp, *Making of the Modern Near East*, pp. 213-32.
4. Anderson, pp. 244-51; Lewis, p. 402; Yapp, op. cit., p. 181.
5. Ministério do Exterior para o Tesouro, 7 de novembro de 1898, FO 78/4967, citado por G. Papadopoulos, *England and the Near East*, p. 27.
6. Layard a Beaconsfield, 1º de agosto de 1877, cópia Add. MSS 39137.
7. E.M. Earle, *Turkey, the Great Powers and the Baghdad Railway*, pp. 107-10.
8. Ulrich Trumpener em Kent, pp. 115-16; Goltz, *Denkwürdigkeiten*, pp. 120-6.
9. Relatório de Inteligência de 22 de maio de 1890, incluído em FO 195/2053.
10. Shaws, p. 246; Langer, p. 160.

11. Relato completo está em Eliot ("Odisseia"), Turkey in Europe, pp. 115-17; amplo extrato em Istambul, de Laurence Kelly, pp. 272-3.
12. White a Salisbury, 17 de agosto de 1888, FO 78/4102/320, citado em C.L. Smith, The Embassy of Sir William White, p. 116. Para comentários sobre o terminal ferroviário, ver o relato de Frances Elliot da chegada de trem, publicado in Kelly, op. cit., pp. 259-60.
13. H. Nicolson, *Lord Carnock*, pp. 88-9.

12. Armênia, Creta e a Guerra dos Trinta Dias

1. O. Sarkissian, *History of the Armenian Question*, capítulos 1-2.
2. S.H. Longrigg, *Oil in the Middle East*, p. 13. Ver também sobre armênios: Langer, capítulo 5; Sumner, pp. 16-17, 513, 547, 572; e L. Arpee, *The Armenian Awakening, History of the Armenian Church 1820-60*.
3. Sarkis Atamian, *The Armenian Community*, pp. 51-130; crescimento do movimento revolucionário armênio, Louise Nalbandian, *The Armenian Revolutionary Movement*, pp. 80-98, 104-18, 151-63.
4. Langer, p. 162.
5. Hatzfeldt a Holstein, 30 de julho de 1895, GP vol. 10, nº 2371.
6. Staal a Lobanov, 13 de agosto de 1895, Meyendorff (ed.), *Correspondence de M. de Staal*, p. 256; telegrama de Salisbury a Currie, 9 de outubro de 1895, FO 195/1862/177.
7. Shaws, p. 204; Langer, p. 161.
8. Marder, *British Naval Policy*, p. 245; Papadopoulos, *England and the Near East*, p. 55.
9. Relatório de Chermside incluído em Currie a Salisbury, 29 de janeiro de 1896, FO 78/4884/78, chegando a Londres em 10 de fevereiro. Sobre sua importância a Londres, Marder, op. cit., pp. 249-50.
10. Discurso de Goschen, 11 de fevereiro de 1896, Hansard, *Parliamentary Debates*, 4ª série, vol. XXVII, p. 162.
11. Cônsul-Geral Blunt a Salisbury, 20 de janeiro de 1896, FO 78/4734/1. D. Dakin, The Unification of Greece, 1770-1923, cobre o problema cretense (pp. 149-51) e o imbróglio macedônio (pp. 159-79).
12. Herbert a Salisbury, 4 de julho de 1896, FO 78/4724/263.
13. Salisbury a Sanderson, 25 de julho de 1896, FO 7/1240; sobre a resposta a Viena, ver *Queen Victoria's Letters*, série 3, vol. 3, p. 58.

14. Papadopoulos, op. cit., pp. 77-9.
15. Detalhes destes acontecimentos foram transmitidos via telégrafo por Herbert a Salisbury, 30 e 31 de agosto de 1896, FO 78/4724/365 e 374. Relatos de testemunhas em artigo de autoria anônima, "The Constantinople Massacres," em *Contemporary Review* de outubro de 1896, pp. 457-65.
16. Papadopoulos, op. cit., pp. 82-3.
17. Comentário de Wilhelm II aparece em nota de rodapé de *GP* vol. 12, nº 2901; ver também Haslip, *The Sultan*, pp. 225-6.
18. Herbert a Salisbury, 31 de agosto de 1896, FO 78/4724/tel. 374. Outras questões: telegramas 368 (30 de agosto) e 386 (5 de setembro); e relatório de Herbert de 2 de setembro, FO 78/4714/695.
19. Detalhes do plano Nelidov foram revelados em artigo de V. Khvostov para *Krasnyi Arkhiv*, vol. 47 (1931), com sumário em inglês em *Digest of the Krasnyi Arkhiv*, de Boutelle e Thayer, p. 384; ver também Langer, pp. 337-40. Relatos completos dos movimentos da esquadra do Mar Negro foram enviados a Londres pelo cônsul-geral em Odessa: ver FO 65/1540; o primeiro (nº 10) está datado de 5 de fevereiro de 1897. Para a reunião de embaixadores, ver os telegramas de Currie's a Salisbury em FO 78/4724 e 4797; ver também Papadopoulos, op. cit., pp. 112-20.
20. Para a declaração de Guerra, *ibid.*, pp. 140-2; e Papadopoulos também publica no Apêndice 3 uma estimativa militar sobre a Guerra elaborada em Pera pelo comandante H.A. Lawrence (originalmente em 78/4993). Langer, capítulo 11, apresenta boa apreciação sobre a guerra, com mapas. Sobre o otimismo em Atenas, ver G.W.E. Russell, Malcolm MacColl, pp. 195-7. Ver também Dakin, op. cit., pp. 152-4.
21. Príncipe Nicholas da Grécia, *My Fifty Years*, p. 157.
22. Salisbury a O'Conor, 15 de maio de 1897, FO 65/1535/tel. 244; resposta, O'Conor a Salisbury, 17 de maio de, FO 65/1536/tel. 59 e FO 65/1532/ relatório 112.
23. Papadopoulos, op. cit., p. 222.
24. Shaws, pp. 207-11; Crampton, op. cit., pp. 229-40; D. Dakin, *Unification of Greece,* pp. 159-79, cobre sucintamente material que pode ser analisado com maior profundidade em seu trabalho *The Greek Struggle in Macedonia, 1897-1913;* Stoyan Pribicevich,

Macedonia, Its People and History, pp. 119-36, adota a abordagem iugoslava (moderada) de tópico ainda muito sensível.

25. Currie a Salisbury, 2 de junho de 1897, FO 78/4802/372; publicada em sua totalidade no Apêndice 2 em Papadopoulos, pp. 245-7.
26. *Punch*, 18 de janeiro de 1896; incluídas em suplemento especial, "The Unspeakable Turk," que reproduziu 24 caricaturas antiotomanas publicadas entre setembro de 1876 e novembro de 1914, agora distribuídas com o exemplar de *Punch* de 16 de dezembro de 1914.

13. Povos antigos e Jovens Turcos

1. *GP*, vol. 12, capítulo 83, contém importantes documentos diplomáticos. Informações contemporâneas em G. Gaulis, *La Ruine d'une Empire*, pp. 156-242. Ver A. Palmer, *The Kaiser*, pp. 91-2. De modo muito estranho, o primeiro volume detalhado e acadêmico da biografia elaborada por Lamar Cecil (*Wilhelm II, Prince and Emperor 1859-1900*) ignora totalmente as visitas do Kaiser a Constantinopla, Palestina e Síria.
2. F. Fischer, *Germany's Aims in the First World War*, pp. 20-2 e 39-40; C. Issawi, *Economic History of Modern Turkey*, pp. 188-91.
3. Haslip, *The Sultan,* p. 236.
4. Longrigg, *Oil in the Middle East,* p. 27.
5. Esses comentários – cerca de 400 palavras – foram feitos por Wilhelm II em 1931, na p. 120 de uma cópia de *of Die Verschworung der Diplomaten,* edição alemã do livro de Nicolson *Lord Carnock,* em meu poder. A página anotada corresponde à p. 89 da edição inglesa.
6. Príncipe von Bülow *Memoirs, 1897-1903.*
7. Wilhelm II a Nicholas II, 9 de novembro de 1898, N. Grant, *The Kaiser's Letters to the Tsar,* pp. 65-70.
8. Bülow, op. cit., p. 254.
9. Trumpener, em Kent, pp. 117-20. Sobre a ferrovia de Hejaz, ver Kinross, *Ottoman Centuries,* p. 567, e o estudo especializado, W. Ochsenwald, *The Hijaz Railroad.*
10. M. Lowenthal (ed.), *Diaries of Theodor Herzl,* pp. 266-7 e 282. Para os encontros de Herzl com o Kaiser, ver I. Friedman, *Germany, Turkey and Zionism,* pp. 75-81, com estudo detalhado dos contatos

preliminares entre Herzl e o círculo imperial alemão (pp. 56-62 e 65-74). Para os encontros de Herzl com o Sultão, *ibid.*, pp. 97-8.

11. *Ibid.*, pp. 154-70.
12. Derek Wilson, *Rothschild,* pp. 289-98.
13. Ver o relatório de Currie acima mencionado, capítulo 12, nota 25, que pode ser complementado por interessante relatório sobre militares dissidentes, de autoria do coronel Chermside, 30 de março de 1896, FO 78/4705. Ver também O'Conor a Salisbury, 21 de dezembro de 1898, FO 78/4920/659.
14. Lewis, pp. 208-10; Kinross, *Ottoman Centuries,* pp. 504-7.
15. Ahmad, pp. 166-81; E.F. Ramsaur, *The Young Turks,* pp. 55-7; e a Sabaheddin, *ibid.*, pp. 65-7 e 124-9.
16. J. Swire, *Balkan Conspiracy,* pp. 84 e 94-7.
17. A.P. Vacalopoulos, *History of Thessaloniki,* p. 127.
18. David Porter, *Mother Teresa, The Early Years;* S. Skendi, *The Albanian National Awakening,* pp. 380-404.
19. B. Jelavich, *History of the Balkans, vol. 2, XXth Century,* pp. 89-90; Albertini, *Origins of the War of 1914,* vol. l, pp. 132-8.
20. Haslip, *The Sultan,* p. 234; Kent, pp. 122-3.
21. Ramsaur, op. cit., pp. 94-5; Kinross, *Atatürk,* pp. 24, 25, 28.
22. Incidente em Drama; Ahmad, op. cit., p. 12, citando FO 371/544/423. Os trabalhos de Ramsaur e Ahmad complementam Lewis, pp. 206-9.
23. Shaws, p. 267.

14. Em busca de união e progresso

1. Shaws, p. 273; Haslip, *The Sultan,* pp. 263-4.
2. Ahmad, pp. 20-1, 172, 175.
3. Lowther a Grey, 4 de agosto de 1908, BDD, vol. 5, nº 205; ver também carta particular de Lowther em 25 de agosto de 1908, nº 209.
4. Shaws, p. 276; Lewis, p. 226.
5. Kent, pp. 37-9; Palmer, *Chancelleries,* pp. 214-15; Albertini, *Origins of the War of 1914,* vol. l, pp. 206-10.
6. Grey a Lowther, 13 de novembro de 1908, extraída de documentos de Grey em PRO por Feroz Ahmad, "Great Britain's Relations with the Young Turks," *Middle East Studies,* vol. 2, nº 4 (1966), pp. 306 e 309.
7. Grey a Lowther, 11 de agosto de 1908, *BDD,* vol. 5, nº 207.

8. B.C. Busch, *Britain and the Persian Gulf 1894-1914*, pp. 187-234 e 304-47; Longrigg, *Oil in the Middle East*, pp. 18-19.
9. M.K. Chapman, *Great Britain and the Baghdad Railway 1888-1914*, capítulo 4. As trocas anglo-russas podem ser localizadas em *BDD*, vol. 5, nº 535-41.
10. Ahmad, pp. 39-42; Shaws, pp. 279-81; Lewis, pp. 211-12; Francis McCullagh, "The Constantinople Mutiny of April 13th," *Fortnightly Review*, vol. 86, pp. 58-69, e seu livro *The Fall of Abdul Hamid*; Sir Andrew Ryan, *The Last of the Dragomans*, pp. 54-6.
11. Ahmad, pp. 43-8.
12. Shaws, p. 282; Anderton, p. 71. Para o *fetva* de deposição: Abbot, *Turkey in Transition*, p. 258.
13. Kinross, *Ottoman Centuries*, p. 578; Haslip, *Sultan*, pp. 285-7.
14. M. Gilbert, *Winston S. Churchill*, vol. 3, p. 189, e Companion vol. 3, parte l, p. 39. Ver também, pp. 49-51.
15. Ahmad, pp. 58-61.
16. Shaws, pp. 284-6.
17. Ahmad, pp. 45-8, 106-7, 179. Feroz Ahmad também contribuiu com valioso artigo sobre Shevket em *EI* ii.
18. S. Skendi, *The Albanian National Awakening, 1878-1912*, pp. 398-404; Shaws, p. 288.
19. Timothy W. Childs, *Italo-Turkish Diplomacy and the War over Libya, 1911-1912*, p. 25. Para os acontecimentos no Iêmen, P. Mansfield, *The Ottoman Empire and its Successors*, p. 30; Yapp, *Making of Modern Near East*, pp. 174-5.
20. Esse tema está desenvolvido em Childs, op. cit, capítulos 2 e 3. Ver também Albertini, op. cit., vol. l, capítulo 6.
21. Childs, op. cit., pp. 70-91; G.F. Abbot, *The Holy War in Trípoli*, é um relato inglês contemporâneo simpático aos otomanos. Ver também E.N. Bennett, *With the Turks in Trípoli*.
22. Ahmad, pp. 94 e 107.
23. Childs, op. cit., p. 24: Mallet a Grey, 5 de dezembro de 1913, *BDD*, X (i) nº 403 oferece informações sobre a missão naval inglesa.
24. Jelavich, *History of the Balkans, Vol. 2, XXth Century*, pp. 95-100; Dakin, *Unification of Greece*, pp. 195-200; R. Crampton, *History of Bulgaria*, pp. 401-28; W. Miller, *The Ottoman Empire and its Successors*, pp. 498-522.
25. Ahmad, p. 113-16, 172-3.
26. O diplomata era Gerald Fitzmaurice, cujo relatório sobre o incidente

está em FO 195/2451/340, datado de 5 de fevereiro de 1913; cf. Ryan, op. cit., p. 80. Para a incursão sobre a Sublime Porta, ver: Ahmad, pp. 116-21; Shaws, pp. 295 e 299; Djemal, *Memoirs of a Turkish Statesman,* pp. 1-3; Sir E. Pears, *Forty Years in Constantinople,* pp. 331-2.

27. Ahmad, p. 128.
28. E.C. Helmreich, *The Diplomacy of the Balkan Wars,* pp. 324-32 pode ser complementado pelo relato de Crampton; ver também Albertini, op. cit., vol. l, pp. 450-53.
29. Ver, em geral, Ahmad, capítulo 7.
30. F. Fischer, *War of Illusions,* pp. 333-4

15. Aliado da Alemanha

1. Longrigg, *Oil in the Middle East,* p. 30: Gilbert, *Winston S. Churchill,* vol. 3, pp. 188-90.
2. Fischer, *War of Illusions,* pp. 334-5.
3. Wangenheim ao ministro do exterior alemão, 18 de julho de 1914, citado por H.S.W. Corrigan em seu artigo "German-Turkish Relations and the Outbreak of War in 1914," *Past and Present,* nº 36, p. 151. Ver também Howard, *Partition of Turkey,* pp. 96-102 e Prumpener, pp. 15-20. Para a ferrovia de Bagdá: capítulo final de Chapman e Hurst, vol. 2, pp. 867-73.
4. Fischer, op. cit., p. 336.
5. Corrigan, local citado, p. 168; Bompard a Doumergue, 27 de maio de 1914, *DDF*, série 3, vol. 10 nº 291.
6. Nota do Departamento, 13 de julho de 1914, *DDF*, série 3, vol. 10, nº 504. Djemal, *Memoirs,* pp. 106 e 113, é menos confiável.
7. Shaws, p. 311. Para as reações turcas na iminência da guerra: H. Morgenthau, *Secrets of the Bosphorus*; Lewis Einstein, *Inside Constantinople* (um diário cobrindo 1915 e 1916); e para o impacto desses acontecimentos sobre uma criança, o fascinante *Portrait of a Turkish Family,* de Irfan Orgat.
8. Gilbert, op. cit., vol. 3, pp. 191-3 e Companion, vol. 3, p. 9, 10, 19; Fromkin, *Peace to End All Peace*, pp. 54-61.
9. A.J.P. Taylor, *Struggle for Mastery in Europe*, p. 533. Para a aliança, ver também Howard, op. cit., pp. 83-91.
10. Gilbert, op. cit., vol. 3, p. 196.

11. Churchill a Limpus, 9 de setembro de 1914, Gilbert, Companion vol. 3, parte. l, p. 105.
12. Limpus a Churchill, 26 de agosto de 1914, *ibid.*, pp. 56-60; a descrição de Souchon é de Lewis Einstein, op. cit., p. 43.
13. Shaws, p. 312; Ahmad, p. 157.
14. Gilbert, op. cit., vol. 3, pp. 212-13 esclarece este assunto.
15. Trumpener, pp. 23-57; Howard, op. cit., pp. 106-15; Yapp, *Making of Modern Near East*, p.g 272.
16. Holt, *Egypt and the Fertile Crescent*, p. 263.
17. Embaixador russo ao ministro do Exterior russo, 13 de novembro de 1914, extraído por Taylor (op. cit., p. 541) de documentos diplomáticos russos. Ver também Michael Ekstein sobre "Russia, Constantinople, and the Straits 1914-15" em Hinsley, pp. 423-35.
18. Fromkin, op. cit., pp. 126-37; Gilbert, op. cit., vol. 3, pp. 202-3; 217-19; 229-35.
19. *Ibid.*, p. 222, citando testemunho de Churchill a membros da Comissão dos Dardanelos em setembro de 1916.
20. A grande estratégia por trás da campanha de Gallipoli pode ser localizada no vol. 3 de Churchill, Martin Gilbert. *Gallipoli*, de James, oferece magníficas narrativa e análise da tragédia.
21. Aspinall-Oglander, *Military Operations; Gallipoli*, pp. 485-6.
22. Nota à margem, de Wilhelm II, 30 de julho de 1914, extraída de documentos diplomáticos alemães por Fischer, *Germany's Aims*, p. 121.
23. *Ibid.*, p. 127; Fromkin, op. cit., p. 209.
24. Holt, op. cit., pp. 273, 276, 290.
25. Fischer, op. cit., pp. 127-8. Para problemas à retaguarda das linhas nas províncias do sul, ver Emin, *Turkey in the World War*, p. 88.
26. Gilbert, op. cit., vol. 3, pp. 279, 281, 291; Vatikiotis, *History of Modern Egypt* pp. 253-4; Shaws, p. 320; Trumpener, pp. 111-12.
27. Holt, op. cit., pp. 260-1; Fromkin, op. cit., pp. 176-8.
28. *Ibid.*, pp. 106-10; Kedourie, *Anglo-Arab Labyrinth*, pp. 47-52.
29. A expedição a Fao já fora planejada em 1912, ver Busch, *Britain and the Persian Gulf*, p. 329. Ver A.T. Wilson, *Mesopotamia; Loyalties 1914-17*; relato da campanha em *The Neglected War*, de A.J. Barker's; M. Fitzherbert, *The Man Who Was Greenmantle*, pp. 169-81; J. Wilson, *Lawrence of Arabia*, pp. 253-78 (com a proposta de suborno de autoria de Kitchener, discutida na p. 270); e a comovente narrativa sobre Kut, por Russell Braddon, *The Siege*.

30. Trumpener, *passim;* ver também Emin, op. cit., e *Secrets*, de Morgenthau.
31. Yapp, op. cit., pp. 267-72; A. Hayder, *A Prince of Arabia,* pp. 106-9; Reinhold Lorenz, *Kaiser Karl,* pp. 461-5.
32. Richard Hovannissian, *Armenia on the Road to Independence,* pp. 45-56; Shaws, pp. 315-16.
33. T.E. Lawrence, *Seven Pillars of Wisdom*, p. 48; Jeremy Wilson, op. cit., p. 201.
34. Telegrama do Ministério do Exterior (contraria a mensagem de Kitchener) a M. Cheetham (Cairo), 31 de outubro de 1914, FO 371/2139/303. Ver Fromkin, op. cit., pp. 96-100; e argumentos antagônicos de Kedourie, *In the Anglo-Arab Labyrinth,* pp. 17-20, e de J. Wilson, op. cit., pp. 165 e 1003.
35. *Ibid*., pp. 214-6 e 1014-16. Há criteriosa avaliação sobre essa tão discutida questão, de autoria da professora Marian Kent, em Hinsley, pp. 444-7. A correspondência foi publicada como documento oficial do governo inglês (Cmd. 5957) em 1939. Ver também L. Friedman, "The Hussein-McMahon Correspondence and the Question of Palestine," *Journal of Contemporary History*, vol. 5, nº 2 (1970), e a subsequente troca de cartas entre A.J. Toynbee e Friedman no exemplar nº 4 do mesmo ano.
36. Hinsley, p. 446.
37. *DBF* Series l, vol. 4, pp. 241-51; Kedourie, pp. 4-5, 65-6, 107-13; contribuição de Bruce Felton a Kent, pp. 163-4; contribuição de Marian Kent a Hinsley, pp. 447-51; Yapp, op. cit., pp. 277-8.
38. J. Wilson, op. cit., p. 288; Fromkin, op. cit., pp. 207 e 218-28.
39. J. Wilson, op. cit., p. 300.
40. *Ibid*., pp. 412-13 e 1069-70.
41. Kinross, *Atatürk*, pp. 104, 108, 112; Trumpener, pp. 311-33.
42. Papen, *Memoirs*, p. 72. O interesse pela carreira posterior de Papen tem levado historiadores a ignorar seus criteriosos julgamentos sobre os comandantes do Corpo de Exército da Ásia e suas relações com os turcos, pp. 69-82.
43. Fromkin, op. cit., pp. 311-13 é o relato mais recente.
44. Kedourie, p. 107.
45. Sobre a Declaração de Balfour, ver estudo específico de L.J. Stein e Fromkin, op. cit., pp. 274-300. Para os alemães judeus, a Alemanha e a declaração, ver Friedman, *Germany, Turkey and Zionism*, pp. 339-41.
46. Anderson, p. 348.

47. J. Wilson, op. cit., pp. 469-70, 558, 1087.
48. Lawrence, *Seven Pillars of Wisdom*, p. 556.
49. Trumpener, pp. 167-90.
50. O relato mais esclarecedor está em C. Falls, *Armageddon;* ver também Fromkin, op. cit., pp. 332-42. Para a frente dos Bálcãs: Palmer, *The Gardeners of Salonika*, pp. 229-31.
51. Kinross, *Atatürk,* p. 126; Shaws, pp. 332-3; Anderson, pp. 348-9.
52. Existe longa e histórica discussão sobre a captura de Damasco. Na verdade, a disputa começou há quarenta anos com a pesquisa de Elie Kedourie, que contrariou a versão até então aceita do papel desempenhado pelo exército árabe de Feisal (cf. Kedourie, pp. 2 e 119-21). Muitos dos questionamentos de Kedourie foram refutados por Jeremy Wilson em sua decisiva biografia de Lawrence, pp. 559-62, e as notas que a acompanham, pp. 1103-8. Ver também contribuições posteriores ao debate na narrativa de Fromkin, op. cit., pp. 334-47.
53. Longrigg, op. cit., p. 44; Barker, op. cit., p. 222.
54. Ver artigo em duas partes, de Gwynne Dyer, "The Turkish Armistice of 1918," em *Middle East Studies*, vol. 8, de maio e outubro de 1972. Texto do armistício em inglês, E.G. Mears, *Modern Turkey,* pp. 624-6. Ver também, *Atatürk,* pp. 127-34.
55. *Ibid.*, p. 136.

16. Soberania e sultanato

1. Ryan, *Last of the Dragomans,* pp. 122-6; Lewis, pp. 234-5; Davison, *Essays,* p. 208; Edib, *Turkish Ordeal,* pp. 7-20.
2. Calthorpe a Curzon, 6 de junho de 1919, FO 406/41/58; Shaws, p. 329.
3. Ver registro biográfico sobre Mehmed VI em *EI* ii.
4. Shaws, p. 333.
5. Citado em *EI* ii, registro acima mencionado.
6. Kinross, *Atatürk,* p. 137.
7. Fromkin, *Peace to End All Peace*, oferece o comentário mais recente e detalhado sobre esses acontecimentos, que podem ser acompanhados em *DBF*, série l, vol. 4. Para o lado americano, H.N. Howard, *Turkey, the Straits and U.S. Policy*, pp. 51-109.
8. M. Llewellyn-Smith, *Ionian Vision*, proporciona o relato mais atual sobre as atividades gregas; *Eastern Question in Greece and Turkey*,

de Toynbee, é uma tentativa contemporânea de pôr esses eventos no contexto histórico.

9. Ryan, op. cit., pp. 129-31.
10. Kinross, op. cit., p. 158. Kemal descreveu bem detalhadamente suas atividades em seu Discurso de trinta e seis horas para a Assembleia Nacional Suprema em outubro de 1927. A versão em inglês, com 724 páginas, cobre esses acontecimentos nas pp. 24-57.
11. Pacto Nacional: Mears, *Modern Turkey,* pp. 629-31; resumido por Kinross, pp. 531-2; Davison, *Essays,* pp. 211-12.
12. Capítulo 23 de Kinross, op. cit; Ryan, op. cit., p. 141.
13. *Ibid.*, pp. 142-7; Gilbert, *Churchill*, vol. 4, capítulo 27, particularmente pp. 476 e 487.
14. Ver as cartas de Robeck a Curzon em *DBF*, vol. 13, especialmente nº 17 e 32.
15. Carta de Lawrence de fevereiro de 1915 é citada por Kedourie, p. 98.
16. Ver o arquivo das conferências dos aliados em *DBF*, vol. 7, nº 36-8, nº 50 e nº 55.
17. Memorando do Conde Curzon sobre o futuro de Constantinopla, *DBF*, vol. 4, nº 646; Nicolson, *Curzon*, pp. 212-15.
18. Memorando de Curzon (como acima).
19. Martin Gilbert, *Sir Horace Rumbold*, pp. 219-24; Shaws, p. 349; Lewis, p. 246.
20. Kinross, op. cit., p. 22.
21. Robeck a Curzon, 9 de março de 1920, *DBF,* vol. 13, nº 17, p. 18.
22. Davison, *Essays,* p. 215; Anderson, pp. 367-8; Gilbert, *Churchill,* vol. 4, pp. 485-8.
23. Anderson, p. 368; Kinross, op. cit., p. 233.
24. Nicolson, *Curzon,* pp. 160-74, pode ser complementado por documentos importantes em *DBF,* vol. 12.
25. Kinross, op. cit., capítulo 32.
26. Gilbert, *Churchill,* vol. 4., pp. 600-01.
27. Rumbold a Curzon, 20 de janeiro de 1921; Gilbert, *Rumbold,* pp. 228-30.
28. Rumbold ao rei George V, 13 de dezembro de 1930, *ibid.*, p. 224.
29. C. Harington, *Tim Harington Looks Back,* p. 90.
30. Hayder, *A Prince of Arabia*, p. 242.
31. Gilbert, *Rumbold,* p. 238.
32. Ward Price, *Extra Special Correspondent,* p. 129, e Kinross, op. cit., capítulo 40.

33. D. Walder, *The Chanak Affair,* pp. 303-18; Gilbert, *Churchill,* vol. 4, capítulo 45; Harington, op. cit., pp. 100-28.
34. Sobre Mudanya: Harington, pp. 117-28; Davison, *Essays,* p. 224.
35. Kinross, op. cit., p. 344.
36. *Ibid.*, p. 348; Shaws, p. 365.
37. Kemal, Speech, pp. 377-9.
38. Uma fotografia do documento está entre as ilustrações do livro de Harington.
39. Boa parte do brilhante relato de Harington (pp. 129-31) está reproduzida em Kinross, op. cit., pp. 349-51. Reminiscências de jornal turco foram usadas por Alderson, p. 72. Ver Também Hayder, op. cit., pp. 249-50, e Walder, op. cit., pp. 333-5.

Epílogo — Otomanos moribundos

1. Alderson, p. 73.
2. G. Young, *Constantinople,* pp. 111-12; reeditado em *Istanbul*, de L. Kelly, pp. 253-4.
3. Lewis, pp. 256-8; Kemal, *Speech,* pp. 668-9.
4. Davison, *Essays,* pp. 225-31; comparar com o relato clássico da Conferência em *Curzon*, de Nicolson, capítulos 10 e 11. Ver também Gilbert, *Rumbold,* pp. 280-9, e Ryan, *Last of the Dragomans,* pp. 174-98.
5. Lewis, p. 350; Yapp, *Near East since the First World War,* pp. 78-9, 147, 156-7.
6. Kinross, *Atatürk,* p. 357.
7. C. Harington, *Tim Harington Looks Back,* p. 134; Walder, *Chanak,* pp. 349-52.
8. Kemal, *Speech,* pp. 657-9; Lewis, pp. 254-6; Shaws, p. 368.
9. Kemal, *Speech,* p. 683.
10. Lewis, p. 258; A. Hayder, *A Prince of Arabia,* pp. 268-70.
11. Ryan, op. cit., p. 213.
12. Destino de Enver, Fromkin, *Peace to End All Peace,* pp. 485-90; Cavit e o destino de Nazim, Kinross, *Atatürk,* pp. 428-33. Para as carreiras posteriors dos membros do CUP, Ahmad, pp. 166-81.
13. Yapp, op. cit., pp. 3-4, 37-8, 227-9.
14. Lewis, p. 437; e ver acima, capítulo 3, p. 32.

15. Hayder, op. cit., p. 250 ("fraco e submisso"), p. 166 ("desintegração").
16. Pilgrimage, Alderson p. 126; morte e funeral; *ibid.*, pp. 109 e 111.
17. Alderson, pp. 109 e 111.

Bibliografia

Todos os livros publicados em Londres,
a não ser quando informado.

FONTES NÃO PUBLICADAS

Arquivos selecionados de:

Aberdeen, documentos, British Library

Ardagh, documentos, Public Record Office

Foreign Office, documentos (inclusive os de Stratford Canning), Public Record Office

Layard, documentos, British Library

Palmerston, livro com cópias de suas cartas, British Library

Seymour, documentos (Sir Hamilton Seymour), British Library

Smythe, documentos (Lord Strangford; François Chabert; Bartolomeo Pisani), British Library

Strathnairn, documentos (Sir Hugh Rose), British Library

COLEÇÕES PUBLICADAS DE DOCUMENTOS OFICIAIS

Documents Diplomatiques Françaises 1871-1914 (Paris, 1929-55)

Gooch, G.P. e Temperley, H.W.V. (eds.), *British Documents on the Origins of the War, 1898-1914* (1926-38)

Hurewitz, J.C., *Diplomacy in the Near and Middle East*, 2 vols. (Princeton, 1956)

Hurst M. (ed.), *Key Treaties for the Great Powers 1814-1914*, 2 vols. (Newton Abbot, 1972)

Lepsius, J., Mendelsohn Bartholdy A., Thimme F. (eds.), *Die Grosse Politik der europäischen Kabinette* (Berlin, 1922-7)

Woodward, E.L., Butler, Rohan e outros (eds), *Documents on British Foreign Policy 1919-1939*, Série 1 (1947-72)

Young, George (ed.), *Corps de droit civil Ottoman* (Oxford, 1907-8)

LIVROS

Abbot, G.F., *Turkey in Transition* (1909)
——, *The Holy War in Tripoli* (1912)
Acton, Lord, *Lectures on Modern History* (1906)
Ahmad, F., *The Young Turks* (Oxford, 1957)
Albertini, L., *The Origins of the War of 1914*, vol. l (Oxford, 1951)
Alderson, A.D., *The Structure of the Ottoman Dynasty* (Oxford, 1956)
Anderson, M.S., *The Eastern Question* (1966)
Andrew, príncipe da Grécia, *Towards Disaster* (1930)
Antonius, G., *The Arab Awakening* (Beirut, sem data)
Arpee, L., *The Armenian Awakening, History of the Armenian Church 1820--60* (Chicago, 1909)
Aspinall-Oglander, C.F., *Military Operations, Gallipoli*, 2 vols (1929-32)
Atamian, S., *The Armenian Community* (New York, 1955)
Atatürk, M.K., *A Speech Delivered by Ghazi Mustapha Kemal, President of the Turkish Republic, October 1927* (Leipzig, 1929)
Barber, N., *The Lords of the Golden Horn* (1973)
Barker A.J., *The Neglected War; Mesopotamia 1914-1918* (1967)
——, The Vainglorious War, 1854-56 (1970)
Barker, Thomas N., *Double Eagle and Crescent* (New York, 1957)
Benedikt, N., *Der Pascha-Graf Alexander von Bonneval* (Cologne, 1959)
Bennett, E.N., *With the Turks in Trípoli* (1912)
Berkes, N., *Development of Secularization in Turkey* (Montreal, 1964)
Bernard, J.F., *Talleyrand* (1973)
Blaisdell, D.C., *European Financial Control in the Ottoman Empire* (New York, 1929)
Boutelle, L.M. e Thayer, G.W., *A Digest of the Krasnyi Arkhiv* volumes 1-40 (Cleveland, 1947)
Bülow, Prince B. von, *Memoirs, 1897-1903* (1932)
Busch, B.C., *Britain and the Persian Gulf 1894-1914* (1976)
Cassels, L., *The Struggle for the Ottoman Empire 1717-1740* (1966)
Chandler, David, *The Campaigns of Napoleon* (1966)
Chapman, M.K., *Great Britain and the Baghdad Railway 1888-1914* (Northampton, Mass., 1948)
Cheetham, Sir Nicholas, *Mediaeval Greece* (New Haven, Conn., 1981)
Childs, Timothy W., *Italo-Turkish War over Libya, 1911-1912* (Leiden, 1990)
Clogg R. (ed.), *The Struggle for Greek Independence* (Manchester 1973)
—, *The Movement for Greek Independence* (1976)

Cook E., *Short Life of Florence Nightingale* (1925)
Cooke, M.A. (ed.), *A History of the Ottoman Empire to 1730* (Cambridge, 1976)
Corti, E., *The Downfall of Three Dynasties* (1934)
Crampton, R.J., *A History of Bulgaria, 1878-1918* (New York, 1983)
Crawley, C.W., *The Question of Greek Independence* (Cambridge, 1930)
Curtiss, J.S., *Russia's Crimean War* (Durham, NC, 1979)
Dakin, D., *The Greek Struggle in Macedonia* (Salônica, 1966)
——, *The Unification of Greece* (1972)
Davison, Roderic H., *Reform in the Ottoman Empire, 1856-1876* (Princeton, 1963)
——, *Essays in Ottoman and Turkish History* (Austin, Texas, 1990)
Devereux, R., *The First Ottoman Constitutional Period* (Baltimore, 1963)
Djemal Pasha, *Memoirs of a Turkish Statesman, 1913-19* (1922)
Djevad Bey, A., *État militaire ottoman* (Constantinopla, 1882)
Earle, E.M., *Turkey, the Great Powers and the Baghdad Railway* (New York, 1923)
Eistein, Lewis, *Inside Constantinople* (1917)
Edib, Halide, *The Turkish Ordeal* (1928)
Eliot, Sir Charles ('Odysseus'), *Turkey in Europe* (1900)
Elliot, Sir Henry, *Some Revolutions and Other Diplomatic Experiences (1922)*
Emin (Yalman), Ahmed, *Turkey in the World War* (Newhaven, Conn., 1930)
Encyclopaedia of Islam, primeira edição (Leiden, 1913-38)
Encyclopaedia of Islam, segunda edição (Leiden, 1954, continuação)
Falls, Cyril, *Armageddon* (1964)
Feis, Herbert, *Europe, the World's Banker* (New Haven, Conn., 1930)
Fischer, F., *Germany's Aims in the First World War* (1967)
——, *War of Illusions, German Policies 1911 to 1914* (1975)
Fitzherbert M., *The Man Who Was Greenmantle* (1983)
Flachat, Jean-Claude: *Observations sur le Commerce et sur les Arts... même des Indes Orientales* (Lyons, 1766)
Frazee, C.A., *Orthodox Church and Independent Greece* (1969)
——, *Christians and Sultans* (1980)
Friedman, Isaiah, *Germany, Turkey and Zionism* (Oxford, 1977)
Fromkin, David, *A Peace to End All Peace* (1989)
Fulford, Roger (ed.), *Your Dear Letter* (1971)
Gaulis, G., *La Ruine d'une Empire* (Paris, 1921)
Gibb, Sir Hamilton and Bowen, H., *Islamic Society and the West*, duas partes (1950,1957)

Gilbert, Martin, *Winston S. Churchill*, vol. 3 (1982), Companion vol. 3 (1972) e vol. 4 (1985)
——, Sir Horace Rumbold, *Portrait of a Diplomat, 1869-1941* (1973)
Gillard, D., *The Struggle for Asia* (1977)
Göltz, W.L.C. von der, *Die Thessalische Krieg und die Türkische Armee* (Berlim, 1898)
——, *The Turkish Army, Characteristics and Capabilities* (1898)
——, *Denkwürdigkeiten* (ed. F. von der Göltz e W. Foerster, Berlim, 1929)
Grant, N., *The Kaiser's Letters to the Tsar* (1920)
Gulbersoy, Celik, *Dolmabahche* (Istambul, 1984) (em turco)
Halsband, R., *The Complete Letters of Lady Mary Wortley Montagu*, vol. l (Oxford, 1965)
Harington, Sir Charles, *Tim Harington Looks Back* (1940)
Haslip, Joan, *The Sultan* (1958)
Hayder, Ali, *A Prince of Arabia* (ed. G. Stitt) (1948)
Helmreich, E.C., *Diplomacy of the Balkan Wars* (Cambridge, Mass., 1938)
Herold, C., *Bonaparte in Egypt* (1963)
Hinsley, F.H. (ed.), *British Foreign Policy under Sir Edward Grey* (Cambridge, 1977)
Hobhouse, J.C., *A Journey through Albania* (...) *to Constantinople during the Years 1809 and 1810* (1913)
Holland, Sir Henry, *Travels in Ionian Islands, Albania...*, vol. l (1819)
Holt, P.M., *Egypt and the Fertile Crescent, 1576-1922* (1965)
Holt, P.M., Lambton, A.K.S. and Lewis, B. (eds), *Cambridge History of Islam* (1970)
Hovannissian, Richard, *Armenia on the Road to Independence*, (Berkeley, 1967)
Howard, H.N., *The Partition of Turkey 1913-1923* (Norman, Oklahoma, 1931)
——, *An American Enquiry in the Middle East: the King-Crane Commission* (Beirut, 1963)
——, *Turkey, the Straits and U.S. Policy* (Baltimore, 1974)
Inalcik, Halil, *The Ottoman Empire, 1300-1600* (1973)
Issawi, C., *The Economic History of the Middle East* (Chicago, 1966)
——, *The Economic History of Turkey 1800-1914* (Chicago, 1980)
James, Robert Rhodes, *Gallipoli* (1965)
Jelavich, Barbara, *History of the Balkans, Vol. 2, XXth Century* (Cambridge, 1983)

Jelavich, C., *Tsarist Russia and Balkan Nationalism* (Westport, Connecticut, 1978)
Juchereau de St Denys, A., *Les Revolutions de Constantinople en 1807-08* (Paris, 1819)
Kedourie, Elie, *England and the Middle East, The Destruction of the Ottoman Empire 1914-21* (1956: ed. Rev. 1987)
——, *The Chatham House Version* (1970)
——, *In the Anglo-Arab Labyrinth* (Cambridge, 1976)
Kelly, Laurence, *Istanbul, A Traveller's Companion* (1987)
Kannengeisser, Hans, *The Campaign in Gallipoli* (1927)
Kennedy, A.L., *Salisbury, 1830-1903* (1953)
Kent, Marian (ed.), *The Great Powers and the End of the Ottoman Empire* (1984)
Kinross, Lord, *Atatürk, The Rebirth of a Nation* (1964)
—, *The Ottoman Centuries; The Rise and Fall of the Turkish Empire* (1987)
Koetschek, J., *Aus dem Leben Serdar Ekrem Omer pasha* (Sarajevo?, 1890)
——, *Aus Bosniens letzer Turkenzeit* (Viena, 1905)
Kreutel, Richard, *Kara Mustafa vor Wien* (Graz, 1955)
Lane-Poole, S., *Life of Stratford Canning, Viscount Stratford de Redcliffe*, 2 vols (1888)
Langer, W.L., *The Diplomacy of Imperialism* (New York, ed. rev. 1951)
Lawrence, T.E., *The Seven Pillars of Wisdom* (1935)
Lecestre, L., *Lettres Inédites de Napoleon I*, vol. l (Paris, 1897)
Lewis, Bernard, *The Emergence of Modern Turkey* (Oxford 1968)
Llewellyn-Smith, Michael, *Ionian Vision: Greece in Asia Minor, 1919-22* (1973)
Longrigg, S., *Oil in the Middle East* (3ª ed., Oxford, 1968)
Lorenz, Reinhold, *Kaiser Karl und der Untergang der Donaumonarchie* (Graz, 1959)
Lowenthal, M. (ed.), *Diaries of Theodor Herzi* (1958)
McCullagh, F., *The Fall of Abd-el-Hamid* (1910)
Macfarlane, C., *Constantinople in 1828* (1829)
Mackesy, Piers, *The War in the Mediterranean, 1803-10* (1957)
MacMunn, Sir George e Falls, Cyril, *Military Operations in Egypt and Palestine*, 2 vols. (1930-39)
Mansfield, P., *The Ottoman Empire and its Successors* (1973)
——, *The Arabs* (2ª ed. 1985)
Marchand, L.A. (ed.), *Byron Letters*, vol. l (1973)
Marder, A.J., *British Naval Policy 1890-1905* (1941)

Mears E.G., e outros, *Modern Turkey* (New York, 1924)
Meyendorff, A. (ed.), *Correspondence Diplomatique de M. de Staal*, vol. 2 (Paris, 1929)
Midhat, Ali Haydar, *The Life of Midhat Pasha* (1903)
Miot de Melito, A.F., *Mémoires I* (Paris, 1858)
Miller, W., *The Ottoman Empire and its Successors* (4ª ed., Cambridge, 1936))
Moltke, H. von, *Briefe aus dem Turkei* (Berlim, 1873)
Morgenthau, Henry, *Secrets of the Bosphorus* (1918)
Moseley, P.E., *Russian Diplomacy and the Opening of the Eastern Question in 1838 and 1839* (Cambridge, Mass., 1934)
Moutraye, Aubrey de la, *Travels*, vol. l (1723)
Nalbandian, L., *The Armenian Revolutionary Movement* (Berkeley, 1963)
Napoleão I, *Corréspondence de Napoléon I* (Paris, 1854-69)
Nicholas, príncipe da Grécia, *My Fifty Years* (1926)
Nicolson, Harold, *Lord Carnock* (1930)
——, *Peacemaking 1919* (1933)
——, Curzon, *The Last Phase* (1934)
Norris,J., *The First Afghan War* (Cambridge, 1967)
Ochsenwald, W., *The Hijaz Railroad* (Charlottesville, 1980)
Orga, Irfan, *Portrait of a Turkish Family* (1988)
Palmer, Alan, *The Gardeners of Salonika* (1965)
——, *Metternich* (1972)
——, *Alexander I, Tsar of War and Peace* (1974)
——, *The Kaiser* (1976)
——, *The Chancelleries of Europe* (1983)
——, *The Banner of Battle* (1987)
Papadopoulos, George S., *England and the Near East, 1896-1898* (Salônica, 1969)
Papen, Franz von, *Memoirs* (1952)
Pears E., *Forty Years at Constantinople* (1916)
——, *Life of Abdul-Hamid* (1917)
Petrovich, M. Boro, *History of Modern Serbia*, vol. l (New York, 1976)
Plomer, William, *Ali the Lion* (1936)
Polk, W.R., *The Opening of South Lebanon* (Cambridge, Mass., 1963)
Porter, D., *Mother Teresa, The Early Years* (1986)
Pribicevich, Stoyan, *Macedonia, Its People and History* (Pittsburgh, Penn., 1982)
Puryear, V., *Napoleon and the Dardanelles* (Berkeley, 1951)

Ramsaur, E.F., *The Young Turks* (Princeton, 1957)
Remerland, G., *Ali de Tekelen, Pasha de Janina* (Paris, 1928)
Rose, Kenneth, *The Later Cecils* (1975)
Runciman, Sir Stephen, *The Fall of Constantinople 1453* (1969)
Rusell, Braddon, *The Siege* (1969)
Rusell, G.W.E., *Malcolm MacColl* (1914)
Ryan, Sir Andrew, *The Last of the Dragomans* (1951)
Sanders, Liman von, *Five Years in Turkey* (Annapolis, 1927); preferível a versão original em alemão, *Funf Jahre Turkei* (Berlim, 1920).
Sarkissian, A.O., *History of the Armenian Question to 1885* (Urbana, 1938)
Schiemann, T., *Geschichte Russlands unter Kaiser Nikolaus I*, 4 vols (Berlim, 1904-19)
Seton-Watson, R.W., Disraeli, *Gladstone and the Eastern Question* (1933)
——, *History of the Rumanians* (Cambridge, 1934)
Shaw, S.J., *Between Old and New: The Ottoman Empire under Sultan Selim III* (Cambridge, Mass., 1971)
——, *History of the Ottoman Empire and Modern Turkey: Empire of the Gazis* (Cambridge, 1977)
Shaw, S.J. e E.K., *History of the Ottoman Empire and Modern Turkey: Reform, Revolution and Republic* (Cambridge, 1977)
Shay, M.L., *Ottoman Empire from 1720 to 1734 as revealed in despatches of the Venetian bailo* (Urbana, 1944)
Shilder, N., *Imperator Nikolaus I* (St. Petersburg, 1903)
Skendi, S., *The Albanian National Awakening, 1878-1912* (Princeton, 1967)
Slade, Adolphus, *Record of Travels in Turkey, Greece, etc.* (1854)
Smith, C.L., *The Embassy of Sir William White at Constantinople 1886-1891* (Oxford, 1957)
Stein, L.J., *The Balfour Declaration* (1961)
Stiles, Andrina, *The Ottoman Empire 1450-1700* (1989)
Stoye, John, *The Siege of Vienna* (1967)
Stratford de Redcliffe, Lord, *The Eastern Question* (1881)
Sumner, B.H., *Russia and the Balkans, 1870-1880* (Oxford, 1937)
Swire, J., *Balkan Conspiracy* (1939)
Taylor, A.J.P., *The Struggle for Mastery in Europe* (Oxford, 1954)
Temperley, H.W.V., *History of Serbia* (1917)
——, *The Foreign Policy of Canning*, 1822-27 (1925)
——, *England and the Near East, The Crimea* (1936)

Thomson, Gladys Scott, *Catherine the Great and the Expansion of Russia* (1950)

Toynbee, A.J., *The Western Question in Greece and Turkey* (1922)

Trumpener, U., *Germany and the Ottoman Empire 1914-1918* (Princeton, 1968)

Vacalopoulos, Apostolos P., *A History of Thessaloniki* (Salônica, 1963)

Vandal, L.J.A., *Une Ambassade Française en Orient sous Louis XV* (Paris, 1887)

Vatikiotis, P.J., *The History of Modern Egypt* (1991)

Victoria, Queen, *Letters*, 3ª série, vol. 3 (1930)

Volkan, V. D. e Itzkowitz, N., *The Immortal Atatürk* (Chicago e Londres, 1984)

Walder, David, *The Chanak Affair* (1969)

Walsh, R., *A Residence at Constantinople* (1836)

Ward Price, G., *Extra-Special Correspondent* (1957)

Webster, Sir Charles, *The Foreign Policy of Palmerston*, vol. l (1951)

Weissmann, Nahoum, *Les Janissaries* (Paris, 1964)

Wilson, A.T., *Mesopotamia: Loyalties 1914-17* (1930)

Wilson, Derek, *Rothschild* (1988)

Wilson, Jeremy, *Lawrence of Arabia* (1989)

Wolf, J.B., *The Diplomatic History of the Baghdad Railroad* (Missouri, 1936)

Woodhouse, Hon. C.M., *The Greek War of Independence* (1952)

——, *The Battle of Navarino* (1965)

——, *Capodistria* (Oxford, 1973)

Yapp, M.E., *The Making of the Modem Near East* (1987)

——, *The Near East since the First World War* (1991)

Young, George, *Constantinople* (1926)

Zaionchkovskii, A.A., *Vostochnaia voina v sviazi s sovremennoi ibstanovki* (St. Petersburg, 1908-1)

ARTIGOS EM PERIÓDICOS

Ahmad, Feroz, "Great Britain's Relations with the Young Turks." *Middle East Studies*, vol. 2, no. 4 (1966)

Arnakis, G.G., "The Greek Church of Constantinople and the Ottoman Empire." *JMH*, vol. 24, Set.1952

Bolsover, G.H., "Nicholas I and the Partition of Turkey." *SEER* vol. 27 (1948-9)

Coquelle, M.P., "'Sébastiani, Ambassadeur à Constantinople." *Revue Historique Diplomatique*, vol. 18 (1904)

Corrigan, H.S.R., "German-Turkish Relations and the Outbreak of War in 1914, A Re-Assessment." *Past and Present*, 36 (1967)

Davion, R., "The Treaty of Kuchuk Kainardji, a Note on the Italian Text." *International History Review*, vol. 10, nº 4 (1988)

Dyer, Gwynne, "The Turkish Armistice of 1918" em *Middle East Studies*, vol. 8, maio e outubro de 1972

Friedman, I., "The Hussein-McMahon Correspondence and the Question of Palestine." *Journal of Contemporary History*, vol. 5, nº 2 (1970); e correspondência no nº 4 de 1970

Herkless, J.L., "Stratford, the Cabinet and the Crimean War." *HJ*, vol. 18, nº 3 (1975)

Hourani, A., "The Changing Face of the Fertile Crescent in the Eighteenth Century." *Studia Islamica*, 8 (1953)

Kedourie, E., "The Surrender of Medina, January 1919." *Middle East Studies*, vol. 13, nº 1 (1977)

Lewis, B., "The Impact of the French Revolution on Turkey." *Journal of World History*, vol. 1 (1953)

McCullagh, Francis, "The Constantinople Mutiny of April 13th." *Fort nightly Review*, vol. 86 (1908)

Rifat Abou El-Haj, "Ottoman Diplomacy at Karlowitz." *Journal of American Oriental Society*, vol. 87 (1967)

Skiotis, D.N., "From Bandit to Pasha," *International Journal of Middle Eastern Studies*, vol. 2 (1971)

Swanson, V.R., "The Military Rising in Istanbul, 1909." *Journal of Contemporary History*, 5 (1970)

Temperley, H.W.V., "British Policy towards Parliamentary Rule and Constitutionalism in Turkey." *Cambridge HJ*, vol. 4, nº 2 (Out. 1933)

Trumpener, U., "Turkey's Entry into World War I." *JMH*, vol. 39 (1962)

Índice

Abreviaturas: IO - Império Otomano; 1ª GM - Primeira Guerra Mundial

Este livro, composto na fonte Fairfield,
foi impresso em pólen soft 80g na Cromosete.
São Paulo, Brasil, abril de 2014.